Revista de Direito Tributário 122

Revista de Direito Tributário

Publicada sob os auspícios do
Instituto Geraldo Ataliba – IDEPE – Instituto Internacional de Direito Público e Empresarial

Presidente: Profa. Maria Leonor Leite Vieira
Vice-Presidente: Prof. Estevão Horvat
Presidentes de Honra: Profs. Paulo de Barros Carvalho,
Aires F. Barreto, Eduardo Domingos Bottallo

ISS 0102-7956

Diretores:
Paulo Ayres Barreto, Fabiana Del Padre Tomé,
Fábio Soares de Melo e Maria Rita Ferragut

Fundadores:
Aliomar Baleeiro (†), Antonio Roberto Sampaio Dória (†),
Rubens Gomes de Sousa (†), Cléber Giardino (†), Geraldo Ataliba (†)

Conselho Editorial:
Adilson Abreu Dallari, Alberto Xavier, Alcides Jorge Costa,
Alfredo Augusto Becker (†), Américo Lacombe,
Antonio Carlos Nogueira Reis, Antonio Correa Meyer, Carlos Mário Velloso,
Célio de Freitas Batalha (†), Celso Antônio Bandeira de Mello, Diva Prestes Malerbi,
Eduardo Domingos Bottallo, Elizabeth Nazar Carrazza, Estevão Horvath,
Eugênio Doin Vieira (†), Fabiana Del Padre Tomé, Florence Haret,
Gilberto de Ulhôa Canto (†), Heron Arzua, José Roberto Vieira, José Souto Maior Borges,
Luciano da Silva Amaro, Luiz Carlos Bettiol, Marçal Justen Filho,
Misabel Abreu Machado Derzi, Ormezindo Ribeiro de Paiva, Osíris Azevedo Lopes Filho (†),
Paulo Ayres Barreto, Pérsio de Oliveira Lima (†), Renan Lotufo, Roque Antonio Carrazza,
Sacha Calmon Navarro Coelho, Wagner Balera

Conselho Internacional:
Hector Villegas e Rubens Asorey (Argentina)
José Luiz Shaw e J. Pedro Montero Traibel (Uruguai)
Humberto Medrano (Peru)
J. J. Ferreiro Lapatza, Carlos Palao Taboada,
Juan Ramallo Massanet e Gregorio Robles (Espanha)
Victor Uckmar e Franco Gallo (Itália)
J. von Horn Jr. (Holanda)

REVISTA DE DIREITO TRIBUTÁRIO
Publicação trimestral de
MALHEIROS EDITORES LTDA.
Rua Paes de Araújo, 29, 17º andar, conj. 171
CEP 04531-940 – São Paulo, SP – Brasil
Tel. (11) 3078-7205
Fax. (11) 3168-5495
Diretor responsável: Álvaro Malheiros
Diretora: Suzana Fleury Malheiros

Assinaturas e comercialização:
CATAVENTO DISTRIBUIDORA
DE LIVROS S.A.
Rua Conselheiro Ramalho, 928
CEP 01325-000 – São Paulo, SP – Brasil
Tel. (11) 3289-0811 – Fax. (11) 3251-3756
Supervisão Gráfica: Vânia Lúcia Amato
Editoração Eletrônica: Cicacor Editorial
Impressão: Paym Gráfica e Editora Ltda.

SUMÁRIO

CADERNOS DE DIREITO TRIBUTÁRIO

A BASE DE CÁLCULO DO ISSQN E OS DESCONTOS CONCEDIDOS PELO PRESTADOR DO SERVIÇO 7
— Paulo de Barros Carvalho

A NORMA DE INCIDÊNCIA EXONERATÓRIA 27
— Jorge Bravo Cucci

CONFISSÃO EM MATÉRIA TRIBUTÁRIA 39
— Fabiana Del Padre Tomé

O ICMS E AS REMESSAS PARA FINS ESPECÍFICOS DE EXPORTAÇÃO – RESPONSABILIDADE TRIBUTÁRIA E PRESUNÇÕES LEGAIS 47
— Eduardo Perez Salusse e Juliana Furtado Costa Araújo

INSCRIÇÃO EM DÍVIDA ATIVA: CONTROLE DE LEGALIDADE E REPERCUSSÕES NOS MEIOS DE DEFESA DO DEVEDOR 59
— Esdras Boccato

ESTUDOS E COMENTÁRIOS

A FENOMENOLGIA DA COMUNICAÇÃO NO DIREITO TRIBUTÁRIO: O CRÉDITO TRIBUTÁRIO COMO PRODUTO DA COMUNICAÇÃO 71
— Ana Paula Gomes Nardi

A INCIDÊNCIA DA MULTA DE 2% SOBRE O TOTAL DE ENTRADAS E SAÍDAS DA FALTA DE APRESENTAÇÃO DOS ARQUIVOS MAGNÉTICOS 86
— André Felix Ricotta de Oliveira e Andreia Fogaça Rodrigues Maricato

CONFLITOS DE COMPETÊNCIA TRIBUTÁRIA ENTRE O ISS E O ICMS: A TRIBUTAÇÃO DAS "OPERAÇÕES MISTAS" E A EVOLUÇÃO DA JURISPRUDÊNCIA 103
— Caio Augusto Takano

ATOS INERENTES AO PROCESSO LEGISLATIVO (ENUNCIAÇÃO) PODEM IMPOR LIMITES INTERPRETATIVOS À LEI PRODUZIDA? (Análise decorrente da interpretação autêntica dada ao subitem 4.07 – serviços farmacêuticos – da lista anexa à Lei Complementar 116/2003) 113
— Danilo Monteiro de Castro

AINDA SOBRE LEGALIDADE TRIBUTÁRIA: UM EXAME DAS FUNÇÕES EFICACIAIS COMO INSTRUMENTO DO CONTROLE DO PODER DE TRIBUTAR 124
– Éderson Garin Porto

PRINCÍPIO CONSTITUCIONAL DA IGUALDADE TRIBUTÁRIA NA INCIDÊNCIA DO IPI: CRÍTICA DOUTRINÁRIA AO JULGAMENTO DOS EMBARGOS INFRINGENTES 5002923-29.2010.404.7205 PELO TRF-4ª Região 142
– Gustavo Chies Cignachi

A NORMA DE COMPETÊNCIA DO IMPOSTO SOBRE A RENDA E PROVENTOS DE QUALQUER NATUREZA DAS PESSOAS FÍSICAS: LIMITAÇÕES MATERIAIS E IMUNIDADES "IMPLÍCITAS" 157
– José Luiz Crivelli Filho

A ISENÇÃO DE IMPOSTO SOBRE A RENDA DA PESSOA FÍSICA QUE PERCEBEU RENDIMENTOS ACUMULADOS ANTERIORMENTE À INSTRUÇÃO NORMATIVA DA RECEITA FEDERAL DO BRASIL 1.127/2011 170
– Laura Elizandra Machado Carneiro

DELIMITAÇAO DOS CONCEITOS DE ELISÃO E EVASÃO TRIBUTÁRIAS SOB A ÓTICA DO CONSTRUCTIVISMO LÓGICO-SEMÂNTICO 191
– Semíramis Oliveira

O CABIMENTO DA AÇÃO CAUTELAR FISCAL ANTES DA CONSTITUIÇÃO DO CRÉDITO TRIBUTÁRIO 206
– Rafael de Oliveira Franzoni

Revista de Direito Tributário

CADERNOS DE DIREITO TRIBUTÁRIO

Fundador: Rubens Gomes de Sousa (†)

A BASE DE CÁLCULO DO ISSQN E OS DESCONTOS CONCEDIDOS PELO PRESTADOR DO SERVIÇO

Paulo de Barros Carvalho

Professor Emérito e Titular da PUC/SP e da USP.

1. Delimitação do problema. 2. Tributo e condicionamentos para a sua instituição. 3. A regra-matriz de incidência tributária do Imposto sobre Serviços de Qualquer Natureza. 4. Critério material da regra-matriz do ISSQN e o conceito constitucional de serviço tributável. 5. A importância da base de cálculo: 5.1 A base de cálculo como perspectiva dimensível do fato jurídico tributário: a necessária identidade entre o fato jurídico da base de cálculo (Fbc) e o fato jurídico tributário (Fjt); 5.2 Os cuidados especiais que o desenho da base de cálculo requer, por decorrência da posição preeminente que lhe atribuem a doutrina e a jurisprudência brasileira. 6. A base de cálculo do ISSQN segundo a Lei Complementar 116/2003 e a definição do conceito de "preço do serviço". 7. A determinação constante do art. 110 do Código Tributário Nacional. 8. A receita bruta proveniente da prestação de serviços. 9. O princípio da capacidade contributiva e incidência do ISSQN sobre a exata medida da remuneração pelo serviço prestado. 10. Princípio da proibição de tributo com efeito de confisco e a impossibilidade de exigência do ISSQN em relação a valores que não configurem receita do prestador de serviços. 11. A imprescindibilidade da remuneração do serviço para que se configure o fato, signo presuntivo de riqueza escolhido como hipótese de incidência tributária. 12. Noções sobre a "relação jurídica". 13. Negócio jurídico condicionado: definição e espécies. 14. Conclusões: natureza dos descontos concedidos no preço do serviço e suas consequências na determinação da base de cálculo do ISSQN.

1. Delimitação do problema

Trata-se de discussão jurídica que atinge diversas instituições prestadoras de serviços quando, consoante pactuado nos respectivos contratos, possibilita que os tomadores realizem o pagamento do preço em diversas datas, fixando, para tanto, valores que variam conforme o átimo do efetivo pagamento. Em tais circunstâncias, surgem questionamentos sobre o montante a ser tomado para fins de base de cálculo do ISSQN: se (i) o equivalente às quantias efetivamente recebidas em contraprestação aos serviços, ou se (ii) o *quantum* que seria devido pelos serviços caso o pagamento tivesse ocorrido em outra data, posterior. É o que ocorre, por exemplo, com os prestadores de serviços educacionais, cujos boletos de mensalidades, quando enviados aos alunos, remetem a dois valores, alternativamente devidos: um preço "X", se o pagamento se der em determinada data; outro preço menor, se houver o pagamento antecipado. Reconhecido esse ponto de controvérsia, discorrerei sobre a composição da base de cálculo do ISSQN, com especial enfoque às hipóteses de prestação serviços cujos preços sejam escalonados em função da data de seu pagamento.

2. Tributo e condicionamentos para a sua instituição

Caberia em um livro denso e substancioso a trajetória semântica do signo "tributo", com todos os aspectos, valiosos e desvaliosos, que as sociedades foram depositando ao longo de seu caminho. Tema delicado e controvertido, em seu nome muitos excessos já foram praticados, mesmo porque se tem por assente a relação entre o bem-estar dos povos e o bom funcionamento dos correspondentes sistemas tributários. É certo que tudo se liga ao tipo e à evolução do Estado que estamos analisando, aquele *corpus* unificador da pluralidade de grupos, de raças, de crenças, o qual monta o substrato da nação como individualidade histórica, retrocedendo no passado, atuando no presente e projetando-se sobre o futuro, como agudamente o registra Lourival Vilanova, asserto que legitima a proposição segundo a qual os tributos de dado sistema guardam traços pragmáticos que lhe atribuem especificidade em relação a outros similares de ordenações diversas.

Um perigo sempre iminente está contido na dosagem da carga tributária, vale dizer, nas proporções da medida levada a termo para a implantação concreta do tributo. Daí o cuidado na escolha da base de cálculo e no plexo de normas que estabelecem técnicas para sua apuração nas ocorrências da vida real, sem falar, é claro, no abuso da estipulação de alíquotas, procedimento capaz de revelar os excessos do legislador, logo no exame do primeiro instante.

Se pensarmos nos efeitos da imposição tributária, tocando valores fundamentais como a propriedade e a liberdade, veremos quão tênue é o espaço de manobra do legislador ao constituir os instrumentos jurídicos adequados a esse fim. No Brasil, particularmente, há uma série de princípios, alguns como autênticos valores, bastantes em si, outros como limites objetivos que se preordenam, da mesma forma, à realização de estimativas, porém de maneira indireta. A planta fundamental do sistema tributário brasileiro está na Constituição da República, como conjunto de diretrizes mediante as quais se torna possível a configuração das várias entidades cogitadas pelo constituinte. Seu desdobramento é tarefa infraconstitucional, porém dentro de mecanismos rigorosamente estabelecidos e que tolhem eventuais arroubos criativos do editor de leis complementares e do legislador ordinário.

3. A regra-matriz de incidência tributária do Imposto sobre Serviços de Qualquer Natureza

A construção da regra-matriz de incidência, assim como de qualquer norma jurídica, é obra do intérprete, a partir dos estímulos sensoriais do texto legislado. Sua hipótese prevê fato de conteúdo econômico, enquanto o consequente estatui vínculo obrigacional entre o Estado, ou quem lhe faça às vezes, na condição de sujeito ativo, e uma pessoa física ou jurídica, particular ou pública, como sujeito passivo, de tal sorte que o primeiro ficará investido do direito subjetivo público de exigir, do segundo, o pagamento de determinada quantia em dinheiro. Em contrapartida, o sujeito passivo será cometido do dever jurídico de prestar aquele objeto.

Efetuadas as devidas abstrações lógicas, identificaremos, no descritor da norma, um critério material (comportamento de uma pessoa, representado por verbo pessoal e de predicação incompleta, seguido pelo complemento), condicionado no tempo (critério temporal) e no espaço (critério espacial). Já na consequência, observaremos um critério pessoal (sujeito ativo e sujeito passivo) e um critério quantitativo (base de cálculo e alíquota).

Aplicadas essas considerações ao Imposto sobre Serviços de Qualquer Natureza, de competência municipal, verificamos que encontra seu arquétipo normativo previamente referido no Estatuto Maior. É o que se depreende da leitura do art. 156, III, o qual dispõe competir aos Municípios instituir impostos sobre *"serviços de qualquer natureza, não compreendidos no art. 155, II, definidos em lei complementar"*.

Preenchendo o arranjo sintático da regra-matriz de incidência tributária com a linguagem do direito positivo, vale dizer, saturando as variáveis lógicas com o conteúdo semântico constitucionalmente previsto, podemos construir a seguinte norma-padrão do ISSQN:

Hipótese:
- **critério material**: prestar serviços e qualquer natureza, excetuando-se os serviços de transporte interestadual e intermunicipal e de comunicação;
- **critério espacial**: âmbito territorial do Município;
- **critério temporal**: momento da prestação do serviço.

Consequência:
- **critério pessoal**: *sujeito ativo*: Município;[1] *sujeito passivo*: prestador do serviço;
- **critério quantitativo**: *base de cálculo*: preço do serviço; *alíquota*: aquela prevista na legislação do imposto.[2]

Quero advertir que o esquema da regra-matriz de incidência é fórmula simplificadora, reduzindo, drasticamente, as dificuldades do feixe de enunciados constituidores da figura impositiva. Obviamente, não esgota as especulações que a leitura do texto suscita, porquanto o legislador lida com múltiplos dados da experiência, promovendo mutações que atingem o sujeito passivo, o tempo da ocorrência factual, as condições de espaço, a alíquota e as formas de mensurar o núcleo do acontecimento. Essa gama de liberdade legislativa, contudo, não pode ultrapassar os limites lógicos que a regra-matriz comporta. Se as mutações chegarem ao ponto de modificar os dados essenciais da hipótese e, indo além, imprimir alterações na base de cálculo, estaremos, certamente, diante de violação à competência constitucionalmente traçada.

O emprego desse esquema normativo apresenta, portanto, extrema utilidade, possibilitando elucidar questões jurídicas, mediante a exibição das fronteiras dentro das quais o legislador e o aplicador das normas devem manter-se para não ofender o Texto Constitucional.

4. Critério material da regra-matriz do ISSQN e o conceito constitucional de serviço tributável

Critério material é o núcleo do conceito mencionado na hipótese normativa. Nele há referência ao comportamento de pessoas físicas ou jurídicas, cuja verificação em determinadas coordenadas de tempo e espaço, acompanhadas do relato pela linguagem prevista no ordenamento, acarretará o fenômeno da percussão tributária. No caso do ISSQN, esse núcleo é representado pelo verbo

---

1. Impende consignar que o Distrito Federal também é competente para instituir os impostos municipais, conforme disposto nos arts. 32, § 1º, e 147 do Texto Constitucional.

2. Observado o limite mínimo de 2%, nos termos do art. 88 do ADCT, introduzido pela Emenda Constitucional 37/2002.

"prestar", acompanhado do complemento "serviços de qualquer natureza", fazendo-se necessário consignar que a referida locução não engloba os serviços de transporte interestadual e intermunicipal e de comunicação, por expressa previsão do art. 156, III, da Carta Magna, bem como por integrarem âmbito de competência dos Estados e Distrito Federal, nos termos do art. 155, II, desse mesmo Diploma Normativo.

Examinando o conteúdo significativo da expressão "serviços de qualquer natureza", empregada pelo constituinte para fins de incidência desse gravame, percebe-se, desde logo, que o conceito de "prestação de serviço", nos termos da previsão constitucional, não coincide com o sentido que lhe é comumente atribuído no domínio da linguagem ordinária. Na dimensão de significado daquela frase não se incluem: (i) o serviço público, tendo em vista ser ele abrangido pela imunidade (art. 150, IV, *a*, da Carta Fundamental); (ii) o trabalho realizado para si próprio, despido que é de conteúdo econômico e (iii) o trabalho efetuado em relação de subordinação, abrangido pelo vínculo empregatício.

Para configurar-se a prestação de serviços tributável é necessário que aconteça o exercício, por parte de alguém (prestador), de atuação que tenha por objetivo produzir uma utilidade relativamente a outra pessoa (tomador), a qual remunera o prestador (preço do serviço).

É forçoso que a atividade realizada pelo prestador apresente-se sob a forma de "obrigação de fazer". A incidência do ISSQN pressupõe atuação decorrente do dever de fazer algo *até então inexistente*, não sendo exigível quando se tratar de obrigação que imponha a mera entrega, permanente ou temporária, de alguma coisa que já existe.

Com efeito, "prestar serviços" é atividade irreflexiva, reivindicando, em sua composição, o caráter da bilateralidade. Em vista disso, torna-se invariavelmente necessária a existência de duas pessoas diversas, na condição de prestador e de tomador, não podendo cogitar-se de alguém que preste serviço a si mesmo. E mais, é imprescindível que o contrato bilateral tenha conteúdo econômico, fixando-se um *"preço" em contraprestação à utilidade imaterial fornecida pelo prestador*. A necessidade de que a prestação de serviço seja remunerada, apresentando, assim, conteúdo econômico, é decorrência direta do princípio da *capacidade contributiva*.

Só será possível a incidência do ISSQN se houver um negócio jurídico mediante o qual uma das partes se obrigue a praticar certa atividade, de natureza física ou intelectual, recebendo, em troca, remuneração, pois sobre tal quantia haverá de ser calculado o imposto devido.

5. A importância da base de cálculo

Como visto, para isolar a regra-matriz de incidência tributária é preciso aludir aos critérios material, espacial e temporal, na proposição hipótese, e aos critérios pessoal e quantitativo, na proposição tese. Dentre tais critérios, interessam, para fins de identificação da natureza jurídica do tributo, o material e o quantitativo. Isso porque, enquanto o primeiro é o núcleo da hipótese de incidência, composto por verbo e complemento, que descrevem abstratamente atuação estatal ou fato do particular, o segundo, no âmbito da base de cálculo, mensura a intensidade daquela conduta praticada pela Administração ou pelo contribuinte, conforme o caso. Nesses critérios é que se encontra o feixe de preceitos demarcadores dos chamados "traços da enunciação", ou seja, o conjunto dos elementos que o editor da norma julgou relevantes para produzir o acontecimento tributado.

Nota-se com evidência, pelo que foi exposto, a inaptidão da hipótese para, sozinha, dizer qualquer coisa de definitiva sobre a estrutura intrínseca do evento a ser colhido pela incidência. Para identificarmos os verdadeiros contornos do fato tributável, necessário se faz consultar a base de cálculo, especialmente se o objetivo é conhecer a natureza jurídica do gravame.

A tipologia tributária é obtida pela análise do binômio "hipótese de incidência e base de cálculo". Esse princípio de dualidade compositiva consta na Carta Magna, consistindo, pois, em diretriz constitucional, firmada no momento em que o legislador realizava o trabalho delicado de traçar a rígida discriminação de competências tributárias, preocupado em preservar os princípios da Federação e da autonomia dos Municípios. Preceituou o constituinte brasileiro, no art. 145, § 2º, que "*as taxas não poderão ter base de cálculo própria de impostos*". E, mais adiante, no art. 154, inciso I, asseverou, como requisitos para a União instituir impostos não previstos em sua competência, que sejam esses criados mediante lei complementar, não apresentem caráter de cumulatividade e "*não tenham fato gerador ou base de cálculo próprios dos discriminados nesta Constituição*". A mensagem constitucional mostra-se clara: é imprescindível examinar a hipótese de incidência e a base de cálculo para que se possa ingressar na intimidade estrutural da figura tributária.

Registre-se, porém, que caso não houvesse menção expressa acerca da relevância da base de cálculo, esta seria revelada pela própria compostura normativa. Tanto que Alfredo Augusto Becker,[3] sob a vigência da Constituição anterior, já entrevia nesse elemento o autêntico núcleo da hipótese de incidência dos tributos, asseverando que "*o espectro atômico da hipótese de incidência da regra de tributação revela que em sua composição existe um núcleo e um, ou mais, elementos adjetivos. O núcleo é a base de cálculo e confere o gênero jurídico ao tributo*".

Relativizando um pouco a posição do mencionado autor, mesmo porque entendo que a base de cálculo está no consequente da norma e não na hipótese, não há como ignorar a importância dessa grandeza que dimensiona o fato, mensurando-o para efeitos de tributação. Partindo de tais considerações,

concluo serem três as funções da base de cálculo: (a) *função mensuradora*, por competir-lhe medir as proporções reais do fato; (b) *função objetiva*, em virtude de compor a específica determinação do débito; e (c) *função comparativa*, por confirmar, infirmar ou afirmar o correto elemento material do antecedente normativo.

Induvidosa é a operatividade do citado elemento do critério quantitativo, devendo a ele voltarem-se as atenções, pois oferece caminho seguro para reforçar aquilo que, intuitivamente, a doutrina e a jurisprudência já vêm afirmando de maneira reiterada: *a base de cálculo deve, necessariamente, exteriorizar a grandeza do fato descrito no antecedente normativo*, motivo pelo qual sempre que houver descompasso entre a hipótese de incidência firmada pelo legislador e a base de cálculo por ele escolhida, esta última há de prevalecer, orientando o intérprete no sentido de determinar a autêntica "natureza jurídica" do tributo. Por isso, sendo a medida do fato tributado, tem o condão de afirmar, confirmar ou infirmar o critério material oferecido no texto, devendo, para a constitucionalidade da exação, haver compatibilidade entre esses dois critérios.

5.1 A base de cálculo como perspectiva dimensível do fato jurídico tributário: a necessária identidade entre o fato jurídico da base de cálculo (Fbc) e o fato jurídico tributário (Fjt)

Tenho para mim que a base de cálculo é a grandeza instituída na consequência da regra-matriz tributária e que se destina, primordialmente, a dimensionar o comportamento inserto no núcleo do fato jurídico. Entretanto, que é ser "perspectiva dimensível"? O adjetivo "dimensível" qualifica aquilo que se pode medir, requerendo algo que seja mensurável. O objeto dessa medição, obviamente, será a intensidade do evento que se tornou fato jurídico tributário. Mas como se processa esse fenômeno? Eis a pergunta que ensejará, certamente, uma investigação mais rigorosa no campo de estudo da base imponível.

---

3. *Teoria Geral do Direito Tributário*, 4ª ed., São Paulo, Noeses, 2011, p. 338.

Referida categoria jurídico-positiva tem sido estudada sempre em função da hipótese tributária, ora como elemento integrante dessa, ora como medida da realização hipotética. Rompendo com essa tradição e isolando o enunciado da grandeza mensuradora, verificaremos que antes de exercer qualquer função de medida do fato imponível, a "base de cálculo" é uma proposição prescritiva que se instala no cerne da estrutura relacional do consequente normativo.

Não obstante pertencer à linguagem prescritiva do direito e por isso não se submeter à lógica dos valores verdadeiro e falso, a proposição base de cálculo reúne um *quantum* de descritividade. Assim, atua da mesma forma que o antecedente da regra-matriz, selecionando propriedades e juridicizando o suporte fático, base da percussão tributária.

Pode falar-se, desse modo, em *fato da base de cálculo* com proporção de sentido semelhante ao da expressão fato jurídico tributário. Dado que ambas denotam o resultado da força juridicizante da regra-matriz de incidência, uma e outra constituem perspectivas abstratas construídas pelo legislador tributário na regra-matriz de incidência, ganhando foros de efetividade com a norma individual e concreta que aplica a regra-matriz ao acontecimento do mundo social, na cadeia de positivação do direito. A diferença reside na circunstância de que tais fatos são delineados por proposições diversas: (a) o fato jurídico tributário será o antecedente da norma individual e concreta, ao passo que (b) o fato da base de cálculo estará no consequente dessa mesma regra, definindo, em termos pecuniários, com a colaboração de outro fator (a alíquota), o montante da prestação a ser recolhida pelo devedor do tributo.

Assim como a hipótese tributária é *qualificadora* normativa do fático, a base de cálculo é *quantificadora* normativa do fático (o que não deixa de ser uma forma de qualificação). O enunciado se torna fato da base de cálculo porque ingressa no universo do direito através da porta aberta da proposição normativa. E o que determina quais propriedades do fato entram, quais não entram, é ato-de-valoração que preside a feitura da base de cálculo.

Entre as "portas" de entrada para o mundo jurídico-tributário, todas, obviamente, pela via normativa, uma será o antecedente ou suposto; outra, a proposição base de cálculo. Os dois enunciados incidem sobre o mesmo fato, colhendo-o, entretanto, por perspectivas diversas. A proposição hipótese ocupa-se da materialidade da ocorrência, definindo as coordenadas de tempo e de espaço dessa realização. A proposição base de cálculo dirige-se para o mesmo sucesso, tomando-o, porém, de modo diverso: focaliza a materialidade descrita pela hipótese e seleciona, dela, algum aspecto que possa ser dimensionado, elegendo, por esse modo, a grandeza quantificadora ajustada para medir a intensidade do acontecimento factual.

Enfim, são exatamente essas duas proposições, integrantes da regra-matriz de incidência tributária, que realizam, de forma abstrata e genérica, a seletividade normativa da regra perante o "real". Sua efetividade, todavia, ficará condicionada à expedição da correspondente norma individual e concreta, seja ela exarada pela Fazenda Pública ou pelo particular, no exercício de competência outorgada pela legislação do tributo. Por isso, *ambas devem manter estreita relação, denotando sempre o mesmo fato*, só que mediante critérios de apuração diferentes, de tal sorte que fiquem preservados os sobranceiros princípios constitucionais informadores da adequada construção da regra-matriz de incidência tributária, assim como de todas as unidades integrantes do processo de positivação do direito.

Explicando melhor, a base de cálculo projeta-se sobre a mesma porção factual, recortada no suporte fático pela hipótese tributária (Fjt), mensurando o fato que sofreu o impacto da incidência (Fbc). A parcela comum, no caso de imposto, há de ser a atividade do particular ou de alguém a ele assimilado, de tal modo que tanto o enunciado da hipótese, como o da base convirjam para o mesmo ponto.

Todo o esforço do legislador há de estar orientado no sentido de promover o perfeito ajuste entre o enunciado mensurador da base de cálculo e a formulação enunciativa da hipótese. Dito de outro modo, *a perspectiva dimensível há de ser uma medida efetiva do fato jurídico tributário*, recolhido como tal pela hipótese normativa.

5.2 Os cuidados especiais que o desenho da base de cálculo requer, por decorrência da posição preeminente que lhe atribuem a doutrina e a jurisprudência brasileira

Como corolário do reconhecimento do papel relevantíssimo que a base de cálculo cumpre na compostura interna da norma tributária, surge a recomendação de cuidados especiais para o legislador, ao ensejo de produzir o conjunto de enunciados que configuram a base empírica para a construção do sentido da regra-matriz de incidência.

Com efeito, o plexo de enunciados que compõem a base imponível, como instrumento bem construído para medir a grandeza do evento tributado, reúne caracteres definidos, dotados do rigor e da precisão necessariamente inerentes aos esquemas mensuradores, pelo que hão de ser fixados com muita clareza pelo legislador, além de considerados com a devida seriedade e firmeza por parte dos aplicadores da norma tributária. Qualquer variação que se pretenda introduzir pode distorcer a própria ocorrência factual descrita na hipótese tributária, pelo deslocamento do foco no objeto submetido a mensuração, já que a fórmula avaliativa, na complexidade de seus elementos, chega mais perto do fato, a fim de exercer seus propósitos dimensionadores. Para a boa compreensão da mensagem legislada, causa menor prejuízo promover alterações no isolamento do critério material da hipótese, do que modificar uma letra, que seja, na compostura da base, exatamente porque as mutações efetuadas no suposto poderão ser controladas, em tempo oportuno, na regulação do procedimento de medição, ao mobilizarmos o critério quantitativo para saber das proporções numéricas do evento que sofreu o impacto tributário, ao passo que os desvios porventura registrados na base de cálculo provocam danos irrecuperáveis na compreensão integral do comando normativo.

As questões atinentes à "matéria coletável", como preferem os juristas portugueses, assumem, por isso mesmo, uma expressão decisiva, fazendo variar até entre níveis extravagantes os limites da dívida tributária. Pequena alteração de critério pode abrir espaço a diferenças consideráveis na formalização da exigência.

Em síntese, nunca é demais salientar a importância da base de cálculo, na complexidade de sua regulação normativa, tendo em vista a boa compreensão da regra-matriz de incidência, pelo que se recomenda a atenção especial do intérprete na formação de seu juízo descritivo sobre os enunciados do direito positivo. Tratando-se de tema sobremodo delicado, qualquer deslize praticado na conexão dos preceitos sobre a base de cálculo pode refletir na desfiguração da incidência pretendida.

Por outros torneios, podemos afirmar que *a base de cálculo está viciada ou defeituosa quando verificamos que ela não mede as proporções do fato imponível*, sendo-lhe estranha. Ou seja, ainda que ambas as proposições incidam sobre o mesmo suporte factual, pode ocorrer que a base de cálculo e a hipótese tributária recortem fatos jurídicos diversos ("Fjt" ≠ "Fbc"). Tal circunstância é motivo para desvios na consistência interna da regra-matriz de incidência: não basta que a hipótese tributária e a base de cálculo sejam ambas de imposto, ou de taxa: há de existir correlação lógica entre os fatos jurídicos constituídos por elas. Não é admissível, por exemplo, que a hipótese tributária descreva a materialidade de imposto sobre a propriedade predial e territorial urbana e, concomitantemente, a base de cálculo escolha grandeza apta para medir a renda auferida pelo proprietário do bem imóvel, situação que já ocorreu com município gaúcho e foi registrada por Alfredo Becker. Haveria, no caso, a par de grave distorção no arcabouço da regra-matriz de incidência, caso evidente de inconstitucionalidade, por invasão do legislador municipal do âmbito da competência privativa da pessoa política União. Do mesmo modo, tem-se situação de flagrante de inconstitucionalidade, com ofensa à atribuição de competências tributárias e aos princípios da capacidade contributiva e do não-confisco, quando um Município dispõe ser o ISSQN incidente sobre valores que não correspondem ao preço do serviço.

A reflexão implica reconhecer a importância fundamental do confronto entre as duas proposições seletoras do real. Por isso, o cotejo entre essas entidades, como já salientei, faz com que o enunciado da base de cálculo venha a afirmar, confirmar ou infirmar aquele constante da hipótese tributária.

6. A base de cálculo do ISSQN segundo a Lei Complementar 116/2003 e a definição do conceito de "preço do serviço"

Ao conferir possibilidade legiferante às pessoas políticas, no campo tributário, o constituinte reporta-se a determinados eventos, atribuindo ao legislador ordinário o pormenorizado esboço estrutural da hipótese e da consequência normativa. Delineados os contornos genéricos do acontecimento, incumbe ao político fixar a fórmula numérica de estipulação do conteúdo econômico do dever jurídico a ser cumprido pelo sujeito passivo, escolhendo, dentre os atributos valorativos que o fato exibe, aquele que servirá como suporte mensurador do êxito descrito, e sobre o qual atuará outro fator, denominado alíquota, desde que, naturalmente, o predicado factual eleito seja idôneo para anunciar a grandeza efetiva do acontecimento.

Quando se fala em anunciar a grandeza efetiva do acontecimento, significa a captação de aspectos inerentes à conduta ou objeto da conduta, devendo o legislador cingir-se às manifestações exteriores que sirvam como índice avaliativo da materialidade. No caso do ISSQN, cujo critério material consiste em "prestar serviços de qualquer natureza", a base de cálculo não pode ser outra que não *o preço desse serviço*, pois é esse elemento que exterioriza a grandeza do fato descrito no antecedente normativo.

Assim prescrevia o Decreto-lei 406/1968, estipulando, no art. 9º, *caput*, que *"A base de cálculo do imposto é o preço do serviço"*.

A Lei Complementar 116/2003, ao conferir nova disciplina jurídica ao ISSQN, manteve semelhante prescrição, exatamente por ser o preço do serviço a medida da atividade desenvolvida pelo contribuinte:

"Art. 7º. A base de cálculo do imposto é o *preço do serviço*.

"§ 1º. Quando os serviços descritos pelo subitem 3.04 da lista anexa forem prestados no território de mais de um Município, a base de cálculo será proporcional, conforme o caso, à extensão da ferrovia, rodovia, dutos e condutos de qualquer natureza, cabos de qualquer natureza, ou ao número de postes, existentes em cada Município.

"§ 2º. Não se incluem na base de cálculo do Imposto Sobre Serviços de Qualquer Natureza:

"I – o valor dos materiais fornecidos pelo prestador dos serviços previstos nos itens 7.02 e 7.05 da lista de serviços anexa a esta Lei Complementar;" (grifei).

Vê-se que a Lei Complementar 116/2003, na condição de norma geral de direito tributário, procurou conferir conceito uniforme à base de cálculo do ISSQN, de modo que os Municípios, ao instituírem esse imposto, devem tomar o "preço do serviço" como suporte para incidência do gravame. E, para evitar controvérsias a respeito da amplitude de tal locução, o legislador foi explícito ao dispor que o valor dos materiais fornecidos pelo prestador dos serviços ali relacionados não se incluem na base de cálculo do imposto, já que as quantias recebidas a esse título distam de configurar remuneração pelo serviço.

A despeito de tal esclarecimento, a Lei Complementar 116/2003 não traçou, expressamente, a definição do que seja "preço do serviço".

A base de cálculo, porém, deve ser muito bem precisada pela legislação, sendo dotada do rigor inerente à sua função mensuradora. Por isso, seus componentes hão de ser fixados com muita clareza, evitando que se incluam no cômputo do tributo valores alheios ao signo presuntivo de riqueza constitucionalmente previsto. Para atingir tal desiderato, a doutrina e a jurisprudência brasileiras consolidaram entendimento de que se considera por preço do serviço a *receita bruta proveniente do serviço prestado*.

Nessa esteira, assevera Aires F. Barreto[4] que "preço do serviço" há de ser entendido como "*a receita bruta a ele correspondente*". E, esclarecendo essa locução, registra: "*Apenas os aportes que incrementem o patrimônio, como elemento novo e positivo, são receitas*".

O Egrégio Superior Tribunal de Justiça também consolidou posicionamento a respeito do assunto, decidindo que a base de cálculo do ISSQN há de corresponder à exata medida do preço do serviço, considerada a receita bruta auferida em virtude do desempenho da atividade tributada:

"*Tributário. Imposto sobre Serviços de Qualquer Natureza. Base de cálculo. Reembolso de despesas de viagem, alimentação e estada de empregados quando da prestação de serviços em outra localidade. Não incidência do ISSQN.*

"1. *A base de cálculo do ISS é o preço do serviço*, consoante disposto no art. 9º, *caput*, do Decreto-lei 406/1968.

"2. Destarte, *o preço do serviço é a contraprestação que o tomador ou usuário do serviço deve pagar diretamente ao prestador, vale dizer, o valor a que o prestador faz jus, pelos serviços que presta*.

"(...).

"6. Precedentes: REsp 411.580-SP, 1ª T., rel. Ministro Luiz Fux, *DJ* 8.10.2002; REsp 618.772-RS, 1ª T., rel. Ministro Francisco Falcão, *DJ* 19.12.2005; REsp 224.813-SP, 1ª T., rel. Ministro José Delgado, *DJ* 7.12.1999.

"7. Recurso especial desprovido."[5]

Como se nota, a liberdade do legislador municipal, no que diz respeito à base de cálculo do ISSQN, está delimitada pela noção de "preço do serviço", de modo que somente sobre os valores auferidos em virtude da contraprestação ao serviço prestado podem ser objeto de incidência tributária.

Posto isso, e tendo em vista que a base de cálculo do ISSQN há de ser sempre o "preço do serviço", assim entendida a receita bruta a ele correspondente, a compreensão do tema demanda algumas anotações sobre o conceito de "receita bruta", conforme feito a seguir.

7. A determinação constante do art. 110 do Código Tributário Nacional

O ISSQN, como fiz empenho de frisar, tem em sua hipótese de incidência a prestação de serviços definidos em lei complementar, excluídos os de transporte interestadual e intermunicipal e de comunicação. O legislador municipal encontra-se impedido, por isso mesmo, de instituir o referido imposto relativamente a algo que não esteja compreendido no conceito de "serviço", sob pena de afronta à supremacia constitucional.

Sua base de cálculo, por conseguinte, há de ser o "preço do serviço", pois é esse elemento que exterioriza a grandeza do fato descrito no antecedente normativo. Nesse sentido, andou bem o legislador da Lei Complementar 116/2003.

O conceito de "serviço", por sua vez, é consagrado pelo Direito Civil e foi utilizado pelo constituinte para definir competência

---

4. *Curso de Direito Tributário Municipal*, São Paulo, Saraiva, 2009, pp. 369-370.

5. 1ª T., rel. Ministro Luiz Fux, REsp 788.594-MG, *DJ* 8.3.2007, p. 167 (grifei).

tributária, não podendo sofrer alterações pelo legislador infraconstitucional, quer complementar, quer ordinário. Do mesmo modo, a "receita bruta" encontra delimitação conceitual no direito privado, sendo vedada a adoção de qualquer outro sentido para esse termo. É o que prescreve o art. 110 do Código Tributário Nacional, *verbis*:

"Art. 110. A lei tributária não pode alterar a definição, o conteúdo e o alcance de institutos, conceitos e formas de direito privado, utilizados, expressa ou implicitamente, pela Constituição Federal, pelas Constituições dos Estados, ou pelas Leis Orgânicas do Distrito Federal ou dos Municípios, para definir ou limitar competências tributárias".

A formulação transcrita, a bem do rigor, nem precisaria existir. É claro que uma Constituição rígida não poderia ser alterada por lei, quanto mais no campo temático das definições dos termos relativos ao alcance dos institutos, conceitos e formas de direito privado, utilizados para a discriminação das competências tributárias. O empenho do constituinte cairia em solo estéril se a lei infraconstitucional pudesse ampliar, modificar ou restringir os conceitos utilizados naqueles diplomas para desenhar as faixas de competências oferecidas às pessoas políticas.

A inalterabilidade dos institutos de direito privado empregados na demarcação da competência tributária é, pois, imposição lógica da hierarquia de nosso sistema jurídico. Mesmo assim, naquela dimensão que alguns chamam, impropriamente, de didática do Código Tributário Nacional, ficou esclarecida e reforçada a impossibilidade cabal de expedientes dessa natureza.

Em outra oportunidade discorri sobre o assunto,[6] mencionando que seria até curioso imaginar lei ordinária estabelecendo: "*de agora em diante, as máquinas de escritório serão equiparadas a bens imóveis, para fins de IPTU*". A incidência do imposto, que por determinação constitucional alcança apenas os bens imóveis, passaria a atingir também "máquinas de escritório"!

Esse raciocínio é perfeitamente aplicável ao objeto do presente estudo, alterando-se apenas a circunstância de que, em vez da tributação pelo IPTU de "máquinas de escritório", discute-se a possibilidade de o legislador infraconstitucional fazer incidir o ISSQN sobre valores que não tenham sido efetivamente contratados e auferidos pelo contribuinte em decorrência da prestação de serviços. A resposta é absolutamente negativa. Com tal atitude, estaria o legislador do Município ultrapassando as barreiras postas pelo constituinte, vindo a tributar fatos não relacionados no seu âmbito de competência traçado constitucionalmente, sendo manifesta a incompatibilidade desse preceito com os princípios maiores do sistema jurídico tributário brasileiro.

8. A receita bruta proveniente da prestação de serviços

Penso que, ao discorrer sobre o tema da base de cálculo do ISSQN, deva ser traçada a definição do conceito de receita, visto que, nos termos do art. 7º da Lei Complementar 116/2003, "*A base de cálculo do imposto é o preço do serviço*", sendo este, conforme consolidado pelos nossos Tribunais, a receita bruta proveniente da remuneração pelo serviço prestado.

Receita é a entrada financeira que se integra ao patrimônio sem quaisquer reservas ou condições.

Assim, quando o particular vende determinado bem que lhe pertence, presta um serviço ou recebe certa indenização, o dinheiro recebido é receita, visto que se incorpora ao seu patrimônio. Por outro lado, ingressos financeiros sem caráter de definitividade, como os valores recebidos pela alienação de coisa alheia, não se apresentam como receita, sendo mera *entrada*.

---

6. "COFINS – A Lei 9.718/1998 e a Emenda Constitucional 20/1998", *Revista de Direito Tributário* 75/178.

A *receita bruta* não se identifica, portanto, com a mera *entrada financeira*, sendo esta ainda mais abrangente que aquela. Tal é a lição de Geraldo Ataliba:[7]

"O conceito de receita refere-se a uma espécie de entrada. Entrada é todo o dinheiro que ingressa nos cofres de uma entidade. Nem toda entrada é uma receita. Receita é a entrada que passa a pertencer à entidade. Assim, *só se considera receita o ingresso de dinheiro que venha a integrar o patrimônio da entidade que a recebe*" (grifei).

Com maior razão, valores que não integram o patrimônio do contribuinte pelo fato de ter inocorrido ingresso pecuniário motivado por desconto concedido, não podem ser tidos como receita a qualquer título.

De acordo com as Normas e Procedimentos de Contabilidade, editadas pelo Instituto dos Auditores Independentes do Brasil (IBRACON), "*receita corresponde a acréscimos nos ativos e decréscimos nos passivos, reconhecidos e medidos em conformidade com princípios de contabilidade geralmente aceitos, resultante dos diversos tipos de atividade e que possam alterar o patrimônio líquido*" (NPC 14).

Sem dúvida, para a efetiva existência de receita, o ingresso de dinheiro deve integrar o patrimônio de quem a auferiu, havendo alteração de riqueza, pois, como visto, receita é a entrada que, integrando-se ao patrimônio sem quaisquer reservas ou condições, vem acrescer o seu vulto, como elemento novo positivo.

Para que se configure "receita", deve haver ingresso financeiro caracterizado pela *definitividade*, consistente na disponibilidade e titularidade dos recursos sem qualquer obrigação que lhe corresponda, tendo como causa a remuneração de negócio jurídico praticado no exercício da atividade empresarial.

Em conclusão, receita é o acréscimo patrimonial que adere definitivamente ao patrimônio da pessoa, não a integrando quaisquer entradas provisórias, representadas por importâncias que se encontram em seu poder de forma temporária, sem pertencer-lhe em caráter definitivo. Tratando-se de ISSQN, só compõem a receita bruta os valores recebidos em decorrência da prestação de serviços e que se integrem ao patrimônio do contribuinte, não havendo obrigação de transferência pecuniária a terceiros.

A receita bruta de possível tributação é, por imperativo constitucional, a "receita bruta da prestação de serviços", ou seja, a exata contraprestação pelo serviço executado, recebida pelo prestador do serviço em caráter de definitividade, sem correspondência no seu passivo.

9. O princípio da capacidade contributiva e incidência do ISSQN sobre a exata medida da remuneração pelo serviço prestado

Ao recortar, no plano da realidade social, aqueles fatos que julga de porte adequado para fazerem nascer a obrigação tributária, o legislador sai à procura de acontecimentos que sabe haverão de ser medidos segundo parâmetros econômicos, uma vez que o vínculo jurídico a eles atrelado deve ter como objeto uma prestação pecuniária. É evidente que, de uma ocorrência insusceptível de avaliação patrimonial, jamais se conseguirá cifras monetárias que traduzam, de alguma forma, um valor em dinheiro. Necessário, portanto, tipificar eventos que ostentem signos de riqueza, passíveis, por vários ângulos, de ser comensurados, colhendo-se, por esse caminho, a substância apropriada para satisfazer os anseios do Estado, que consiste na captação de parcelas do patrimônio de seus súditos, sempre que estes participarem de fatos daquela natureza.

Se agir assim, diremos que a autoridade legislativa cumpriu o processo de seleção de eventos idôneos ao fim precípuo que o Poder Público almejava alcançar, abrindo-se as portas à pretensão de uma parte da

---

7. *Estudos e Pareceres de Direito Tributário*, vol. I, São Paulo, Ed. RT, p. 81.

riqueza exibida no acontecimento factual. A circunstância indica que o legislador levou em consideração a "capacidade contributiva" manifestada pelas pessoas que deram ensejo à ocorrência do mundo físico exterior. Trata-se da "capacidade contributiva absoluta ou objetiva", que se consubstancia na participação das pessoas em fatos que denotem sinais de riqueza.

Por sem dúvida que a iniciativa que narramos se opera no nível pré-jurídico dos cogitares legislativos, mas o resultado aparece estampado no texto da lei, que há de ser o ponto de partida para as indagações da Ciência do Direito. Da providência contida na escolha de fatos presuntivos de fortuna econômica decorre a possibilidade de o legislador, subsequentemente, distribuir a carga tributária de maneira equitativa, estabelecendo, proporcionadamente às dimensões do evento, o grau de contribuição dos que dele participaram. Exsurge aqui a chamada "capacidade contributiva relativa ou subjetiva", fator lógico de discriminação que atua decisivamente para que se realize o princípio jurídico da igualdade tributária.

Podemos resumir o que dissemos em duas proposições afirmativas bem sintéticas: realizar o princípio pré-jurídico da "capacidade contributiva absoluta ou objetiva" retrata a eleição, pela autoridade legislativa competente, de fatos que ostentem signos de riqueza; por outro lado, tornar efetivo o princípio da "capacidade contributiva relativa ou subjetiva" quer expressar a repartição do impacto tributário, de tal modo que os participantes do acontecimento contribuam de acordo com o tamanho econômico do evento.

A segunda proposição, transportada para a linguagem técnico-jurídica, significa a realização do princípio da igualdade, previsto no art. 5º, *caput*, do Texto Supremo, bem como da incisiva determinação do art. 145, § 1º, da Carta Magna, segundo o qual os impostos deverão ser graduados em conformidade com a capacidade econômica do contribuinte.

Diante de tais dispositivos somos levados à conclusão de que o indivíduo, ao contribuir para as despesas da coletividade, mediante o pagamento de impostos, deve fazê-lo em razão da sua força econômica. Esse o motivo por que o constituinte, no art. 145, § 1º, *in fine*, estabelece a possibilidade de a administração tributária identificar o patrimônio, os rendimentos e as atividades econômicas do sujeito passivo, visando à efetividade da gradação tributária segundo a capacidade contributiva. Em consequência, se no caso concreto, ao investigar o fato jurídico tributário, verificar-se a inexistência daquela riqueza presumida, tornar-se-á inadmissível sua tributação.

Dessas considerações podemos deduzir duas proposições afirmativas bem sintéticas: uma, que o princípio da capacidade contributiva absoluta retrata a efetiva realização do conceito jurídico de "prestação de serviço"; e outra, que tornar efetivo o princípio da capacidade contributiva relativa implica realizar a igualdade tributária, de tal modo que os participantes do acontecimento contribuam de acordo com o tamanho econômico do evento, quer dizer, na exata medida do serviço prestado.

Reconhecidas essas premissas, apenas a legislação que prescrever a tributação dos valores auferidos em decorrência do serviço prestado realiza a capacidade contributiva objetiva, tal qual formulado no art. 145, § 1º, da Constituição da República. É imperativo que se selecionem somente as ocorrências que configurem sinais de riqueza, caracterizando receita pela prestação do serviço.

É intuitivo reconhecer que o avanço do legislador, extrapassando esses limites, ingressa, irrecusavelmente, no perigosíssimo segmento do confisco, que se caracteriza pelo exercício da imposição tributária para além das possibilidades relativas do sujeito passivo em arcar com a percussão do tributo.

Verdadeiramente, sempre que a percussão tributária atinge suposto acréscimo de patrimônio, mas que, de fato, não se manifestou, a incidência acaba por alcançar o próprio patrimônio, uma vez que inexistiu força econômica suficiente para suportar a exação. A atividade impositiva do Estado, conduzida desse modo, ofende, grosseiramente, o princípio da capacidade contributiva, extrapassado de maneira visível nos seus limites.

Bem sabemos que a Constituição brasileira preserva o substrato econômico dos patrimônios privados, impondo, severamente, que a carga tributária seja dosada na conformidade da capacidade contributiva do sujeito passivo (art. 145, CRFB).

Por isso, no que concerne ao ISSQN, o pressuposto de fato tomado na previsão normativa é exatamente o acontecimento, ocorrido dentro de certo trato de tempo, que produz riqueza em decorrência de prestação de serviços, acrescendo o patrimônio do sujeito passivo. É precisamente o valor auferido pela prestação do serviço, portanto, a base de cálculo tributável.

Qualquer entendimento em sentido diverso, que pretenda ver recolhido o ISSQN em relação a valores que não se incorporem ao patrimônio do contribuinte, configura distanciamento do dado factual, fazendo com que a base de cálculo assim concebida distorça o sucesso verdadeiramente pretendido pelo legislador, que deixa de ser o "serviço prestado", conforme constitucionalmente prescrito, para alcançar, também, valores não pertencentes ao prestador, em total descompasso com as prescrições constitucionais.

10. *Princípio da proibição de tributo com efeito de confisco e a impossibilidade de exigência do ISSQN em relação a valores que não configurem receita do prestador de serviços*

Tanto a doutrina como a jurisprudência inclinam-se, de maneira insistente, no sentido de que a tributação não dever ser demasiadamente elevada, a ponto de acarretar, ainda que de modo indireto, a dilapidação patrimonial do particular. Essa a razão por que a Constituição brasileira, além de proteger o direito de propriedade (art. 5º, XXII, CRFB), veda expressamente, no art. 150, IV, a utilização de tributo com efeito de confisco.

Já tive a oportunidade de manifestar-se sobre o tema,[8] discorrendo acerca da dificuldade em fixar as linhas demarcatórias do confisco, em matéria tributária, pois o que para alguns tem efeitos confiscatórios, para outros pode perfeitamente apresentar-se como forma lídima de exigência tributária. Nessa ocasião, porém, fiz questão de registrar que nos tributos que gravam a propriedade imobiliária e a titularidade de bens móveis com característica de durabilidade, como o imposto predial e territorial urbano, o imposto territorial rural e o imposto sobre veículos automotores, nos quais a percussão acontece periodicamente, incidindo de maneira sistemática para suscitar novas relações tributárias, qualquer excesso impositivo acarreta em cada um de nós a sensação de confisco, ao passo que nos bens de consumo, cujo gravame se incorpora no preço, permite-se cogitar de taxações altíssimas, sem que se alvitre sombras de efeitos confiscatórios, em virtude da repercussão do ônus, juridicamente prevista para essas espécies de tributo.

A controvérsia a respeito dos limites da imposição tributária para que não seja tida por confiscatória centra-se nas situações em que a exigência tributária dá-se mediante a imposição de alíquotas, discutivelmente elevadas, sobre os montantes mensuradores do fato jurídico tributário. Nesses casos, há certa margem de subjetividade sobre o percentual configurador de confisco.

Paralelamente a essa hipótese, porém, tem-se a circunstância de uma exigência tributária que recaia sobre valores sem qualquer correspondência com o fato jurídico tributário. Quando evidenciada essa impropriedade, a conclusão é uníssona: está-se diante de inadmissível exigência de tributo com efeito confiscatório, pois sem suporte em fato signo presuntivo de riqueza autorizado pelo ordenamento.

8. *Curso de Direito Tributário*, 26ª ed., São Paulo, Saraiva, 2014, pp. 158-160.

Não restam dúvidas, portanto, de que as prestações de serviços hão de ser tributadas com base nos valores pactuados e recebidos pelos prestadores, sendo vedada a exigência do ISSQN sobre quantias não recebidas em virtude de acordo firmado entre prestador e tomador, como ocorre, por exemplo, nas hipóteses de concessão de descontos ou de estipulação de valores diferenciados conforme a data de pagamento do serviço prestado.

11. A imprescindibilidade da remuneração do serviço para que se configure o fato, signo presuntivo de riqueza escolhido como hipótese de incidência tributária

Os princípios da capacidade contributiva e da proibição de tributo com efeito de confisco, sobre os quais já discorremos, são sobremaneira relevantes para a solução do problema objeto deste texto. Não há dúvidas de que a prestação de serviços de qualquer natureza configura fato tributável pelo ISSQN, pois indica potencialidade de riqueza do contribuinte. A ausência de remuneração do serviço, contudo, apresenta-se como empecilho à incidência da regra-matriz do imposto municipal, visto que infirma a presunção de riqueza eleita pela hipótese tributária. Essa é a razão porque os serviços gratuitos não são passíveis de tributação pelo ISSQN, conforme pacificado na doutrina e na jurisprudência.

É a efetiva remuneração, portanto, imprescindível para que fique configurado o fato conotativamente descrito na hipótese de incidência tributária.

Trazendo tais considerações ao exame do caso concreto, verificamos que:

• o critério material da regra-matriz do ISSQN consiste em "prestar serviços";

• essa prestação de serviços, para ser eleita à condição de fato tributável, deve representar um signo-presuntivo de riqueza, ou seja, deve ser remunerada;

• a base de cálculo do ISSQN consiste exatamente na remuneração dos serviços prestados, medindo e confirmando o fato jurídico tributário.

Embora a Constituição da República, ao eleger a prestação de serviços de qualquer natureza como materialidade do ISSQN, não tenha anotado expressamente sobre a imprescindibilidade da remuneração para que se configure o fato jurídico tributário, a interpretação sistemática leva-nos a concluir de modo afirmativo. É o que se infere a partir do disposto, por exemplo, no art. 145, § 1º, do Texto Magno, o qual prescreve que os tributos devem ser avaliados economicamente.

Vale recordar, ainda, a lição de Marçal Justen Filho,[9] segundo a qual "*a prestação de serviço, considerada em si mesma e isolada de outros dados, não é fato signo-presuntivo de riqueza alguma. Intrinsecamente, a prestação de serviço é atividade (situação ou fato) que evidencia uma capacidade física e intelectual do prestador do serviço. Essa capacitação física e intelectual não é, ela própria, avaliável economicamente nem externa riqueza alguma, autorizadora de apropriação pelo Estado sob forma tributária*". Ao eleger a atividade econômica "prestar serviços de qualquer natureza" como fato jurídico tributário que abre espaço ao débito do tributo, o legislador presume a capacidade econômica. Trata-se de um fato, signo presuntivo de riqueza. Enquanto mera presunção, porém, comprovando-se não ter sido efetivada a riqueza, em decorrência de descontos concedidos ou da repactuação dos valores pelos serviços prestados, incabível a exigência tributária sobre o montante que não tenha sido efetivamente recebido, pois a tributação concretizada sem a existência de remuneração dos serviços prestados implicaria substancial redução do patrimônio do contribuinte.

Dessa feita, a insistência na tributação de prestações de serviços em relação a valores não recebidos pelo prestador, em virtude de estipulação negocial previamente formali-

---

9. *O Imposto sobre Serviços na Constituição*, São Paulo, Ed. RT, p. 162.

zada com o tomador, representa manifesta violação ao direito de propriedade (art. 5º, XXII, da CRFB/1988), com consequente enriquecimento sem causa por parte do Município. Inexistindo real substrato econômico, descabida a imposição tributária. Por isso mesmo que, além de afrontar o princípio da capacidade contributiva, consubstancia a exigência, pelo ente público, de parcela do patrimônio do contribuinte que não lhe faz jus, acarretando apropriação estatal de bens privados.

12. Noções sobre a "relação jurídica"

O objetivo primordial do direito é ordenar a vida social, disciplinando o comportamento dos seres humanos, nas suas relações de intersubjetividade. Tomando por base esse caráter eminentemente instrumental do ordenamento jurídico, é curioso notar que o único meio de que dispõe, para alcançar suas finalidades precípuas, é a relação jurídica, no contexto da qual emergem direitos e deveres correlatos, pois é desse modo que se opera a regulação das condutas.

É incontestável a importância que os fatos jurídicos assumem no quadro sistemático do direito positivo, pois, sem eles, jamais apareceriam direitos e deveres, inexistindo possibilidade de regular a convivência dos homens, no seio da comunidade. Mas, sem desprezar esse papel fundamental, é pela virtude de seus efeitos que as ocorrências factuais adquirem tanta relevância. E tais efeitos estão prescritos no consequente da norma, irradiando-se por via de relações jurídicas. Isso nos permite dizer, com inabalável convicção, que o prescritor normativo é o dado por excelência da realização do direito, porquanto é precisamente ali que está depositado o instrumento da sua razão existencial.

A expressão "relação jurídica", como tantas outras empregadas no discurso jurídico, prescritivo ou descritivo, experimenta mais de uma acepção. É relação jurídica o liame de parentesco entre pai e filho, o laço processual que envolve autor, juiz e réu, bem como o vínculo que une credor e devedor, com vistas a determinada prestação. Iremos nos ocupar dessa terceira espécie, que nas normas jurídicas atua decisivamente.

Para a Teoria Geral do Direito, "relação jurídica" é definida como o vínculo abstrato, segundo o qual, por força da imputação normativa, uma pessoa, chamada de sujeito ativo, tem o direito subjetivo de exigir de outra, denominada sujeito passivo, o cumprimento de certa prestação. Logo, é forçoso concluir: para que se instaure um fato relacional, vale dizer, para que se configure o enunciado pelo qual irrompe a relação jurídica, são necessários dois elementos: o subjetivo e o prestacional. No primeiro, subjetivo, encontramos os sujeitos de direito postos em relação: um, no tópico de sujeito ativo, investido do direito subjetivo de exigir certa prestação; outro, na posição passiva, cometido do dever subjetivo de cumprir a conduta que corresponda à exigência do sujeito pretensor. Ambos, porém, necessariamente sujeitos de direito. Nada altera tratar-se de pessoa física ou jurídica, de direito público ou de direito privado, nacional ou estrangeira.

Ao lado do elemento subjetivo, o enunciado relacional contém uma prestação como conteúdo do direito de que é titular o sujeito ativo e, ao mesmo tempo, do dever a ser cumprido pelo passivo. O elemento prestacional fala diretamente da conduta, modalizada como obrigatória, proibida ou permitida. Entretanto, como o comportamento devido figura em estado de determinação ou de determinabilidade, ao fazer referência à conduta terá de especificar, também, qual é seu objeto (pagar valor em dinheiro, construir um viaduto, não se estabelecer em certo bairro com particular tipo de comércio etc.). O elemento prestacional de toda e qualquer relação jurídica assume relevância precisamente na caracterização da conduta que satisfaz o direito subjetivo de que está investido o sujeito ativo, outorgando o caráter de certeza e segurança de que as interações sociais necessitam. É nesse ponto que os interessados vão ficar sabendo qual a orientação que devem imprimir às respectivas condutas, evitando a ilicitude e realizando os valores que a ordem jurídica instituiu.

Todo e qualquer vínculo jurídico apresenta essa composição sintática: liame entre pelos menos dois sujeitos de direitos, voltados a um objeto prestacional. Apenas pela observação do conteúdo semântico das relações jurídicas é que estas podem ser distinguidas.

Havendo pacto de prestação onerosa de serviços, instalam-se dois liames distintos, porém relacionados entre si:

(i) uma relação obrigacional em que o prestador (sujeito passivo) tem a obrigação de desempenhar uma tarefa (objeto), enquanto ao tomador (sujeito ativo) assiste o direito de ver cumprida essa obrigação de fazer;

(ii) outro vínculo, mediante o qual o tomador (sujeito passivo) fica obrigado a entregar certa quantia em dinheiro (objeto) ao prestador (sujeito ativo), o qual faz jus àquela remuneração em virtude do serviço prestado.

Em ambas as relações jurídicas temos a presença de dois sujeitos, situados em polos distintos, com direitos e deveres em torno do objeto prestacional especificado. Esses elementos configuram e caracterizam os vínculos obrigacionais. Por tal motivo, caso ocorra alteração em qualquer dos seus componentes, estaremos diante de novo liame, distinto do anterior. Como leciona Pontes de Miranda,[10] "*A mudança de titular ou sujeito, quer do direito, quer do dever, quer da pretensão, quer da obrigação, quer da situação de autor, quer da situação de acionado (ou acionável), quer da exceção, quer da eficácia encoberta, acarreta modificação do direito*".

Ora, sendo o objeto prestacional um dos elementos da relação jurídica, qualquer alteração nesse componente, quer em termos qualitativos, quer no aspecto quantitativo, implica uma relação jurídica distinta.

Com suporte nessas premissas, fica clara a existência de relações jurídicas diversas quando pactuados preços diferentes, escalonados, conforme a data em que se concretize o pagamento da prestação de serviços.

13. Negócio jurídico condicionado: definição e espécies

Dentro do universo da expressão "ato jurídico" cabem duas classes de manifestação de vontade: (i) a do ato jurídico em sentido estrito e (ii) a do negócio jurídico. Caio Mário da Silva Pereira[11] e Serpa Lopes[12] dão especial relevo à sutil diferença. Está na raiz do ato jurídico a manifestação da vontade; entretanto, nem toda declaração de vontade constitui um negócio jurídico, pois nele haverá de estar presente a *finalidade jurídica*, que faria por distingui-lo do ato indiferente ou da mera submissão passiva ao preceito legal. Enquanto o ato jurídico surge limitado por um *numerus clausus*, contendo categorias de figuras típicas, isto é, previstas na lei e expressamente disciplinadas, nos negócios jurídicos a importância exercida pela vontade intencional faz com que essa intenção livre produza um desenvolvimento impossível de ser obtido com os atos jurídicos, estritamente considerados.

Os atos configuradores de relações contratuais são exemplos claros de negócios jurídicos. Podemos definir o "contrato" como espécie de negócio jurídico bilateral ou plurilateral, dependendo, para sua formação, do encontro de vontade das partes, com o escopo de adquirir, modificar ou extinguir relações de cunho patrimonial.

Seus requisitos são: (i) existência de duas ou mais partes, (ii) capacidade genérica para praticar os atos da vida civil, (iii) aptidão específica para contratar, (iv) con-

---

10. *Tratado de Direito Privado*, 4ª ed., vol. 5, São Paulo, Ed. RT, 1983, p. 95.

11. *Instituições de Direito Civil*, vol. 2, Rio de Janeiro, Forense, pp. 335 e ss.

12. *Curso de Direito Civil*, 3ª ed., vol. 1, Rio de Janeiro, Freitas Bastos, pp. 403 e ss.

sentimento das partes contraentes, (v) determinação do objeto do contrato, (vi) licitude de seu objeto, (vii) possibilidade física ou jurídica do objeto, (viii) economicidade de seu objeto, e (ix) forma prescrita ou não vedada por lei.

Firmado o negócio jurídico, instala-se vínculo relacional em que uma das partes figura como sujeito ativo e outra atua como sujeito passivo, possuindo direitos e deveres correlatos. Todavia, há contratos em que se prevê determinada condição para que o negócio se concretize: são os denominados "negócios jurídicos condicionais". Existindo a condição e, segundo a modalidade assumida, os efeitos serão diversos.

O art. 117 do Código Tributário Nacional, por exemplo, confere tratamento distinto conforme se trate de negócio jurídico condicionado de forma suspensiva ou resolutiva. Se suspensiva a condição, o negócio somente se reputa concretizado no instante em que cumprido o requisito condicional. Tratando-se de condição resolutiva (que o legislador do CTN chamou de "resolutória"), considera-se feito o negócio jurídico desde o momento em que as partes tenham firmado o pacto, sendo que, quando e se verificado o implemento da condição, o negócio ter-se-á por extinto.

Não é qualquer cláusula contratual, porém, que pode ser considerada como "condição" do negócio jurídico. Conforme registra Maria Helena Diniz,[13] condição é: *"Cláusula que subordina o efeito do negócio jurídico a evento futuro e incerto. Para sua configuração, requer a ocorrência de dois requisitos essenciais: a futuridade e a incerteza"*. Sendo a condição suspensiva, o negócio jurídico instaura-se a partir do acontecimento futuro e incerto; havendo condição resolutiva, o negócio perdura até que o acontecimento futuro e incerto se verifique.

Com efeito, somente teremos negócio jurídico condicional se sua concretização estiver subordinada à ocorrência de um evento futuro e incerto, conforme enunciado pelo art. 121 do Código Civil: "Art. 121. Considera-se condição a cláusula que, derivando exclusivamente da vontade das partes, subordina o efeito do negócio jurídico a evento futuro e incerto".

Diferentes são, portanto, os caracteres configuradores da "condição" e do "termo". Enquanto a *condição* refere-se a acontecimento *futuro e incerto*, como momento inicial ou final do negócio jurídico, o *termo* consiste em preceito que alude a acontecimento *futuro e certo*.

Nas "condições", a incerteza do evento futuro consiste na impossibilidade de saber *se* ele ocorrerá: por isso, é incerto. Nos "termos", por sua vez, o evento futuro é certo quanto à sua ocorrência, ainda que não se saiba, em definitivo *quando* ele ocorrerá.

Precisas são as considerações feitas por Karl Larenz e Manfred Wolf a respeito do assunto, por ocasião de seus comentários à parte geral do Código Civil alemão, o qual teve grande influência na elaboração da disciplina jurídica brasileira:

"A mais importante característica de um negócio condicionado é uma *estado de incerteza objetiva* sobre o fato de se ocorrerá ou não a circunstância posta como condição e, com isso, o efeito jurídico dependente dessa condição. (...) Na condição, *diferentemente da fixação de prazo*, é incerto *se* o efeito jurídico finalmente ocorrerá. (...). Na fixação de prazo, pode-se contar seguramente com o advento do termo."[14]

Pontes de Miranda adverte que, muitas vezes, o vocábulo "condição" é utilizado de forma imprópria e atécnica. Exemplifica

---

13. *Dicionário Jurídico*, vol. 1, São Paulo, Saraiva, 1998.

14. "Das wichtigste Kennzeichen eines bedingten Geschäfts ist damit ein *Zustand objetiver Ungewissheit*, ob der als Bedingung gesetzte Umstand und damit die von der Bedingung abhängige Rechtsfolge eintreten wird oder nicht. (...) Bei der Bedingung ist *im Unterschied zur Befristung* ungewiss, *ob* die Rechtsfolge überhaupt eintritt. (...) Bei der Befristung kann mit dem Eintritt des Termins sicher gerechnet werden" (Karl Larenz e Manfred Wolf, *Allgemeiner Teil des Burgerlichen Rechts*, 9ª ed., Munique, Beck, 2004, p. 914 – grifei).

afirmando que, quando existente cláusula determinativa do conteúdo do negócio jurídico, não se está diante de verdadeira condição. E conclui:

"No sentido técnico, *condição* é a determinação temporal concernente à eficácia do negócio jurídico, sem ser termo (outra determinação de tempo). (...) Determinação inexa, que se não confunde, de modo nenhum, com o *motivo* ou *móvel* do negócio jurídico, pois esse não é integrante do negócio jurídico; nem com o *termo*, que, embora o seja, tem advento certo, seguro, ou, se é incerto, inseguro, não o é no sentido de que condicione o negócio jurídico. Daí a cláusula 'pagável contra documentos apresentados' não ser condição, mas termo. *Então o prazo para pagamento não é condição, mas termo, quer dizer, ocasião em que o negócio surte efeitos.*"[15]

A distinção entre "condição" e "termo" é clara: para configurar-se condição, os requisitos são a futuridade e a incerteza do evento; no termo, tem-se a certeza do evento futuro. Eis o motivo pelo qual esclarece Pontes de Miranda[16] que a chamada "condição necessária", em verdade, nada condiciona: apenas adia, pondo um termo inicial ou final.

Feitas essas anotação, fica evidenciada a *impossibilidade de qualificar-se o prazo para pagamento como cláusula condicionante*. Não há, aí, incerteza alguma, pois a data estabelecida em contrato certamente chegará, configurando termo inicial de exigibilidade do objeto pactuado.

Nem mesmo o "contrato de opção" pode ser visto como veiculador de negócio jurídico condicionado. Ainda que um contrato de opção (de compra e venda, por exemplo), subordine o negócio jurídico à declaração de vontade de uma das partes, titular do direito de opção, isso não significa a existência de verdadeira condição.

É preciso deixar bem claro que, havendo condição, surge o chamado "direito expectativo", que existe durante a pendência da condição, dando-se, em seguida, quando do implemento da condição, o direito expectado. Diferentemente, se conferida a uma das partes do direito de opção, não há essa dualidade temporal (antes, o direito expectativo; depois, o direito expectado): *nos pactos envolvendo opção negocial o que se tem é um tempo só, qual seja, o da manifestação de vontade quanto à alternativa escolhida, instante esse em que se irradia o direito ao conteúdo escolhido*. Nessa segunda hipótese, a declaração de vontade não se presta a cumprir qualquer condição, mas a dar ensejo ao surgimento do próprio direito, previsto no contrato de opção.

14. Conclusões: natureza dos descontos concedidos no preço do serviço e suas consequências na determinação da base de cálculo do ISSQN

Como anotei no início deste trabalho, muitas são as circunstâncias em que o prestador de serviço, consoante pactuado nos contratos negociais firmados, possibilita os tomadores efetuem o pagamento da contraprestação pecuniária em diversas datas, fixando, para tanto, valores que variam conforme o átimo do efetivo pagamento.

Desse modo, oferece a opção de que os tomadores manifestem vontade em relação ao pagamento em uma data ou outra, variando, também, o preço estipulado. O pagamento até determinada data implica opção pelo primeiro preço; se feita a quitação em outra data, tem-se a eleição de outro conteúdo obrigacional (preço).

Posta essa situação fática, e considerando os esclarecimentos feitos no tópico antecedente, fica evidenciado que *a oferta de opções quanto ao prazo para cumprimento obrigacional e respectivo conteúdo não significa a existência de verdadeira condição, mas consiste na própria determinação do negócio*.

Não há, no caso, a existência de direito expectativo (antes do cumprimento da condição) e de direito expectado (após

---

15. *Tratado de Direito Privado*, p. 103.
16. Ob. cit., p. 104.

a verificação da cláusula condicional), em sequência temporal.

No verdadeiro negócio jurídico condicionado, a cláusula indicativa de evento futuro e incerto presta-se para determinar a eficácia do negócio jurídico que, antes de seu implemento, não desencadeia direitos e obrigações. Assim, seria desconto condicionado, por exemplo, aquele conferido por prestador de serviço educacional ao aluno que obtiver nota máxima (10,0) em todas as provas do ano letivo. Em tal hipótese, não se sabe se alguém cumprirá a condição (futuridade e incerteza), de modo que, antes de realizado o fato condicionante, nenhum aluno pode fazer qualquer exigência quanto ao direito ao citado desconto.

Muito diferente é a situação em que se tem a seguinte previsão contratual: pagamento até data X, valor 1; pagamento até data Y, valor 2; e assim por diante.

Primeiramente, a estipulação de prazo para pagamento não é cláusula condicionante, visto que carece de incerteza. O prazo certamente chegará, sendo tido, portanto, como *termo*. Com suporte nessas premissas, e considerada a distinção entre "condição" e "termo", Pontes de Miranda[17] traça as diferenças entre "direito atual não vencido" e "direito expectativo":

"No termo inicial, há certeza, espera-se com a convicção, fundada, de que ocorrerá o *dies*. Tratando-se de obrigações, o direito não é só expectativo, não é o mesmo que existe *pendente de condicione*, se a condição é suspensiva: a) o direito mesmo já faz parte do patrimônio do titular, é alienável e herdável, se o é o efeito mesmo que se expecta; b) o crédito a termo pode ceder-se e remitir-se; c) se o outro figurante o destrói, ou prejudica, nasce ao titular pretensão à indenização; d) idem, se o dano provém do terceiro; e) na dúvida, o devedor pode pagar o crédito antes do termo, posto que não possa o credor exigi-lo, ou pôr em mora o devedor; f) a ação, que tem o credor, é declaratória, desde que se apresente interesse jurídico, porém cabe, também, a ação de prestação futura, se o crédito não depende (ou já não depende) de contraprestação, se se trata de *dies certus*, se há prestações periódicas a vencerem-se e se há conveniência, pelas circunstâncias, em que se dê desde logo a condenação; g) as medidas cautelares podem ser pedidas."

O fato de haver diversos prazos para pagamento previstos, com objetos prestacionais distintos, não implica subordinação do direito ou do dever das partes a qualquer condição pendente. O direito e obrigação já existem, podendo ser cedidos ou remitidos e, até mesmo, havendo possibilidade de cumprimento da obrigação (*in casu*, do pagamento do preço) antes do termo.

Ademais, ainda que não ocorra o pagamento no prazo/termo estipulado, o direito do credor permanece. Isso evidencia a impossibilidade de tratar o caso como negócio condicionado.

Se o pagamento em determinada data fosse, verdadeiramente, uma condição, o direito e dever decorrentes do negócio só adviriam quando implementada. Mas não é o que acontece na situação examinada: ainda que não ocorra o pagamento do preço, mantém-se o direito do prestador de receber os respectivos valores. Ora, que tipo de condição e essa que, mesmo se não concretizada, gera efeitos? Como já dissemos, inexiste negócio condicionado com tais características.

A estipulação de prazos e valores distintos, na realidade, representa a *opção de termos diversos*, em que, havendo a manifestação de vontade da parte, firma-se o negócio jurídico X (pagamento antecipado, com valor menor) ou o negócio jurídico Y (pagamento posterior, com valor maior). E a escolha por uma ou outra possibilidade não representa o cumprimento de qualquer condição, mas a própria determinação do conteúdo prestacional.

Essas anotações não deixam dúvidas quanto à impossibilidade de os "descontos"

---

17. Ob. cit., p. 197.

concedidos integrarem a base de cálculo do ISSQN. Como demonstrado, tais valores não configuram receita decorrente da prestação dos serviços, pois em momento algum ingressam no patrimônio do contribuinte.

Além disso, a oferta de opções quanto ao prazo e correspondente valor a ser pago não caracteriza desconto condicionado. Tem-se, nesse caso, estipulações variadas de termos, cuja eleição pelo tomador implica a determinação do conteúdo prestacional. O pagamento antecipado é representado por essa manifestação de vontade do tomador do serviço, de modo que o valor por ele pago é o que efetivamente passa a corresponder ao preço do serviço, devendo ser tomado para fins de cálculo do ISSQN.

Em resumo:

(i) os descontos ou abatimentos concedidos pelo prestador de serviços não integram a base de cálculo do ISSQN, pois tais valores não configuram receita decorrente da prestação dos serviços, visto que em momento algum ingressam no patrimônio jurídico do contribuinte;

(ii) tratando-se de fixação de valores distintos conforme a data de pagamento, segundo previamente estipulado em contrato firmado entre as partes, descabe falar em "desconto condicionado", pois inexiste evento futuro e incerto que condicione o negócio jurídico; a diversidade de opções conferida ao tomador presta-se para, mediante manifestação de vontade deste, determinar o próprio conteúdo prestacional, ou seja, o preço do serviço.

A NORMA DE INCIDÊNCIA EXONERATÓRIA

Jorge Bravo Cucci[1]

Profesor de Derecho Tributario de la Maestría de Tributación y Política Fiscal de la Universidad de Lima

1. Introdução. 2. Teoria da dispensa do pagamento: 2.1 Sustento; 2.2 Crítica. 3. Teoria da não exigibilidade da prestação tributária: 3.1 Sustento; 3.2 Crítica. 4. Teoria da incidência prévia da norma exoneratória: 4.1 Sustento; 4.2 Crítica. 5. Teoria da hipótese neutralizante: 5.1 Sustento; 5.2 Crítica. 6. Teoria da norma completa integrativa da norma tributaria: 6.1. Sustento; 6.2 Crítica. 7. Nossa concepção: 7.1 A regra-matriz de incidência tributária; 7.2 A norma de incidência exoneratória. 8. Posição do Tribunal Fiscal. 9. Classificação das exonerações de acordo com suas circunstâncias neutralizantes. 10. Exoneração e deveres formais. 11. A renúncia à exoneração.

1. Introdução

Que é uma exoneração? Qual é a sua natureza jurídica? Que relação mantém com a regra-matriz de incidência tributária? Qual é a sua relação com a obrigação tributária? Este trabalho tem como propósito responder essas interrogações e outras mais a respeito do fenômeno em questão.

Antes de mais nada, é preciso deixar assentadas algumas considerações preliminares sobre o emprego da palavra "exoneração" em lugar de "isenção". Não se trata de signos que se referem a objetos diferentes e que tenham significações diversas: pelo contrário, denotam e conotam uma mesma realidade. No entanto, como se verá posteriormente, não outorgamos à exoneração o sentido amplo de benefício tributário ou o de compreender da mesma maneira as outras técnicas desoneratórias, como as deduções ou o mínimo não tributável, alcance que um importante setor da doutrina espanhola outorga.[2]

Finalmente, diante de uma entidade abstrata, intimamente ligada à fenomenologia da incidência da norma tributária, não é de estranhar que entre os doutrinadores que abordaram esta matéria não exista consenso quanto ao entendimento do que é uma exoneração e qual é sua fenomenologia. Como prova palpável disso, iniciamos este trabalho, descrevendo as correntes teóricas que a nosso

---

1. El autor quiere agradecer de manera muy especial a Juan Carlos Panez Solorzano y Semíramis Oliveira, quienes tuvieron a cargo la traducción del presente ensayo.

2. Pedro Herrera Molina, *La Exención Tributaria*, Madrid, Colex, 1990, p. 28.

juízo são as mais importantes e representativas do pensamento jurídico, para concluir o que em nossa visão, é uma exoneração.

2. Teoria da dispensa do pagamento

2.1 Sustento

Esta tese foi sustentada por renomados autores espanhóis como José Luis Pérez de Ayala e Eusebio González, para os quais a diferença entre exoneração e não sujeição reside em que na primeira se produziu o fato imponível, nascendo, portanto, o dever de realizar a prestação tributária correspondente, o que segundo tal corrente de opinião, não ocorre no caso da exoneração. O suposto de exoneração libera, precisamente do cumprimento desses deveres; e se libera ou exime deles, é lógico concluir que previamente deveram nascer.

Em tal ordem de ideias, sustentam que a exoneração qualifica como uma hipótese de sujeição, nascendo o dever de realizar a prestação tributária, liberando o suposto de exoneração do cumprimento desses deveres; tal situação se produz porque *o pressuposto de fato do tributo e o suposto de isenção são simultâneos, mas a realização deste segundo tem por efeito paralisar os efeitos que derivam da realização do primeiro.*

Observe-se, muito atenciosamente, que a tese sob comentário implica que produzido o suporte fático no mundo fenomênico, o dever de prestação nasceu, de cujo cumprimento releva a exoneração. Portanto, um eventual pagamento da obrigação tributária originaria um pagamento indevido, sujeito à restituição em favor do sujeito exonerado.

2.2 Crítica

Entender a exoneração como uma dispensa de pagamento implica configurá-la como um favor fiscal, confundindo-se de tal forma a finalidade da norma com sua essência. Igualmente, conceituá-la como uma dispensa de pagamento é considerá-la como uma forma de extinção da obrigação tributária.

Finalmente, questiona-se a pertinência desta concepção, porquanto se outorga maior velocidade à norma que dispõe sobre a incidência tributária do que à norma de exoneração. Numa das mais contundentes críticas que se formula, o professor Paulo de Barros Carvalho sustenta que não há cronologia na atuação das vigentes num dado sistema, quando contemplam idêntico fato do relacionamento social, e que esta tese estaria outorgando uma dinâmica de atuação das normas que elas verdadeiramente não possuem.[3]

3. Teoria da não exigibilidade da prestação tributária

3.1 Sustento

Sustentada por um importante setor da doutrina tradicional brasileira, destacando-se as opiniões de Amílcar de Araújo Falcão e Rubens Gomes de Souza, se afirma que quando se produz o acontecimento da exoneração, origina-se a relação jurídico-tributária e como consequência disso nasce a dívida tributária, a que não pode ser *exigida pelo ente público credor, em observância ao preceito legal.* Assinala Araújo Falcão que na isenção há incidência, produz-se o fato gerador, mas o legislador, "seja por motivos relacionados com a apreciação da capacidade econômica do contribuinte, seja por considerações extrafiscais, estabelece a não exigibilidade da dívida tributária".[4]

A tese sob comento não assinala que o preceito legal que contém o mandato de exoneração, extingue a obrigação tributária senão que em virtude desta, o credor tributário

---

3. Paulo de Barros Carvalho, *Curso de Direito Tributário*, pp. 444-445.
4. Amílcar de Araújo Falcão, *Fato Gerador da Obrigação Tributária*, pp. 64-65.

carece da faculdade de exigir o pagamento da dívida ou se for o caso o devedor tem a potestade de opor a exceção de exigibilidade. Trata-se de uma situação bastante similar à prescrição da obrigação tributária, na qual o credor carece da faculdade coerciva para exigir o pagamento da dívida tributária. Dessa forma, dada a inexigibilidade da dívida tributária, quem resulta exonerado se qualificaria como sujeito passivo da obrigação tributária, de tal sorte que se efetuar o pagamento do tributo este se qualificaria como um pagamento válido, pois existe obrigação tributária ainda que a mesma seja inexigível.

3.2 Crítica

As críticas a esta teoria são, em essência, as mesmas que se faz a respeito da teoria da dispensa do pagamento em relação à prévia incidência da regra-matriz de incidência tributária e a subsequente incidência da norma exoneratória.

4. Teoria da incidência prévia da norma exoneratória

4.1 Sustento

Alfredo Augusto Becker[5] expressa que a regra jurídica da exoneração incide para que a regra jurídica da tributação não possa incidir. Assinala dito autor que para que pudesse existir a relação jurídico-tributária, seria indispensável que antes da incidência do que ele denomina regra jurídica de isenção tivesse ocorrido a regra jurídica da tributação (acontecimento da hipótese de incidência). Em sua opinião, a regra jurídica da exoneração incide em oportunidade anterior à regra jurídica tributária.

Outro eminente doutrinador que acolhe esta teoria é o professor José Souto Maior Borges, para quem a exoneração é uma não incidência legalmente qualificada da norma que prescreve a obrigação tributária. Na visão deste ilustre jurisconsulto, a norma de exoneração corresponde a uma hipótese de não incidência: dela advém um fato isento diferente do fato gerador (fato imponível) da obrigação imponível, que é um fato jurídico em sentido estrito.[6]

4.2 Crítica

Conquanto esta tese supere as objeções formuladas a respeito das duas anteriores construções teóricas, questiona-se o fato de que as normas jurídicas existem para incidir, pelo que, sustentar que uma norma possa pertencer a um ordenamento para não incidir é negar-lhe sua juridicidade, marca universal das unidades jurídico-normativas.[7]

5. Teoria da hipótese neutralizante

5.1 Sustento

Por mais que esta teoria se sustente na realidade fática, na qual os elementos tipificadores do fato imponível se produzem por razões de índole econômica, política, social, financeira, etc., expressamente se exime o sujeito passivo, através de um mandato legal do pagamento do imposto, operando as hipóteses exoneratórias como hipóteses neutralizantes totais da configuração do fato imponível, de tal sorte que com seu acontecimento não nasce a obrigação tributária.

Catalina García Vizcaíno afirma que didaticamente as exonerações ou benefícios tributários se operam como uma tesoura que

---

5. Alfredo Augusto Becker, *Teoria Geral do Direito Tributário*, São Paulo, Saraiva, 1998, p. 277.

6. José Souto Maior Borges, *Teoria Geral da Isenção Tributária*, São Paulo, Malheiros Editores, 2001, pp. 199-201.

7. Roberto Wagner Lima Nogueira, "Contribuição ao estudo das normas de exoneração tributária no plano da teoria geral do direito tributário", em *Revista de Direito Tributário*, n. 73, São Paulo, 1999, p. 245.

corta os fios que unem os fatos imponíveis à obrigação tributária. "En las exenciones, la tijera corta todos los hilos, operando como una *hipótesis neutralizante total*. En los beneficios tributarios son cortados algunos hilos – no todos –, de modo que la hipótesis neutralizante es parcial, con la consecuencia de que la obligación tributaria nace, pero por un importe menor o con un plazo mayor para su pago".[8]

Por sua vez, Héctor Villegas assinalou com relação à hipótese exoneratória que esta "tiene la virtud de poder 'cortar' el nexo normal entre la hipótesis como causa y el mandato como consecuencia. En efecto, cuando se configuran exenciones o beneficios tributarios, la realización del hecho imponible ya no se traduce en el mandato de pago que la norma tributaria originariamente previó (...). Así – continua afirmando – se tiene una hipótesis legal condicionante tributaria (hecho imponible). Pero no está sola. Está escoltada por una hipótesis legal neutralizante tributaria. La consecuencia de la primera es el precepto de pagar el exacto monto tributario que la ley ordena. La consecuencia de la segunda es impedir (total o parcialmente) la realización de la primera se traduzca en el originario precepto".[9]

Em apoio a esta teoria, Fernando Sainz de Bujanda[10] sustenta que as normas que contêm a exoneração não são normas interpretativas ou aclaratórias, já que contêm um mandato muito concreto, que é privar o fato imponível de sua eficácia para gerar a obrigação tributária.

---

8. García Vizcaíno, *Derecho Tributario: Consideraciones Económicas y Jurídicas*, t. I, Depalma, 1996, p. 322. Tradução livre: "Nas isenções, a tesoura corta todos os fios, operando como uma hipótese neutralizante total. Nos benefícios tributários são cortados alguns fios – não todos –, de maneira que a hipótese neutralizante é parcial, com a consequência de que a obrigação tributária nasce, mas por um montante menor ou com um prazo maior para seu pagamento".

9. Villegas, *Curso de Finanzas, Derecho Financiero y Tributario*, 1996, p. 281.

10. Citado por Juan José Ferreiro Lapatza, *Curso de Derecho Tributario Español*, Marcial Pons, p. 363.

5.2 Crítica

Esta teoria tem como principal crítica o fato de colocar o efeito neutralizante na hipótese de incidência (parte descritiva de toda norma) e não na consequência normativa (parte que prescreve os efeitos jurídicos que se desencadearão na verificação da hipótese).

6. Teoria da norma completa integrativa da norma tributaria

6.1. Sustento

Finalmente, esta teoria, defendida fundamentalmente por Sacha Calmon Navarro Coêlho[11] e Roque Carrazza,[12] sustenta que não existe uma norma exoneratória anterior e distinta da norma de incidência tributária, mas que a exoneração é parte integrante da mesma, conferindo-lhe novas características. Dentro deste esquema conceitual, a hipótese de incidência tributária se encontra estruturada da seguinte forma:

$H = A - (B + C)$

Onde:

H = Hipótese de incidência

A = Fatos tributáveis

B = Fatos imunes e não tributados

C = Fatos isentos

Em similar entendimento, Pedro Herrera Molina sustenta que a isenção (utilizando o termo em sentido amplo) constitui uma técnica ou "(...) conjunto de técnicas configuradoras del tributo que permiten modular la incidencia del gravamen, bien excluyendo supuestos especiales, bien reduciendo en ciertas hipótesis la cuantía del débito".[13]

---

11. Navarro Coêlho, pp. 149-157.

12. Roque Carrazza, *Curso de Direito Constitucional Tributário*, São Paulo, Malheiros Editores, 1999, p. 523.

13. "(...) conjunto de técnicas configuradoras do tributo que permitem modular a incidência do gravame, ora excluindo supostos especiais, ora reduzindo em certas hipóteses a quantia do débito" (Herrera Molina, *La Exención Tributaria*, p. 83).

6.2 Crítica

Como pode se verificar, para dita tese não existiria diferença entre imunidade, não tributação e exoneração, figuras que trata e confunde num mesmo plano. Os fatos qualificados como isentos, semelhante aos não tributados e imunes, excluem-se do suposto de fato, razão pela qual não se produz fato imponível algum. Esta tese não poderia explicar o suposto de renúncia à exoneração ao qual nos referimos no ponto 10.11.

7. Nossa concepção

7.1 A regra-matriz de incidência tributária

A norma tributária, enquanto norma jurídica, é um arquétipo complexo de estrutura bimembre composta por: (a) uma norma primária (regra-matriz de incidência tributária) e (b) uma norma secundária (norma sancionatória). Na lição de Marcial Rubio Correa,[14] uma norma jurídica é um mandato de que a certo suposto deve seguir lógico-juridicamente uma consequência, estando tal mandato, respaldado pela força do Estado para o caso de seu eventual não cumprimento. A norma tributária é uma norma que regula diretamente condutas, e que na nomenclatura de Norberto Bobbio seria uma *norma de comportamento*. Por outra parte, não deve se confundir norma com lei, pois a última é o veículo introdutor de normas jurídicas no ordenamento jurídico. A regra-matriz de incidência tributária é a parte da norma tributária que contém: (a) a hipótese de incidência ou descrição do fato que se pretende gravar e (b) a consequência normativa que se atribui à realização do fato descrito na hipótese.

A hipótese de incidência, como unidade lógica e incindível, serve-se de coordenadas espaço-fático-temporais e subjetivas, para descrever em abstrato o fato que o legislador deseja afetar, as quais, por sua vez, servem para identificar o fato concreto que poderá se subsumir à incidência da norma tributária. Tais coordenadas, denominadas na doutrina como aspectos ou critérios,[15] são o material (qual fato deve realizar-se ou ocorrer), pessoal (quem deve realizar o fato), espacial (onde deve ocorrer o fato) e temporal (quando deve ocorrer o fato).

Na consequência normativa, por sua vez, encontra-se a prescrição em abstrato da obrigação tributária que se desencadeará se ocorrer o fato previsto na hipótese. Tal prescrição contém a designação dos sujeitos da relação obrigatória (sujeito ativo e sujeito passivo[16]), qual será a base de cálculo e a alíquota aplicável,[17] quando nascerá a obrigação tributária, em que forma e lugar se efetuará o pagamento, entre outros detalhes relacionados ao cumprimento e execução do vínculo obrigatório. Sua natureza é eminentemente prescritiva e direcionadora de condutas, pois é a que contém, em abstrato, o mandato obrigatório pelo qual o sujeito passivo deve cumprir a obrigação tributária.

Ocorrido um fato no mundo fenomênico, este se subsome na hipótese de incidência, e deve ter *total correspondência* com os aspectos da mesma, se produzirá a incidência da regra-matriz de incidência tributária através de seu consequente normativo, o qual contém o mandato ou

---

14. Rubio Correa, *El Sistema Jurídico. Introducción al Derecho*, p. 77.

15. É importante notar como um setor de especialistas faz alusão a "elementos" ou "partes" da hipótese de incidência. Dita expressão é incorreta, pois a hipótese de incidência é uma descrição abstrata de um fato e, por tanto, não se encontra composta por elementos ou partes.

16. Esta prescrição não deve ser confundida com a descrição que se efetua na hipótese de incidência (aspecto pessoal). É possível que a hipótese designe em seu aspecto pessoal a um sujeito, mas na consequência normativa se prescreva que outro é o sujeito passivo da obrigação tributária.

17. Incorretamente mencionada por diversos especialistas do meio como "aspecto quantitativo" da hipótese de incidência, pois não se trata da descrição do fato que se pretende gravar.

prescrição de juridicizar o fato ocorrido.[18] Uma vez juridicizado, dito fato torna-se fato imponível, irradiando o efeito querido pelo legislador: a instauração da obrigação tributária, dever jurídico de dar uma soma de dinheiro em favor do Estado.

7.2 A norma de incidência exoneratória

Consideramos que a exoneração é o efeito produzido pela incidência de uma norma jurídica: se trata de um efeito jurídico-normativo. Em nosso entendimento, em paralelo à norma jurídico-tributária (norma tributária), pode existir uma norma jurídica de incidência exoneratória (norma exoneratória), que incide no *plano normativo*, e cujos efeitos jurídicos consistem em privar de eficácia a regra-matriz de incidência tributária frente a determinados supostos. A exoneração pressupõe um encontro entre duas normas jurídicas, que ocorre no plano normativo.

Nesse sentido, uma exoneração não implica o surgimento de uma obrigação tributária nem a extinção de uma preexistente, sem prejuízo de ter-se produzido no plano fático, o fato previsto em abstrato na hipótese de incidência. Numa apreciação muito semelhante à nossa, Fernando Pérez Royo[19] sustenta que a isenção tributária tem lugar quando uma norma contempla que naqueles supostos previstos por ela, não obstante produzir-se o fato imponível, não desenvolve seu efeito que é o surgimento da obrigação tributária. Igual a nós, para dito autor, a isenção não é a norma senão o resultado da norma de isenção a que ele denomina como "norma de favor".

Quanto à morfologia da norma exoneratória, pode-se afirmar o seguinte:

(a) É uma *norma de estrutura*[20] e não uma *norma de comportamento*[21] (como o é a norma de incidência tributária), pois não se encontra dirigida a regrar o comportamento do sujeito passivo (diretamente) senão a dispor que uma norma jurídica não produza seus efeitos previstos (regula comportamentos dos indivíduos, mas indiretamente). Não obstante, observe-se que também as normas de estrutura regulam condutas de forma direta. Efetivamente, a norma de incidência exoneratória regula diretamente a conduta dos sujeitos que integram os órgãos encarregados de expedir normas jurídicas, e inclusive, daqueles que têm a função de administrar os tributos.

(b) A hipótese de incidência exoneratória contém circunstâncias neutralizantes, referidas aos diversos aspectos da regra-matriz de incidência tributária.

(c) A consequência se encontra modalizada por um operador deôntico duplo do tipo "proibido obrigar", e contém o mandato de que ocorridas as circunstâncias neutralizantes previstas na hipótese de incidência exoneratória, produzir-se-á a neutralização dos efeitos jurídicos da regra-matriz de incidência tributária. Como pode apreciar-se, não é a hipótese exoneratória a que prevê que a regra-matriz de incidência tributária não produza seus efeitos, senão a consequência da norma exoneratória, razão pela qual não resulta de todo correto falar de uma "hipótese neutralizante".

(d) É uma norma de incidência exoneratória; produzida a identidade entre as circunstâncias neutralizantes previstas em sua hipótese e os aspectos da regra-matriz de incidência tributária, no *plano normativo*, produz-se a incidência da primeira e não da segunda, desencadeando-se os efeitos jurídicos previstos na consequência normativa da norma de incidência exoneratória, os quais são concretamente privar de eficácia a re-

---

18. Contrariamente ao que se sustenta no meio acadêmico peruano, o que incide sobre o fato acontecido no mundo fático é a regra-matriz de incidência tributária através do *consequente normativo* e não através da *hipótese de incidência*.

19. Fernando Pérez Royo, *Derecho Financiero y Tributario. Parte General*, pp. 131-132.

20. Aquela que regula o modo de regular os comportamentos, ou como manifesta Bobbio, a produção jurídica.

21. Aquela que regula a conduta dos indivíduos.

gra-matriz de incidência tributária, evitando que se instaure a relação jurídico-tributária.

A norma de incidência exoneratória conta com uma norma secundária, a qual prevê que ante o não cumprimento por parte do órgão administrador do tributo de efetuar a cobrança do tributo, ainda existindo uma norma que proíbe obrigar, se desencadeará uma relação processual em nome da qual se poderá exigir a restituição do montante pago indevidamente.

Inclusive, como adiantamos no ponto (a) a relação processual para solicitar a devolução do montante pago indevidamente, se instauraria nos casos que não tendo uma lei ilegal ou inconstitucional que atente contra a "proibição de obrigar", seja a Administração Tributária quem, através de um ato administrativo (ato de determinação), execute a cobrança em relação a um fato isento.

Assim, pode concluir-se que a norma de incidência exoneratória é uma norma de estrutura que disciplina diretamente comportamentos dos membros dos órgãos estatais que têm como função expedir (i) normas gerais e abstratas e (ii) normas individuais e concretas, e indiretamente disciplinam o comportamento dos sujeitos passivos.

Um suposto de exoneração se diferencia nitidamente de um de não sujeição ou não incidência. Na exoneração, o fato acontecido no mundo fenomênico guarda absoluta correspondência (se subsome) ao fato descrito na hipótese de incidência tributária, ainda quando ao incidir o consequente normativo sobre o fato acontecido, este não irradie sobre o mesmo efeitos jurídicos, em consideração ao prévio encontro normativo ocorrido com a norma de incidência exoneratória. No caso da não sujeição, não existe tal correspondência.

Em linguagem formalizada, a norma de incidência exoneratória teria a seguinte composição:

$(p \rightarrow q) (-q \rightarrow s)$

Onde:

p = Hipótese de incidência exoneratória.
(Circunstâncias neutralizantes referidas a uma norma de incidência tributária).

q = Consequência (mandato direcionado à regra-matriz de incidência tributária, modalizado pelo operador deôntico "proibido obrigar").

$-q$ = Não cumprimento do mandato "proibido obrigar" por parte do órgão legislativo ou daquele encarregado de administrar o tributo.

s = Obrigação de devolver o monto pago indevidamente.

$\rightarrow$ = Relação de implicação.

A despeito de outras respeitáveis opiniões, não cremos que a norma exoneratória incida para que a norma de incidência tributária não possa incidir. Cremos que ambas as normas incidem, mas em planos diferentes, a primeira (a norma exoneratória) no plano normativo, enquanto a segunda (a norma de incidência tributária) no plano fenomênico. A norma de incidência tributária incide, mas não produz os efeitos jurídicos previstos no consequente normativo.

A exoneração tem vocação temporária, em consideração aos motivos da norma que dispõe sobre a incidência exoneratória (etapa pré-jurídica). O legislador que dispõe sobre exonerações o faz em consideração a razões prévias e pontuais; sejam estas de índole política, social ou econômica. Portanto, vimos sustentando que o mandato exoneratório não é perpétuo; desaparecidas as razões que motivaram a outorga da exoneração, a mesma deveria deixar de aplicar-se. Caso contrário, estaríamos frente a um suposto de não incidência. No caso peruano, isto deriva do próprio texto positivo, tal como consta no texto da Norma VII do Título Preliminar do Código Tributário que prescreve que toda exoneração ou benefício tributário concedido *sem assinalar prazo*, se entenderá outorgado por três (3) anos, não existindo prorrogação tácita.

Por outra parte, e em tom categórico, afirmamos que não existem exonerações parciais. O efeito da privação de eficácia jurídica da regra-matriz de incidência tributária é sempre total, de tal sorte que a obrigação tributária não se origina, não nasce, ainda que se tenha produzido o fato imponível.

Advertimos que ao que comumente e de forma incorreta se alude como "exonerações parciais",[22] são benefícios tributários cuja tipologia e estrutura é distinta das exonerações.

Tem-se, por exemplo, o caso das *deduções da base de cálculo* de determinado montante ou parte da base tributável (conhecido também no mínimo não tributável). Aqui, a norma que contém as deduções *não foi privada de seus efeitos*; o fato imponível ocorreu, a obrigação tributária nasceu, mas na etapa de liquidação ou quantificação do montante da prestação tributária, pratica-se uma detração previamente determinada.

Na mesma linha de pensamento, Sacha Calmon Navarro Coêlho,[23] titular da Escola de Direito da Universidade Federal de Minas Gerais, faz uma fulminante crítica àqueles que sustentam a existência de exonerações parciais. As exonerações – sustenta – são totais ou não o são. As denominadas exonerações parciais são em realidade reduções à base tributável ou, se for o caso, à alíquota, que pressupõem a incidência e a diminuição do *quantum* da obrigação.

---

22. Javier Luque Bustamante, *El Crédito Fiscal en la Determinación del IGV*, en Gestión, Lima, 2 de septiembre de 1998. Para este profesor, es posible hablar de "exoneraciones parciales". Opinando respecto del crédito fiscal del Impuesto General a las Ventas (IGV), este experto sostiene que nada impide técnicamente que los contribuyentes de dicho impuesto, que realizan operaciones exoneradas o inafectas, puedan recuperar o descargar, como crédito fiscal, el impuesto que gravó sus adquisiciones, de modo tal que, la exoneración (exención) o inafectación (no sujeción) sería total y no sólo parcial.

Tradução livre: Para este professor, é possível falar-se em "exonerações parciais". Opinando sobre o crédito fiscal do Imposto Geral de Vendas, sustenta que nada impede tecnicamente que os contribuintes do dito imposto, que realizam operações exoneradas ou não tributadas, podem recuperar ou aproveitar, como crédito fiscal, o imposto que gravou suas aquisições, de modo tal que exoneração (isenção) ou não tributação (não sujeição) seria total e não apenas parcial.

23. Sacha Calmon Navarro Coêlho, *Manual de Direito Tributário*, Rio de Janeiro, Forense, 2000, p. 86.

Efetivamente, enquanto as exonerações se refiram aos aspectos da hipótese de incidência, os outros benefícios tributários, como é o caso das deduções, se referem aos aspectos da consequência, o quantitativo (redução de um montante "x" da base tributável ou uma percentagem "y" da alíquota), ou a outros aspectos como o que dispõe sobre a forma e oportunidade de pagamento (fracionamentos e adiamentos).

Somos conscientes que dito entendimento, da fenomenologia de uma norma exoneratória, gera interessantes questões referentes aos tributos cujo fato imponível é complexo. É o caso do imposto de renda e dos impostos cuja estrutura técnica é a do valor agregado.

Assim por exemplo, no caso do imposto de renda vigente no Peru, um sujeito passivo que perceba rendimentos pela exploração de um negócio gerará rendas gravadas. No entanto, se adicionalmente mantém depósitos numa conta poupança numa entidade financeira, ou bancária nacional, perceberá rendimentos, os quais, de acordo com a norma, estarão "exonerados" do imposto. Trata-se em realidade de uma exoneração? Advirta-se que o fato imponível "renda" é um só, o qual, de estar presente, gerará uma obrigação tributária. Em tal razão, sustentamos que não estamos diante de uma exoneração e sim frente à técnica desoneratória diferente, cujos efeitos se produzem sobre a base tributável, componente primordial da consequência normativa.

8. Posição do Tribunal Fiscal

A concepção de exoneração proposta pela teoria da hipótese neutralizante, a qual dotamos de uma nova dimensão ao denominarmos de teoria da norma de incidência exoneratória, foi reconhecida em algumas resoluções do Tribunal Fiscal do Peru. Adverte-se isso da RTF n. 657-5-97, a qual expressa que: "(...) a efectos del presente análisis es necesario distinguir entre los conceptos de exoneración e inafectación, en la exoneración se produce el hecho imponible, pero en virtud de una norma legal neutralizante no surge obligación de pago, en la inafectación no nace la obligación tributaria ya que el hecho no encuadra o no está comprendido en el supuesto establecido por la ley como hecho generador".[24]

Em idêntico sentido se pronuncia o Tribunal Fiscal através das RTF ns. 355-5-98 e 252-2-2001.

Nessa perspectiva, advirta-se que, nas mencionadas resoluções, o Tribunal Fiscal utiliza a expressão "norma legal neutralizante" em lugar das expressões "hipóteses neutralizantes" ou "hipótese legal neutralizante", utilizadas por Héctor Villegas e Catalina García Vizcaíno.

Não obstante, na RTF n. 918-4-97, o Tribunal Fiscal adota a tese da exoneração como dispensa de pagamento ao assinalar que:

"(...) la citada norma no estableció una exoneración propiamente dicha, sino una condonación de la deuda devengada por concepto del impuesto a la renta, toda vez que dispensa del pago de una obligación ya generada a ciertos sujetos y no los exceptúa o exime de la relación jurídica en sí, la cual se mantiene inalterable.

"Que resulta importante la distinción entre condonación y exoneración, *puesto que esta última operaría sólo para las relaciones jurídicas generadas a partir de la norma que establece tal beneficio*, en tanto que la condonación se aplica sobre deudas ya existentes, como es el caso de autos."[25]

Por outra parte, através da RTF n. 1032-3-98, o Tribunal Fiscal, de maneira realmente imprecisa, entende que a exoneração é: "(...) aquella situación jurídica prevista en la ley por la cual un sujeto, que aún cuando respecto de él se produce el hecho imponible que da origen a la relación tributaria, el que no le resulta exigible, de manera temporal".[26]

9. Classificação das exonerações de acordo com suas circunstâncias neutralizantes

A classificação das exonerações em objetivas e subjetivas foi questionada por um setor da doutrina,[27] sob o argumento de que quem resulta liberado do pagamento do tributo é sempre o sujeito, por isso descabidas as denominadas exonerações objetivas. O argumento que usualmente se defende, é que não haveria uma diferença entre a não tributação por falta de configuração do aspecto material da hipótese de incidência e a denominada exoneração objetiva.

Não obstante, conquanto coincidimos no fato de que quem se encontra exonerado do pagamento do tributo é sempre um sujeito, pois o propósito da exoneração é impedir o nascimento da obrigação tributária e não a configuração do fato imponível, opinamos que é possível diferenciar as exonerações em objetivas, subjetivas e mistas, de acordo com o critério que assinalamos.

---

24. "(...) a efeitos da presente análise é necessário distinguir entre os conceitos de exoneração e não tributação, na exoneração se produz o fato imponível, mas em virtude de uma norma legal neutralizante não surge obrigação de pagamento, na não tributação não nasce a obrigação tributária já que o fato não enquadra ou não está compreendido no suposto estabelecido pela lei como fato gerador."

25. "(...) a citada norma não estabeleceu uma exoneração propriamente dita, senão uma remissão da dívida adquirida por conceito do imposto de renda, toda vez que dispensado pagamento de uma obrigação já gerada a certos sujeitos e não os excetua ou exime da relação jurídica em si, a qual se mantém inalterável.

"Que resulta importante a distinção entre remissão e exoneração, já que esta última operaria só para as relações jurídicas geradas a partir da norma que estabelece tal benefício, enquanto que a remissão se aplica sobre dívidas já existentes, como é o caso de autos."

26. "(...) aquela situação jurídica prevista na lei pela qual um sujeito, que ainda quando respeito dele se produz o fato tributável que dá origem à relação tributária, o que não lhe resulta exigível, de maneira temporária."

27. Washington Lanziano, *Teoría General de la Exención Tributaria*, Buenos Aires, Depalma, 1979.

A norma exoneratória que de seu acontecimento impede o nascimento da obrigação tributária ao neutralizar os efeitos normais do acontecimento da regra-matriz de incidência tributária, contém em sua hipótese diversos tipos de circunstâncias neutralizantes hipotéticas que, de modo conjunto ou independentemente, podem encontrar-se presentes na descrição hipotética do preceito legal, e que tem como propósito vincular a hipótese da norma exoneratória com a hipótese de incidência da norma tributária cujos efeitos o legislador quis neutralizar. As *circunstâncias neutralizantes subjetivas* determinam que a norma exoneratória produza seu efeito neutralizante quando ocorram determinadas condições e características em relação ao sujeito que se pretende exonerar do pagamento do tributo. As *circunstâncias neutralizantes objetivas* se referem ao aspecto material da hipótese de incidência, e determinam que a norma exoneratória produza seu efeito neutralizante quando ocorra determinado comportamento por parte do sujeito (que venda um bem "x" ou preste um serviço "z").

Em tal sentido, uma *exoneração será subjetiva*, quando a circunstância que a integra e que neutraliza os efeitos da hipótese de incidência, é subjetiva. Em sentido contrário, uma *exoneração será objetiva*, quando está integrada por uma circunstância neutralizante objetiva. Mas, deve ficar claro, numa exoneração objetiva não se exonera o objeto matéria de imposição, sendo sempre liberado do efeito obrigatório um sujeito. No entanto, pode apresentar-se uma terceira classe de exonerações, as que a doutrina se refere como *mistas*, caracterizando-se por estarem integradas ao mesmo tempo por circunstâncias neutralizantes subjetivas e objetivas, acompanhadas de circunstâncias neutralizantes temporais e territoriais. Estas duas últimas circunstâncias neutralizantes nunca se encontram sós numa norma exoneratória, pois sempre requerem o acompanhamento das circunstâncias neutralizantes objetivas ou subjetivas.

10. Exoneração e deveres formais

O efeito neutralizante da norma de incidência exoneratória produz-se em relação à norma de incidência tributária, que prevê a instauração da obrigação tributária, cujo objeto é a prestação, por parte do sujeito passivo, de dar uma soma de dinheiro a favor do sujeito ativo. Isso, no entanto, não significa que a norma de incidência exoneratória neutralize os efeitos jurídicos das normas que dispõem sobre deveres formais, pois se tratam de entidades normativas diferentes. Assim, ante um suposto de exoneração, os deveres formais serão exigíveis, enquanto, claro está, a norma exoneratória não dispõe que o efeito da exoneração atinge também aos deveres formais.

Dito critério foi reconhecido através da RTF n. 1032-3-98.

11. A renúncia à exoneração

Reconhecendo que a exoneração é o efeito neutralizante produzido por uma norma jurídica em relação à regra-matriz de incidência tributária, é possível sustentar a existência, no ordenamento jurídico, de uma norma jurídica que por sua vez, incidindo no plano normativo sobre a norma de incidência exoneratória, neutralize seus efeitos jurídicos, produzindo que cessem os mesmos em relação à regra-matriz de incidência tributária. Contrariamente ao que pudesse se pensar, a supressão dos efeitos neutralizantes da norma de incidência exoneratória não se originam num ato de arbitrariedade do contribuinte beneficiário, senão numa norma jurídica inserida no sistema pelo legislador.

A possibilidade de renúncia à exoneração se encontra prevista no próprio texto positivo. Nesse esquema, a norma de renúncia à exoneração, será também uma *norma de estrutura*.

Agora bem, implicando a exoneração uma situação financeira de benefícios para o contribuinte, a primeira impressão, a possibilidade de que este renuncie à mesma pode parecer como algo inacreditável e irracional, talvez resulte razoável renunciar a uma situação patrimonial mais benéfica? Em resposta a isso, é importante comentar as razões pelas quais o ordenamento jurídico peruano prevê a possibilidade de renúncia à exoneração, que só existe no caso do imposto geral de vendas, tributo estruturado sob a técnica do valor agregado que grava determinadas transferências de bens e prestações de serviços levadas a cabo no território nacional.

É mister comentar que no caso peruano, o outorgamento de exonerações do imposto geral de vendas (imposto ao consumo estruturado sobre a técnica do valor agregado), implicou que na atualidade coexistem uma série de regimes exoneratórios que em alguns casos se sobrepõem, os quais têm como propósito em primeiro termo, fomentar o investimento e os polos de desenvolvimento de determinadas zonas geográficas (zona de selva, floresta, fronteira), bem como beneficiar determinadas atividades produtivas (atividade agrária).

Sem prejuízo disso, é conhecido que tais regimes, longe de ser promocionais e benéficos, adicionalmente à sua complexidade normativa que ocasiona problemas interpretativos a seus supostos beneficiários, geram uma série de distorções nos níveis de preços toda vez que se exonera os contribuintes de suas operações, e lhes impossibilita o exercício do direito ao crédito fiscal, com o qual, o imposto que grava suas aquisições se converte num *custo financeiro* para o empresário, sendo posteriormente transladado no preço para o consumidor final.

Tal efeito se produz pela forma pouco eficiente de estabelecer exonerações, pois no caso dos impostos de consumo que se estruturam sob a técnica do valor agregado, salvo as exonerações que se outorgam na primeira etapa (etapa fabricante ou produtor) ou em toda a corrente do ciclo econômico, o resto gera o problema antes advertido.

Tais considerações levam à determinação de renunciar à mencionada exoneração,

procedimento que, na Lei do Imposto Geral de Vendas, unicamente se encontra previsto com relação às exonerações compreendidas no Apêndice I (venda e importação de bens), sem possibilidade de renúncia para as operações assinaladas no Apêndice II (prestação de serviços). Há opiniões especializadas que sustentam que não existe uma razão válida para não possibilitar a renúncia à exoneração das operações contidas no Apêndice II, situação que precisa ser prevista e implementada nas próximas reformas legislativas.

Finalmente, quanto à renúncia da exoneração do Apêndice I, cujo procedimento foi originalmente regrado através do Decreto Supremo n. 62-95-EF, e posteriormente recolhido em similar sentido pelo numeral 12 do artigo 3º do Regulamento da Lei do IGV segundo texto aprovado por Decreto Supremo n. 064-2000-EF, devemos advertir um clamoroso erro técnico que deve ser corrigido, e que se encontra implementado em dita norma, o qual provavelmente será incorporado em próximas modificações ao regulamento da Lei do Imposto Geral de Vendas.

Efetivamente, tal como se dispõe no artigo 12º, 4, da precitada norma, os sujeitos que gravem suas operações, antes de que se faça efetiva a renúncia, *estão obrigados ao pagamento do imposto inclusive pelas operações em que não se tenha transladado o imposto*, não podendo aplicar o crédito fiscal originado pelas aquisições destinadas a ditas operações, assinalando-se que o pagamento não implicará a convalidação da renúncia, nem dará direito a solicitar a devolução do mesmo, ainda quando se tiver transladado o imposto ao adquirente.

Tal regulação não considera que se a renúncia à exoneração não se operou (a exoneração ainda se encontra vigente), as operações que o contribuinte realize antes de que a mesma surta efeitos, não podem de modo algum gerar uma obrigação tributária, com o que em consequência, é impossível exigir pagamento de tributo pelo contribuinte, pois isso implicaria não reconhecer a natureza de uma exoneração, a qual neutraliza os efeitos da regra-matriz de incidência tributária, *impedindo o nascimento da obrigação cujo objeto é o pagamento do tributo.*

O tratamento correto, no caso que o contribuinte tenha efetuado o pagamento do imposto antes de ter operada a renúncia à exoneração, é o de considerar o mesmo como um pagamento indevido, sendo-lhe de aplicação as normas pertinentes do Código Tributário, em cujo caso, não procede considerar como crédito fiscal, o imposto das aquisições gravadas destinadas a tais operações, ao qualificá-las como exoneradas.[28]

---

28. Sobre ditas afirmações, o professor José Souto Maior Borges manifestou as seguintes considerações: "Como acentua o Prof. Jorge Bravo Cucci, os sujeitos que afetam suas operações antes que efetive a renúncia, estão obrigados ao pagamento do imposto, inclusive nas operações em que esse tributo não tenha sido transladado, não podendo aplicar-se o crédito fiscal originado pelas aquisições destinadas a ditas operações. O pagamento não implicará a convalidação da renúncia, nem dará direito a solicitar a devolução, mesmo quando se considere não haver sido transladado o imposto ao adquirente. A crítica desse mestre é certeira: se a renúncia à exoneração não se consumou, dado que a isenção persiste vigorante, as operações que o contribuinte realize, antes da exoneração, não podem gerar obrigação tributária. Consequentemente será descabido exigir pagamento de qualquer tributo ao contribuinte, pois isso implicaria desconhecer a exoneração, implicando instauração do vínculo obrigacional tributário" (Borges, *Teoria Geral da Isenção Tributária*, cit., p. 108).

CONFISSÃO EM MATÉRIA TRIBUTÁRIA

FABIANA DEL PADRE TOMÉ
Mestre e Doutora em Direito Tributário pela PUC/SP.
Professora nos Cursos de Especialização e de Mestrado da PUC/SP.
Professora nos Cursos de Especialização e de Extensão do IBET.
Advogada em São Paulo

1. Noções gerais sobre a figura da "confissão". 2. Confissão em matéria tributária: configuração e efeitos jurídicos. 3. Conclusões. Bibliografia.

1. Noções gerais sobre a figura da "confissão"

A *confissão* consiste na declaração voluntária em que o indivíduo admite como verdadeiro um fato que lhe é considerado prejudicial, alegado pela parte adversa (art. 348 do CPC). Distingue-se do reconhecimento jurídico do pedido, pois se refere a fatos e não a direitos subjetivos. Confessado um fato, o processo tem seu prosseguimento normal, sendo a confissão valorada em conjunto com os demais elementos processuais, ao passo que no reconhecimento jurídico do pedido dá-se a extinção do processo com decisão favorável à parte contrária.

Não obstante a confissão esteja incluída entre os meios de prova, relacionados nos Códigos Civil e de Processo Civil, alguns doutrinadores, como Cândido Rangel Dinamarco[1] e João Batista Lopes,[2] entendem não se tratar de meio de prova por consistir em mera declaração de conhecimento de fatos desfavoráveis, tornando-os incontroversos e, por conseguinte, dispensando-se a respectiva produção probatória. Tal não é a conclusão a que chegamos, pois a confissão apresenta-se como atividade exercida em observância às regras de organização probatória vigentes, relatada na linguagem prescrita pelo direito, tendo por função o convencimento do julgador, com vistas à constituição ou desconstituição de fatos jurídicos em sentido estrito. É, portanto, meio de prova, razão pela qual entendemos inapropriada a redação do art. 344, II, do Código de Processo Civil, que prescreve não dependerem de prova os fatos afirmados por uma parte e confessados pela parte contrária.[3]

Pode apresentar-se na modalidade (i) *judicial* ou (ii) *extrajudicial*, conforme a

---

1. *Instituições de Direito Processual Civil*, vol. 3, p. 622.
2. *A Prova no Direito Processual Civil*, p. 98.
3. Conforme examinamos na obra "A prova no direito tributário", o vocábulo *confissão* padece da ambiguidade processo/produto, podendo significar o ato de confessar (meio de prova) ou o resultado dessa atividade (prova).

confissão seja formulada durante o curso de processo judicial ou fora dele, sendo classificada, também, em (i) *expressa*, quando emitidas afirmações reconhecendo o fato probando, e (ii) *presumida, tácita* ou *ficta*, porque decorrente do silêncio, vertido em linguagem competente. Esta última seria verificada na hipótese de revelia, em que a ausência de contestação faz reputar verdadeiros os fatos sustentados pelo autor (art. 319 do CPC), ou quando a parte intimada a comparecer para prestar depoimento pessoal deixa de fazê-lo ou se recusa a depor (art. 343, § 2º, do CPC). Tal distinção é perspicazmente criticada por Cândido Rangel Dinamarco,[4] para quem "confissão e revelia são fenômenos bem diferentes entre si e a circunstância de ambos convergirem à incontrovérsia quanto às alegações do autor não é suficiente para forçar a entrada de uma no conceito da outra. Confissão é confissão e revelia é revelia, embora tenham uma consequência comum". De forma semelhante, a distinção entre confissão *verbal* e *escrita* não resiste a um exame analítico, uma vez que o ato de confessar, expressa ou fictamente, há de ser vertido em linguagem escrita, relatado na forma documental. Nesse sentido, toda confissão escrita é verbal.[5]

Quanto à estrutura, Arruda Alvim[6] identifica duas espécies: (i) confissão *simples*, em que se reconhece o fato alegado pela parte contrária; e (ii) confissão *complexa*, na hipótese de, justaposto ao enunciado que admite o fato aduzido pelo adversário, encontrar-se outro fato, de caráter modificativo ou extintivo, implicando restrição parcial ou total aos efeitos do fato confessado.

Uma das características atribuídas à confissão é a indivisibilidade. Isso porque, como explica Caio Mário da Silva Pereira,[7] "a parte que invoca a confissão do adversário tem de aceitá-la por inteiro. Não lhe é lícito cindi-la, e aproveitar o que lhe convém, repudiando-a na parte que lhe seja desfavorável". Apenas na hipótese de o confitente aduzir fatos novos que constituam fundamento de defesa de direito material ou de reconvenção, poderá ocorrer sua aceitação parcial pela parte adversa. Acontece que a confissão, conforme referida no art. 348 do Código Processual Civil, consiste na admissão de um fato prejudicial ao interesse próprio e favorável à parte contrária na demanda. Por conseguinte, os fatos modificativos, impeditivos e extintivos do direito do autor, alegados pelo requerido, não caracterizam confissão. Não obstante sejam veiculadas no mesmo suporte físico, as naturezas de ambas as assertivas são diversas: são fatos distintos, cuja apreciação pode ser realizada de forma diferençada.

Além disso, a confissão, na qualidade de elemento de convicção do julgador, deve ser por ele valorada no contexto dos autos, sendo perfeitamente admissível o cotejo de trechos enunciados na confissão com outras provas constantes do processo, acolhendo o que estiver em harmonia com o conjunto probatório e rejeitando as afirmações infirmadas pelos demais elementos de prova.[8] Não há que falar, portanto, em indivisibilidade. Considerado o princípio do livre convencimento motivado ou persuasão racional que rege o sistema processual brasileiro, a confissão não pode ser aceita em parte e rejeitada parcialmente apenas se nenhuma outra prova houver nos autos.

É comum atribuir à confissão, também, o caráter de irretratável.[9] A retratação provém do verbo retratar, que consiste em tratar novamente, desdizer-se. Acompanhamos, porém, os ensinamentos de Magalhães Noronha,[10] para quem o ato de confessar é susceptível de ser retratado, desde que acompanhado

---

4. *Instituições de Direito Processual Civil*, vol. 3, p. 61.

5. Paulo de Barros Carvalho, *Direito Tributário, Linguagem e Método*.

6. *Manual de Direito Processual Civil*, vol. 2, p. 515.

7. *Instituições de Direito Civil*, p. 389.

8. Humberto Theodoro Júnior, *Curso de Direito Processual Civil*, vol. 1, p. 431.

9. Vicente Greco Filho, *Direito Processual Civil Brasileiro*, vol. 2, p. 205.

10. *Curso de Direito Processual Penal*, p. 145.

de elementos que confirmem os argumentos justificadores da retratação. Semelhante é o posicionamento de Cândido Rangel Dinamarco,[11] asseverando ser lícito ao confitente desdizer-se, "apresentando nova versão dos fatos e justificando-a, o que será considerado pelo juiz no exercício de seu livre convencimento – quando então ele analisará as duas declarações em sua consistência interna e harmonia com o conjunto probatório, confrontando-as entre si etc.". A retratabilidade deve-se à circunstância de ser a confissão apenas um dos elementos de convicção do julgador, sendo perfeitamente possível que os fatos nela relatados não prevaleçam na determinação do fato probando, caso haja prova contrária mais convincente, ainda que apresentada pelo próprio confessor.

Não se confunda *retratabilidade* com *revogabilidade*. Como ato de fala que é, a confissão é passível de revogação, entendido o vocábulo, nesse contexto, como anulação em virtude de erro, dolo ou coação, podendo ser determinada nos autos de ação anulatória, quando pendente de julgamento o processo em que a confissão foi realizada, ou de ação rescisória, caso a sentença baseada exclusivamente na confissão viciada tenha transitado em julgado (art. 352 do CPC).

Em que pese já ter sido considerada a *rainha das provas*, atualmente a confissão é vista como um meio de convencimento do destinatário, a ser sopesado juntamente das demais provas que forem apresentadas. Sendo a confissão emitida pelo próprio autor do ato e em seu prejuízo, poder-se-ia imaginar que, verificada uma confissão, nada mais cumpriria ao julgador fazer senão decidir desfavoravelmente ao confitente, dispensando o recurso a qualquer outro meio de prova. Essa seria, entretanto, uma conclusão equivocada. O ato de confessar produz a confissão-produto, documento que veicula enunciados, funcionando como signo: não coincide, portanto, com o fato a ser provado (significado), servindo tão somente para representá-lo de forma parcial, como ocorre com toda e qualquer prova. Esse o motivo pelo qual Antonio Dellepiane[12] conclui que a existência de uma confissão "não importa, em suma, nada mais que uma simples suspeita ou uma presunção de verdade, que só assumirá foros de certeza depois de um estudo analítico e de uma crítica severa que levem ao espírito a convicção de que essa confissão é sincera e discreta". Daí porque a confissão não cria direitos e obrigações para as partes, não vincula o julgador e não se confunde com o reconhecimento do pedido ou com a renúncia ao direito. Apenas torna o fato incontroverso, devendo o juiz atribuir à confissão o valor que entender cabível, conforme o contexto em que foi produzida, ou seja, no conjunto de todos os elementos de prova existentes nos autos.

2. Confissão em matéria tributária: configuração e efeitos jurídicos

Há confissão do contribuinte quando ele próprio constitui o crédito tributário, emitindo a correspondente norma individual e concreta, nas hipóteses de tributo sujeito ao chamado *lançamento por homologação*. Também ocorre a figura jurídica da confissão quando celebrado termo de parcelamento, acompanhado de instrumento comumente denominado *confissão irrevogável e irretratável de débitos tributários*. Em todos esses casos, verificando o particular a incorreção das declarações prestadas, é-lhe lícito solicitar sua revisão pelo órgão administrativo ou judicial, visto que, em face dos princípios da estrita legalidade e tipicidade tributária, o tributo só é devido se verificada a ocorrência do fato previsto na hipótese da norma geral e abstrata.

Se na esfera civil a confissão deve ser examinada em conjunto com os demais enunciados probatórios para que possa servir como fundamento para constituição do fato

---

11. *Instituições de Direito Processual Civil*, vol. 3, p. 631.

12. *Nova Teoria da Prova*, p. 157.

jurídico em sentido estrito, com maior razão deve sê-lo tratando-se de matéria tributária, pelos motivos a seguir, expostos por Susy Gomes Hoffmann:[13] "a confissão por parte do sujeito passivo deve ser vista com restrições, pois a obrigação tributária, perante o princípio da legalidade, decorre exclusivamente de lei e não da vontade das partes, de modo que, mesmo que o sujeito passivo confesse em algum momento do processo a ocorrência do fato jurídico tributário na forma enunciada no lançamento tributário e, posteriormente, reste provado que aquele fato não ocorreu, a sua manifestação de vontade demonstrada na confissão não terá o condão de validar a obrigação".

Nessa linha de raciocínio, a *confissão de débitos*, exigida como um dos requisitos para ingresso em programas de parcelamento, não se reveste de força legal que impeça posterior discussão quanto aos valores envolvidos. A circunstância de a adesão a esses programas de parcelamento ser facultativa não justifica a atribuição de caráter irretratável à confissão, como pretende o Fisco. Por esse modo de pensar, ressalta James Marins,[14] "a adesão como expressão de suposta vontade individual do contribuinte eliminaria todo e qualquer vício jurídico do instrumento, ou seja, propõe essa visão – *perigosamente utilitarista* – a adoção de uma espécie de *pacta sunt servanda* nos programas de parcelamento, tornando os instrumentos de adesão intangíveis ao próprio Poder Judiciário, mesmo que contenham condições, cláusulas abusivas, incompatíveis com os princípios que governam o ordenamento constitucional".

Neste ponto, convém esclarecer que "parcelamento" é palavra polissêmica empregada para indicar tanto a norma geral e concreta (veículo introdutor), como a norma geral e abstrata, e, ainda, a norma individual e concreta, além de diversas outras acepções. Sobre o assunto, esclarece Aurora Tomazini de Carvalho[15] que "parcelamento é uma forma para se efetuar o pagamento de tributo, é um procedimento para realização do pagamento. Em algumas oportunidades o Estado cria leis, dando a oportunidade aos contribuintes, que se subsumirem a determinadas condições, de efetuar o pagamento de seus créditos de forma parcelada. Nestes casos, o parcelamento é visto como uma norma geral e abstrata que prescreve um procedimento para o pagamento do tributo devido. E se pensarmos na sua incidência com a produção da norma individual e concreta, podemos dizer que se instaura um compromisso do sujeito passivo em efetuar o pagamento sobre esta forma".

Quando o contribuinte "adere" a acordo de parcelamento de débitos tributários, nada mais faz que participar da introdução de norma individual e concreta constituidora de vínculo obrigacional tributário. E, como tal, essa norma jurídica está sujeita aos princípios da legalidade e da tipicidade tributária: deve ter por suporte a regra-matriz de incidência tributária e o acontecimento do fato jurídico nela previsto.

Nesse sentido manifestou-se o TRF da 1ª Região: "Sendo o parcelamento modalidade de moratória, tão somente suspende a exigibilidade do crédito fiscal, não retirando, dessa forma, o interesse do contribuinte de buscar a desconstituição do referido crédito".[16] Do mesmo modo, o TRF da 3ª Região concluiu pela possibilidade de o contribuinte questionar a aplicação de multa moratória nas hipóteses de débito parcelado: "Interesse de agir configurado, pois o contribuinte insurge-se contra o pagamento do tributo devido acrescido de multa moratória, em face do art. 138 do CTN".[17] Também entendeu o TRF da 5ª Re-

---

13. *Teoria da Prova no Direito Tributário*, p. 210.
14. *Direito Processual Tributário Brasileiro (Administrativo e Judicial)*, pp. 311-312.

15. "Crimes contra a ordem tributária: a necessidade de esgotamento da esfera administrativa para propositura da ação penal; os efeitos do parcelamento do crédito tributário sobre a punibilidade penal", p. 29.
16. 2ª T. Suplementar, rel. Vera Carla Nelson de Oliveira Cruz, AC 199701000308010-MT, *DJ* 28.1.2002, p. 146.
17. 4ª T., rel. Therezinha Cazerta, AMS 161.674-SP, *DJU* 25.8.2000, p. 864.

gião que "A obrigação tributária é decorrente da lei, não podendo ser alterada pela vontade das partes, daí porque é sempre possível ao contribuinte requerer judicialmente a revisão de parcelamento celebrado se suas cláusulas impõem obrigações inexistentes, máxime em se tratando de contribuinte pessoa jurídica de direito público".[18]

Vejam-se, ainda, as seguintes ementas:

"Tributário. Confissão de dívida na via administrativa. Revisão judicial. Parcelamento descumprido. Abatimento de pagamentos efetuados. PIS apurado na forma da Lei Complementar 7/1970. FINSOCIAL à alíquota de 0,5%.

"1. A confissão de dívida não impede a sua discussão em juízo, fundada na inconstitucionalidade, não incidência ou isenção do tributo ou em erro quanto ao fato. Se é fato que, lavrado o respectivo termo, este adquire força de lei entre as partes, igualmente verdadeiro é dizer-se que se trata de ato administrativo vinculado (cuja validade depende do cumprimento dos ditames legais a que está sujeito), e a irretratabilidade de que se reveste não se sobrepõe ao direito do contribuinte de ver-se corretamente cobrado, e, menos, ainda, à garantia constitucional de tutela jurisdicional de lesão ou ameaça a direito.

"– A obrigação tributária decorre de lei, e a confissão do contribuinte diz respeito tão somente ao inadimplemento, do que denota não importar, a concordância inicial do contribuinte com o valor do débito apurado pelo Fisco, na imutabilidade deste, pois que, ao credor, não se reconhece o direito de cobrar mais do que é efetivamente devido, por força de lei. (...)."[19]

"Tributário. TR/TRD. Parcelamento. Juros moratórios. Confissão de dívida. Irretratabilidade.

"1. Em se tratando de débitos fiscais, foi afastada a aplicação da TRD como índice de correção monetária, mantendo-se a sua incidência como equivalente a juros moratórios, em relação a débitos vencidos.

"2. São nulas as cláusulas constantes de contrato de confissão de dívida que atribuem à confissão o caráter de irretratabilidade e onde o devedor renuncia a qualquer contestação quanto ao valor do débito parcelado, pois a obrigação resulta da lei. (...)."[20]

"Tributário e Processual Civil. Contribuições previdenciárias. Confissão. Parcelamento. Possibilidade de revisão.

"– A confissão do débito, quando não refletir a verdade sobre a situação declarada, pode ser ilidida por prova inequívoca, a cargo do contribuinte.

"– Induvidoso o direito líquido e certo do impetrante de revisão da dívida confessada, ante os graves prejuízos advindos aos cofres públicos do pagamento a maior.

"– Segurança concedida."[21]

Nenhuma confissão de débito tributário – quer efetuada como condição do respectivo parcelamento quer em decorrência da emissão de norma individual e concreta pelo contribuinte (no chamado *lançamento por homologação*) ou mesmo nos autos de processo administrativo em curso – tem a prerrogativa de impedir que se discuta sobre a existência do crédito tributário, tendo em vista que este nasce apenas se verificado o fato jurídico previsto na norma geral e abstrata, não podendo tal situação ser alterada pela vontade do sujeito passivo.

A confissão realizada na esfera tributária, portanto, nada tem de irretratável. Mesmo se advinda no correr do processo administrativo tributário, em que o próprio impugnante reconhece a procedência dos fatos alegados pela Fazenda, nada impede a posterior apre-

---

18. 2ª T., rel. Paulo Roberto de Oliveira Lima, AC 294.729-PE, *DJ* 6.6.2003, p. 520.

19. TRF-4ª R., 1ª T., rel. Vivian Josete Pantaleão Caminha, AC 200004010771323-RS, *DJU* 23.11.2005, p. 822.

20. TRF-4ª R., 1ª T., rel. Fábio Rosa, AC 9404410624-RS, *DJ* 10.6.1998, p. 457.

21. TRF-5ª R., Pleno, rel. José Maria Lucena, MS 40.788-PE, *DJ* 25.8.1995.

sentação de provas em sentido contrário, levando o julgador ao convencimento acerca da inocorrência do fato confessado. Referida conjuntura dá-se em virtude de ser a concretização do fato jurídico tributário previsto abstratamente na regra-matriz de incidência uma condição necessária para o surgimento da correspondente obrigação de pagar tributo, assim como a relação jurídica sancionadora pelo descumprimento de obrigação tributária ou de deveres instrumentais tem sua regular constituição condicionada ao acontecimento do fato ilícito, previsto na hipótese normativa geral e abstrata. Como qualquer modalidade de meio de prova, a confissão não caracteriza "prova plena", dispensando outros elementos probatórios: havendo confissão nos autos, esta há de ser valorada pelo julgador, juntamente das demais provas produzidas pelas partes, com vistas a certificar o fato jurídico ou o ilícito tributário, modificá-lo ou extingui-lo.

O traço da *revogabilidade* também está presente na confissão tributária, sendo esta susceptível de anulação nas hipóteses de o ato de confessar ter-se operado em decorrência de erro, dolo ou coação.

Existem autores que, pautados no art. 214 do atual Código Civil, afirmam a impossibilidade de revogar confissão quando verificado erro de direito.[22] Tal entendimento não encontra aplicação na esfera tributária. Nesta, o erro justificador da anulação da confissão pode ser de fato ou de direito, tendo em vista que, não obstante o ato de confessar consista, comumente, no reconhecimento de fatos, o erro de direito pode interferir na enunciação que envolva admissão de vínculos jurídicos, como esclarece Devis Echandía:[23] "Por regra geral o erro de direito, isto é, sobre os efeitos jurídicos do ato, não motiva a revogação da confissão, porque não impede que o fato seja certo; mas se o erro de direito conduz à confissão de uma obrigação que não existe ou

a negar a existência de um direito que se tem, apresenta-se, também, em última instância, como um erro de fato, e, por conseguinte, aquele é apenas a causa deste, que autoriza sua revogação. Se o erro de fato serve para revogar a confissão, não importa que se origine a partir de um erro de direito. Neste sentido tem razão Lessona e os outros autores por ele citados, ao aceitar a revogabilidade quando o erro de direito produza a confissão de um vínculo obrigatório que não existe". É o que se verifica, com grande freqüência, na esfera tributária, uma vez que a confissão de dívida exprime um valor devido a título de tributo ou multa, decorrente da aplicação de norma jurídica. Em razão disso, cogitada a inconstitucionalidade ou ilegalidade do fundamento de validade do liame obrigacional, impõe-se a apreciação de tais argumentos, e, verificada sua procedência, tem lugar a revogação da confissão.

Esse foi o posicionamento adotado pelo TRF da 1ª Região que, ao apreciar discussão envolvendo débito tributário parcelado, tendo em vista que o Supremo Tribunal Federal havia suspendido a eficácia de dispositivo legal que dava suporte à exigência, concluiu: "O parcelamento efetivado na via administrativa não retira o interesse de agir do autor que busca a desconstituição do débito fiscal".[24] Em outra oportunidade, esse mesmo Egrégio Tribunal manifestou-se sobre o assunto, admitindo a revisão para que fosse recalculado o valor do tributo devido: "Tendo os Decretos-leis 2.445 e 2.449/1988 sido julgados inconstitucionais, pelo STF, as prestações remanescentes do contrato de confissão de dívida e parcelamento, firmado entre a autora e a ré, devem ser recalculadas, para que se lhes aplique a Lei Complementar 7/1970".[25]

Em semelhante linha de raciocínio, concluiu o TRF da 4ª Região que "A confissão e o parcelamento do débito não afasta da

---

22. Sílvio de Salvo Venosa, *Direito Civil*, vol. 1, p. 572.

23. *Teoría General de la Prueba Judicial*, p. 719 (tradução nossa).

24. 4ª T., rel. Ítalo Fioravanti Sabo Mendes, AC 199901000014502-MG, *DJ* 6.2.2003, p. 35.

25. TRF-1ª R., 3ª T., rel. Eustáquio Silveira, AC 9601365389-DF, *DJ* 7.7.2000, p. 4.

apreciação do Poder Judiciário a ocorrência de eventual ilegalidade ou inconstitucionalidade na constituição do crédito tributário".[26] E mais: "Uma exação reputada inconstitucional não pode ser consolidada e inviabilizada sua revisão pelo só fato de ter sido objeto de confissão de dívida fiscal. A origem do débito não terá se modificado".[27]

Discordamos, portanto, do posicionamento que atribui à confissão os atributos da indivisibilidade, irretratabilidade e irrevogabilidade, principalmente quando verificada na esfera tributária. As normas individuais e concretas constituidoras de obrigações tributárias subsistem no sistema jurídico apenas se fundadas em normas gerais e abstratas e se concretizado o fato normativamente previsto. Por conseguinte, verificando o contribuinte a incorreção de relato fáctico constante da norma individual e concreta de parcelamento de débitos tributários, tem ele interesse de agir para solicitar sua revisão pelo Poder Judiciário.

Na qualidade de elemento de convicção do julgador, a confissão constante do acordo de parcelamento de débitos tributários deve por ele ser valorada no contexto dos autos, cotejando-se os trechos enunciados na confissão com outras provas constantes do processo, oferecidas pelo contribuinte e pelo Fisco, pois em face dos princípios da estrita legalidade e tipicidade tributária, o tributo só é devido se verificada a ocorrência do fato previsto na hipótese da norma geral e abstrata.

Por outro lado, é evidente que, enquanto não contestada pelo contribuinte mediante a produção de provas que infirmem a assertiva enunciada por meio do ato de confissão, este permanece no ordenamento com força probatória relativamente aos fatos que reconhece como verdadeiros, salvo se a Administração, pelos dados aos quais tem acesso, verificar, ela própria, a inocorrência do fato confessado,

situação em que lhe incumbe tomar a iniciativa de rever ato constitutivo do fato jurídico tributário e da correspondente obrigação.

3. Conclusões

1. A *confissão* consiste na declaração voluntária em que o indivíduo admite como verdadeiro um fato que lhe é considerado prejudicial, alegado pela parte adversa. Vemos a confissão como meio de prova, por ter como função o convencimento do julgador, com vistas à constituição ou desconstituição de fatos jurídicos em sentido estrito.

2. No âmbito do direito tributário, há confissão do contribuinte quando ele próprio constitui o crédito, emitindo a correspondente norma individual e concreta, nas hipóteses de tributo sujeito ao chamado *lançamento por homologação*. Também ocorre a figura jurídica da confissão quando celebrado termo de parcelamento, acompanhado de instrumento comumente denominado *confissão irrevogável e irretratável de débitos tributários*.

3. Discordamos do posicionamento que atribui à confissão os atributos da indivisibilidade, irretratabilidade e irrevogabilidade, principalmente quando verificada na esfera tributária.

3.1 Na qualidade de elemento de convicção do julgador, a confissão deve por ele ser valorada no contexto dos autos, cotejando-se os trechos enunciados na confissão com outras provas constantes do processo, sendo perfeitamente possível que acolha as partes que estiverem em harmonia com o conjunto probatório e rejeite as afirmações infirmadas pelas demais provas (divisibilidade).

3.2 Ainda, verificando o contribuinte a incorreção das declarações prestadas, é-lhe lícito solicitar sua revisão pelo órgão administrativo ou judicial, visto que, em face dos princípios da estrita legalidade e tipicidade tributária, o tributo só é devido se verificada a ocorrência do fato previsto na hipótese da norma geral e abstrata (retratabilidade).

---

26. 1ª T., rel. Maria Lúcia Luz Leiria, AC 200271070028012-RS, *DJU* 6.4.2005, p. 395.

27. 1ª T., rel. Fábio Rosa, AMS 9504411991-SC, *DJ* 27.1.1999, p. 332

3.3 Por fim, realizado o ato de confessar em decorrência de erro, dolo ou coação, a confissão é susceptível de ser anulada (revogação).

Bibliografia

ARRUDA ALVIM. *Manual de Direito Processual Civil*. 5ª ed., vol. 2. São Paulo, Ed. RT, 1996.

CARVALHO, Aurora Tomazini de. "Crimes contra a ordem tributária: a necessidade de esgotamento da esfera administrativa para propositura da ação penal; os efeitos do parcelamento do crédito tributário sobre a punibilidade penal". In SANTI, Eurico Marcos Diniz de (Coord.). *Segurança Jurídica na Tributação e Estado de Direito – II Congresso Nacional de Estudos Tributários*. São Paulo, Noeses, 2005.

CARVALHO, Paulo de Barros. *Direito Tributário, Linguagem e Método*. 4ª ed. São Paulo, 2013.

DELLEPIANE, Antonio. *Nova Teoria da Prova*. Trad. Erico Maciel. Campinas, Minelli, 2004.

DINAMARCO, Cândido Rangel. *Instituições de Direito Processual Civil*. 2ª ed., vol. 3. São Paulo, Malheiros Editores, 2002.

ECHANDÍA, Hernando Devis. *Teoría General de la Prueba Judicial*. Buenos Aires, Victor P. de Zavalía, 1970.

GRECO FILHO, Vicente. *Direito Processual Civil Brasileiro*. 16ª ed., vol. 2. São Paulo, Saraiva, 2003.

HOFFMANN, Susy Gomes. *Teoria da Prova no Direito Tributário*. Campinas, Copola, 1999.

LOPES, João Batista. *A Prova no Direito Processual Civil*. 2ª ed. São Paulo, Ed. RT, 2002.

MAGALHÃES NORONHA, E. *Curso de Direito Processual Penal*. 28ª ed. São Paulo, Saraiva, 2002.

MARINS, James. *Direito Processual Tributário Brasileiro (Administrativo e Judicial)*. 2ª ed. São Paulo, Dialética, 2002.

PEREIRA, Caio Mário da Silva. *Instituições de Direito Civil*. 19ª ed., vol. 1. Rio de Janeiro, Forense, 2001.

THEODORO JÚNIOR, Humberto. *Curso de Direito Processual Civil*. 12ª ed., vol. 1. Rio de Janeiro, Forense, 1993.

TOMÉ, Fabiana Del Padre. *A Prova no Direito Tributário*. 3ª ed. São Paulo, Noeses, 2011.

VENOSA, Sílvio de Salvo. *Direito Civil*. 4ª ed., vol. 1. São Paulo, Atlas, 2004.

O ICMS E AS REMESSAS PARA FINS ESPECÍFICOS DE EXPORTAÇÃO – RESPONSABILIDADE TRIBUTÁRIA E PRESUNÇÕES LEGAIS

Eduardo Perez Salusse

Juiz da Câmara Superior do Tribunal de Impostos e Taxas do Estado de São Paulo.
Graduado em Direito pela PUC/SP.
Mestrando em Direito Tributário pela Fundação Getúlio Vargas
– Direito GV. Professor Palestrante da Direito GV – GV*Law*.
Advogado em São Paulo

Juliana Furtado Costa Araújo

Doutora em Direito Tributário pela PUC/SP.
Professora do Mestrado Profissional da Direito GV
e dos Cursos de Especialização da PUC/COGEAE, GV*Law* e IBET

1. Introdução. 2. Desoneração do ICMS na exportação "direta ou indireta" – Interpretação teleológica da norma. 3. Direito à manutenção do crédito – Exportação indireta. 4. Conceito/requisitos da empresa comercial exportadora na exportação indireta. 5. Presunções tributárias na exportação indireta. 6. Os "Dilemas da Transação Comercial" na exportação indireta: 6.1 O "Dilema do Vendedor" e o "Dilema do Adquirente-Exportador"; 6.2 O "Dilema do Vendedor-Exportador"; 6.3 O "Dilema do Vendedor por Conta e Ordem para Exportação Indireta"; 6.4 O "Dilema do Vendedor-Exportador de Boa-Fé". 7. A solução dos dilemas na (contraditória) jurisprudência administrativa. 8. Conclusões.

1. Introdução

O tema que ora enfrentamos tem como pano de fundo a identificação da incidência ou não do imposto sobre operações relativas à circulação de mercadorias e sobre prestações de serviços de transporte interestadual, intermunicipal e de comunicação ("ICMS") em operações feitas por contribuintes que remetem mercadorias a outro, com fim específico de exportação, naquelas operações comumente chamadas de "exportação indireta".

Os pontos nodais que merecem alguma reflexão, dizem respeito à responsabilidade tributária dos envolvidos em uma operação de exportação indireta, seja no que diz respeito ao tratamento do ICMS nas operações antecedentes, seja em relação às remessas para contribuintes que não são necessariamente os exportadores diretos.

Referimo-nos, especialmente, aos dilemas enfrentados pelos partícipes (a) nas operações de remessa para fins específicos de exportação a empresas que não necessariamente são caracterizadas, no momento da remessa, como *tradings* ou comerciais exportadoras, (b) nas operações de remessa para fins específicos de exportação a empresas que realizam mais uma etapa na cadeia de comercialização interna, revendendo tais mercadorias ao efetivo exportador direto, e, ainda, (c) nas operações de remessa para fins específicos de exportação que não chegam a sair do território nacional.

O adequado posicionamento destas situações em nosso ordenamento jurídico, sobretudo à luz do comportamento e da responsabilidade do contribuinte que dá azo à primeira remessa de mercadorias para fins específicos de exportação, é missão necessária a atribuir a devida previsibilidade sobre a interpretação que lhes será dada pelos órgãos fiscalizatórios e judicantes, dentro da esperada segurança jurídica decorrente de um sistema racional formal em um Estado Democrático de Direito.

As presunções tributárias situam-se no cerne da controvérsia, de modo a revestirem as operações em debate de definitividade presumida à luz do direito tributário, atraindo, por consequência, a incidência das normas que atribuem diferentes responsabilidades aos sujeitos envolvidos na relação jurídica.

E isto ganha destacada importância por força de divergentes entendimentos encontrados no âmbito da própria administração pública estadual, seja por ocasião de exigências tributárias no bojo de autos de infração, seja em julgamentos no âmbito de processos administrativos tributários, notadamente quanto à presunção legal de que aquela mercadoria será efetivamente exportada pelo adquirente-exportador.

São estas as questões que serão tratadas ao longo do presente artigo.

2. Desoneração do ICMS na exportação "direta ou indireta" – Interpretação teleológica da norma

Sabe-se que a Constituição Federal de 1988, em seu art. 155, inciso X, "a", dispõe que o ICMS não incidirá sobre operações que destinem mercadorias para o exterior, nem sobre serviços prestados a destinatários no exterior, assegurada a manutenção e o aproveitamento do montante do imposto cobrado nas operações e prestações anteriores.

No inciso XII deste mesmo dispositivo constitucional, atribuiu-se competência à lei complementar para excluir da incidência do imposto, nas exportações para o exterior, serviços e outros produtos além dos mencionados no inciso X, "a".

A Lei Complementar 87/1996 ("LC 87/1996"), por sua vez, em seu art. 3º, II, exclui da incidência do ICMS as operações e prestações que destinem ao exterior mercadorias, inclusive produtos primários e produtos industrializados semielaborados, ou serviços.

A despeito da literalidade dos textos legais, é evidente que a finalidade da norma é exatamente desonerar os produtos internos destinados ao exterior e permitir ao país maior competitividade no mercado nacional. Este preceito não deve e não pode ser interpretado restritivamente, devendo alcançar todas as operações que tenham o exterior como destino final.

Referimo-nos, evidentemente, ao tratamento nas operações intermediárias, vale dizer, aquelas praticadas anteriormente à operação final de remessa ao exterior em uma exportação, chamadas de exportação indireta.

A desoneração atribuída a tais operações enquadra-se exatamente neste contexto interpretativo, a despeito da resistência das autoridades fiscais estaduais em assim reconhecer. Preferem, ao contrário, aderir à tão limitada interpretação literal dos textos legais.

Neste contexto, são oportunos os ensinamentos de Paulo de Barros Carvalho, salientando que a norma jurídica deve ser aplicada não apenas em função de seu texto literal, como deve considerar a finalidade para que tal sistemática viesse a ser introduzida no ordenamento jurídico. Neste sentido, sustenta: "Bem sabido que não se pode priorizar qualquer das dimensões semióticas em detrimento das demais. Todavia, o momento semântico, num exame mais apurado sobre o tema que ora tratamos, chama a atenção pela maneira intensa como qualifica e determina as questões submetidas ao processo dialógico que prepara a decisão ou conclusão. Daí exclamar Alfredo Augusto Becker, cheio de força retórica, que o jurista nada mais seria que o semântico da linguagem do direito. A ele cabe a árdua tarefa de examinar os textos, quantas vezes obscuros, contraditórios, penetrados de erros e imperfeições terminológicas, para captar a essência dos institutos, surpreendendo, com nitidez, a função da regra, no implexo quadro normativo".[1]

Ao tratar do assunto, Hugo de Brito Machado expõe que "mesmo na hipótese de saídas de mercadorias realizadas com o fim específico de exportação, e destinada a empresa comercial exportadora, armazém alfandegado ou entreposto aduaneiro, pode ser considerada válida a norma isentiva, porque a razão da isenção é a mesma, vale dizer, estimular as exportações".[2]

Roque Antonio Carrazza caminha na mesma esteira, ao defender: "Também não incide ICMS quando o serviço de transporte internacional é efetuado por uma ou mais empresas. Explicamo-nos melhor. Não raro, a empresa contratada realiza o serviço de transporte internacional por etapas. Do local de origem da mercadoria até a divisa com o país vizinho o transporte é feito com o mesmo veículo. Na fronteira a mercadoria é trasladada para um veículo apropriado e levada até o local de destino, no exterior. (...) Mesmo assim, a nosso ver, o ICMS não é devido. Por quê? Simplesmente porque há, na espécie, um único serviço de transporte. Apenas sua execução se faz em etapas. Portanto, mesmo quando a mercadoria, para alcançar seu destino final no exterior, for transbordada, ainda que com o concurso de outra empresa, não há, na espécie, incidência de ICMS".[3]

Ao tratar do tema da desoneração do transporte de mercadorias à exportação à luz do art. 3º da LC 87/1996, o Superior Tribunal de Justiça, em sede de embargos de divergência,[4] declarou que "sob o aspecto teleológico, a finalidade da exoneração tributária é tornar o produto brasileiro mais competitivo no mercado internacional". E, ainda, que "interpretação em sentido diverso implicaria em ofensa aos princípios da isonomia e do pacto federativo, na medida em que se privilegiaria empresas que se situam em cidades portuárias e trataria de forma desigual os diversos Estados que integram a Federação".

Este entendimento tem prevalecido reiteradamente, permitindo-nos afirmar que resta sedimentado no âmbito daquela Corte[5] que a isenção prevista no art. 3º, II, da LC 87/1996 tem por finalidade a desoneração do comércio exterior como pressuposto para o desenvolvimento nacional com a diminuição das desigualdades regionais pelo primado do trabalho.

Como *conclusão primeira*, afirmamos que tais precedentes deixam claro que o objetivo das regras é a desoneração de produtos

---

1. Paulo de Barros Carvalho, "O absurdo da interpretação econômica do 'fato gerador'. Direito e sua autonomia – O paradoxo da interdisciplinariedade", *Revista da Faculdade de Direito da Universidade de São Paulo* 102/448, 2007.

2. Hugo de Brito Machado, *Aspectos Fundamentais do ICMS*, São Paulo, Dialética, 1997, p. 206.

3. Roque Antonio Carrazza, *ICMS*, 4ª ed., São Paulo, Malheiros Editores, 1998, p. 113.

4. Embargos de divergência no recurso especial 710.260-GO.

5. EREsp 710.260-RO; REsp 1.125.059-SC; REsp 1.022.918-RO.

brasileiros destinados ao exterior, atribuindo-lhes melhores condições competitivas, atingindo as exportações diretas ou indiretas.

3. Direito à manutenção do crédito – Exportação indireta

Esta hipótese de isenção ou não incidência figura como exceção ao disposto no art. 155, § 2º, II, da Constituição Federal de 1988, que veda o direito ao crédito para compensação com o montante devido nas operações ou prestações seguintes e acarretam a anulação do crédito relativo às operações anteriores. Em outras palavras, nas operações de exportação não incide o ICMS e é assegurada a manutenção e o aproveitamento dos créditos de ICMS cobrados nas operações ou prestações anteriores.

Tem-se, então, regra específica a disciplinar a "exportação indireta", tratada no art. 3º, parágrafo único, da LC 87/1996. Este dispositivo equipara às operações de exportação a saída de mercadoria realizada com o fim específico de exportação para o exterior, destinada a empresa comercial exportadora, inclusive *tradings companies* ou outro estabelecimento da mesma empresa e armazém alfandegado ou entreposto aduaneiro.

O Regulamento do ICMS do Estado de São Paulo, em seu art. 7º, V, § 1º, 1, "a", reproduz o texto do art. 3º da LC 87/1996, disciplina que o ICMS não incide sobre (Lei Complementar Federal 87/1996, art. 3º, Lei 6.374/1989, art. 4º, na redação da Lei 10.619/2000, art. 1º, III; Convênios ICM-12/75, ICMS-37/90, ICMS-124/93, cláusula primeira, V, 1, e ICMS-113/96, cláusula primeira, parágrafo único) a saída de mercadoria com destino ao exterior e a prestação que destine serviço ao exterior. Da mesma forma do quanto disposto na LC 87/1996, este mesmo tratamento é aplicado à saída de mercadorias, com o fim específico de exportação, com destino a empresa comercial exportadora, inclusive "trading", armazém alfandegado ou entreposto aduaneiro, e outro estabelecimento da mesma empresa.

No entanto, complementa-o prescrevendo, em seu § 2º, que "para efeito da alínea 'a' do item 1 do parágrafo anterior, entende-se por *empresa comercial exportadora a que estiver inscrita como tal no órgão federal competente*".

Logo, para prosseguirmos o raciocínio desenvolvido neste trabalho, temos como *segunda conclusão* que é assegurado o direito ao crédito do ICMS mesmo nas operações intermediárias das exportações indiretas desoneradas do imposto.

Faz-se necessário, então, identificar quem seriam as pessoas legalmente admitidas a adquirir mercadorias para exportação, de modo a atribuir validade à presunção legal de que aquela exportação ocorrerá por parte do adquirente-exportador, reconhecendo-se, então, os efeitos jurídicos na norma de incidência do ICMS nas operações antecedentes à efetiva exportação.

4. Conceito/requisitos da empresa comercial exportadora na exportação indireta

O primeiro elemento a ser explorado para tentarmos chegar a uma próxima conclusão, é justamente a abrangência do conceito de empresa comercial exportadora para fins de delimitar o alcance e a abrangência da norma isencional já referida.

Uma busca por conceituações encontradas no direito escrito remete-nos ao Convênio CONFAZ 113/96, com efeitos de 8.1.1997 a 28.7.2003. Este Convênio definia como empresa comercial exportadora, as classificadas como *trading company*, nos termos do Decreto-lei 1.248, de 29 de novembro de 1972, que estiver inscrita como tal, no Cadastro de Exportadores e Importadores da Secretaria de Comércio Exterior – SECEX, do Ministério do Desenvolvimento, Indústria e Comércio Exterior; e as demais empresas comerciais que realizarem operações mercantis de exportação, inscritas no registro do sistema da Receita Federal – SISCOMEX.

Definição bastante similar pode ser encontrada no Convênio ICMS 84, de 25 de setembro de 2009, cujo objetivo declarado foi o de estabelecer controle das operações de saídas de mercadorias com o fim específico de exportação, promovidas por contribuintes localizados nos seus territórios para empresa comercial exportadora ou outro estabelecimento da mesma empresa, localizados em outra unidade da federação. Dispôs que, para os efeitos deste convênio, entende-se como empresa comercial exportadora, as empresas comerciais que realizarem operações mercantis de exportação, inscritas no Cadastro de Exportadores e Importadores da Secretaria de Comércio Exterior – SECEX, do Ministério do Desenvolvimento, Indústria e Comércio Exterior.

Observe-se que a desoneração na exportação indireta somente deve ser admitida se a adquirente estiver enquadrada, sem qualquer sombra de dúvidas, no conceito de comercial exportadora. Vale dizer, se for uma *trading company* nos moldes do Decreto-lei 1.248/1972 ou se estiver simplesmente registrada no Cadastro de Exportadores e Importadores da Secretaria de Comércio Exterior – SECEX, do Ministério do Desenvolvimento, Indústria e Comércio Exterior.

É nesta mesma linha, diga-se de passagem, o entendimento aplicável às desonerações de tributos federais, como exemplificam inúmeros posicionamentos formais da Secretaria da Receita Federal. Dentre eles, a Solução de Consulta 40, de 4 de maio de 2012, que assim estabelece: "Duas são as espécies de empresas comerciais exportadoras: a constituída nos termos do Decreto-lei 1.248, de 29 de novembro de 1972, e a simplesmente registrada na Secretaria de Comércio Exterior (SECEX) do Ministério do Desenvolvimento, Indústria e Comércio Exterior. Considera-se fim específico de exportação a remessa direta dos produtos vendidos a embarque de exportação ou a recinto alfandegado, por conta e ordem da empresa comercial exportadora. Se a venda for feita a comercial exportadora constituída nos termos do Decreto-lei 1.248, de 1972, também se considera fim específico de exportação a remessa direta dos produtos vendidos ao recinto de uso privativo de que trata o art. 14 da Instrução Normativa SRF 241, de 2002".[6]

Portanto, inexorável dizer que as empresas comerciais exportadoras são as revestidas sob a forma de *tradings companies*, ou são regidas ordinariamente pelo Código Civil brasileiro, sendo desnecessária a sua constituição sob a forma de sociedade por ações, sujeitando-se ao registro junto à RFB, indispensável para operações no SISCOMEX, e à inscrição no Registro de Exportadores e Importadores da SECEX, decorrência automática da realização da primeira exportação.[7] Pode-se dizer, então, ser esta a *terceira conclusão* deste trabalho.

Aqui, vale lembrar que a empresa comercial que detiver entre as suas atividades sociais o objetivo social de exportação, estará automaticamente inscrita no (REI) da Secretaria de Comércio Exterior (SECEX) no ato da primeira operação de exportação ou importação em qualquer ponto conectado ao SISCOMEX.[8]

5. Presunções tributárias na exportação indireta

Neste momento e tentando seguir em uma evolução lógica do raciocínio, fazemos uma pausa para relembrar a importância e a qualificação das presunções legais aportadas nas normas que veiculam o tratamento das exportações indiretas.

As presunções, em suas diversas modalidades, conferem certeza jurídica a algo que é provável, o que atrai substancial resistência doutrinária quando invocada como instrumento para a criação de obrigações tributárias.

6. Solução de Consulta 40, de 4.5.2012 – Secretaria da Receita Federal do Brasil. Disponível em *http://decisoes.fazenda.gov.br/*, acesso 5.3.2014.
7. Solução de Consulta 56, de 16.6.2011 – Secretaria da Receita Federal do Brasil.
8. Portaria SECEX (MDIC) 23/2011.

Evidentemente que esta resistência sustenta-se na impossibilidade de exigir tributo sem observância dos princípios da tipicidade, legalidade e capacidade contributiva. Pode-se, por exemplo, exigir tributo em face da ocorrência provável de um fato?

Em contrapartida, tem-se nas presunções legais um importante elemento integrador do nosso sistema jurídico, com efeito catalisador nas relações jurídicas entre indivíduos que participam de determinado Estado Democrático de Direito.

Vale dizer, há situações em que a ocorrência de determinado evento é de tal probabilidade, que o direito aceita algum grau de erro para admitir presumidamente que ele realmente ocorreu.

As presunções legais são aquelas decorrentes de previsão no próprio texto legal e, como dito por Maria Rita Ferragut, "impostas como enunciados jurídicos gerais e abstratos".[9] É nesta modalidade que pensamos restar enquadrada a venda para fins específicos de exportação.

É sabido que na venda no mercado interno a determinado adquirente que, por força de sua condição de *trading company* ou de comercial exportador, bem como por sua manifestação de interesse em exportar aquele bem, faz presumir que a exportação ocorrerá. Esta presunção decorre do elevado grau de probabilidade de que aquele determinado evento irá ocorrer, fazendo com que o legislador assuma tal fato, naquele momento, como equiparado à própria exportação.

Maria Rita Ferragut critica a classificação das presunções legais em absolutas, asseverando que "as denominadas absolutas, ao invés de presunções, são disposições legais de ordem substantiva".[10] São, segundo Pontes de Miranda, o conteúdo de regras jurídicas que estabelecem a existência de fato jurídico (*e.g.*, direito), sem que se possa provar o contrário (*presemptiones iuris et de iure*, presunções legais absolutas)".[11]

Assevera-se que o raciocínio presuntivo ocorre na fase legislativa, quando o fato (conhecido) de venda para *trading companies* e comerciais exportadoras, com manifesto interesse de exportar, confere razoável grau de certeza de que a exportação subsequente (fato presumido) efetivamente ocorrerá. Esta presunção é positivada no prescritivo legal, atraindo os efeitos jurídicos próprios da exportação, desonerando a operação equiparada a exportação.

Seja como for, o raciocínio presuntivo está inserido na norma analisada (art. 3º, II, da LC 87/1996), não sendo aceitos comportamentos e interpretações que deflagrem instabilidades nas respectivas relações jurídicas.

É neste elo da cadeia negocial que se concentram os desdobramentos jurídicos analisados neste artigo, mormente quando da constatação da não ocorrência no mundo real daquele fato presumido. O raciocínio apoia-se não apenas no texto legal, mas na interpretação que se lhe deve dar à luz do princípio da segurança jurídica, abalado pelas interpretações fazendárias adiante exploradas.

O reconhecimento jurídico do fato presumido nos permite aferir estabilidade jurídica e social, almejando a preservação da boa-fé e da segurança jurídica. Somente neste panorama jurídico e social é que as pessoas podem escolher os seus comportamentos e conduzir as suas vidas sem surpresas.

Conforme ensinou o Ministro Marco Aurélio, "Os princípios podem estar ou não explicitados em normas. Normalmente, sequer constam de texto regrado. Defluem no todo do ordenamento jurídico. Encontram-se ínsitos, implícitos no sistema, permeando as diversas normas regedoras de determinada matéria. O só fato de um princípio não figurar no texto constitucional, não significa que nunca teve relevância de princípio".[12]

---

9. Maria Rita Ferragut, *Presunções no Direito Tributário*, Dialética, 2001, p. 63.
10. Ob. cit., p. 64.
11. Pontes Miranda, *Tratado de Direito Privado*, t. III, Rio de Janeiro, Borsoi, 1954, p. 420.
12. STF, 2ª T., rel. Ministro Marco Aurélio, RE 160.381-SP, *RTJ* 153/1.030.

E o Estado Democrático de Direito está fundado em três princípios ou valores fundamentais: liberdade, igualdade e segurança jurídica.

Tais princípios colocam-se, portanto, em um patamar de destaque, chamado por alguns como "princípios sobre princípios", que traduz a necessidade de aplicação de todos os demais princípios sob a iluminação de tais valores. Há quem os denomine como sobreprincípios. Neste sentido e se referindo à segurança jurídica, Paulo de Barros Carvalho acentua que "conjuntos de princípios que operam para realizar, além dos respectivos conteúdos axiológicos, princípios de maior hierarquia". Complementa no sentido de que "não haverá respeito ao sobreprincípio da segurança jurídica sempre que as diretrizes que o realizem venham a ser concretamente desrespeitadas e tais situações infringentes se perpetuem no tempo, consolidando-se".[13]

Celso Antônio Bandeira de Mello,[14] por sua vez, defende que "Violar um princípio é muito mais grave que transgredir uma norma. A desatenção ao princípio implica ofensa não apenas a um específico mandamento obrigatório, mas a todo o sistema de comandos. É a mais grave forma de ilegalidade e inconstitucionalidade, conforme o escalão do princípio violado, porque representa insurgência contra todo o sistema, subversão de seus valores fundamentais".

É neste cenário que invocamos o art. 3º, II, da LC 87/1996, que ao disciplinar a não incidência do ICMS nas operações e prestações que destinem ao exterior mercadorias, equipara a tais operações – e, portanto, à não incidência do ICMS –, a saída de mercadoria realizada com o fim específico de exportação para o exterior, destinada a empresa comercial exportadora, inclusive *tradings* ou outro estabelecimento da mesma empresa, bem como a armazém alfandegado ou entreposto aduaneiro.

Parece não haver dúvidas de que, ao vendedor das mercadorias com o fim específico de exportação para aquelas entidades descritas na norma, e desde que cumpridos todos os requisitos formais dele exigidos, faz com que se aperfeiçoe, em relação a ele, a presunção legal de que tais mercadorias foram efetivamente destinadas ao exterior, assegurando-lhe a desoneração tributária. Assumimos tal assertiva como a *quarta conclusão* deste estudo.

Isto não significa dizer, de outro lado, que ao Estado não é permitido questionar a própria ocorrência do evento "venda ao exterior" – presumida quando da saída do vendedor aos adquirentes exportadores. Ao contrário, apropriando-me dos ensinamentos de Maria Rita Ferragut: "O evento, por se esgotar no tempo e por deter natureza diversa da única forma possível de transmissão do conhecimento, que é a linguagem, é inatingível, inapreensível. (...) E, se assim é, a verdade material também é inatingível, não obstante constitua-se em dever jurídico de investigação, princípio do procedimento e do processo administrativos tributários. O interesse público perseguido de ofício pela Administração é indisponível. Por isso mesmo, os princípios da legalidade e da supremacia do interesse público conduzem à busca da verdade material (...)".[15]

Basta apenas que as responsabilidades pelos atos que resultem em obrigações tributárias sejam efetivamente alocadas em face dos que concretamente praticaram o ato ilegal, fazendo com que, diante destes, a presunção da ocorrência do evento seja desconstituída por provas em sentido contrário.

Tais ponderações teóricas ganham relevância na análise dos comportamentos que são exigidos pelas autoridades lançadoras dos partícipes das relações jurídicas que permeiam a exportação indireta.

---

13. Paulo de Barros Carvalho, "O princípio da segurança jurídica", *Revista de Direito Tributário* 61/89, 1994.

14. Celso Antônio Bandeira de Mello, *Curso de Direito Administrativo*, 12ª ed., São Paulo, Malheiros Editores, 2000, p. 748.

15. Maria Rita Ferragut, ob. cit., p. 105.

São tais exigências, por vezes contraditórias, que geram as indesejadas incertezas e criam instabilidades jurídicas dignas de notas, praticamente encurralando os contribuintes em dilemas que passamos a descrever.

6. Os "Dilemas da Transação Comercial" na exportação indireta

6.1 O "Dilema do Vendedor" e o "Dilema do Adquirente-Exportador"

A situação ganha contornos de relevância em ao menos quatro situações muito particulares, cada uma delas aptas a repercutir efeitos tributários a ambas as partes – vendedor e adquirente – envolvidas na transação comercial.

Na primeira delas, tem-se o vendedor que recebe a encomenda de determinada mercadoria para fins específicos de exportação. O adquirente-exportador, por sua vez, não se reveste da condição de *trading company* e tampouco comprova estar inscrito no Registro de Exportadores e Importadores da SECEX. Admite-se, nesta hipótese, que estaria promovendo a sua primeira exportação, apenas a partir da qual adquiriria o *"status"* de comercial exportadora.

O "Dilema do Vendedor" é no sentido de saber se, a despeito do cumprimento de todas as particularidades formais na operação, deve ou não deve destacar o ICMS, na medida em que, naquele exato momento, o adquirente-exportador não possui o Registro de Exportadores e Importadores da SECEX.

Aqui e levando-se em consideração as conclusões já deduzidas anteriormente, tem-se que a presunção legal apenas terá a aptidão de abrigar o comportamento do vendedor, antes o inexorável preenchimento de todos os requisitos previstos na legislação. É-lhe facultado, neste caso, não assumir o risco da não ocorrência da subsequente exportação (então fato presumido), eis que diante da inexistência de qualquer um dos requisitos legais, contra si reverterá o prescritivo da norma presuntiva.

De outro lado, a adquirente-exportador (em "tese" uma empresa comercial exportadora) recebe a mercadoria encomendada para fins específicos de exportação, com o ICMS destacado, tendo como única justificativa por parte do vendedor o fato de não restar cumprido o requisito legal do Registro de Exportadores e Importadores da SECEX. Logo, a norma isencional não albergaria a operação.

O "Dilema do Adquirente-Exportador", concordando ou não, resulta no pagamento do preço do ICMS destacado na operação, tomando o crédito em seus livros fiscais. Este crédito do imposto deverá permanecer na escrita fiscal do adquirente-exportador, que ao exportar a mercadoria adquirida sem a incidência do imposto, tomará as medidas previstas na legislação para obter o ressarcimento do imposto junto às autoridades fazendárias competentes.

No momento do pleito do ressarcimento do crédito acumulado gerado em tal operação, as autoridades fazendárias identificam que a operação era, desde o pedido inicial feito pela comercial exportadora, destinada à exportação. E, sob a alegação de que o adquirente-exportador, por ser efetivamente uma empresa comercial exportadora, não poderia adquirir tal mercadoria com o destaque o imposto, impõe-lhe substancial penalidade sob o rótulo de "crédito indevido do imposto", na medida em que a operação anterior que lhe serviu de suporte destinava mercadoria à exportação indireta, portanto, sem a incidência do imposto.

6.2 O "Dilema do Vendedor-Exportador"

Na segunda situação, o mesmo adquirente do exemplo anterior, já calejado com a lição que lhe foi dada, agora recebe uma nova encomenda de outra empresa no mercado interno. Figura, nesta nova operação, como o vendedor do bem a ser exportado por outro adquirente-exportador. O novo adquirente-exportador apresenta-se como comercial exportador, compra mercadorias para fim específico de exportação, reconhece ainda não possuir o Registro de Exportadores e Importadores da SECEX, mas mesmo assim pleiteia o não destaque do ICMS na nota fiscal, tomando como fundamento as normas jurídicas já mencionadas que versam sobre a não incidência do ICMS em tais situações.

O ora vendedor, já graduado nas lições ensinadas pela autoridade lançadora quando na operação versada na primeira situação narrada, concorda e efetiva a venda sem a exigência do ICMS, na forma da lei.

É brindado tempos depois com uma fiscalização, que lhe assombra com um auto de infração por falta de pagamento de ICMS em operação tributada, na medida em que o adquirente-exportador não possuía o Registro de Exportadores e Importadores da SECEX, colocando-o sob um novo dilema: "O Dilema do Vendedor-Exportador".

6.3 O "Dilema do Vendedor por Conta e Ordem para Exportação Indireta"

Na terceira situação, este mesmo vendedor recebe novo pedido de empresa comercial exportadora, devidamente cadastrada no Registro de Exportadores e Importadores da SECEX, adquirindo-lhe mercadorias com fim específico de exportação, mas para ser entregue por sua conta e ordem a terceira empresa, também comercial exportadora com os registros em conformidade com a lei, que por sua vez encarrega-se de fazer a efetiva exportação diretamente ao exterior. Nesta operação, depara-se com o que resolvemos chamar, à falta de uma melhor denominação, com "O Dilema do Vendedor por Conta e Ordem para Exportação Indireta".

Faz a operação ante a falta de vedação legal e recebe novo auto de infração, sob o argumento de que a operação de remessa com fim específico de exportação não comporta a interposição de mais de um exportador, razão pela qual lhe exige o imposto.

6.4 O "Dilema do Vendedor-Exportador de Boa-Fé"

Na quarta situação, tem-se que o adquirente de mercadoria para fim específico de exportação desvia a finalidade da mercadoria adquirida, não a remetendo ao exterior e brindando o vendedor originário com novo auto de infração para cobrança do imposto que deixou de ser destacado na remessa para fim específico de exportação, com a aplicação das respectivas penalidades. Há, aqui, "O Dilema do Vendedor-Exportador de Boa-Fé".

7. A solução dos dilemas na (contraditória) jurisprudência administrativa

Parecem claras as intenções das normas que criam regras e requisitos para equiparar as operações internas com fins específicos de exportação à própria exportação.

Tem-se como medida de simplificação, evitando a tributação de operação sabidamente destinada ao exterior, com a desnecessária geração de créditos passíveis de ressarcimento ou restituição. Se o objetivo é desonerar a exportação, é racional desonerar a cadeia que antecede a exportação.

De outro lado, deve-se ter alguma segurança de que as mercadorias abarcadas por tal desoneração sejam efetivamente destinadas ao exterior, razão pela qual impõe a norma que os adquirentes exportadores sejam empresas aptas a realizar tais operações. Referimos, como já tratado anteriormente, às *trading companies* e às comerciais exportadoras.

Para entender os "*Dilemas da Transação Comercial*" versados nos itens precedentes procedemos a uma pesquisa acerca da posição do Tribunal de Impostos e Taxas do Estado de São Paulo sobre o tema. Chamou atenção, em primeira mão, a manifestação fiscal exarada no Processo SF 10000214-734062/2008, segundo a qual:

"2. Mas é preciso ressaltar que a empresa comercial exportadora deve exportar a mesma mercadoria comprada ao remetente, pois caso tal mercadoria sofra alguma transformação, tem-se que a operação anterior (entre o remetente e a empresa comercial exportadora) terá de ser tributada pelo ICMS.

"3. E para poder se dar de forma desonerada do ICMS, a operação entre o remetente e a empresa comercial exportadora precisa estar devidamente instruída com elementos que garantam que a subsequente operação, por parte da empresa comercial exportadora, seja de exportação dos mesmos produtos recebidos.

"4. E aí surgem duas perguntas: 1ª) Existe algum requisito para que uma empresa seja qualificada como 'comercial exportador'? 2º) quais seriam os elementos que a legislação exige como garantia para o fim específico de exportação, de modo a beneficiar (com a não incidência do imposto) a venda do remetente para a empresa comercial exportadora?

"(...).

"7. Um outro ponto importante encontra-se no RICMS/2000, art. 7º, § 2º, que afirma que as empresas comerciais exportadoras, inclusive as do tipo 'trading', são aquelas que estão inscritas como tal no órgão competente. Ora, na peça defensória apresentada pela recorrente, não consta nenhuma informação no sentido que a destinatária esteja inscrita em órgão federal competente, e nem com relação ao respectivo número de inscrição.

"Do exposto até o momento, depreende-se que a destinatária não se reveste da condição de empresa comercial exportadora, quer seja do tipo 'trading' ou não, fato esse que, por si só, constitui razão suficiente para respaldar a acusação fiscal feita no item 3 deste Auto."

Naquela oportunidade, a Fazenda do Estado de São Paulo defendeu que a ausência da condição de comercial exportador por parte do adquirente-exportador das mercadorias se deu justamente pela não observância dos requisitos do art. 7º, § 2º, do RICMS, o que *"por si só, já constituiria razão suficiente para respaldar a ação fiscal"*.

Também apontou a relação dos sites oficiais para atestar que a empresa comercial exportadora não possuía o Registro de Exportadores e Importadores da SECEX.

Naquele mesmo processo SF 10000214-734062/2008, a 8ª Câmara Julgadora acolheu a manifestação fazendária, negou provimento ao recurso do contribuinte, mantendo a acusação com decisão transitada em julgado. Adotou como um dos seus fundamentos o fato de que: "De outra banda, havendo previsão contratual para a exportação dos produtos em debate, mesmo assim não vislumbro possibilidade de ter ocorrido as exportações da forma posta pela autuada, ou seja, que houve exportação por uma comercial exportadora ou *trading company*, uma vez que as provas contidas nos autos a (...) desatende os requisitos legais para tanto, uma vez que vislumbro ofensa aos requisitos contidos no art. 2º, inc. II do Decreto 1.248/1972, bem como ao art. 7º do RICMS, ambos reproduzidos pelo Sr. AFR às fls. 662/663".

No processo DRTC-I-9010970/2002, no qual foi tratada matéria similar, a Fazenda do Estado de São Paulo exigiu o ICMS em operações que teriam destinado mercadorias para consumo em embarcações de tráfego internacional de bandeira estrangeira. Segundo consta do voto respectivo: "o Fisco Paulista está a exigir de empresa situada no Rio de janeiro, ICMS sobre venda de cigarros para consumo em embarcações de tráfego internacional (...), via importação indireta, realizada pela empresa paulista (...), a qual, segundo o AFR e a D. Representação Fiscal (fls. 1563) não está inscrita no Cadastro de Exportadores e Importadores da Secretaria de Comércio Exterior – SECEX, do Ministério da Indústria, do Comércio e do Turismo – MICT, e portanto 'não pode ser considerada comercial exportadora'".

Tal acusação foi mantida pelo Tribunal de Impostos e Taxas, com decisão transitada em julgado em favor da Fazenda do Estado de São Paulo.

No processo DRT-13-291298/2008, cujo desfecho foi favorável ao contribuinte, a Fazenda do Estado de São Paulo sustentou em recurso especial que: "para gozar de desoneração do imposto é necessário o cumprimento de todos os requisitos exigidos pelo ordenamento. A D. Representação Fiscal reforça sua posição aduzindo que, à luz da norma expressa no art. 7º, inciso V, § 1º, letra 'a', as operações em discussão não se encontrariam ungidas pela não incidência, pois não preencheria os requisitos legais e, em consequência, as saídas para o exterior seriam tributadas" (extraído do voto da Relatora do Recurso Especial).

Apesar de finalizado em favor do contribuinte, a Câmara Superior do Tribunal de Impostos e Taxas não enfrentou o mérito por implicar em reexame do acervo probatório, na medida em que o órgão "a quo" teria reconhecido a comprovação das exportações e pela classificação da destinatária como comercial exportadora.

Este posicionamento estaria apto a esclarecer o *"Dilema do Vendedor"* e o *"Dilema do Adquirente-Exportador"* apontados na situação narrada no item 6.1 anterior.

Ainda em relação ao tema, há casos com posição fazendária absolutamente antagônica. A Fazenda do Estado de São Paulo aduz, em outros casos, que bastaria a condição de exportadora no objetivo social da empresa para que estivesse habilitada a adquirir mercadorias com fim específico de exportação. A prevalecer esta posição, estar-se-ia, de forma absolutamente incoerente, esclarecendo o *Dilema do Vendedor-Exportador* tratado na segunda situação.

Talvez as digressões impostas na análise das situações descritas nos itens 6.1 e 6.2, possam ajudar no entendimento da situação descrita no item 6.3, segundo a qual se impõe, nas operações de importação indireta, haja a participação de somente duas pessoas jurídicas – uma das quais comercial exportadora habilitada ou *trading*.

No processo DRT 10-382867/2009[16] discute-se exatamente este último ponto.

---

16. Ainda em tramitação à época da finalização deste trabalho.

Pensamos que observado o cumprimento das condições para a exportação indireta, mormente a remessa das mercadorias com fins específicos de exportação a terceira empresa caracterizada como comercial exportadora ou *trading company*, há verdadeira presunção legal da ocorrência de tais exportações em relação ao vendedor. Neste caso, eventual desvio de destinação implicará na responsabilização dos efetivos adquirentes.

Não há óbice legal para que os adquirentes de mercadorias com fins específicos de exportação, caracterizados como comerciais exportadores ou *trading companies*, remetam tais mercadorias a outras empresas também comerciais exportadoras ou *tradings companies*, para levarem a cabo as respectivas exportações.

No entanto, nesta última hipótese, a presunção legal não socorre ao vendedor originário – já que remetera as mercadorias a terceiros, por conta e ordem de adquirente-exportador, estando ciente da atipicidade da operação – sendo legítimo exigir-lhe o imposto quando houver desvio de destinação das mercadorias com o fim específico de exportação (exportações não comprovadas).

Se o negócio jurídico dá-se com empresas não habilitadas como comercial exportadora ou *trading company* – portanto para efeitos de não incidência de ICMS, não as são –, bem como junto a terceiros que não se afiguraram como adquirentes exportadores originários, assume o vendedor o risco pela não efetivação da exportação.

Neste caso, tem o vendedor autuado o direito de comprovar as exportações subsequentes pelos meios de prova em direito admitidos, mas agora sob o manto da presunção em seu desfavor.

8. Conclusões

As conclusões deste breve artigo, bem conciliam os entendimentos que podem ser extraídos de uma análise da legislação e das decisões administrativas citadas. Atribui segurança a todas as partes envolvidas, seja a quem vende (que deve decidir se destaca ou não o imposto), seja a quem adquire para subsequente exportação (que deve – ou não – tomar o crédito do imposto destacado).

Pensamos que podem ser assim resumidas:

(a) O objetivo das regras que excluem da incidência do ICMS as operações de exportação é a desoneração de produtos brasileiros destinados ao exterior, atribuindo-lhes melhores condições competitivas, atingindo as exportações diretas ou indiretas;

(b) É assegurado o direito ao crédito do ICMS, mesmo nas operações intermediárias das exportações indiretas desoneradas do imposto;

(c) As empresas comerciais exportadoras são as revestidas sob a forma de *tradings companies*, ou são regidas ordinariamente pelo Código Civil brasileiro, sendo desnecessária a sua constituição sob a forma de sociedade por ações, sujeitando-se ao registro junto à RFB, indispensável para operações no SISCOMEX, e à inscrição no Registro de Exportadores e Importadores da SECEX, decorrência automática da realização da primeira exportação;

(d) Ao vendedor das mercadorias com o fim específico de exportação, desde que a venda seja para aquelas entidades descritas na norma e observe todos os demais requisitos formais, faz com que se aperfeiçoe, em relação a ele, a presunção legal de que tais mercadorias foram efetivamente destinadas ao exterior, assegurando-lhe a desoneração tributária escorada na boa-fé e na inexigibilidade de comportamento diverso, não sendo aceitável exigir-lhe o tributo mesmo quando houver eventual desvio por parte do adquirente-exportador;

(e) Não se admite ao vendedor, todavia, os efeitos da presunção legal da efetiva exportação quando haja a interposição de uma terceira empresa ou quando o adquirente-exportador não demonstre o cumprimento de qualquer um dos requisitos legais. Nestes casos, tem a obrigação de proceder ao destaque do imposto ou, por sua conta e risco, assumir o ônus de comprovar as exportações subsequentes pelos meios de prova em direito admitidos, mas agora sob o manto da presunção em seu desfavor.

CADERNOS DE DIREITO TRIBUTÁRIO

INSCRIÇÃO EM DÍVIDA ATIVA: CONTROLE DE LEGALIDADE E REPERCUSSÕES NOS MEIOS DE DEFESA DO DEVEDOR

ESDRAS BOCCATO

Mestre em Direito do Estado pela Universidade de São Paulo (USP).
Especialista em Direito Tributário pelo Instituto Brasileiro de Estudos Tributários (IBET).
Bacharel em Direito pela USP.
Procurador da Fazenda Nacional em Piracicaba/SP

1. Introdução. 2. Inscrição em Dívida Ativa. 3. Presunção de liquidez e certeza da Certidão de Dívida Ativa. 4. Impugnações do devedor no processo de execução fiscal: 4.1 Embargos à execução fiscal; 4.2 Exceção de pré-executividade. 5. Conclusão. 6. Bibliografia.

Resumo: Como meio de fomento ao princípio da segurança jurídica, o ato de inscrever em Dívida Ativa pressupõe a realização do prévio controle administrativo de legalidade quanto aos débitos a serem cobrados judicialmente, motivo pelo qual os meios de defesa assegurados ao devedor da Fazenda Pública, a par de assegurar o exercício da ampla defesa, devem conter limitações processuais. Com isto, assegura-se a efetiva presunção de liquidez e certeza de que goza Certidão de Dívida Ativa, a qual deve ser adotada como instrumento de interpretação da legislação processual sobre execução fiscal.

Palavras chaves: Inscrição em Dívida Ativa. Controle de legalidade. Meios de defesa do devedor. Embargos à execução fiscal. Exceção de pré-executividade.

Abstract: *As a promotion tool at principle of legal certainty, the registration of Overdue Tax Liability act's assumes that there is a previous reviewing legality for debts to be charged in court, reason for the defense measures granted to debtor of Public Treasury should ensure legal defense, but should have procedural limitations. With this, it ensures a effective presumption of liquidity and certainty that enjoy Overdue Liabilities Certificate, that have to take into account as a criterion of interpretation of tax execution law.*

Keywords: *Registration of Overdue Tax Liability. Reviewing legality. Defense measures of debtor. Stays of tax execution. Advance dismissal of enforcement.*

1. Introdução

Nos últimos anos são de notória evidência as edições de diversas leis reformadoras do Código de Processo Civil na tentativa de tornar mais efetiva a cobrança judicial realizadas através do processo de execução. Podem-se citar como exemplos as Leis ns. 11.232/2005 e 11.382/2006, apesar de não serem as únicas. Contudo, paradoxalmente até poucos anos atrás foi possível observar verdadeira recalcitrância de parte da jurisprudência dos Tribunais Regionais Federais em aplicar à execução fiscal as inovações legais introduzidas no Código de Processo Civil, valendo citar a relativa ao art. 655-A, que passou a permitir a penhora eletrônica de ativos financeiros como primeira providência constritiva no processo de execução.[1]

Esta tendência, como seria possível imaginar, estendeu-se para a interpretação das regras jurídicas atinentes aos meios de impugnação previstos ao executado, com destaque àqueles relativos à execução fiscal. Recebimento de embargos de devedor apesar da ausência de garantia integral,[2] atribuição de efeito suspensivo a eles sem profunda análise dos requisitos do art. 739-A do Código de Processo Civil,[3] relutância em reconhecer o caráter manifestamente protelatório de embargos de devedor firmado exclusivamente em alegações contrárias à jurisprudência pacificada nos Tribunais Superiores[4] e, principalmente, admissão quase que irrestrita da chamada exceção de pré-executividade, inclusive com o efeito de obstar a penhora,[5] são exemplos de frutos desta hermenêutica.

Ao nosso sentir, um dos motivos a explicar este conservadorismo é a pouca importância que doutrina e jurisprudência costumam atribuir ao significado, relevância e razão de ser do ato administrativo que necessariamente antecede e viabiliza a execução fiscal: a inscrição em Dívida Ativa dos créditos não adimplidos amigavelmente. Sendo ato de controle da legalidade que a Fazenda Pública está obrigada a realizar antes de cobrar seus créditos, as implicações que a inscrição em Dívida Ativa acarreta à segurança jurídica não podem continuar a ser desprezadas.

Por isso, o ato de inscrever em Dívida Ativa merece ser analisado com mais vagar, pois a partir de sua compreensão será possível identificar a lógica de construção das regras

---

1. Com destaque ao Tribunal Regional Federal da 1ª Região, cuja jurisprudência permaneceu em dissonância com a aplicação das inovações do CPC à execução fiscal até meados de 2011, haja vista o precedente da 8ª Turma no AG 200901000711620, com relatoria do Desembargador Federal Souza Prudente, em acórdão publicado no *DJF-1* 30.9.2011. Do mesmo modo no Tribunal Regional Federal da 3ª Região, cuja jurisprudência, até meados de 2010, decidia-se pelo esgotamento de diligências de localização de bens em nome do devedor como requisito necessário à penhora *on-line* de dinheiro. Neste sentido, podem ser citados os seguintes precedentes, todos firmados mesmo após a vigência da Lei n. 11.382/2006: 4ª T., rel. Juiz conv. Miguel Di Pierro, AI 376.774, *DJF-3* 19.8.2010; 4ª T., rel. Desembargadora Federal Alda Basto, AI 357.399, *DJF-3* 29.7.2010; 6ª T., rel. Desembargadora Federal Consuelo Yoshida, AI 316.042, *DJF* 4.5.2010; 4ª T., rel. Desembargador Federal Roberto Haddad, AI 320.136, *DJF-3* 3.2.2009, entre outros.

2. Apesar de não ser jurisprudência unânime, é possível encontrar precedentes recentíssimos na jurisprudência do TRF-3ª R. a permitir a admissão de embargos à execução fiscal a despeito da exigência feita no art. 16, § 1º, Lei n. 6.830/1980, podendo-se citar os acórdãos proferidos pela 5ª T. no AI 337.548, com relatoria do Desembargador Federal Antonio Cedenho, *DFJ-3* 8.5.2013, e na AC 1.747.869, com relatoria da Desembargadora Federal Ramza Tartuce, *DJF-3* 24.10.2014.

3. Há precedentes na 4ª T. do TRF-3ª R. a firmar entendimento de que o efeito suspensivo aos embargos de devedor é automático e decorre da Lei de Execuções Fiscais. Quanto a isto, vale mencionar o recentíssimo acórdão proferido no AI 489.183, com relatoria do Juiz conv. Paulo Sarno, *DJF-3* 24.4.2013, além dos acórdãos proferidos nos AI 356.985, AI 348.110 e AI 345.799, todos com relatoria da Desembargadora Federal Alda Basto, *DJF-3* 22.9.2009.

4. Na prática forense, ainda são bastante recorrentes as alegações de ausência de liquidez e certeza da Certidão de Dívida Ativa (CDA), de inconstitucionalidade da aplicação da taxa Selic como índice de juros e correção monetária de tributos, de redução da multa moratória em razão do art. 52, § 1º, do Código de Defesa do Consumidor, etc. Apesar de serem reiteradamente rejeitadas em 1º e 2º grau de jurisdição, e de serem manifestamente infundadas conforme a jurisprudência dos Tribunais Superiores, os Tribunais Regionais Federais raramente condenam o devedor em litigância de má-fé, ou mesmo pela conduta prevista no art. 740, parágrafo único, Código de Processo Civil. A título de exemplos, podem-se citar os seguintes precedentes: TRF-1ª R., 5ª T. Suplementar, rel. Juiz Federal Gregório dos Santos, AC 200201990344976, *DJF* 17.5.2013; TRF-3ª R., Turma D, rel. Juiz Federal Rubens Calixto, AC 593.989, *DJF-3* 30.11.2010.

5. O TRF-2ª R. possui precedente no sentido de admitir, ainda que excepcionalmente, uma espécie de "efeito suspensivo" à exceção de pré-executividade em que se alega a ocorrência de pagamento e de decadência. Neste sentido, vê-se o acórdão proferido pela 3ª T. Especializada no AG 149.360, com relatoria do Desembargador Federal José Neiva, *DJU* 12.12.2006.

sobre a execução fiscal e, consequentemente, os equívocos interpretativos cometidos em relação à matéria. Este é, portanto, o objetivo do presente artigo, a seguir explicitado.

2. Inscrição em Dívida Ativa

A execução fiscal é procedimento judicial através do qual a Fazenda Pública busca a satisfação de seus créditos, tributários ou não, mencionados em Certidão de Dívida Ativa constituída através do ato administrativo de inscrição. Por opção do art. 1º da Lei n. 6.830, o rito especial da execução fiscal aplica-se somente para a cobrança da Dívida Ativa dos entes federativos (União, Estados, Distrito Federal e Municípios) e suas respectivas autarquias, valendo ressaltar que, por equiparação, a jurisprudência do Supremo Tribunal Federal tem admitido seu uso pelas fundações públicas.[6]

A inscrição em Dívida Ativa, por sua vez, constitui-se em ato de controle de legalidade praticado por órgão da administração fazendária, através do qual se objetiva apurar a liquidez e certeza do crédito público antes do início da cobrança judicial. Trata-se de um típico ato jurídico-administrativo, deixando de ser um mero ato material de registro nos livros contábeis,[7] tal como podia ser considerado à época da vigência do art. 39 da Lei n. 4.320/1964 em sua redação original até a promulgação da Lei n. 2.642/1955 (art. 4º, inciso XIII).[8]

Por ser assim, no ato de inscrição, cabe ao órgão competente verificar se os créditos foram regularmente constituídos e se foi respeitado o procedimento administrativo fiscal cabível, de modo a impedir que os que contêm irregularidades formais ou materiais venham a ser cobrados e, posteriormente, cancelados por decisão judicial.[9] O propósito da inscrição em Dívida Ativa é precisamente evitar que execuções fiscais fadadas ao insucesso sejam ajuizadas e, consequentemente, ocasionem prejuízos não só aos contribuintes, mas também à própria Fazenda Pública, comumente condenada ao pagamento de honorários advocatícios ao executado nesses casos.[10]

Ordinariamente, o ato de inscrever em Dívida Ativa deve comportar, dentre outros, os seguintes requisitos: examinar se houve notificação ou intimação regular do devedor, verificar se os fundamentos legais da constituição do crédito constam no auto de infração e se foi lavrado pela autoridade competente.[11] Deste modo, será possível averiguar se os créditos a receber contêm ou não irregularidades formais, tais como são *os erros de cálculo, a influírem no exato montante da dívida, a má*

---

6. STF, rel. Ministro Celso de Melo, RE 183.188-MS, *DJ* 14.2.1997.

7. Luciano Benévolo Andrade, "Natureza jurídica da inscrição em dívida ativa", *Revista de Direito Tributário* 15-16/150, jan.-jun./1981.

8. A evidenciar o entendimento que se tinha antes da Lei n. 6.830/1980 acerca da inscrição, podemos citar a lição de Milton Flaks, para quem *segundo* "se extrai do art. 39, § 1º, da Lei 4.320/1964, inscrição é o ato através do qual se registra, em livros ou fichários do órgão administrativo competente, os créditos fiscais exigíveis pelo transcurso do prazo para pagamento, depois de apurada a sua liquidez e certeza", in *Comentários à Lei de Execução Fiscal*, Rio de Janeiro, Forense, 1981, p. 90. Nesse mesmo sentido também se nota o entendimento de Carlos Valder Nascimento, segundo o qual "a inscrição em dívida ativa consiste, pois, no registro de dívida consignado no livro ou fichário mantidos pelas repartições responsáveis pela administração fazendária", in *Dívida Ativa*, Rio de Janeiro, Forense, 1988, p. 54.

9. Paulo de Barros Carvalho, *Curso de Direito Tributário*, 8ª ed., São Paulo, Saraiva, 1996, p. 371.

10. O art. 26 da Lei n. 6.830/1980 estabelece que a extinção da execução fiscal oriunda do cancelamento da inscrição em Dívida Ativa não enseja qualquer ônus às partes envolvidas, se realizada antes da sentença nos embargos de devedor. Contudo, apesar da literalidade desta regra, o STJ firmou entendimento de que há de ser verificado quem deu causa à demanda para imputar o ônus pelo pagamento dos honorários advocatícios (REsp 1.111.002-SP, submetido ao regime do art. 543-C, CPC). Desta forma, mesmo que a Fazenda Pública cancele a inscrição antes da prolação da sentença, ainda assim será possível que venha a ser condenada ao pagamento dos honorários sucumbenciais, caso se constate que o ajuizamento da execução fiscal ocorreu por exclusivo equívoco do credor público.

11. Cid Heráclito Queiroz, "Divida Ativa – Inscrição", in Luciano Benévolo Andrade, *Revista de Direito Tributário*, São Paulo, Ed. RT, jul.-set./1991, pp. 143-144.

identificação do devedor e do seu domicílio, a incompleta indicação do título legal da dívida ou ausência dela, omissões quanto a outros elementos necessários à validade jurídica formal da certidão de dívida.[12] Portanto, em regra, o controle de legalidade cinge-se aos aspectos formais atinentes ao crédito público.[13]

Excepcionalmente, contudo, também se admite que irregularidades materiais nos créditos a receber sejam apuradas no ato de inscrição e, nesses casos, impedida a formalização do respectivo título executivo extrajudicial. Para tanto, é necessário expressa previsão legal a permitir tal juízo à autoridade competente para efetuar a inscrição em Dívida Ativa. Por exemplo, é o que ocorre com o art. 18 da Lei n. 10.522/2002, em que se estabelece explícita autorização legal para que os órgãos da Procuradoria da Fazenda Nacional deixem de inscrever em Dívida Ativa créditos devidos a título de determinados tributos declarados inconstitucionais e relacionados em seus incisos.[14]

Além dessas irregularidades, a apreciação da prescrição e da decadência também integra o controle de legalidade a ser praticado pelo órgão administrativo. Sempre há de haver a derradeira análise quanto à eventual ocorrência de prescrição e decadência a fulminá-los, antes de serem inscritos em Dívida Ativa.[15] Caso seja constatado que a constituição do crédito ocorreu após o prazo decadencial, ou que já transcorreu o prazo prescricional entre a constituição definitiva do crédito e alguma das causas de sua interrupção, deve ser negada a inscrição em Dívida Ativa, restituindo-se o procedimento administrativo ao órgão público de origem. Nestes casos, evita-se que sejam levados à cobrança judicial créditos que inevitavelmente serão declarados extintos pela autoridade judicial, especialmente se for adotado o entendimento firmado pelo Superior Tribunal de Justiça de que nem mesmo a espontânea confissão de

---

12. Luciano Benévolo Andrade, "Natureza jurídica da inscrição em dívida ativa", cit., p. 157.

13. Milton Flaks, *Comentários à Lei de Execução Fiscal*, Rio de Janeiro, Forense, 1981, p. 93.

14. "Art. 18. Ficam dispensados a constituição de créditos da Fazenda Nacional, a inscrição como Dívida Ativa da União, o ajuizamento da respectiva execução fiscal, bem assim cancelados o lançamento e a inscrição, relativamente: I – à contribuição de que trata a Lei n. 7.689, de 15 de dezembro de 1988, incidente sobre o resultado apurado no período-base encerrado em 31 de dezembro de 1988; II – ao empréstimo compulsório instituído pelo Decreto-lei n. 2.288, de 23 de julho de 1986, sobre a aquisição de veículos automotores e de combustível; III – à contribuição ao Fundo de Investimento Social – FINSOCIAL, exigida das empresas exclusivamente vendedoras de mercadorias e mistas, com fundamento no art. 9º da Lei n. 7.689, de 1988, na alíquota superior a 0,5% (cinco décimos por cento), conforme Leis ns. 7.787, de 30 de junho de 1989, 7.894, de 24 de novembro de 1989, e 8.147, de 28 de dezembro de 1990, acrescida do adicional de 0,1% (um décimo por cento) sobre os fatos geradores relativos ao exercício de 1988, nos termos do art. 22 do Decreto-lei n. 2.397, de 21 de dezembro de 1987; IV – ao imposto provisório sobre a movimentação ou a transmissão de valores e de créditos e direitos de natureza financeira – IPMF, instituído pela Lei Complementar n. 77, de 13 de julho de 1993, relativo ao ano-base 1993, e às imunidades previstas no art. 150,

inciso VI, alíneas 'a', 'b', 'c' e 'd', da Constituição; V – à taxa de licenciamento de importação, exigida nos termos do art. 10 da Lei n. 2.145, de 29 de dezembro de 1953, com a redação da Lei n. 7.690, de 15 de dezembro de 1988; VI – à sobretarifa ao Fundo Nacional de Telecomunicações; VII – ao adicional de tarifa portuária, salvo em se tratando de operações de importação e exportação de mercadorias quando objeto de comércio de navegação de longo curso; VIII – à parcela da contribuição ao Programa de Integração Social exigida na forma do Decreto-lei n. 2.445, de 29 de junho de 1988, e do Decreto-lei n. 2.449, de 21 de julho de 1988, na parte que exceda o valor devido com fulcro na Lei Complementar n. 7, de 7 de setembro de 1970, e alterações posteriores; IX – à contribuição para o financiamento da seguridade social – COFINS, nos termos do art. 7º da Lei Complementar n. 70, de 30 de dezembro de 1991, com a redação dada pelo art. 1º da Lei Complementar n. 85, de 15 de fevereiro de 1996. X – à Cota de Contribuição revigorada pelo art. 2º do Decreto-lei n. 2.295, de 21 de novembro de 1986."

15. Após a edição do art. 53 da Lei n. 11.941/2009, não restam dúvidas de que a autoridade administrativa fiscal pode reconhecer de ofício a prescrição do crédito tributário. Apesar disto, a nosso ver, esta atribuição já era prevista no ordenamento jurídico desde a vigência do art. 2º, § 3º, Lei n. 6.830/1980, já que decorrente do controle de legalidade. Exemplo disto ocorreu com a edição da Súmula Vinculante n. 8, STF, a qual, indicando a inconstitucionalidade dos arts. 45 e 46 da Lei n. 8.212/1991, impôs a aplicação retroativa do prazo decadencial e prescrição de 5 (cinco) anos previstos nos arts. 173 e 174, Código Tributário Nacional. Diante disto, os Procuradores da Fazenda Nacional deixaram de

dívida tem o condão de reavivar créditos cujo direito de constituição já havia decaído.[16]

De qualquer modo, caso sejam apurados vícios formais ou materiais passíveis de serem saneados, compete à autoridade competente ao efetuar o controle de legalidade restituir os autos do processo administrativo relativo ao crédito irregular ao órgão fiscal de origem, a fim de que este efetue as devidas correções.[17] No entanto, caso sejam constatadas irregularidades que impliquem a extinção do próprio crédito a receber, a inscrição em Dívida Ativa deve ser rejeitada pela autoridade competente, a qual deverá proceder ao arquivamento definitivo do respectivo procedimento fiscal, pois a ela compete dizer a última palavra na esfera administrativa acerca da legalidade do crédito público.[18]

Por causa da natureza dessas providências administrativas, a lei deve outorgar ao órgão jurídico do ente público a atribuição de inscrever créditos em Dívida Ativa, uma vez que a análise da legalidade de atos administrativos em geral e o exame de títulos executivos é *atividade típica de advogado*.[19] Não por outro motivo que, no que tange à Dívida Ativa da União, compete à Procuradoria-Geral da Fazenda Nacional o ato de inscrição, conforme previsto no art. 2º, § 4º, Lei n. 6.830/1980, bem como no art. 12, inciso I, LC n. 73/1993. Semelhantemente, à Procuradoria-Geral Federal compete apurar a liquidez e certeza dos créditos devidos às autarquias e fundações públicas federais, inscrevendo-os em dívida ativa do respectivo ente (art. 10, Lei n. 10.480/2002).

Logo, somente após o efetivo controle de legalidade é que a Procuradoria competente deverá levar o crédito fiscal à inscrição em Dívida Ativa, lavrando respectivo termo nos moldes do art. 2º, § 5º, Lei n. 6.830/1980, isto é, fazendo constar a qualificação do devedor (inciso I), a natureza, origem, fundamento e valor da dívida (incisos II e III), a fórmula do cálculo (incisos II e IV), a data e número da inscrição (inciso V) e o número do processo administrativo ou do auto de infração (inciso VI).

3. Presunção de liquidez e certeza da Certidão de Dívida Ativa

Do que se expôs até aqui, infere-se que o ato de inscrição não é – ou ao menos não deve ser – providência singela ou despida de detalhes, na medida em que a realização do prévio controle administrativo de legalidade impõe o atendimento dos requisitos acima mencionados. Nas palavras de Luciano Benévolo de Andrade,[20] *inexiste automatismo na inscrição da dívida ativa, pois como ato de controle de legalidade é um ato de inteligência*, mesmo nos casos em que o Termo de Inscrição e a Certidão de Dívida Ativa são preparados por processo eletrônico (art. 2º, § 7º, Lei 6.830/1980).[21]

Com ele, objetiva-se realizar a apuração da liquidez e certeza, a fim de impedir a precoce ou a ilegal formalização da respectiva Certidão de Dívida Ativa, assim como o

---

inscrever inúmeros créditos previdenciários e de ajuizar suas respectivas execuções fiscais, justamente pelo fato de o reconhecimento da prescrição e da decadência prescindir de tutela jurisdicional.

16. STJ, 1ª Seção, rel. Ministro Mauro Campbell, REsp 1.355.947-SP, *DJe* 21.6.2013.

17. Renê Bergmann Ávila, Leandro Paulsen e Ingrid Shoroder Sliwka, *Direito Processual Tributário*, 4ª ed., Porto Alegre, Livraria do Advogado, 2008, p. 186.

18. É justamente por entender que a autoridade competente pode dizer a "palavra final" sobre o crédito a ser inscrito – e, inclusive, sobrepor-se à coisa julgada administrativa – que Iran de Lima afirma que a este órgão do Poder Executivo é assegurado o exercício de uma verdadeira atividade judicante, mesmo que em caráter extraordinário, in *A Dívida Ativa em Juízo: a Execução Fiscal na Lei 6.830/1980*, São Paulo, Ed. RT, 1984, p. 33.

19. Leon Frejda Szklarowsky, *Execução Fiscal*, 2ª ed., Brasília, ESAF, 1984, p. 68.

20. Luciano Benévolo Andrade, "Natureza jurídica da inscrição em dívida ativa", cit., p. 159.

21. Se a inscrição em Dívida Ativa for realizada eletronicamente, não há óbices para que o controle de legalidade volte a ser exercido, *ex officio* ou por provocação, pela autoridade competente, desde que ainda não tenha havido manifestação judicial acerca dos aspectos formais e materiais atinentes ao crédito público.

consequente ajuizamento de uma ação de execução fiscal fadada ao insucesso. É de se concluir, deste modo, que por força do art. 2º, § 3º, as Procuradorias estão proibidas de levar à cobrança judicial os créditos tributários e não tributários eivados de vícios formais ou materiais passíveis de reconhecimento de ofício por lei, como é o caso da prescrição e decadência.

Vale afirmar, portanto, que no ato de inscrição, as Procuradorias não encontram respaldo legal para atuar parcialmente, isto é, de acordo com um suposto interesse estatal arrecadatório, capaz de autorizar a cobrança de dívida ilegal, ilíquida ou incerta. Pelo contrário, ao exercerem o controle de legalidade, estes órgãos administrativos atuam com fulcro irrestrito no princípio da legalidade (art. 37, Constituição Federal), de maneira que a eventual inscrição flagrantemente pautada na lógica do "cobrar a todo custo" deve constituir ato ensejador de responsabilização do agente público.

Em razão disto, contempla-se o motivo pelo qual vem o art. 3º da Lei n. 6.830/1980 a dispor que a Dívida Ativa regularmente inscrita goza da presunção de liquidez e certeza, tendo o efeito de prova pré-constituída, por força também do art. 204, Código Tributário Nacional. Não é sem razão a presunção. Antes, é decorrência do controle de legalidade ínsito a qualquer inscrição em Dívida Ativa, o que pressupõe a eliminação dos créditos fiscais inaptos a serem exigidos judicialmente.

Por outro lado, não podem deixar de serem inscritos em Dívida Ativa os créditos fiscais cujo fundamento de validade é de constitucionalidade duvidosa, tampouco de serem exigidos judicialmente através da ação de execução fiscal, uma vez que, apesar de alguma divergência doutrinária,[22] não se tem admitido à Administração Pública o poder de declarar a inconstitucionalidade de leis já promulgadas e vigentes. Igualmente, também não podem deixar de serem inscritos os créditos fiscais cujo pressuposto fático descrito no auto de infração seja de ocorrência discutível, na medida em que o ato de conferir a ocorrência ou não do fato gerador é providência restrita ao processo administrativo fiscal. Tal hipótese não se enquadra no conceito de controle administrativo de legalidade previsto no § 3º do art. 2º, pois, salvo as exceções já expostas, nele não há espaço para a revisão do mérito administrativo ou para ingerências na essência do ato de constituição do crédito público.[23]

Consequentemente, a presunção de liquidez e certeza não pode ser absoluta, já que, se desta forma fosse, o sistema jurídico não admitiria a discussão judicial de dívidas tributárias ou não tributárias constituídas a partir de lei inconstitucional, assim como também não caberia impugnação judicial sobre dívida cujo fundamento fático fosse inexistente ou não passível de enquadramento na hipótese de incidência tributária. Além disto, não é possível desprezar que, por força do art. 5º, inciso XXXV, Constituição Federal, optou-se por outorgar ao Poder Judiciário a "palavra final" acerca da validade dos atos administrativos, inclusive o de inscrição em Dívida Ativa, o que, acrescido da possibilidade de a Fazenda Pública errar ao realizar o controle de legalidade, torna indispensável que o sistema processual brasileiro preveja instrumentos de impugnação ao executado.

Por estas razões, o parágrafo único do art. 3º da Lei n. 6.830/1980, à semelhança do parágrafo único do art. 204, Código Tributário Nacional, dispõe que a presunção de liquidez e certeza é relativa, podendo ser afastada mediante prova inequívoca a ser produzida

---

22. No Brasil, há vozes a defender que, pelo princípio da supremacia constitucional, o Poder Executivo poderia deixar de cumprir lei que entenda ser inconstitucional, mesmo após o alargamento do rol de legitimados a propor a ação direta de inconstitucionalidade. Contudo, tal faculdade somente caberia ao Chefe do Poder Executivo, e não indistintamente a qualquer órgão público.

Neste sentido está Luís Roberto Barroso, *O Controle de Constitucionalidade no Direito Brasileiro*, 4ª ed., São Paulo, Saraiva, 2009, pp. 69-70.

23. Leon Frejda Szklarowsky, *Execução Fiscal*, 2ª ed., cit., p. 67.

pelo executado. Com a presunção relativa, ao invés da Fazenda Pública provar que tem o direito de cobrar, cabe ao executado, caso não concorde, provar que não deve ou que deve menos do que lhe é reclamado.[24] Entretanto, não de qualquer forma, pois cabe ao executado produzir prova inequívoca, entendida como prova plena, capaz de levar o juiz ao estado de certeza acerca do fato posto em questão,[25] levada à apreciação do juízo em momento oportuno a ilidir a presunção relativa: no da oposição dos embargos à execução fiscal, nos termos do art. 16, Lei n. 6.830/1980.

4. Impugnações do devedor no processo de execução fiscal

4.1 Embargos à execução fiscal

O prévio controle de legalidade praticado no ato de inscrição em Dívida Ativa e a consequente presunção relativa de liquidez e certeza da Certidão de Dívida Ativa impõem que o sistema jurídico preveja instrumento processual de impugnação que, além de assegurar ao devedor o direito de produzir prova inequívoca capaz de afastar a legalidade da cobrança judicial, seja revestido de formalidades necessárias à bem delimitar seu exercício. Com este escopo foram previstos os embargos à execução fiscal, espécie do gênero embargos de devedor descrito nos arts. 736 e ss. do Código de Processo Civil.

Nesta perspectiva sistêmica, a Lei n. 6.830/1980, em seu art. 16, dispôs que ao devedor executado é garantido o direito de opor embargos à execução no prazo de 30 (trinta) dias contados da formalização de ao menos uma das modalidades de garantia à satisfação do crédito fiscal descritas em seus incisos, isto é, ou depósito judicial (inciso I), ou fiança bancária (inciso II) ou penhora de bens em geral (inciso III).

Quanto à necessidade de garantir o exercício da ampla defesa, verifica-se que o § 2º do art. 16 dispôs que toda matéria útil à defesa do executado poderá ser veiculada através dos embargos à execução fiscal, cuja fase probatória poderá comportar até mesmo a produção de prova testemunhal com até 6 testemunhas, se assim entender o juiz. É induvidoso que, neste ponto, a legislação infraconstitucional brasileira não inviabiliza o direito de o devedor defender-se, tanto que reveste os embargos à execução fiscal da natureza jurídica de *ação de conhecimento autônoma e incidente ao processo de execução*.[26]

Quanto à necessidade de se revestir os embargos à execução fiscal de formalidades, observa-se que o § 1º do art. 16 estabelece que a admissão dos embargos está condicionada à prévia garantia do juízo da execução fiscal, sem a qual não podem ser conhecidos. Com o mesmo propósito, verifica-se que o § 2º do art. 16, a par de assegurar a ampla defesa ao executado, também estabelece o prazo preclusivo de 30 dias para que, nos embargos à execução fiscal, alegue-se toda matéria útil à defesa.

Tais exigências não devem causar espanto. Antes, devem ser vistas como desdobramentos possíveis do prévio controle de legalidade a que o crédito fiscal deve ser submetido após sua constituição definitiva na esfera administrativa. Na medida em que, ao contrário dos demais títulos executivos extrajudiciais, a Certidão de Dívida Ativa é constituída após a verificação da regularidade formal do crédito a ser inscrito, é crível que a legislação processual estabeleça mais requisitos para sua impugnação do que os exigíveis no processo de execução em geral. Não fosse assim, não se justificaria revestir a inscrição com a natureza de controle de legalidade.

Há de se destacar, ainda, que pela leitura de *caput* e § 1º, a admissão dos embargos não

---

24. Cláudia Rodrigues, *O Título Executivo na Execução da Dívida Ativa da Fazenda Pública*, São Paulo, Ed. RT, 2002, pp. 153-154.

25. Araken de Assis, *Manual da Execução*, 15ª ed., São Paulo, Ed. RT, 2013, p. 1.159.

26. Sérgio Cruz Arenhart e Luiz Guilherme Marinoni, *Curso de Processo Civil*, vol. 3 *Execução*, 2ª ed., São Paulo, Ed. RT, 2008, p. 457.

está condicionada à realização de qualquer penhora, mas sim à constrição patrimonial suficiente a garantir integralmente a satisfação do crédito no momento de sua realização. Apesar de vozes contrárias, a expressão "garantida a execução" não pode ser interpretada de outra maneira que não a de haver *penhora formalizada de bens cujo valor seja suficiente à satisfação imediata dos créditos*.[27]

Neste sentido, mostra-se equivocado o entendimento de que a insuficiência da penhora não pode condicionar a admissibilidade dos embargos do devedor, sob o argumento de que supostamente a lei não exige que a segurança da execução seja total ou completa.[28] Entender deste modo implica ou esvaziar o sentido do § 1º do art. 16 que, como dito, prevê que não são admissíveis embargos do executado antes de garantida a execução, ou dar a expressão sentido diametralmente oposto a sua literalidade mais singela.

Também não há qualquer inconstitucionalidade na previsão do § 2º do art. 16. À semelhança da contestação no processo civil comum, ao devedor é dada apenas uma única oportunidade de apresentar sua defesa no bojo do processo de execução fiscal, a saber, na apresentação dos embargos à execução fiscal. Caso ultrapassado o prazo previsto no art. 16, deixa o executado de fazer jus a meios processuais de impugnação. Conforme ensina Rodrigo Dalla Pria, o crédito fiscal mencionado na Certidão de Dívida Ativa torna-se ato jurídico perfeito, incapaz de ser modificado judicialmente ante a ausência de instrumento processual idôneo a questioná-lo.[29]

Não é por outra razão que se afigura equivocada a posição defendida, por exemplo, por Cleide Previtalli Cais, para quem *qualquer limitação à matéria de defesa violaria o princípio contido no inc. LV do art. 5º da CF*.[30] Além de desprezar o fato de que a constituição do crédito fiscal decorreu ou de confissão de dívida praticada espontaneamente pelo devedor ou de procedimento administrativo feito em contraditório, esta concepção parece esquecer-se de que cabe à legislação infraconstitucional impor requisitos ao manejo dos instrumentos processuais, ponderando o princípio constitucional do acesso à Justiça com o da segurança jurídica, tal como faz no Código de Processo Civil ao impor, apenas para citar, o atendimento às condições da ação e aos pressupostos processuais.

Ademais, conforme relato de Gustavo Caldas Guimarães de Campos sobre pesquisa realizada pelo IDEP (Instituto de Estudos Econômicos, Sociais e Políticos de São Paulo), *no âmbito da Justiça Tributária Federal, 51,3% dos empresários afirmaram lançar mão de expedientes protelatórios de forma "muito frequente" e 27,8% de modo "algo frequente"*.[31] Assim, não fossem suficientes as razões lançadas acima, verifica-se que a realidade dos fatos também aponta para o acerto de se interpretar o art. 16, § 2º, da Lei n. 6.830/1980 como norma jurídica a impor preclusão a impugnações dos devedores.

Em suma, considerando que a execução fiscal pressupõe o ato de inscrição do crédito fiscal em Dívida Ativa, que por sua vez se reveste do caráter de controle administrativo de legalidade como forma de concretização do princípio da segurança jurídica, pode-se concluir sem dificuldades que as limitações previstas na Lei n. 6.830/1980 aos embargos

---

27. Esdras Boccato, "Certidão de regularidade fiscal: disciplina jurídica na Constituição e na Legislação", *Revista de Direito Tributário* 115/124.

28. STJ, 2ª T., rel. Ministro Castro Meira, REsp 1.215.579, *DJE* 28.2.2011.

29. Para o autor, depois de decorrido o prazo para oposição de embargos, a norma tributária atinge a sua máxima concretude, tornando-se ato jurídico perfeito, com imutabilidade determinada pela ausência de instrumento processual com eficácia para desconstituí-lo. Acerca disto, ver "O processo de positivação da norma jurídica tributária e a fixação da tutela jurisdicional apta a dirimir os conflitos havidos entre contribuinte e Fisco", in *Processo Tributário Analítico*, 2ª ed., São Paulo, Noeses, 2011, pp. 63-94.

30. Cleide Previtalli Cais, *O Processo Tributário*, 7ª ed., São Paulo, Ed. RT, 2011, p. 586.

31. Gustavo Caldas Guimarães de Campos, *Execução Fiscal e Efetividade: Análise do Modelo Brasileiro à Luz do Sistema Português*, São Paulo, Quartier Latin, 2009, p. 112.

à execução fiscal atendem ao princípio da eficiência administrativa, sem que viole desproporcionalmente os princípios do acesso à justiça e à ampla defesa.

4.2 Exceção de pré-executividade

O art. 5º, inciso XXXIV, Constituição Federal, estabelece que a todos é assegurado o direito de petição aos Poderes Públicos em defesa de direitos ou contra ilegalidades ou abuso de poder. Toda e qualquer manifestação levada ao Poder Judiciário pelo executado deve ser protocolada e, inicialmente, juntada aos respectivos autos de execução fiscal. Não importa se pertinente, absurda, cabal ou inútil, se atende aos pressupostos processuais mínimos ou se leva ao conhecimento do juízo a prova inequívoca de que fala o art. 3º, parágrafo único, Lei n. 6.830/1980. Toda petição deve ser protocolada e apreciada pelo juiz.

Este é o fundamento constitucional daquilo que, na prática forense, denominou-se "exceção de pré-executividade", apesar de seus possíveis equívocos.[32] Como espécie que é do direito de petição, a exceção de pré-executividade tem como intuito *impedir o prosseguimento de execuções inúteis*,[33] levando ao conhecimento do Poder Judiciário ilegalidades e de abuso de poder facilmente constatáveis. Conforme aponta José Ignácio Botelho de Mesquita e outros,[34] a primeira notícia que se tem a respeito da exceção de pré-executividade no direito processual brasileiro se deve a Pontes de Miranda, em seu livro *Comentários ao Código de Processo Civil* de 1939, no qual defendia a possibilidade de o devedor suscitar matérias de ordem pública no processo de execução, a despeito dos embargos.

Cuida-se de espécie de impugnação, isto é, meio processual através do qual o interessado leva ao conhecimento do juízo seu inconformismo acerca da pretensão executiva da parte contrária, apresentando *defesas, no curso do processo, independentemente de prazos ou formalidades*.[35]

Por este motivo, sua apreciação meritória ainda é objeto de discussão doutrinária infindável, uma vez que se notou ao longo do tempo uma crescente ampliação das hipóteses de admissão da exceção de pré-executividade. Se, de início, restrita à matéria de ordem pública, passou a abarcar arguições de pagamento, prescrição, decadência e até de responsabilidade tributária, desde que com prova pré-constituída.[36] A exemplificar o alargamento da admissão da exceção de pré-executividade pode-se citar o verbete da Súmula 393 do STJ, o qual, expressando entendimento jurisprudencial pacificado, diz que *a exceção de pré-executividade é admissível na execução fiscal relativamente às matérias conhecíveis de ofício que não demandem dilação probatória*.

Contudo, a admissão da exceção de pré-executividade não deve estar à mercê dos gostos e vontades dos intérpretes doutrinários e jurisdicionais. Antes seus critérios podem ser extraídos do cotejo entre os arts. 2º, § 3º, 3º e parágrafo único, 16 e seus §§ 1º e 2º, todos da Lei n. 6.830/1980, os quais inclusive

---

32. Para Leonardo José Carneiro Cunha, pode ser chamada tanto de objeção como de exceção de pré-executividade, em *A Fazenda Pública em Juízo*, 5ª ed., São Paulo, Dialética, 2007, p. 319.

33. Araken de Assis, *Manual da Execução*, 15ª ed., cit., p. 1230.

34. José Inácio Botelho de Mesquita, Daniel Guimarães Zveibil, Mariana Capela Lombardi, Rodolfo da Costa Manso Real Amadeo, Luis Guilherme Pennacchi Dellore e Guilherme Silveira Teixeira, "Nascimento, morte e ressureição da exceção de pré-executividade", in Carlos Alberto Salles (org.), *As Grandes Transformações do Processo Civil Brasileiro – Homenagem ao Professor Kazuo Watanabe*, São Paulo, Quartier Latin, 2009, p. 316.

35. Sérgio Cruz Arenhart e Luiz Guilherme Marinoni, *Curso de Processo Civil*, vol. 3 *Execução*, 2ª ed., cit., p. 315.

36. José Inácio Botelho de Mesquita, Daniel Guimarães Zveibil, Mariana Capela Lombardi, Rodolfo da Costa Manso Real Amadeo, Luis Guilherme Pennacchi Dellore e Guilherme Silveira Teixeira, "Nascimento, morte e ressureição da exceção de pré-executividade", in Carlos Alberto Salles (org.), *As Grandes Transformações do Processo Civil Brasileiro – Homenagem ao Professor Kazuo Watanabe*, cit., p. 318.

devem servir de prisma para a interpretação e aplicação da Súmula 393 do Superior Tribunal de Justiça.

Desta maneira, a exceção de pré-executividade deve ser admitida somente para provocar a manifestação do juiz acerca de matérias e fatos passíveis de conhecimento de ofício e de percepção de plano. Por isso, o manejo de exceção de pré-executividade para alegar matérias e fatos sobre os quais os representantes judiciais da Fazenda Pública devem se manifestar previamente à cognição judicial atenta contra o art. 5º, inciso XXXIV, alínea "a", Constituição Federal,[37] contra a lógica da Lei n. 6.380/1980 e até mesmo contra a Súmula 393 do STJ, já que não se estará propriamente diante de *matérias conhecíveis de ofício*.

Até porque, se assim não for, estar-se-á a permitir uma "ordinarização" da execução fiscal, instaurando-se um indevido contraditório entre o executado e a Fazenda Pública capaz de ensejar, na prática forense, a paralisação da cobrança judicial sem a prévia garantia do juízo. Concretamente, ao intimar os representantes judiciais do Estado a manifestar-se sobre a exceção de pré-executividade sem que sobre ela tenha feito qualquer juízo, o juiz acaba por conferir à impugnação do executado um anômalo "efeito suspensivo", pois é certo que atos constritivos não serão praticados enquanto não for julgada a exceção de pré-executividade.

Além disto, alargar sobremaneira as hipóteses de cabimento da exceção de pré-executividade importa em desprezar as implicações do controle administrativo de legalidade, isto é, assegurar que eventuais erros no ato de inscrição sejam cada vez mais excepcionais e improváveis. É incompatível e contraditório permitir ampla cognição de exceções de pré-executividade apresentadas em execuções fiscais cujos créditos obrigatoriamente já passaram pelo crivo do controle de legalidade feito pelas Procuradorias.

Portanto, no tocante à matéria, a posição mais adequada é a mencionada na seguinte decisão jurisprudencial proferida pelo Tribunal Regional Federal da 1ª Região: "A exceção de pré-executividade não é ação autônoma nem chega a ser incidente processual que justifique sua 'autuação' em apartado e seu processamento pelo rito ordinário. É de tão restrito espectro que, criação da jurisprudência, se resume a uma simples petição convenientemente instruída, que permita ao juízo conhecer de plano das questões que, à vista d›olhos, impliquem concluir, de logo, pelo insucesso da execução".[38]

Logo, ainda que não demande dilação probatória, se a questão não puder ser conhecida de ofício pelo juiz, ou não puder ser julgada desde logo – a expressão "à vista d'olhos" é muitíssima feliz – não se deverá apreciar a exceção de pré-executividade. Antes, deverá ser rejeitada de plano, mesmo sem a manifestação da Fazenda Pública, determinando-se, ato contínuo, o prosseguimento da execução fiscal com providências constritivas.

5. *Conclusão*

O prévio controle administrativo de legalidade dos créditos fiscais a ser realizado na inscrição em Dívida Ativa é ato que diferencia a respectiva certidão de todos os demais títulos executivos extrajudiciais. Por estar em consonância com o princípio da segurança jurídica, sua obrigatoriedade como requisito necessário à formalização da Certidão de Dívida Ativa reveste de maior segurança a cobrança judicial, na medida em

---

37. O direito fundamental de petição restringe-se ao direito de o executado levar a conhecimento do juiz fato ou matéria que, a despeito de sua manifestação, poderia e deveria ser analisada de ofício pelo juiz. Tal como ocorre com os pedidos administrativos de revisão de débito (antigamente conhecidos como pedidos de "envelopamento"), não assegura ao devedor qualquer efeito suspensivo, ainda que somente prático.

38. TRF-1ª R., 7ª T., Juiz Federal convocado Rafael Paulo Soares Pinto, AC 2004340002957755, *DJU* 13.7.2007.

que permite o afastamento de dívidas viciadas ou juridicamente imprestáveis.

O ato de inscrição assegura à Certidão de Dívida Ativa o gozo da presunção de liquidez e certeza quanto ao crédito fiscal nela mencionado. Por este motivo, toda a legislação acerca do processo de execução da Fazenda Pública há de ser diferenciada – como de fato é pela Lei n. 6.830/1980 – a fim de torná-lo o instrumento processual mais apto à satisfação do credor público, o que implica necessárias restrições aos mecanismos de impugnação do devedor na execução fiscal.

Portanto, somente se levando em conta estas constatações é que os dispositivos legais relativos ao processo de execução fiscal poderão ser adequadamente interpretados e aplicados pelo Poder Judiciário. Com isto, não há como se admitir a oposição de embargos à execução fiscal sem garantia integral, tampouco o questionamento judicial da Certidão de Dívida Ativa caso transcorrido *in albis* o prazo para a oposição dos embargos. Semelhantemente, não há como se admitir o conhecimento de exceção de pré-executividade que não contenha, exclusivamente, matérias que possam ser conhecidas de ofício e de plano pelo juiz, independentemente da manifestação da Fazenda Pública.

6. Bibliografia

ANDRADE, Luciano Benévolo de. "Natureza jurídica da inscrição em dívida ativa", *Revista de Direito Tributário* 15-16, jan.-jun./1981.

ARENHART, Sérgio Cruz, e MARINONI, Luiz Guilherme. *Curso de Processo Civil*, vol.3, *Execução*. 2ª ed. São Paulo, Ed. RT, 2008.

ASSIS, Araken de. *Manual da Execução*. 9ª ed. São Paulo, Ed. RT, 2005.

ÁVILA, Renê Bergmann, PAULSEN, Leandro, e SLIWKA, Ingrid Shoroder. *Direito Processual Tributário*. 4ª ed. Porto Alegre, Livraria do Advogado, 2008.

BARROS CARVALHO, Paulo. *Curso de Direito Tributário*. 8ª ed. São Paulo, Saraiva, 1996.

BARROSO, Luís Roberto. *O Controle de Constitucionalidade no Direito Brasileiro*. 4ª ed. São Paulo, Saraiva, 2009.

BOCCATO, Esdras. "Certidão de regularidade fiscal: disciplina jurídica na Constituição e na Legislação", *Revista de Direito Tributário* 115.

CAMPOS, Gustavo Caldas Guimarães de. *Execução Fiscal e Efetividade*. São Paulo, Quartier Latin, 2009.

CUNHA, Leonardo José Carneiro. *A Fazenda Pública em Juízo*. 5ª ed. São Paulo, Dialética, 2007.

FLAKS, Milton. *Comentários à Lei da Execução Fiscal*. Rio de Janeiro, Forense, 1981.

LIMA, Iran de. *A Dívida Ativa em Juízo: a Execução Fiscal na Lei 6.830/1980*. São Paulo, Ed. RT, 1984.

MESQUITA, José Inácio Botelho de, ZVEIBIL, Daniel Guimarães, LOMBARDI, Mariana Capela, AMADEO, Rodolfo da Costa Manso Real, DELLORE, Luis Guilherme Pennacchi, e TEIXEIRA, Guilherme Silveira. "Nascimento, morte e ressurreição da execução de pré-executividade", in SALLES, Carlos Alberto (org.). *As Grandes Transformações do Processo Civil Brasileiro – Homenagem ao Professor Kazuo Watanabe*. São Paulo, Quartier Latin, 2009.

NASCIMENTO, Carlos Valder. *Dívida Ativa*. Rio de Janeiro, Forense, 1988.

PRIA, Rodrigo Dalla. "O processo de positivação da norma jurídica tributária e a fixação da tutela jurisdicional apta a dirimir os conflitos havidos entre contribuinte e Fisco", in *Processo Tributário Analítico*. 2ª ed. São Paulo, Noeses, 2011.

QUEIROZ, Cid Heráclito. "Dívida Ativa – Inscrição", in ANDRADE, Luciano Benévolo de. *Revista de Direito Tributário*. São Paulo, Ed. RT, jul.-set./1991.

RODRIGUES, Cláudia. *O Título Executivo na Execução da Dívida Ativa da Fazenda Pública*. São Paulo, Ed. RT, 2002.

SZLAROWSKY, Leon Frejda. "Execução fiscal", in *Direito Tributário Atual* 17. São Paulo, Dialética, 2003.

ESTUDOS & COMENTÁRIOS

A FENOMENOLOGIA DA COMUNICAÇÃO NO DIREITO TRIBUTÁRIO: O CRÉDITO TRIBUTÁRIO COMO PRODUTO DA COMUNICAÇÃO

ANA PAULA GOMES NARDI

Pós-Graduada em Direito Tributário pelo Instituto Brasileiro de Direito Tributário.
Mestranda em Direito Tributário pela PUC/SP.
Professora Seminarista do IBET – Unidade Sorocaba.
Advogada

Introdução. 2. A realidade-em-si: concepções sobre o mundo. 3. O conhecimento como pressuposto da realidade – Da filosofia do ser à filosofia da consciência e desta à filosofia da linguagem. 4. A filosofia da linguagem: o real é aquilo que podemos compreender. 5. A Teoria Comunicacional no Direito. 6. O momento da constituição do crédito tributário – O "autolançamento" na conjuntura do sistema tributário positivo atual. 7. Considerações finais.

1. Introdução

Este artigo pretende abordar o momento da constituição do crédito tributário, com fundamento na "ciência-consciência" dos sujeitos ativo e passivo, partindo da Teoria da Linguagem. Para a consolidação do raciocínio, propõem-se uma evolução histórica, estabelecendo um paralelo entre a visão do mundo para a ciência física e a visão do direito para a filosofia do ser, da consciência e da linguagem, passando pelo movimento do giro-linguístico.

Algumas questões impulsionam o pensamento, dentre as quais: qual é a função da mensagem na comunicação? A mensagem deve coincidir com a realidade? Que mensagem representa o conteúdo mínimo e suficiente para a constituição do crédito tributário? Esta mensagem permite a identificação do termo *a quo* no qual se instaura a relação intersubjetiva? Há que se falar em definitividade? A ciência das partes é relevante? E a anuência? São estas as questões que permeiam o desenvolvimento deste trabalho.

2. A realidade-em-si: concepções sobre o mundo[1]

Para chegarmos à concepção do mundo sobre a filosofia da linguagem, convém mencionarmos a evolução das concepções do homem sobre mundo, de forma a pontuar as mudanças de paradigma firmados no decorrer do tempo. Neste sentido, fazemos estas breves considerações.

Estabelecendo um paralelo, assim como o sistema jurídico, no que se refere à hermenêutica vinculada à literalidade textual, a visão do mundo pelo homem passou por inúmeras fases.

Até o século XVI, o homem enxergava o mundo sob uma perspectiva holística, enquanto sistema completo – orgânico, vivo e espiritual –, predominando pensamentos de integração e cooperação, voltados a questões referentes a Deus, a alma humana, à ética. Predominavam a filosofia aristotélica e os valores da igreja (Tomás de Aquino): comunidades pequenas e coesas, integradas à natureza orgânica. Respeitava-se a ordem natural das coisas, o TAO da ciência chinesa.

Os fenômenos materiais-naturais e os fenômenos espirituais eram eventos interdependentes, harmonizando-se a identidade individual (fenômenos espirituais) e o meio ambiente (fenômenos naturais). A ciência na Idade Média, "baseava-se na razão e na fé, sua principal finalidade era compreender o significado das coisas e não exercer a predição ou o controle".[2]

Neste sentido, o mundo era visto sob uma concepção egocêntrica: a terra como o centro do universo e o homem como o foco principal da criação divina.

Posteriormente, Copérnico defendeu a filosofia do domínio e do controle da natureza pelo homem. Galileu conseguiu comprovar cientificamente a teoria de Copérnico, de acordo com uma concepção heliocêntrica, segundo a qual a terra não seria mais o centro do universo, mas apenas um dos planetas em meio a um imenso número de outros planetas. Combinando a experimentação científica e a linguagem matemática, Galileu formulou as "leis" da natureza.[3] O foco da ciência voltou-se à matéria, a fim de medi-la e quantificá-la. O mundo poderia ser "medido, quantificado, fragmentado, estudado por partes, a fim de se dominar o *todo*".[4] Os aspectos sensoriais e intuitivos do homem foram desconsiderados. O mundo passou a ser visto e investigado enquanto *máquina fragmentária* e não enquanto organismo completo e integrado – visão holística. A metodologia de estudo através da fragmentação ou do reducionismo do objeto promoveram grandes descobertas no século XVII e são critérios utilizados até hoje para estudo nas mais diversas ciências humanas e sociais.

O crescimento da crença no domínio humano em face da natureza e da subserviência desta em face do homem potencializou a filosofia cartesiana,[5] na qual o homem poderia conhecer o mundo "por completo" (a certeza completa), através da redução dos fenômenos

---

1. Fritjof Capra, *O Ponto de Mutação: a Ciência, a Sociedade e a Cultura Emergente*, 25ª ed., São Paulo, Cultrix, pp. 49 a 69.

2. Francis Bacon, posteriormente, defendeu a filosofia do domínio e do controle da natureza pelo homem, propondo um novo método de investigação, através da junção da descrição matemática da natureza e o método analítico de Descartes. Utilizou um critério empírico indutivo, chamado de Teoria do Procedimento Indutivo ou da Experimentação Científica, a fim de obter o controle e o domínio da natureza, em prejuízo ao conceito anterior da natureza "mãe", a natureza subserviente ao homem.

3. P. ex.: a Lei da Queda dos Corpos.

4. Fritjof Capra, *O Ponto de Mutação: a Ciência, a Sociedade e a Cultura Emergente*, 25ª ed., cit., pp. 49 a 69.

5. Descartes correlacionou a álgebra e a geometria, dando nascimento à chamada geometria analítica. O estudo dos corpos em movimento poderia ser reduzido a equações algébricas. Portanto, o domínio da natureza estava em "conhecê-la". Descartes voltou seus esforços no conhecimento, no pensamento, através do método intuição e dedução. Através do método analítico, o filósofo decompunha os pensamentos e problemas, deduzindo os fenômenos em fórmulas matemáticas e ordenando-os em ordem lógica. A essência do pensamento cartesiano estava no privilégio da mente sobre a matéria. Para Descartes a natureza se resume a leis mecânicas, que compõem uma máquina perfeita (aspecto mecanicista). O mundo e o corpo humano são autômatos, máquinas que se movem por si mesmas.

naturais a fórmulas matemáticas, verificáveis através de cálculos (prevalência da mente – *res cogitam* – sobre a matéria – *res externa*).

Isaac Newton, por sua vez, promoveu uma revolução científica ao sintetizar os estudos de Copérnico (concepção heliocêntrica) e Kepler (movimento planetário), de Bacon (método empírico indutivo), de Galileu (redução a leis matemáticas, com foco na matéria) e de Descartes (experimentação científica e dedução à geometria analítica). Através do *cálculo diferencial*, Newton propôs uma descrição do movimento de corpos sólidos, através da Força da Gravidade.[6] Combinando os métodos de Bacon e de Descartes, Newton concluiu que "tanto os experimentos sem interpretação sistemática quanto a dedução a partir de princípios básicos[7] sem evidência experimental não conduziriam a uma teoria confiável".

A concepção newtoniana,[8] da Física Clássica, prelecionava uma visão mecanicista do universo, com rigoroso determinismo. O universo formado por átomos – estruturas irredutíveis – que pode ser previsto com absoluta certeza através de leis matemáticas exatas. Nesta concepção, o observador, ser humano e suas percepções sensoriais foram completamente ignorados. O mundo existia além e aquém do ser humano.[9] O ser humano – observador – corresponderia a apenas mais um elemento do mundo do ser. Mundo e Intelecto (Conhecimento) não interagiam. O real existia além da linguagem e independente desta. Uma visão de mundo finito, controlável e previsível. Mundo como máquina, como engrenagem finita, que – se reduzida a equações matemáticas – torna-se previsível e controlável. A concepção evolucionista do mundo, neste momento histórico, era ignorada pela ciência.

A noção de evolução constante do mundo surge no século XIX, com os estudos da geologia, que concluíram no sentido de que a terra no seu estado atual é resultado da atuação de fenômenos naturais ao longo de grandes períodos de tempo. A terra estaria, portanto, em desenvolvimento contínuo, contestando a noção primária de uma criação divina em sua integralidade. Passou-se a acreditar em uma recriação contínua,[10] em um desenvolvimento e evolução constante. O universo estaria voltado à ordem e à complexidade crescentes.

Feitas estas considerações, é possível identificar uma evolução na visão do mundo, passando da concepção egocêntrica para a concepção heliocêntrica; da concepção holística para a concepção mecanicista; da concepção de "natureza e espírito" para uma concepção de mundo e "intelecto" enquanto entes independentes, na qual a natureza é

---

6. Newton introduziu na ciência a ideia de partículas materiais, objetos pequenos, sólidos e indestrutíveis, que compõem todo o universo. As matérias diferentes são compostas das mesmas partículas, com propriedades diferentes de aglomeração. A matéria é homogênea, formada dos chamados átomos. O átomo não pode ser fragmentado e sua atração mútua dá ensejo à "força da gravidade".

7. Descartes entendia que os princípios fundamentais dispensam demonstração (descartava a necessidade do empírico).

8. Na concepção newtoniana, Deus criou, a princípio, as partículas materiais, as forças entre elas e as leis fundamentais do movimento. Todo o universo foi posto em movimento desse modo e continuou funcionando, desde então, como uma maquina, governado por leis imutáveis.

9. Com o método newtoniano de investigação científica, propagou-se a crença na abordagem racional dos problemas humanos. Este período, chamado de Iluminismo, promoveu uma mudança no estudo do comportamento humano, equiparando os indivíduos às partículas atômicas e a sociedade ao universo (John Locke – concepção atomística da sociedade). Thomas Hobbes acrescenta uma visão de equilíbrio social, no qual haveria uma estabilidade entre os indivíduos (identidade individual) e a sociedade, que conviveriam em "estado de natureza", regrados por leis naturais de liberdade, igualdade e propriedade, sem que fosse necessário externar estas leis.

10. A biologia também contribuiu propondo a Teoria da Evolução das Espécies, sendo que Lamarck (Jean-Baptiste) teorizou no sentido de que "todos os seres vivos teriam evoluído a partir de formas mais simples e primitivas, sob a influência do meio ambiente". Darwin aprofunda este estudo e traz provas da evolução biológica, ocorrida através de uma mutação randômica e uma seleção natural.

uma grande engrenagem, finita, controlável e previsível através dos cálculos matemáticos. Esta concepção finita evoluiu para uma concepção evolucionista, dando ensejo às primeiras noções de incompletude e de imprevisibilidade. As noções de continuidade e de complexidade crescente do mundo provocaram uma mudança na *previsibilidade* do mundo já que, obviamente, não seria possível prever fenômenos naturais em constante mudança e evolução. Restaria algum aspecto não previsto. O cálculo estaria sempre aquém do requerido pelo fenômeno natural.

Em paralelo, a hermenêutica jurídica também passou por fases semelhantes, que contemplam a visão do direito enquanto instituto que deve ser "justo" – como se a justiça consubstancia-se o objeto máximo do sistema e como se a "justiça" fosse um valor a ser atingido – a hermenêutica do direito segundo a literalidade do texto, ignorando a presença do interlocutor observador, momento no qual considerava-se uma essência imanente ao texto de direito positivo. Neste período, entendia-se a literalidade enquanto determinação proposta pelo texto de lei, desconsiderando qualquer subjetividade na aplicação do direito. E no período moderno e pós-moderno, com o advento do giro-linguístico[11] e a Filosofia da Linguagem este paradigma foi alterado novamente, de forma a integrar o intérprete no processo de positivação e aplicação do direito, considerando-o peça fundamental para o manejo dos institutos jurídicos, de forma a atingir as condutas intersubjetivas, cumprindo a função do direito enquanto objeto cultural.[12]

3. O conhecimento como pressuposto da realidade – Da filosofia do ser à filosofia da consciência e desta à filosofia da linguagem

A realidade e a existência (realidade-em-si), na Física Clássica, confundiam-se, como institutos idênticos. A noção de realidade *compreendida* não existia. Considerava-se apenas a realidade-em-si, alheia à compreensão humana. Com o advento da Física Moderna e da Física Pós-Moderna, a previsibilidade converteu-se em probabilidade e a estabilidade converteu-se em progressividade. A Filosofia do Ser passou à Filosofia da Consciência e, posteriormente, à Filosofia da Linguagem.

Nas palavras de Fabiana Del Padre Tomé, "A teoria do conhecimento, originalmente, centrava-se no estudo da relação entre sujeito e objeto, fazendo-o a partir do objeto (ontologia), do sujeito (gnosiologia) ou da relação entre ambos (fenomenologia). Com base na filosofia da consciência, via-se a linguagem como instrumento que ligava o sujeito ao objeto do conhecimento, sendo a verdade resultado da correspondência entre a proposição linguística e o objeto referido".[13]

Para Villem Flusser, filósofo da Teoria da Linguagem (ênfase na linguística), aquilo que a língua é capaz de organizar para o nosso conhecimento, é realidade. Aquilo que não pode ser constituído em língua não é realidade.

A Teoria da Linguagem aponta para a perspectiva sob a qual o objeto será analisado. É possível aproximar-se do objeto, considerado como o dado bruto, a coisa em si, palpável, tangível, e neste caso estaremos na filosofia da linguagem por correspondência e

---

11. O neopositivismo lógico ou o empirismo lógico são frentes de um movimento maior chamado giro-linguístico. O neopositivismo lógico deu início ao foco na linguagem enquanto instrumento de intersecção entre a "coisa em si" e o sujeito, por isso, fala-se em "verdade por correspondência". Neste período, no qual a linguagem passou a ser vista como um elemento importante no processo comunicacional, o acesso à coisa, ao objeto, diretamente, pelo sujeito, era considerada uma premissa. Trata-se do início da filosofia da linguagem.

12. Assim, temos a comunicação como meio pelo qual o subsistema do direito se relaciona com o macrossistema social, como explica o Professor Paulo de Barros Carvalho "altera-se o mundo físico mediante o trabalho e a tecnologia, que o potencia em resultados. E altera-se o mundo social mediante a linguagem das normas, uma classe da qual é a linguagem do direito".

13. Fabiana Del Padre Tomé, *A Prova no Direito Tributário*, 2ª ed., Noeses, p. 1.

é possível visualizar a teoria da linguagem sob a perspectiva de confronto entre proposições. Em ambos os casos, a teoria da linguagem nos mostra o meio, o veículo através do qual é possível compreender o "mundo".[14]

Neste contexto, é relevante tecer algumas considerações a respeito do processo de compreensão do mundo. A semiose (ação dos signos – o signo associa-se a um objeto, produzindo uma significação), na definição de Charles Sanders Pierce,[15] jus-filósofo americano, compreende a aproximação do homem em relação ao objeto, mediante relação tríade objeto[16] imediato, signo e interpretante. Impulsiona a compreensão o chamado "objeto dinâmico", ente equivalente ao objeto-em-si: coisa em sua integralidade existencial. O objeto dinâmico impulsiona a semiose, dando nascimento a um dos ângulos do triângulo semiótico, chamado "objeto imediato". O objeto imediato equivale à redução do objeto dinâmico, na medida em que apenas alguns dos aspectos do objeto-em-si são compreendidos e/ou selecionados pelo ser cognoscente ("ponto de vista" sobre o objeto). Neste sentido, o objeto imediato é sempre e inexoravelmente uma redução do inesgotável objeto-sem-si[17] (dinâmico). A construção de um sentido do objeto na mente do sujeito cognoscente se dá através da coleta do "objeto dinâmico" e da adequação destes elementos nos signos pré-conhecidos pelo sujeito.[18] Neste ponto, tem-se a adequação dos elementos do objeto sob compreensão no contexto cultural do sujeito cognoscente. O ser humano busca, em seu repertório individual (horizonte da cultura), através da experiência colateral com outros signos, os elementos parecidos, semelhantes, aproximados, que, juntos, possam dar uma noção do que representa este novo objeto, sob compreensão.

---

14. Não existem fatos, só interpretações (não existem eventos, só fatos). E toda interpretação interpreta outra interpretação. "A interpretação cria a 'coisa'. Interpretar significa criar e o intérprete é um poeta". A linguagem deixa de ser um meio, algo que estaria entre o EU e a realidade, convertendo-se num léxico capaz de criar tanto o EU como a realidade. A linguagem fala o homem. Não há correspondência entre ideias e coisas. Não há relação entre as coisas e o mundo anterior a qualquer nominação linguística. Verdadeiras ou falsas são as proposições. Não é possível atingir os eventos tais como são, mas apenas emitir outros enunciados, críticas, argumentações, exposições, atos de fala sobre eventos. Giro linguístico – Constructivismo Radical: "as teorias científicas ou os discursos metafísicos não descobrem a realidade, mas a criam". "Estatuto da verdade" não é mais uma correspondência entre as ideias e as coisas.

15. Charles Sanders Pierce é adepto da Teoria Realista, segundo a qual a realidade constrói o conhecimento. No entanto, as noções de semiose e compreensão do objeto são extensivas à Teoria da Linguagem, já que a aproximação do objeto, segundo Husserl se dá de forma semelhante. No entanto, com relação à verdade enquanto correspondência entre o objeto-em-si e aquilo que é construído na mente do sujeito cognoscente, existiam diferenças acentuadas entre estas duas teorias. Para Pierce, realidade e verdade são signos equivalentes. A realidade existe independente do que o homem pensa sobre ela.

Pierce trabalha com uma verdade por consenso, um consenso no devir, um consenso no futuro. Pierce não nega que a realidade existe, embora concorde que nós não temos acesso direto à realidade, este acesso se dá através dos signos.

16. Concepção de "objeto" para Pierce: "criação da mente na sua reação com algo mais ou menos real"; "aquilo para o qual a cognição se dirige"; "aquilo sobre o qual um esforço é desempenhado"; "aquilo que está acoplado a algo num relação"; "aquilo que está representado como estando assim acoplado"; "aquilo a que qualquer signo corresponde".

17. Ressalva a respeito da distinção entre objeto e coisa: objeto e coisa se distinguem na medida em que o "objeto" é a construção mental da "coisa". O "objeto" é a representação da "coisa" no intelecto do intérprete, que é feita através da eleição dos predicados da "coisa" [eleição de alguns dos aspectos da coisa] que se ajustam aos signos pré-conhecidos pelo sujeito (processo de reconhecimento), construindo, portanto, um conceito da "coisa" individualizado pelo sujeito. A "coisa", neste raciocínio, representaria o objeto-em-si.

18. A ordem está associada à repetição, o homem só pode *conhecer* algo que ele possa *reconhecer*. O ruído é a desordem, é o caos, é a novidade. A informação é esta relação entre ruído e redundância. O objeto dinâmico é inesgotável, no entanto, se o objeto dinâmico fosse esgotável, o conhecimento se esgotaria, porque o conhecimento seria absoluto, integral, sobre tudo. Como o objeto dinâmico está em desenvolvimento, em expansão, o conhecimento também é inesgotável, falível, já que sempre remanesce parcela não compreendida, não "vista" pelo homem. No modelo da Física Clássica, mencionado anteriormente, não há desordem. A desordem, para a Física Clássica, é uma imprecisão nas representações, é uma falha do investigador, pois o objeto (mundo) se comporta de forma infalível, invariável.

Na semiose proposta por Pierce, o mundo é uma mistura de ordem com caos, no qual vamos conhecendo o caos à medida que o comparamos com nossos preconceitos ordenados. O homem processa a realidade através das *representações* da realidade, através dos signos, parciais e incompletos (em extensão e em complexidade).[19]

O objeto imediato, portanto, traduz parcialmente o objeto-em-si, enfatizando determinados aspectos deste. Estes aspectos são correlacionados aos signos preconcebidos pelo sujeito cognoscente (por isso, a interpretação de um sujeito nunca é idêntica à interpretação de outro). Mediante adequação aos signos preconcebidos, o sujeito cognoscente conforma o sentido, concluindo a semiose. O produto da semiose é uma definição – pessoal – do objeto: "Isto (objeto-em-si) é um copo (signo)". A definição[20] se dá através da denotação do objeto. O conceito (signo) se dá através da conotação do objeto. A conotação equivale ao signo preconcebido pelo sujeito cognoscente. Nas palavras de Fabiana Del Padre Tomé, "o sentido de um vocábulo não se confunde com a coisa em si: seu significado nada mais é que outro signo, outro vocábulo".[21]

Nas palavras de Leonidas Hendenberg, "aceitamos a ideia de que as coisas interagem, formando sistemas. Não partimos do pressuposto de que cada coisa, para estudo, precisa ser 'individualizada' a ponto de isolar-se por completo de todas as demais. Ao contrário, supomos que cada coisa é tornada mais compreensível na medida em que a filiemos a diferentes classes. Notando que as classes se caracterizam graças a certos traços genéricos, a filiação de um objeto a certa classe já lhe confere algumas propriedades. Também o coloca em contato direto com outros objetos da mesma classe (ou de classes próximas). Entendemos ou presumimos entender vários aspectos de um dado objeto, no momento em que o 'classificamos', isto é, no momento em que o filiamos a uma determinada classe ou, talvez, a diversas classes".[22]

Na Teoria da Hermenêutica proposta pelo Professor Doutor Paulo de Barros Carvalho, o processo de semiose se desenvolve de forma muito semelhante. No entanto, ao invés da tríade "objeto imediato – *representamen* – *interpretamen*", tem-se a tríade husserliana "suporte físico – significado – significação".

Feitas estas considerações, conclui-se que a realidade, enquanto coisa-em-si existe. Não podemos negar a existência de objetos físicos no mundo, em face da inexistência de linguagem que os compreenda. Estes objetos existem, no entanto, na medida em que não são conhecidos, compreendidos, não existem para a realidade do ser humano. Esta concepção evoca a lição de Wittgenstein segundo o qual "os limites da minha linguagem denotam os limites do meu mundo". Neste sentido, a amplitude da linguagem de cada ser humano delimita o conceito de mundo para este ser humano. Isso não significa que objetos não percebidos por este ser inexistam real e/ou fisicamente. E esta conclusão permite-nos dizer que existem tantos mundos (ou realidades) quantos forem os sujeitos cognoscentes. E ainda, mais além, pode-se concluir que não existe um mundo absoluto e verdadeiro,[23] ao

---

19. "Na medida em que o interpretante é uma criatura gerada pelo próprio signo, essa criatura recebe do signo apenas o aspecto que ele carrega na sua correspondência com o objeto e não todos os outros aspectos do objeto que o signo não pode recobrir."

20. "Na busca dessa inteligibilidade e seu aprimoramento, deixamos de associar palavras a coisas, passando a relacioná-las com outras palavras, mediante aquilo que se intitula *definições*. Como corolário, conclui-se que as definições não dizem respeito a coisas: o que definimos são as palavras mesmas, empregando outras palavras. (...) O significado não consiste na relação entre o suporte físico e o objeto representado, mas na relação entre significações" (Fabiana Del Padre Tomé, *O Direito como Linguagem Criadora da Realidade Jurídica: a Importância das Provas no Sistema Comunicacional do Direito*, p. 107).

21. Fabiana Del Padre Tomé, *O Direito como Linguagem Criadora da Realidade Jurídica: a Importância das Provas no Sistema Comunicacional do Direito*, p. 104.

22. Leonidas Hegenberg, *Saber de e Saber que – Alicerces da Racionalidade*.

23. Não há correspondência entre palavras e objetos. Na doutrina de Fabiana Del Padre Tomé, tem-se que

qual todo sujeito deve adequar-se, na medida em que a semiose é processo individualizado, que não tem o dever de correspondência ou de identidade com os processos de outros intérpretes.

4. A filosofia da linguagem: o real é aquilo que podemos compreender

A Filosofia da Linguagem inovou o estudo científico[24] ao compreender a realidade (sentido lato) como produto da enunciação linguística. Com relação ao sistema jurídico, a compreensão da realidade jurídica como produto da enunciação linguística é conclusão mais fluída e aceitável. No entanto, para a Filosofia da Linguagem, a "linguagem" é aqui considerada sobre todas as suas modalidades: falada, escrita, gestual, implícita, etc. A linguagem representa toda e qualquer forma de exteriorização daquilo que é conhecido ou compreendido. É pela linguagem e somente por ela que a realidade objetiva é construída.[25] Esta filosofia encontra um "pseudodesafio" quando questionada a respeito do seu confronto e correspondência com a realidade-em-si. Diz-se "pseudo" na medida em que este confronto mostra-se solucionável, mediante categorias próprias do movimento do giro-linguístico.

Na Filosofia da Linguagem, logo no início do movimento do giro-linguístico, a verdade[26] era vista como a correspondência exata entre o fenômeno, o objeto, o dado bruto e a linguagem científica ou ordinária. Com o advento mais forte do giro-linguístico, a verdade passou a ser vista como consenso entre proposições linguísticas. Nas palavras de José Souto Maior Borges, "sobre ser uma teoria do real, a ciência busca a verdade proposicional".[27]

É importante não perder-se de vista o aspecto dinâmico da realidade-em-si. A efemeridade[28] dos eventos do mundo fenomênico. Em face do complexo de eventos e do transcurso destes de forma dinâmica e contínua, estes "eventos" são sempre, inexoravelmente, construídos através da linguagem. Não há eventos incompreendidos, até mesmo

---

"a linguagem não reflete as coisas tais como são (filosofia do ser) ou tais como desinteressadamente percebe uma consciência, sem qualquer influência cultural (filosofia da consciência). A significação de um vocábulo não depende da relação com a coisa, mas do vínculo que estabelece com outras palavras. Nessa concepção, a palavra precede os objetos, criando-os, constituindo-os para o ser cognoscente" (Fabiana Del Padre Tomé, *O Direito como Linguagem Criadora da Realidade Jurídica: a Importância das Provas no Sistema Comunicacional do Direito*, p. 105).

24. Toda Ciência é um conjunto de enunciados e por isso se expressa através de uma linguagem. O cientista deve descrever sistemas de normas que digam coisas acerca de si mesmas. A linguagem se compõe de signos. Um mero conjunto de signos não é linguagem. Os signos precisam estar ordenados em uma estrutura orgânica e devem ter funções próprias como partes da linguagem. Linguagem enquanto sistema de símbolos que serve para a comunicação.

25. "A experiência sensorial é imprescindível ao ato de conhecimento. Essa experiência, porém, não se resume ao mero contato com a coisa-em-si, exigindo, para que se opere, a interpretação dos fenômenos que se nos apresentam. É mediante o contato com essa interpretação que construímos outras interpretações mais elaboradas, denominadas *significações conceituais*. Em ambos os casos (interpretação primeira e fixação da significação conceptual), faz-se presente a linguagem, sendo-nos lícito afirmar que a linguagem não se restringe a transformar a realidade efetiva em realidade conceptual: mais que isso, a linguagem é o meio pelo qual se criam essas duas realidades" (Fabiana Del Padre Tomé, *O Direito como Linguagem Criadora da Realidade Jurídica: a Importância das Provas no Sistema Comunicacional do Direito*, p. 106).

26. Nas palavras de Aurora Tomazini de Carvalho, "a verdade é o valor atribuído a uma proposição quando ela se encontra em consonância a certo modelo" (Aurora Tomazini de Carvalho, *Curso de Teoria Geral do Direito (O Constructivismo Lógico Semântico)*, 2ª ed., São Paulo, Noeses, 2010). Neste sentido, a verdade é uma concordância entre a proposição e o sistema de referência, o contexto, o consenso.

27. José Souto Maior Borges, "A verdade como correspondência entre enunciados jurídicos", in *Filosofia e Teoria Geral do Direito. Estudos em Homenagem a Tercio Sampaio Ferraz Junior*, São Paulo, Quartier Latin, 2011, p. 652.

28. "É sabido que os acontecimentos físicos se exaurem no tempo. Uma vez concretizado, desaparece, sendo impossível ter-lhe acesso direito" (Fabiana Del Padre Tomé, *O Direito como Linguagem Criadora da Realidade Jurídica: a Importância das Provas no Sistema Comunicacional do Direito*, p. 108).

porque a incompreensão pressupõe uma linguagem de apreensão. Na medida em que não compreendemos algo, decorre a conclusão lógica de que, de alguma forma (sensorial, por exemplo) a apreendemos. Ninguém relata não compreender algo que não percebe, que não conhece, que não apreende, ainda que minimamente. Aquilo que é totalmente desconhecido pelo sujeito, ou estendendo o raciocínio, aquilo que é totalmente desconhecido pelo grupo social, definitivamente não existe. Não existe para o indivíduo, não existe para o grupo social, não existe para este conteúdo intelectual delimitado. Neste sentido, ao falarmos de "não existência" de algo, estamos, necessariamente, delimitando o âmbito subjetivo intelectual. Esta conclusão – para ser válida – demanda a delimitação do âmbito subjetivo.

Ao tratar deste "pseudo-desafio", por nós nominado, as lições de Fabiana Del Padre Tomé são esclarecedoras: "isso não significa que inexistam quaisquer objetos físicos onde não haja linguagem. (...) A linguagem não cria o mundo-em-si, como objeto fenomênico, mas sim a sua compreensão, realidade objetiva do ser cognoscente. (...) A realidade do ser cognoscente pressupõe o conhecimento. (...)". E, ao tratar da importância da linguagem, a autora assevera: "além de criar o real, é a única capaz de desconstituí-lo. São as teorias que criam a nossa realidade. São as teorias, também, que a destroem, vindo a construir uma realidade diversa. Não são os eventos que se rebelam contra determinada teoria, demonstrando sua inadequação a eles. Apenas uma linguagem é capaz de destruir outra linguagem; somente uma teoria, portanto, pode refutar outra teoria".[29]

Em sintonia com este posicionamento, temos para nós que "a interpretação proporciona a existência do objeto para o indivíduo". É a semiose, portanto, que precede a coisa,

já que, como apontado, a coisa só existe a partir da sua interpretação. A atividade interpretativa é responsável pela constituição da realidade.[30]

Para Tércio Sampaio Ferraz Junior, "a realidade, o mundo real, não é um dado, mas uma articulação linguística mais ou menos um contexto social. (...) Fato não é, pois, algo concreto, sensível, mas um elemento linguístico capaz de organizar uma situação existencial como realidade".[31]

Na Teoria de Alfred Tarski,[32] citado por José Souto Maior Borges, a verdade, enquanto correspondência com os fatos (fatos-em-si), decorre de uma *metalinguagem* que viabiliza falar "(i) tanto de asserções (proposições científicas), quanto (ii) (dos fatos sobre os quais se vertem esses enunciados científicos (metalinguagem semântica). Sem essa consideração, (iii) a teoria da correspondência entre asserções e fatos flutua no vazio". Entendemos, em um primeiro momento, que a teoria de Alfred Tarski diverge da Filosofia da Linguagem abordada neste trabalho, na medida em que propõe uma solução definitiva da dicotomia existente entre eventos e fatos. No entanto, o estudo da teoria proposta por Alfred Tarski merece estudos mais aprofundados, para que formulemos uma convicção a respeito dos pontos e contrapontos por

---

29. Fabiana Del Padre Tomé, *O Direito como Linguagem Criadora da Realidade Jurídica: a Importância das Provas no Sistema Comunicacional do Direito*, p. 104.

30. "O ser humano transforma a *circunstância* em *mundo*. (...) O caos circundante se transforma em *mundo* – uma circunstância, dotada ainda que parcial e provisoriamente, de certa interpretação."

31. *Apud* Paulo de Barros Carvalho, *Direito Tributário, Linguagem e Método*, São Paulo, Noeses, 2008, item 2.2, Capítulo II, Primeira Parte.

32. "E essa teoria semântica da verdade é um caminho para a superação do dualismo enunciado/fato, porque abrange conceitualmente tanto um quanto outro desses aspectos, numa consideração (metalinguagem) superior, que permite falar consistentemente sobre ambos. Essa proposição lhe dá unidade de perspectiva. É a questão lógica ou ontológica da verdade, enquanto tal, distinta das questões psicológicas sobre as vias que conduzem o nosso entendimento à verdade, p. ex., a convicção pessoal, ou a pretensão à veracidade de um enunciado" (José Souto Maior Borges, "A verdade como correspondência entre enunciados jurídicos", in *Filosofia e Teoria Geral do Direito. Estudos em Homenagem a Tercio Sampaio Ferraz Junior*, cit., p. 652).

ela levantados. Entretanto, deixaremos este aprofundamento técnico-científico para outra oportunidade de pesquisa.

5. A Teoria Comunicacional no Direito

Firmada a premissa de que o sistema jurídico é formado por enunciados linguísticos que constituem tanto os fatos que impulsionam a aplicação do direito, tanto quanto as próprias normas, gerais e abstratas, gerais e concretas, individuais e abstratas e individuais e concretas, produtos do processo de enunciação de autoridade competente, eleita por lei.

Neste sentido, é interessante compreender de que forma se dá o fenômeno comunicacional entre os sujeitos, sejam eles competentes ou incompetentes para a *poiese* (fonte) do sistema jurídico.

A comunicação manifesta-se por meio do instrumento denominado "língua", que nos dizeres da Professora Aurora Tomazini de Carvalho "é considerada como um sistema de signos em vigor em determinada comunidade, isto é, o código aceito e utilizado numa sociedade como instrumento de comunicação entre seus membros".[33] O signo, explica, é tudo que representa algo para alguém, um objeto, um desenho, um dado físico, um gesto, uma expressão facial, etc. Num conceito mais específico, adotando-se a terminologia de Edmund Husserl, o signo corresponde a uma relação triádica entre (i) suporte físico; (ii) um significado; e (iii) uma significação.

Assim, para a efetivação da comunicação, necessária a existência dos requisitos, dentre os quais, o *remetente* (aquele que envia a mensagem, a fonte), a *mensagem* (aquilo que se pretende transmitir), o *destinatário* (aquele que recebe a mensagem), o *contexto*[34] (o "ambiente" no qual o processo de comunicação se desenvolve), o *código* (a língua[35] comum aos sujeitos), o *contato* (o canal por meio do qual se transmite a mensagem) e, por fim, a *conexão psicológica*[36] (condição que permite a ligação de entendimento entre os sujeitos).[37] O ruído é caracterizado como qualquer intervenção que provoque distorção na mensagem ou impeça a sua recepção pelo destinatário.

Nos dizeres de Fabiana Del Padre Tomé "a linguagem tem sido entendida não apenas como código mediante o qual se realiza o ato comunicativo, mas também, em sentido lato, como a própria comunicação".[38]

Para Gregório Robles,[39] jus-filósofo que estuda, com profundidade, a Teoria Comunicacional do Direito, o direito tem como base o texto "bruto", do qual, através da interpretação se extraem diversas normas

---

33. Aurora Tomazini Carvalho, *Curso de Teoria Geral do Direito – Constructivismo Logico Semântico*, p. 166.

34. Ao tratar do contexto, o Professor Paulo de Barros Carvalho, explica: "Isso compele o intérprete a sair da significação de base (que toda palavra tem) em busca da amplitude do discurso, onde encontrará a significação contextual, determinada por uma série de fatores, entre eles e, principalmente, pelos propósitos do emissor da mensagem" (Paulo de Barros Carvalho, *Direito Tributário, Linguagem e Método*, cit., item 2.2, Capítulo II, Primeira Parte. pp. 37-38).

35. Língua: sistema de signos (e de regras para seu uso) que serve a uma comunidade linguística. A língua é sistemática, forma um código compreensível por determinado grupo social.

36. Requisito proposto pelo Professor Paulo de Barros Carvalho.

37. O processo comunicacional não precisa ser intencional, posto que, determinados comportamentos também são entendidos como linguagem, p. ex., o ato de calar-se, o "olhar" são considerados formas de comunicação, os quais não precisam necessariamente ser intencionais. No entanto, é possível pensar na intencionalidade enquanto elemento que atua no sentido de "dar início", de pretender comunicar, de pensar em trocar informações. Neste sentido, observa-se o fenômeno comunicacional sobre a atitude ativa do sujeito. Ocorre que, constatada a presença dos elementos apontados, a comunicação ocorre. Independente da intencionalidade. Ocorre, ainda que não intencionada, e transmite um mínimo de mensagem, como por exemplo, na comunicação entre sujeitos que não utilizam o mesmo idioma. Neste caso, os gestos, olhares, posturas também podem indicar um conteúdo mínimo de comunicação.

38. Fabiana Del Padre Tomé, *A Prova no Direito Tributário*, p. 39.

39. Gregorio Robles Morchon, *Teoría del Derecho (Fundamentos da Teoría Comunicacional)*, Cap. 6.

jurídicas, variantes de acordo com o sujeito que a interpreta, o que se dá através dos mecanismos de comunicação já mencionados (língua, linguagem e fala).

Neste aspecto, explica Aurora Tomazini de Carvalho: "O direito, sob este ponto de vista, é um sistema de mensagens, insertas num processo comunicacional, produzidos pelo homem e por ele utilizadas com a finalidade de canalizar o comportamento inter-humano em direção a valores que a sociedade almeja realizar".[40]

Essa canalização do comportamento se dará por meio da comunicação, a linguagem do direito é que transportará esta realidade para o mundo do dever-ser. Os acontecimentos do mundo "real" somente integrarão o mundo jurídico se, através de um processo de comunicação, vierem a construir a realidade jurídica, realidade esta permeada dos chamados "fatos jurídicos", elementos que figuram na qualidade de antecedentes das normas jurídicas primárias dispositivas ou sancionatórias (quando representarem um ilícito).

6. O momento da constituição do crédito tributário – O "auto-lançamento" na conjuntura do sistema tributário positivo atual

Dentro desta concepção de direito enquanto conjuntos de proposições jurídicas, construídas pelo intérprete, a comunicação representa elemento de fundamental importância. Em primeiro, porque proporciona a convivência social e, em segundo, porque a linguagem da comunicação promove o entendimento, a compreensão dos direitos e deveres intersubjetivos, estabelecendo o termo *a quo* no qual o sujeito ativo e o sujeito passivo compreendem, tem "consciência", de que estão inseridos em uma relação, com vetores obrigacionais diametralmente opostos. A publicidade dos atos públicos e privados, dotados de força cogente, é condição necessária, protegida pelo sistema, de forma a estabilizar as relações de direitos e deveres sociais, conferindo segurança jurídica ao sistema.

Através da comunicação e da linguagem é possível estruturar a norma de direitos e deveres, ponderando, com certeza e determinação os sujeitos, ativo e passivo da obrigação, o objeto da prestação, o direito subjetivo do credor e o dever jurídico do devedor. Nesta estrutura, visualiza-se, integralmente, o "mínimo e irredutível de manifestação do deôntico", nas palavras do Professor Paulo de Barros Carvalho. As normas, neste sentido, representam estes conteúdos mínimos e irredutíveis, que obrigam um sujeito ao cumprimento de uma prestação, em favor de outro sujeito que detém o direito subjetivo em face daquele primeiro.

Para Aurora Tomazini de Carvalho, ao conformar os elementos da teoria comunicacional ao direito positivo à norma jurídica em sentido lato, "o agente competente[41] atua como emissor; os sujeitos das prescrições como destinatários; a norma jurídica como a mensagem; as circunstâncias histórico-culturais que envolvem emissor e receptor como contexto; a concentração subjetiva de ambos na expedição e recepção da mensagem como a conexão psicológica; a língua portuguesa como código comum; o diário oficial, enquanto suporte físico, onde se encontram gravadas as palavras na forma de marcas de tintas no papel, como o canal que estabelece a conexão entre emissor e destinatário".[42]

A norma jurídica é dotada de enunciados prescritivos cuja finalidade é regular o comportamento humano, ocupando, portanto, a condição de *mensagem* na Teoria Comunicacional, a conduta que se pretende regular,

---

40. Aurora Tomazini Carvalho, *Curso de Teoria Geral do Direito – Constructivismo Logico Semântico*, p. 166.

41. Poder Legislativo, Poder Executivo e Poder Judiciário.

42. Aurora Tomazini Carvalho, *Curso de Teoria Geral do Direito – Constructivismo Logico Semântico*, p. 167.

endereçada aos sujeitos do sistema social, de modo que estes devem observância aos preceitos ali contidos, modalizados de acordo com os functores "permitido, proibido ou obrigatório".

O direito, neste sentido, "se realiza no contexto de um grandioso processo comunicacional" e "o fato da relação jurídica, na sua concretude existencial, esgota-se na fixação do direito e do dever correlato".[43]

Esta é uma assertiva relevante para a Teoria Comunicacional. As relações jurídicas nascem dos enunciados linguísticos, dotados de força jurídica, construídos pelo sujeito cognoscente. É deste processo de positivação e aplicação do direito que fatos e relações jurídicas são constituídos (e não apenas declarados).

Nas palavras de Paulo de Barros Carvalho, "se as relações jurídicas nascem com o advento de enunciados linguísticos, individualizados pela presença da síntese deôntica, usada e não mencionada, instalando-se no lugar sintático de consequente da norma individual e concreta, expedida pelo Poder Público, não podemos deixar de convir em que suas eventuais modificações, bem como a sua extinção, operar-se-ão, também e necessariamente, por força de outro enunciado de linguagem".[44]

É imprescindível, portanto, a constituição no fato em linguagem competente. Competente na medida em que a lei (outro enunciado linguístico) assim determinou: que seja emanada de determinado sujeito, que contenha regulações sobre determinada conduta, que seja proveniente de um colegiado específico, etc. É neste sentido a assertiva do Professor Paulo de Barros Carvalho, segundo o qual: "o legislador determina a necessidade absoluta de que o fato jurídico, para existir como tal, venha revestido de linguagem competente, como no caso do tributo; em outras, porém, faz incidir a linguagem para qualificar a conduta oposta, vale dizer, aquela que identifica o inadimplemento da prestação".[45]

Ocorre que, ao atribuir função constitutiva à linguagem, surgem obstáculos aparentes que, se não analisados com prudência, geram incoerências no discurso. Um dos problemas remete ao tempo "no fato" e ao tempo "do fato". A constituição de um fato, mediante linguagem, não está vinculada – necessariamente – ao tempo no qual a constituição se dá. Assim, considerando a linguagem em sua função preponderantemente descritiva, seu discurso remete a fatos pretéritos, relatando-os e especificando seus elementos material, espacial, temporal, subjetivo e prestacional.

Neste sentido, esclarece Paulo de Barros Carvalho: "a montagem da relação jurídica não retroage ao instante da verificação do evento, para dele retirar os dados de que necessite, em ordem à qualificação dos sujeitos e à quantificação do débito tributário, pois tudo está no enunciado factual, e o que lá não estiver foi desprezado pelo editor da norma, ao selecionar as propriedades do evento, sendo, dessa maneira, irrelevantes juridicamente".[46]

O Professor assevera com propriedade: "Em geral, se pensa que os acontecimentos passados sobre os quais temos conhecimento não só foram reais, mas também se podem recordar e reviver com toda exatidão. Isso não é certo, pois não se pode afirmar, fora de toda dúvida, no sentido próprio da palavra, a certeza absoluta com relação à ocorrência do evento. Quando muito, podemos dizer que segundo os dados relativos aos acontecimentos, com uma comprovação e controle estrito disso, a possibilidade de que haja sucedido de outra forma é improvável (mas não impossível). Mas nunca se poderá ter a convicção absoluta disso".[47]

---

43. Paulo de Barros Carvalho, *Fundamentos Jurídicos da Incidência*, Cap. IV.
44. Idem, ibidem.
45. Idem, ibidem.
46. Idem, ibidem.
47. Enrique M. Falcón, *Tratado de la Prueba*, vol. I, Buenos Aires, Astrea, 2003, pp. 95-96 (citação de Fabiana Del Padre Tomé, *O Direito como Linguagem Criadora da Realidade Jurídica: a Importância das Provas no Sistema Comunicacional do Direito*, p. 108).

A constituição do crédito tributário é, portanto, a constituição de uma relação jurídica, com vínculos diametralmente opostos. A constituição desta relação se dá através do processo de positivação do direito, que colhe, através da linguagem, fatos jurídicos, atribuindo-lhes a consequência, que consiste no nascimento da relação jurídica. Não há cronologia entre estas "constituições". Dado o reconhecimento em linguagem dos fatos jurídicos, nasce, automática e infalivelmente, uma relação jurídica entre estes sujeitos, que poderá ou não ser cumprida, conferindo (ou não) eficácia social à norma jurídica.

O nascimento da chamada "obrigação tributária" (termo utilizado pela doutrina tradicional) e do "crédito tributário" se dá em um mesmo momento. Estes dois institutos remetem ao mesmo evento jurídico.[48] São expressões semântica e pragmaticamente idênticas. Remetem à *poiese* do sistema jurídico através da linguagem constitutiva da norma individual e concreta. Nas palavras de Paulo de Barros Carvalho,[49] "se o lançamento é um ato administrativo, instrumento introdutório de norma individual e concreta no ordenamento positivo, desde que atinja os requisitos jurídicos para seu acabamento, dado a conhecer a seu destinatário, ingressa no sistema, passando a integrá-lo. Outra coisa, porém, é a possibilidade de vir a ser modificado, consoante as técnicas previstas para esse fim".

A questão da definitividade é argumento que se apresenta de pronto ao tratarmos da questão. A dúvida remete à imutabilidade que é conferida ao chamado "crédito tributário" pela doutrina tradicional. Com fundamento na possibilidade de modificação, diz-se que a obrigação tributária pode ser alterada e o crédito tributário não. No entanto, falar-se em "definitividade" é um contrassenso, na medida em que sempre há a possibilidade de modificação, sempre por meio de novo enunciado linguístico, dotado de força jurídica, capaz de inserir nova norma individual e concreta no sistema jurídico, que obsta a vigência, a validade ou a eficácia da norma individual e concreta anteriormente mencionada.

Neste sentido, Paulo de Barros Carvalho assevera: "um ato administrativo tem-se por pronto e acabado quando, reunindo os elementos que a ordem jurídica prescrever como indispensáveis à sua compostura, vier a ser oficialmente comunicado ao destinatário. A contingência de estar aberto a refutações é algo que o próprio sistema prevê e disciplina, mas que não elide a definitividade da figura. (...) Esse lançamento assumiu foros de ato jurídico administrativo, com a definitividade que os traços de sua índole revelam, mesmo que no dia seguinte venha a ser alterado por quem de direito".[50]

Neste sentido, é possível fixar a premissa de que a linguagem não só constitui a realidade jurídica; como também a desconstitui, mediante inserção de novo enunciado linguístico capaz de obstacularizar a validade, a vigência ou a eficácia de enunciado linguístico jurídico que lhe contraponha, nos termos da compatibilização: norma posterior revoga a anterior, norma especial prevalece sobre a geral.[51]

A constituição desta linguagem pode ser feita tanto pela Administração Pública, quan-

---

48. "Os fatos jurídicos tributários formam uma subclasse dos chamados eventos tributários, sendo que o critério aglutinador desse subconjunto é a condição de estarem relatados em linguagem competente."

49. "A natureza da norma individual e concreta, veiculada pelo ato de lançamento tributário, ou pelo ato produzido pelo sujeito passivo para apurar seu débito, nos casos estabelecidos em lei, assumirá a feição significativa de providência constitutiva de direitos e deveres subjetivos" (Paulo de Barros Carvalho, *Fundamentos Jurídicos da Incidência*, Capítulo IV).

50. Paulo de Barros Carvalho, *Fundamentos Jurídicos da Incidência*, Cap. IV.

51. Lei de Introdução às Normas do Direito Brasileiro (*redação dada pela Lei 12.376/2010*): "Art. 2º. Não se destinando à vigência temporária, a lei terá vigor até que outra a modifique ou revogue. § 1º. A lei posterior revoga a anterior quando expressamente o declare, quando seja com ela incompatível ou quando regule inteiramente a matéria de que tratava a lei anterior. § 2º. A lei nova, que estabeleça disposições gerais ou especiais a par das já existentes, não revoga nem modifica a lei anterior. § 3º. Salvo disposição em contrário, a lei revogada não se restaura por ter a lei revogadora perdido a vigência".

to pelo particular. O particular, ao cumprir os chamados "deveres instrumentais"[52] delimita os elementos da norma individual e concreta.

Paulo de Barros Carvalho, ao tratar do cumprimento dos deveres instrumentais[53] pelo particular, consigna: "a regra jurídica individual e concreta, quando ficar a cargo do contribuinte, há de constar de um documento especificamente determinado em cada legislação, e que consiste numa redução sumular, num resumo objetivo daquele tecido de linguagem, mais amplo e abrangente, constante dos talonários de notas fiscais, livros e outros efeitos jurídico-contábeis".

E mais, revela a importância do papel do contribuinte na conformação da norma individual e concreta, neste sentido: "é extremamente significativa a participação dos deveres instrumentais na composição da plataforma de dados que oferecem condições à constituição do fato jurídico tributário. Só não chega ao nível do absoluto porque a atividade fiscalizadora do ente que tributa disporá sempre de formas suplementares para surpreender o procedimento do sujeito passivo, elaborando, por outros meios de prova, a documentação necessária para dar corpo ao enunciado factual. Mas, em termos de normalidade jurídica, cogitando-se do que seria o comportamento regular do destinatário da regra tributária, a prestação atinente aos deveres formais é a base sobre a qual vai sustentar-se a formação do fato".[54]

Feitas estas considerações, temos como premissa o fato de que a realidade jurídica é constituída e desconstituída por meio da linguagem competente, eleita pelo sistema jurídico. O relato de eventos em linguagem é procedimento que pode ser feito tanto pela Administração Pública, quanto pelo particular, especialmente na hipótese de tributos "auto-lançados". A produção desta linguagem constrói o fato jurídico e a relação jurídica implicacional. A linguagem, por sua vez, também fixa o aspecto temporal da relação jurídica. O momento a partir do qual o dever pode ser cobrado e/ou exigido do sujeito passivo. E este momento é determinável com certa facilidade. Consiste no exato momento em que, tanto o sujeito ativo quanto o sujeito passivo tem ciência de sua inserção em uma relação implicacional. Ciência não significa concordância. Ciência, nos termos utilizados para este trabalho, corresponde à consciência de que o sujeito compõe uma relação de direito e de deveres alio relativos.

Nas palavras de Paulo de Barros Carvalho, "o átimo dessa ciência marca o instante preciso em que a norma individual e concreta, produzida pelo sujeito passivo, ingressa no ordenamento do direito posto. (...) o instante em que nasce a obrigação tributária é exatamente aquele em que a norma individual e concreta, produzida pelo particular ou pela Administração, neste último caso por meio do lançamento, ingressar no sistema do direito positivo, o que implica reconhecer que a relação se dá juntamente com a ocorrência do fato jurídico".

E mais, "a contar desse ponto na escala do tempo, existirá um enunciado linguístico, formulado em consonância com os preceitos da ordem jurídica, e que somente poderá ser modificado por outros enunciados especialmente proferidos para esse fim, segundo a orientação do sistema".

---

52. Os deveres instrumentais, na doutrina de Paulo de Barros Carvalho, formam "um tecido de linguagem que, na sua integridade, relata o acontecimento de eventos e a instalação de relações jurídicas obrigacionais" (Paulo de Barros Carvalho, *Fundamentos Jurídicos da Incidência*, Cap. IV).

53. "Aparecem como providências imprescindíveis para que o sujeito passivo satisfaça a obrigação nascida com o acontecimento do fato jurídico tributário, pelo que adquirem, nesse sentido, aspecto procedimental, pois se atrelam ao ato jurídico do pagamento como expediente derradeiro" (Paulo de Barros Carvalho, *Fundamentos Jurídicos da Incidência*, Cap. IV).

54. "Quando o diploma normativo indicar o conteúdo do comportamento a ser seguido, precisando o objeto da prestação, tornar-se-á despicienda a edição de norma individual e concreta, por parte do fisco, deixando-se ao bom juízo do administrado o implemento da conduta e reservando-se às autoridades tributárias atuarem somente em caso de descumprimento."

Neste raciocínio, conclui-se que (i) o sistema jurídico é constituído de linguagem, (ii) a linguagem constitui e desconstitui a realidade jurídica, (iii) a produção da linguagem pode ser feita tanto pela Administração Pública, quanto pelo contribuinte, em especial nos tributos sujeitos ao lançamento por homologação, (iv) a norma jurídica é o produto da enunciação do sujeito, (v) os enunciados só são definitivos até que novo enunciado o modifique, (vi) a relação jurídica é instaurada a partir da "ciência-consciência" dos sujeitos ativo e passivo envolvidos na conexão implicacional.

Esta ponderação é extremamente relevante em um contexto social e tributário no qual se verificam o compartilhamento e a dinamicidade na troca de informações entre o Fisco e o particular. Sem dúvida nenhuma os reflexos das premissas fixadas e a sua compatibilização ao contexto tributário atual promoverão a necessidade de revisão de conceitos e definições pré-fixadas, de forma a conferir-lhes, novamente, coerência com o sistema. O impacto nos institutos da prescrição, decadência, responsabilidade tributária (por sucessão, por exemplo), são fortemente afetados. Por outro lado, os aspectos vinculados à boa-fé do contribuinte, à adoção de sanções tributárias como instrumento para coação do contribuinte e a responsabilidade do Fisco perante as informações e autorizações que expede são outros importantes reflexos das premissas fixadas neste trabalho. A conformação dos enunciados jurídicos e a busca por coerência interna ao sistema impulsionam a reflexão sobre estes aspectos, de forma a compatibilizá-los à dinâmica social e jurídica vivenciada atualmente.

Neste sentido, são pertinentes as lições de Paulo de Barros Carvalho, as quais corroboram as propostas que impulsionaram este trabalho: "Tudo depende do sistema de referência, do modelo com que o cientista opera as categorias do direito. As proposições teóricas derivadas hão de guardar coerência com as premissas eleitas e, deslocando-se o ângulo de análise, muitas vezes mexemos com os pressupostos, de tal modo que as proposições originárias poderão tornar-se diferentes, possibilitando uma revisão substanciosa nas conclusões até então obtidas".

7. Considerações finais

Este artigo pretendeu abordar o momento da constituição do crédito tributário, com fundamento na "ciência-consciência" dos sujeitos ativo e passivo, partindo da Teoria da Linguagem. Através de um paralelo estabelecido com evolução histórica da física clássica à física atômica, passou-se por visões deterministas, que permitiam a certeza e a previsibilidade do funcionamento do mundo. O mundo visto como máquina fragmentária, como um paralelo à visão do direito sobre o aspecto da hermenêutica literal do texto (texto como fonte do direito) e à segmentação do direito em nichos de conteúdo. Na sequencia, quebra de paradigmas na física clássica mostrou a incoerência dos atributos certeza e determinação, passando a atribuir papel fundamental ao interlocutor observador dos fenômenos. Da previsibilidade passou-se à probabilidade. Da literalidade passou-se ao construtivismo lógico-semântico. Da filosofia do ser passou-se à filosofia da consciência e desta à filosofia da linguagem. Na filosofia da linguagem, o movimento do giro-linguístico construiu uma conexão entre mundo-em-si e mundo-em-linguagem passando da verdade por correspondência para a verdade por consenso de proposições jurídicas.

A Teoria Comunicacional do Direito corroborou o raciocínio, conferindo alicerce sólido para as delimitações de premissas conclusivas. Através do elemento mensagem do fenômeno comunicacional, a norma jurídica é transmitida, informada, ganha publicidade. Questões relacionadas à identidade com o "mundo-em-si" perdem sentido em face da teoria da linguagem e perdem força em face das categorias da Teoria das Provas e do consenso entre proposições. A definitividade do ato também perde sentido na medida em que todo enunciado linguístico e jurídico só é definitivo até que novo enunciado implique em sua modificação. Por fim, o trabalho conclui enfatizando a função do sujeito passivo na delimitação da norma individual e concreta, e atribui à "ciência-consciência" dos sujeitos a delimitação do termo *a quo* do nascimento da relação jurídico tributária.

No entanto, conforme expressado anteriormente, os reflexos destas premissas e a sua compatibilização ao contexto tributário atual promoverão a necessidade de revisão de conceitos e definições pré-fixadas, de forma a conferir-lhes, novamente, coerência com o sistema, em especial, no que se refere aos institutos da prescrição, decadência, responsabilidade tributária (por sucessão, por exemplo), bem como aspectos vinculados à boa-fé do contribuinte, à adoção de sanções tributárias como instrumento para coação do contribuinte e a responsabilidade do Fisco perante as informações e autorizações que expede. Neste intuito, buscou-se instigar uma reflexão, ainda preliminar, sobre a conformação dos enunciados jurídicos e a busca por coerência interna ao sistema, de forma a compatibilizá-los à dinâmica social e jurídica vivenciada atualmente.

A INCIDÊNCIA DA MULTA DE 2% SOBRE O TOTAL DE ENTRADAS E SAÍDAS DA FALTA DE APRESENTAÇÃO DOS ARQUIVOS MAGNÉTICOS

André Felix Ricotta de Oliveira

Doutorando, Mestre e Especialista em Direito Tributário pela PUC/SP.
Master of Business Administration (MBA) em Direito Empresarial pela FGV-RJ.
Juiz Contribuinte do Tribunal de Impostos
e Taxas da Secretaria da Fazenda do Estado de São Paulo.
Coordenador do IBET de SJC.
Professor do Curso da Graduação em Direito da FMU.
Advogado

Andreia Fogaça Rodrigues Maricato

Doutoranda, Mestre e Especialista em Direito Tributário pela PUC/SP.
Coordenadora do Curso de Especialização do IBET de SJC.
Advogada

1. Introdução. 2. Obrigação tributária principal e acessória. 3. Da interpretação dada pela Secretária da Fazenda do Estado de São Paulo. 4. Natureza jurídica da multa pelo descumprimento da obrigação acessória. 5. Dos princípios constitucionais tributários aplicáveis as sanções administrativas (multas): 5.1 O princípio da razoabilidade e o princípio da proporcionalidade; 5.2 Do princípio da vedação ao confisco aplicado as multas. 6. Conclusões. 7. Bibliografia.

1. Introdução

O presente trabalho objetiva analisar, estudar e conceituar a aplicação da multa do art. 527, inc. VIII, alínea "x", do RICMS/00. A Fazenda do Estado de São Paulo interpreta e aplica esta norma punitiva ou sancionatória de modo que, não respeita os princípios e normas que regem a tributação.

O referido artigo trata das penalidades impostas aos contribuintes que descumprirem tanto a obrigação principal como a obrigação acessória, em especial o inciso VIII, alínea "x", traz a multa pelo descumprimento da obrigação acessória.

O descumprimento do dever instrumental penalizado pelo art. 527, inc. VIII, alínea "x", do RICMS/00 é o não fornecimento ou entrega que impossibilitem a leitura e/ou com dados incompletos de arquivo magnético relacionados às operações ou prestações do período para o Fisco.

Estas informações solicitadas em meio magnético foi previsto pelo Convenio ICMS n. 57/95 e no Estado de São Paulo o envio do arquivo magnético é disciplinado pela Portaria CAT n. 32/1996 que estabelece que se o contribuinte for notificado pela SEFAZ passa ter a obrigatoriedade de entregar mensalmente os arquivos por meio magnético.

O arquivo deve conter a totalidade das operações realizadas a qualquer título com as mercadorias e serviços sujeitos a incidência do ICMS, devendo o contribuinte informar todas as operações realizadas no período, todas as notas fiscais de entrada e saída, todos os produtos descritos nas notas fiscais e o inventário. Todos estes dados são informados em um único arquivo que deve ser enviado e sujeito a validação do sistema da Secretaria da Fazenda do Estado de São Paulo.

Tal arquivo tem como objetivo facilitar ao Fisco a verificação das operações de circulação de mercadorias e prestações de serviços presentes no campo de incidência do ICMS e assim fiscalizar e autuar a empresa de forma mais célere, tendo em vista que as informações enviadas são justamente as que o contribuinte contabilizou através dos respectivos documentos fiscais.

Ou seja, não é pelo fato que o contribuinte não enviou o arquivo magnético, enviou de forma que não é possível a leitura ou com dados incompletos que a fiscalização está impedida de realizar seu trabalho nos termos do art. 142 do CTN, basta simplesmente analisar os livros e documentos fiscais.

Embora a legislação do ICMS estabeleça algumas penalidades relativas aos arquivos magnéticos, estão tipificadas no art. 527, inc. VIII, alíneas "u" a "z", do RICMS/00, o presente estudo terá como objeto apenas a sanção prevista na alínea "x".

Desse modo, analisaremos a norma em questão de forma isolada e interpretaremos de forma sistemática e principiológica, pois, conforme ensinamentos de Paulo de Barros Carvalho a norma jurídica é ponto de referência para importantes construções interpretativas do direito,[1] para que assim possamos tecer considerações a respeito da norma dentro do Sistema Tributário Nacional.

Partindo da diferenciação entre obrigação tributária e acessória, traçaremos os limites constitucionais tributários para imposição de multa, em especial nos casos de descumprimento de obrigação acessória, demonstrando o abuso e inconstitucionalidade previsto no art. 527, inc. VIII, alínea "x", do RICMS/00.

2. Obrigação tributária principal e acessória

Primeiramente cabe destacar a divisão estabelecida pelo Código Tributário Nacional, em seu art. 113, entre a obrigação principal e a obrigação acessória, nos seguintes termos:

"Art. 113. A obrigação tributária é principal ou acessória.

"§ 1º. A obrigação principal surge com a ocorrência do fato gerador, tem por objeto o pagamento de tributo ou penalidade pecuniária e extingue-se juntamente com o crédito dela decorrente.

"§ 2º. A obrigação acessória decorre da legislação tributária e tem por objeto as prestações, positivas ou negativas, nela previstas no interesse da arrecadação ou da fiscalização dos tributos.

"§ 3º. A obrigação acessória, pelo simples fato de sua inobservância, converte-se em obrigação principal relativamente à penalidade pecuniária."

O § 1º, ao disciplinar sobre obrigação, o Código dispõe que ela "tem como objeto o pagamento do tributo ou penalidade pecuniária e extingue-se juntamente com o crédito dela

---

1. *Direito Tributário, Linguagem e Método*, São Paulo, 2011, p. 126.

decorrente". Uma interpretação isolada deste dispositivo legal poderia nos levar à conclusão de que a expressão "crédito tributário" abrange tanto os tributos como as multas.

Todavia, o art. 3º do CTN é claro ao excluir as sanções por ato ilícito do conceito de tributo, da mesma forma o art. 157[2] do CTN distingue nitidamente a diferença entre penalidade e crédito tributário, ao dispor que a imposição daquela não ilide o pagamento deste, o que confirma a distinção entre tributo e multa.

Deste modo, não resta qualquer dúvida de que a multa tributária é uma sanção aplicada pelo Estado por um ato ilícito do contribuinte: o inadimplemento de obrigação tributária principal ou acessória.

Continuando, o § 2º do art. 113 prescreve que a obrigação acessória decorre da legislação tributária. Sendo esta um dever de fazer ou não fazer, ou suportar. Logo, está submetida ao art. 5º, inciso II, da Constituição Federal, que determina que qualquer pretensão ao cumprimento de obrigação acessória deverá estar submetida à regência da lei, e não de atos infralegais do Executivo, como os decretos regulamentares.[3] A Constituição não cede tão só à criação de obrigações por via extralegal, mas quaisquer deveres impostos aos cidadãos submetem-se à legalidade.

Por fim, o § 3º dispõe que, a obrigação acessória converte-se em principal pelo seu descumprimento em relação à penalidade pecuniária.

Partindo do entendimento que a penalidade pecuniária nunca poderia ser convertida em obrigação principal, por ter natureza sancionatória e decorrer de ato ilícito. Entendemos que o elemento distintivo entre ambas obrigações é que, o objeto da obrigação tributária é a prestação de cunho tributário sobre a qual há o vínculo jurídico entre o sujeito ativo (Fazenda Pública) e o sujeito passivo (contribuinte). Tal prestação, em face de seu objeto, divide a obrigação tributária em principal (dar o tributo) e acessória (fazer, não fazer ou tolerar algo de natureza instrumental tributária).

Paulo de Barros Carvalho[4] entende que, ao tornar-se concreto o fato previsto no descritor da regra de incidência (pela linguagem competente), surge a relação jurídica de conteúdo patrimonial, a saber, a obrigação tributária.

Sabemos que se houver o descumprimento do dever formal, desaparece a relação que o instituíra e surge em seu lugar um vínculo sancionatório, portador de uma penalidade pecuniária que onerará o patrimônio do infrator. Esta multa é cobrada com os mesmos recursos administrativos e com o emprego dos mesmos instrumentos processuais utilizados na cobrança de tributos. Todavia, não pode o legislador igualar duas figuras distintas: dever e penalidade.

Partindo desta premissa, entendemos que o § 3º padece de inconstitucionalidade, uma vez que confunde os institutos de obrigação acessória com o da penalidade tributaria. Ou seja, esta equiparação feita pelo Código Tributário Nacional fere conceitos da Teoria Geral do Direito, isto porque a norma que estabelece o dever trata-se de um ato lícito e a norma que estabelece a sanção de ato ilícito, são duas normas de naturezas diversas, igualar ambas, lícito e ilícito, como se fosse só uma, choca com o sistema do direito positivo.

Em paralelo notamos que o art. 527, inc. VIII, alínea "x", do RICMS/00, ao dispor sobre a aplicação da multa pelo descumprimento da obrigação acessória, penaliza o contribuinte com multa de 2% das operações ou prestações do período, pelo envio de informações em meio magnético em condições diferentes do sistema da SEFAZ e/ou com dados incompletos, sem observar a diferença entre obrigação principal e acessória.

---

2. "Art. 157. A imposição de penalidade não ilide o pagamento integral do crédito tributário."

3. José Souto Maior Borges, "Princípio constitucional da legalidade e as categorias obrigacionais", *RDT* 23/89.

4. *Curso de Direito Tributário*, 2008, p. 358.

3. Da interpretação dada pela Secretária da Fazenda do Estado de São Paulo

Na legislação do ICMS há tratamento específico para as infrações, sanções e multas, em especial o art. 527 do Regulamento do ICMS de 2000, que transcreve o art. 85 da Lei bandeirante n. 6.374/1989, tipifica os descumprimentos da obrigação principal e das obrigações acessórias, estabelecendo as respectivas penalidades.

Percebe-se que as multas estabelecidas são excessivamente altas e pesquisando sobre a origem e histórico das penalidades, não encontramos nada que pudesse dar um norte ou explicasse os percentuais exacerbados previstos na legislação.

No entanto, em conversas descompromissadas e amistosas nos corredores da Secretaria da Fazenda do Estado de São Paulo ou nos cafés com colegas dos Tribunais de Impostos e Taxas, dizia-se que foram fixadas multas "pesadas" pelo descumprimento das obrigações acessórias ou deveres instrumentais, além de querer ditar um comportamento retilíneo do contribuinte, mas também em razão dos altos índices inflacionários que imperavam na década de 1980.

Assim, como normalmente se demorava para verter em linguagem competente o ilícito cometido pelo contribuinte, sendo a multa elevada, mesmo com a desvalorização da moeda, a penalidade continuaria pesada.

Atualmente, como a economia brasileira está aparentemente estabilizada e os índices inflacionários não são mais exagerados, não faz mais sentido a exigência de multas elevadas que chegam muitas vezes serem desproporcionais à ilicitude cometida pelo contribuinte

No caso do art. 527, inc. VIII, alínea "x", do RICMS/00 dispõe que o contribuinte não fornecendo informações em meio magnético ou entregando a Secretaria da Fazenda em condições diferentes do sistema da SEFAZ e/ou com dados incompletos, deve ser penalizada com multa de 2% das operações ou prestações do período, *in verbis*:

"Art. 527. O descumprimento da obrigação principal ou das obrigações acessórias, instituídas pela legislação do Imposto sobre Circulação de Mercadorias e sobre Prestação de Serviços, fica sujeito às seguintes penalidades (*Lei n. 6.374/1989, art. 85, com alteração das Leis 9.399/1996, arts. 1º, IX, e 10.19/200, arts, 1º, XXVII a XXIX, 2º, VIII a XIII, e 3º, III*):

"(...).

"VIII – infrações relativas a sistema eletrônico de processamento de dados e ao uso e intervenção em máquina registradora, Terminal Ponto de Venda – PDV, Equipamento Emissor de Cupom Fiscal – ECF – ou qualquer outro equipamento:

"(...).

"x) não fornecimento de informação em meio magnético ou sua entrega em condições que impossibilitem a leitura ou tratamento e/ou com dados incompletos ou não relacionados às operações ou prestações do período – multa equivalente a 2% (dois por cento) do valor das operações ou prestações do respectivo período, nunca inferior ao valor de 100 (cem) UFESPs."

Nos termos do artigo acima transcrito, quando um auditor fiscal de rendas da Secretaria da Fazenda do Estado de São Paulo está diante deste fato jurídico, qual seja, o contribuinte notificado a apresentar os arquivos magnéticos e este não entrega ou apresenta de forma inconsistente, de forma a impossibilitar a leitura ou com dados incompletos, o auditor fiscal lavra o auto de infração com imposição de multa exigindo do contribuinte a multa de 2% da operação para fim da incidência da multa prevista na alínea "x" do inc. VIII do art. 527 do RICMS/00, desrespeitando vários princípios, conforme será visto.

Importante salientar que a SEFAZ/SP ao aplicar a norma em comento ao fato jurídico concreto e estabelecer multa equivalente a 2% (dois por cento) do valor das operações ou prestações do respectivo período, entende que a base de cálculo para incidência da alíquota punitiva de 2% é o total da receita bruta e das despesas do contribuinte no período, pois considera que a norma ao estabelecer que a base é o valor das operações ou prestações, este valor deve ser considerado a receita bruta e mais as despesas do período, ou seja entradas e saídas, tendo em vista que o ICMS é sistematizado pela questão do crédito e débito ou entradas e saídas de mercadorias.

Desta feita, analisaremos a natureza da multa pelo descumprimento da obrigação acessória, assim como os limites constitucionais para sua aplicação.

4. Natureza jurídica da multa pelo descumprimento da obrigação acessória

O que nos interessa neste trabalho são as sanções e ou multas tributárias impostas pelo inadimplemento dos deveres instrumentais

Ou seja, as sanções tributárias são aplicadas aos contribuintes ou responsáveis que violarem, simultânea ou isoladamente, tanto uma obrigação de pagar tributo (principal) quanto a de fazer ou tolerar algo em prol da atividade de arrecadação e fiscalização do recolhimento de tributos (dever instrumental), sendo que a lei tributária estatui sanções a ambas as infrações.

O pressuposto fático da sanção tributária consiste na realização de uma ação ou omissão tipificada pela legislação fiscal como infração tributária. Trata-se do inadimplemento de uma obrigação tributária principal ou acessória.[5]

A competência para a imputação da sanção tributária será do órgão da Administração Pública direta ou indireta a quem a lei atribua capacidade tributária ativa. A esta pessoa ou órgão titular do direito-dever de arrecadar tributo é confiada a competência para o exercício da potestade punitiva da Administração, com a estrita observância dos princípios constitucionais.

A sanção tem como conteúdo consequências jurídicas imputáveis ao agente que pratica um ato contrário ao direito, tipificado como infração.

As sanções tributárias têm como finalidade básica garantir a efetividade das normas primárias dispositivas que veiculam obrigações principais e obrigações acessórias. Exercem no direito uma utilidade plúrima, destacando-se dentre suas funções a preventiva, a repressiva, a reparatória, a didática, a incentivadora e a assecuratória.

A sanção preventiva atua como desestimulante do rompimento do ilícito fiscal, ou seja, tem como objetivo gerar reflexos na consciência dos destinatários sobre o descumprimento do dever fiscal, mediante a intimidação de seus possíveis infratores.

Já a punitiva ou repressiva está no nível individual e concreto, em decorrência de uma infração cometida. Dado o fato de o infrator violar a norma prescrita, aplica-se a sanção como um castigo, uma punição.

Por isto, defendemos que o comando normativo da norma sancionadora deve prever punição proporcional ao grau, à lesividade e à rejeição da ilicitude, que, como seu pressuposto fático, condicione e enseje sua aplicação.

Paulo Roberto Coimbra Silva[6] destaca que "A observância da proporcionalidade concernente à função punitiva das sanções há de merecer, dentre outro juízos, uma análise comparativa àquelas previstas para os demais atos ilícitos, devendo sua intensidade ser diretamente proporcional à valoração social de sua gravidade. Desta forma, aos ilícitos mais graves devem se corresponder sanções mais severas e às sanções mais brandas devem ser correlatas às infrações de menor repulsa social".

A sanção deve, ainda, quando aplicada em concreto, exercer a elevada função de contribuir para a educação e a correição do perpetrante, auxiliando-o a apreender as

---

5. Paulo Roberto Coimbra Silva, *Direito Tributário Sancionador*, 2007, pp. 117-118.

6. *Direito Tributário Sancionador*, 2007, p. 64.

lições a que não se dispôs espontaneamente, impedindo-o, assim, de ser nocivo à sociedade no futuro.

Edmar de Oliveira Andrade Filho entende que as sanções tributárias têm como finalidade, além de proteger os interesses da arrecadação e fiscalização, também de proteger a sociedade, pois o descumprimento das normas tributárias prejudica aqueles que as cumprem e têm de arcar com seu ônus isoladamente: "Sob o aspecto funcional, as normas que estipulam sanções pelo não cumprimento de obrigações tributárias principais (obrigação de pagar o tributo com a prática de fato imponível) visa a dar efetividade aos princípios da legalidade, da capacidade contributiva e da isonomia. Por outro lado, as sanções aplicáveis em decorrência do descumprimento de deveres formais visam a garantir o poder de fiscalização do sujeito ativo que está implícito nas normas atributivas do poder de tributar. As violações a normas que estipulam deveres instrumentais ou formais podem ofender o direito a colaboração inerente à situação do sujeito passivo perante a Administração".

Ao contrário do que possa parecer à primeira vista, a falta de recolhimento de tributo devido não ofende apenas interesses dos órgãos fazendários responsáveis pela arrecadação; tal comportamento afeta o interesse geral da sociedade personalizada no Estado e, ao mesmo tempo, amesquinhar o poder jurídico tributário outorgado pela Constituição Federal às pessoas políticas que detêm o poder de legislar sobre matéria tributária. O bem jurídico tutelado por toda e qualquer norma penal tributária é a solidariedade em prol da comunidade que repousa na distribuição proporcional dos encargos pela manutenção do Estado e na redistribuição de riqueza centrada na busca de uma sociedade "justa e solidária".

Concordamos com este entendimento, porém, como a efetividade das normas primárias dispositivas tributárias está diretamente atrelada a (i) arrecadação e a (ii) proteção à atividade administrativa de fiscalização, podemos dizer que as sanções tributárias têm, em última instancia, a finalidade de proteger a efetividade da arrecadação e da fiscalização tributária.

Portanto, podemos extrair duas importantes premissas:

(i) a sanção tributária não tem finalidade arrecadatória, mas assecuratória do cumprimento das obrigações fiscais, a quem devem necessária subordinação;

(ii) a sanção não pode se converter em instrumento de arrecadação, ou seja, não pode ser fixada em patamar que se torne mais vantajosa para o Estado que a arrecadação do próprio tributo, o que além de desproporcional, colide com a própria coerência do sistema.

Sobre a impossibilidade de desvio de finalidade da sanção norma tributária, Luciano Amaro observa: "No campo das sanções administrativas pecuniárias (multas), é preciso não confundir (como faz, frequentemente, o próprio legislador) a proteção ao interesse da arrecadação (bem jurídico tutelado) com o objeto da arrecadação por meio de multa. Noutras palavras, a sanção de ser estabelecida para estimular o cumprimento da obrigação tributária; se o devedor tentar fugir do seu dever, o gravame adicional representado pela multa igualmente se justifica (pelo perigo que o descumprimento da obrigação acessória provoca para a arrecadação de tributos), mas a multa não pode ser transformada em instrumento de arrecadação; pelo contrário, deve-se graduar a multa em função da gravidade da infração, vale dizer, da gravidade do dano ou da ameaça que a infração representa para a arrecadação de tributo".

A finalidade da sanção tributária permite, portanto, a identificação dos limites à sua imposição, ou seja, se tem finalidade assecuratória do cumprimento das normas tributárias e não pode se transferir de instrumento de arrecadação, podemos concluir que deve respeitar os princípios da razoabilidade e proporcionalidade.

5. Dos princípios constitucionais tributários aplicáveis as sanções administrativas (multas)

5.1 O princípio da razoabilidade e o princípio da proporcionalidade

O princípio da razoabilidade e o da proporcionalidade não se encontram expressamente previstos na Constituição de 1988, defluem da própria conformação do Estado brasileiro em um Estado Social Democrático de Direito (arts. 1º e 6º da CF). Todavia, ambos os princípios foram positivados pelo art. 2º da Lei 9.784/1999.[7]

Percebe-se que o Estado agindo de forma não razoável e desproporcional aos atos cometidos pelo cidadão fere a finalidade do Estado que é estabelecer o bem comum, facilitar a vida da população, pois quando o homem aceita viver em um Estado abre a mão de inúmeros direitos em prol de que a vida em uma sociedade politica e juridicamente organizada, inclusive a qual ele custeia a sua existência e mantença através do pagamento de tributos, seja mais fácil e possibilite atingir seus objetivos de vida.

Assim o princípio da razoabilidade e proporcionalidade é inerente ao Estado Democrático de Direito, pois conforme ensina Dalmo de Abreu Dallari[8] "verifica-se que o Estado, como sociedade política, tem um fim geral, constituindo-se em meio para que os indivíduos e as demais sociedades possam atingir concluir que o seus respectivos fins particulares. Assim, pois, pode-se concluir que o fim do Estado é o bem comum, entendido este como o conceituou o Papa João XXIII, ou seja, o conjunto de todas as condições de vida social que consintam e favoreçam o desenvolvimento integral da personalidade humana. Mas, se essa mesma finalidade foi atribuída à sociedade humana no seu todo, não há diferença entre ela e o Estado? Na verdade, existe uma diferença fundamental, que qualifica a finalidade do Estado: este busca o bem comum de um certo povo, situado em determinado território, Assim, pois, o desenvolvimento integral da personalidade dos integrantes desse povo é que deve seu objetivo, o que determina uma concepção particular de bem comum para cada Estado, em função das peculiaridades de cada povo".

Tanto na doutrina como na jurisprudência não há um entendimento pacífico se realmente existe distinção entre a proporcionalidade e a razoabilidade, ao passo que encontramos manifestações que ora os identificam como sinônimos ora referem a eles como fenômenos distintos.

Lúcia Valle Figueiredo[9] entende serem fenômenos distintos e dispõe que "a razoabilidade vai se atrelar à congruência lógica entre situações postas e as decisões administrativas. Vai se atrelar às necessidade da coletividade, à legitimidade, à economicidade, à eficiência. Ao lado da razoabilidade traz-se à colação, também como princípio importantíssimo, o da proporcionalidade. Com efeito, resume-se o princípio da proporcionalidade na direta adequação das medidas tomadas pela administração às necessidades administrativas. Vale dizer: só se sacrificam interesses individuais em função de interesses coletivos, de interesses primários, na medida da estrita necessidade, não se desbordando do que seja realmente indispensável para a implementação da necessidade pública. Por isso mesmo, resolvemos, nessa edição, destacar expressamente o princípio da proporcionalidade, por entende-lo efetivamente como um plus relativamente ao princípio da razoabilidade. Com efeito, têm dissertado os autores sobre a proporcionalidade destacando o sentido estrito do conceito. Assim, o principio seria decomposto em adequação, necessidade e proporcionalidade em sentido

---

7. "Art. 2º. A Administração Pública obedecerá, dentre outros, aos princípios da legalidade, finalidade, motivação, razoabilidade, proporcionalidade, moralidade, ampla defesa, contraditório, segurança jurídica, interesse público e eficiência."

8. 2012, p. 112.

9. 2005, pp. 50-51.

estrito. Entendemos que é o sentido estrito o diferenciador da razoabilidade. Na verdade, os princípios se imbricam de tal sorte que se poderia confundi-los. Todavia, não parece impossível fazer a diferença".

Humberto Ávila,[10] por sua vez, conclui que "O postulado da razoabilidade aplica-se, primeiro, como diretriz que exige a relação das normas gerais com as individualidades do caso concreto, quer mostrando sob qual perspectiva a norma deve ser aplicada, quer indicando em quais hipóteses o caso individual, em virtude de suas especificidades, deixa de se enquadrar na norma geral. Segundo, como diretriz que exige uma vinculação das normas jurídicas com o mundo ao qual elas fazem referência, seja reclamando a existência de um suporte empírico e adequado a qualquer ato jurídico, seja demandando uma relação congruente entre a medida adotada e o fim que ela pretende atingir. Terceiro, como diretriz que exige a relação de equivalência entre duas grandezas.

"O postulado da proporcionalidade aplica-se nos casos em que exista uma relação de causalidade entre meio e um fim concretamente perceptível. A exigência de realização de vários fins, todos constitucionalmente legitimados, implica a adoção de medidas adequadas, necessárias e proporcionais em sentido estrito."

Já Celso Antônio Bandeira de Mello[11] entende que os dois princípios têm a mesma matriz constitucional, a legalidade, não sendo a proporcionalidade outra coisa senão um aspecto da própria razoabilidade: "Em rigor, o princípio da proporcionalidade não é senão faceta do princípio da razoabilidade. Merece destaque próprio, uma referência especial, para ter-se maior visibilidade da fisionomia específica de um vício que pode surdir e entremostra-se sob essa feição de desproporcionalidade do ato, salientando-se, destarte, a possibilidade de correição judicial arrimada neste fundamento. Posto que se

10. 2009, p. 185.
11. 2005, pp. 101-102.

trata de aspecto específico do princípio da razoabilidade, compreende-se que sua matriz constitucional seja a mesma. Isto é, assiste nos próprios dispositivos que consagram a submissão da Administração ao cânone da legalidade. O conteúdo substancial desta, como visto, não predica a mera coincidência de conduta administrativa com a letra da lei, mas reclama adesão ao espírito dela, à finalidade que a anima".

Na jurisprudência do Supremo Tribunal Federal, também é possível encontrar em votos e ementas posicionamentos que tanto identificam como diferenciam os dois princípios.

No julgamento da ADI 958-3-RJ, Gilmar Mendes observou em seu voto que, "ainda que o legislador pudesse estabelecer restrições ao direito dos partidos políticos de participar do processo eleitoral, a adoção de critérios relacionados com fatos passados para limitar a atuação futura desses partidos pareceria manifestamente inadequada e, por conseguinte, desarrazoada. Essa decisão consolida o desenvolvimento do princípio da proporcionalidade ou da razoabilidade como postulado constitucional autônomo que tem sua sede material na disposição constitucional que disciplina o devido processo legal (art. 5º, inciso, LIV)".

O mesmo entendimento é seguido pelo Ministro Celso de Mello: "(...) considerações doutrinárias em torno da questão pertinente as lacunas preenchíveis. Todos os atos emanados do poder público estão necessariamente sujeitos, para efeito de sua validade material, à indeclinável observância de padrões mínimos de razoabilidade. As normas legais devem observar, no processo de sua formulação, critérios de razoabilidade que guardem estrita consonância com os padrões fundados no princípio da proporcionalidade, pois todos os atos emanados do poder público devem ajustar-se as cláusulas que consagra, em sua dimensão material, o princípio do *substantive due process of law* (...)".

Por outro lado, o Supremo Tribunal Federal também já reconheceu que os dois princípios têm dimensão normativa distinta quando os invoca conjuntamente para fundamentar suas decisões.[12]

A proporcionalidade e a razoabilidade parecem em um primeiro momento serem sinônimas, todavia, entendemos que há a distinção entre elas, tanto que para o exame da proporcionalidade, a doutrina estabelece uma linha de raciocínio que se faz de forma objetiva por meio da verificação, no ato do poder público, do implemento dos requisitos da adequação, da necessidade e da proporcionalidade em sentido estrito.

Diferentemente é o exame da razoabilidade, influenciado pela sua aplicação no sistema do *common law*, no qual a ideia do razoável é feita quase que intuitivamente pelo juiz que, na apreciação do caso concreto, leva em conta apenas as circunstâncias que o individualizam, sem que existam uma aparente preocupação com a fundamentação teórica do posicionamento adotado.

5.1.1 Princípio da proporcionalidade

A tradução do conteúdo do princípio da proporcionalidade nem sempre encontra-se explicitado sob esta epígrafe, motivo pelo qual procederemos a uma breve explanação acerca de outras denominações porventura utilizadas para transmitir esta mesma noção e a uma análise de seu real conteúdo.

A doutrina alemã, a título de ilustração, utiliza indistintamente as nomenclaturas *proporcionalidade* e *proibição de excesso*. Os americanos são mais caros ao uso do termo *razoabilidade*, o qual, nada obstante, é também usado em certas ocasiões com conteúdo diverso ao da proporcionalidade, embora se completem, como teremos oportunidade de observar.

A doutrina brasileira adotou a denominação clássica *princípio da proporcionalidade*, e como consequência dos avanços doutrinários nesta área identificaram três subprincípios ou elementos a este princípio, quais sejam: a adequação, a necessidade e a proporcionalidade em sentido estrito.

O primeiro traduz uma exigência de compatibilidade entre o fim pretendido pela norma e os meios por ela enunciados para sua consecução. Trata-se do exame de uma relação de causalidade e uma lei somente deve ser afastada por inidônea quando absolutamente incapaz de produzir o resultado perseguido.

A necessidade diz respeito ao fato de ser a medida restritiva de direitos indispensável à preservação do próprio direito por ela restringido ou a outro em igual ou superior patamar de importância, isto é, na procura do meio menos nocivo capaz de produzir o fim propugnado pela norma em questão.

Por último, o subprincípio da proporcionalidade em sentido estrito diz respeito a um sistema de valoração, na medida em que ao se garantir um direito muitas vezes é preciso restringir outro, situação juridicamente aceitável somente após um estudo teleológico, no qual se conclua que o direito juridicamente protegido por determinada norma apresenta conteúdo valorativamente superior ao restringido.[13] O juízo de proporcionalidade permite um perfeito equilíbrio entre o fim almejado e o meio empregado, ou seja, o resultado obtido com a intervenção na esfera de direitos do particular deve ser proporcional à carga coativa da mesma.[14]

Nesse sentido, a lição de Inocêncio Mártires Coelho:[15] "Por isso é que, diante

---

12. RMS 24.901-DF, rel. Ministro Carlos Britto, 26.10.2004, *Informativo* 367.

13. Assim, "O juízo de ponderação entre os pesos dos direitos e bens contrapostos deve ter uma medida que permita alcançar a melhor proporção entre os meios e os fins. (...) Decorre da natureza dos princípios válidos a otimização das possibilidades fáticas e jurídicas de uma determinada situação" (Raquel Denise Stumm, *Princípio da Proporcionalidade no Direito Constitucional Brasileiro*, Porto Alegre, Livraria do Advogado, 1995, p. 81).

14. J. J. G. Canotilho, ob. cit., p. 263.

15. Apud Fernando Marcelo Mendes, *Discricionariedade Administrativa e os Princípios da Proporcionalidade, da Razoabilidade e da Motivação no Controle Jurisdicional do Silêncio Administrativo*, Dissertação de Mestrado da PUC/SP, 2005, p. 58.

das antinomias de princípios, quando em tese mais de uma pauta lhe parece aplicável à mesma situação de fato, ao invés de se sentir obrigado a escolher este ou aquele princípio, com exclusão de outro que, *prima facie*, repute igualmente utilizáveis como norma de decisão, o interprete fará uma ponderação entre os *Standards* concorrentes (obviamente se todos forem princípios válidos, pois só assim podem entrar em rota de colisão) optando, afinal, por aquele que, nas circunstancias, lhe pareça mais adequado em termos de otimização de justiça. Em outras palavras Alexy, resolve-se esse conflito estabelecendo, entre os princípios concorrentes, uma relação de precedência condicionada, na qual se diz, sempre diante das peculiaridades do caso, em que condições um princípio prevalece sobre o outro, sendo certo que, noutras circunstancias, a questão da precedência poderá resolver-se de maneira inversa".

Humberto Ávila fala que o exame de proporcionalidade em sentido estrito, o meio utilizado deve proporcionar vantagens superiores às desvantagens decorrentes de sua utilização, pois o Estado "tendo obrigação de realizar todos os princípios constitucionais, não pode adotar um meio que termine por restringi-los mais do que promovê-los em seu conjunto".[16]

Comentando os três elementos conformadores do princípio da proporcionalidade, Gilmar Mendes[17] explica que o exame da adequação e da necessidade tem de ser feito atendendo-se as diferenças de peso que apresentam em um juízo de ponderação: "O subprincípio da adequação (*Geeignetheit*) exige que as medidas interventivas adotadas mostrem-se aptas a atingir os objetivos pretendidos. O subprincípio da necessidade (*Notwendigkeit oder Eforderlichkeit*) significa que nenhum meio menos gravoso para o individuo revelar-se-ia igualmente eficaz na consecução dos objetivos pretendidos. Em outros termos, o meio não será necessário se o objetivo almejado puder ser alcançado com a adoção de medida que se revele a um só tempo adequada e menos onerosa. Ressalte-se que, na prática, adequação e necessidade não tem o mesmo peso ou relevância no juízo de ponderação. Assim, apenas o que é adequado pode ser necessário, mas o que é necessário não pode ser inadequado. Pieroth e Schlink ressaltam que a prova da necessidade tem maior relevância do que o teste da adequação. Positivo o teste da necessidade, não há de ser negativo o teste da adequação. Por outro lado, se o teste quanto à necessidade revelar-se negativo, o resultado positivo do teste de adequação não mais poderá afetar o resultado definitivo ou final".[18]

Estes três elementos que compõe o princípio da proporcionalidade são instrumentos limitadores da atuação dos poderes constituídos e, porque não dizer, à própria liberdade de o Judiciário, no julgamento de uma medida normativa ou de um comportamento administrativo qualquer, pretender simplesmente substituir à sua a vontade do legislador ou do administrador, ao passo que estabelece parâmetros objetivos para que o exame da proporcionalidade seja manifestado na apreciação de um determinado comportamento do poder público.[19]

Portanto, o princípio da proporcionalidade funciona como controle dos atos estatais, com a inclusão e manutenção desses atos dentro do limite da lei e adequado a seus fins. Seu verdadeiro sentido é de que a proporcionalidade deverá pautar a extensão e inten-

---

16. "Conteúdo, limites e intensidade dos controles de razoabilidade, de proporcionalidade e de excessividade das Leis", *RDA* 236, abr.-jun./2004, pp. 369-384.

17. "O princípio da proporcionalidade na jurisprudência do Supremo Tribunal Federal: novas leituras", *Revista Diálogo Jurídico*, ano I, vol. I, n. 5, ago./2001.

18. O próprio Ministro Gilmar Mendes aplicando esta teoria na prática, no julgamento da Reclamação n. 2.126, no *Informativo do STF* 288, aplicou os três elementos do princípio da proporcionalidade.

19. Fernando Marcelo Mendes, *Discricionariedade Administrativa e os Princípios da Proporcionalidade, da Razoabilidade e da Motivação no Controle Jurisdicional do Silêncio Administrativo*, cit., 2005, p. 61.

sidade dos atos praticados levando em conta o fim a ser atingido. Não visa o emprego da letra fria da lei, e sim sua proporcionalidade com os fatos concretos, devendo o aplicador da norma usá-la de modo sensato, com vistas à situação específica de cada contribuinte.

Não havendo a tal proporcionalidade entre os meios utilizados e o fim almejado, o ato está eivado de vício, e será considerado ilegítimo, podendo sofrer a correção pelo Poder Judiciário.

Sua aplicação é pertinente no que tange as sanções tributárias.

A multa de 2% que se aplica sobre o total de entradas e saídas da contribuinte é totalmente desproporcional ao ilícito cometido, não podem incidir sobre entradas de uma pessoa jurídica que seriam as despesas e os custos e sim sobre saídas que se referem às receitas obtidas.

O fato de o contribuinte não entregar os documentos via eletrônica, e comprovando que não omitiu nenhuma operação de saída, não pode ser punido com a referida multa, é totalmente desproporcional, uma vez que fica claro nesta situação que a sanção está sendo convertida como instrumento de arrecadação e em patamares muito vantajosos para o Estado, pois incide sobre o total de receitas e despesas, independente do resultado das operações de circulação de mercadorias e prestações de serviços ser positivo.

5.1.2 Princípio da razoabilidade

No Brasil a razoabilidade, como limite ao exercício da atividade legislativa, foi analisada por Carlos Roberto de Siqueira Castro,[20] da seguinte forma: "A moderna teoria constitucional tende a exigir que as diferenciações normativas sejam razoáveis e racionais. Isto quer dizer que a norma classificatória não deve ser arbitrária, implausível ou caprichosa, devendo, ao revés, operar como meio idôneo, hábil e necessário ao atingimento de finalidades constitucionalmente válidas. Para tanto, há de existir uma dispensável relação de congruência entre a classificação em si e o fim a que ela se destina. Se tal relação de identidade entre meio e fim, 'means-end relationship', segundo a nomenclatura norte-americana – da norma classificatória não se fizer presente, de modo que a distinção jurídica resulte leviana e injustificada, padecerá ela do vício da arbitrariedade, consistente na falta de 'razoabilidade' e de 'racionalidade', vez que nem mesmo ao legislador legítimo, como mandatário da soberania popular, é dado discriminar injustificadamente entre pessoas, bens e interesses na sociedade política".

A razoabilidade construída a partir da sintética cláusula do *due process of law* pela jurisprudência da Suprema Corte americana, nada mais é, no direito brasileiro, do que a consequência natural e lógica da aplicação dos princípios constitucionais da legalidade, da impessoalidade, da moralidade, da publicidade, da ampla defesa, do contraditório e de outros que foram positivados no texto constitucional brasileiro, na solução dos casos concretos postos a exame em processo administrativo ou judicial, pois não se imagina que qualquer norma geral ou individual que seja editada em observância a todos esses vetores que lhe são informadores, ao mesmo tempo, possa ser considerada irrazoável.

Exigir 2% sobre o total das entradas e saídas do contribuinte no respectivo período desrespeita o princípio da razoabilidade e proporcionalidade, pois a contribuinte não trouxe prejuízo ao erário.

O Egrégio Superior Tribunal de Justiça, no julgamento do Recurso Especial n. 728.999-PR, definiu razoabilidade e proporcionalidade para fins de aplicação de multas por descumprimento de obrigação acessória, consoante ementa abaixo transcrita:

"*Tributário. Imposto de Renda de pessoa física. Preenchimento incorreto da declaração. Multa por descumprimento de obrigação acessória. Inaplicabilidade.*

---

20. *O Devido Processo Legal e a Razoabilidade das Leis na Nova Constituição*, Rio Janeiro, Forense, 1989.

Prejuízo do Fisco. Inexistência. Princípio da razoabilidade.

"1. A sanção tributária, à semelhança das demais sanções impostas pelo Estado, é informada pelos princípios congruentes da legalidade e da razoabilidade.

"2. A atuação da Administração Pública deve seguir os parâmetros da razoabilidade e da proporcionalidade, que censuram o ato administrativo que não guarde uma proporção adequada entre os meios que emprega e o fim que a lei almeja alcançar.

"3. *A razoabilidade encontra ressonância na ajustabilidade da providência administrativa consoante o consenso social acerca do que é usual e sensato. Razoável é conceito que se infere* a contrario sensu*; vale dizer, escapa à razoabilidade 'aquilo que não pode ser'. A proporcionalidade, como uma das facetas da razoabilidade revela que nem todos os meios justificam os fins. Os meios conducentes à consecução das finalidades, quando exorbitantes, superam a proporcionalidade, porquanto medidas imoderadas em confronto com o resultado almejado.*

"4. À luz dessa premissa, *é lícito afirmar-se que a declaração efetuada de forma incorreta não equivale à ausência de informação*, restando incontroverso, na instância ordinária, que o contribuinte olvidou-se em discriminar os pagamentos efetuados às pessoas físicas e às pessoas jurídicas, sem, contudo, deixar de declarar as despesas efetuadas com os aludidos pagamentos.

"5. Deveras, não obstante a irritualidade, não sobejou qualquer prejuízo para o Fisco, consoante reconhecido pelo mesmo, porquanto implementada a exação devida no seu *quantum* adequado.

"6. *In casu*, 'a conduta do autor que motivou a autuação do Fisco foi o lançamento, em sua declaração do imposto de renda, dos valores referentes aos honorários advocatícios pagos, no campo Livro-Caixa, quando o correto seria especificá-los, um a um, no campo Relação de Doações e Pagamentos Efetuados, de acordo com o previsto no art. 13 e §§ 1º, *a* e *c*, e 2º, do Decreto-lei n. 2.396/1987. Da análise dos autos, verifica-se que o autor realmente lançou as despesas do ano-base de 1995, exercício 1996, no campo Livro-Caixa de sua Declaração de Imposto de Renda Pessoa Física. Porém, deixou de discriminar os pagamentos efetuados a essas pessoas no campo próprio de sua Declaração de Ajuste do IRPF (fl. 101)' (fls. 122/123).

"7. Desta sorte, assente na instância ordinária que o erro no preenchimento da declaração não implicou na alteração da base de cálculo do imposto de renda devido pelo contribuinte, nem resultou em prejuízos aos cofres públicos, depreende-se a ausência de razoabilidade na cobrança da multa de 20%, prevista no § 2º, do Decreto-lei 2.396/1987.

"8. Aplicação analógica do entendimento perfilhado no seguinte precedente desta Corte:

"'Tributário – Importação – Guia de importação – Erro de preenchimento e posterior correção – Multa indevida.

"'1. A legislação tributária é rigorosa quanto à observância das obrigações acessórias, impondo multa quando o importador classifica erroneamente a mercadoria na guia própria.

"'2. A par da legislação sancionadora (art. 44, I, da Lei 9.430/1996 e art. 526, II, do Decreto 91.030/1985), a própria receita preconiza a dispensa da multa, quando não tenha havido intenção de lesar o Fisco, estando a mercadoria corretamente descrita, com o só equívoco de sua classificação (Atos Declaratórios Normativos Cosit ns. 10 e 12 de 1997).

"'3. Recurso especial improvido (REsp 660.682-PE, rel. Ministra Eliana Calmon, 2ª T., *DJ* 10.5.2006).'

"9. Recurso especial provido, invertendo-se os ônus sucumbenciais" (1ª T., rel. Ministro Luiz Fux, REsp 728.999-PR, j. 12.9.2006, *DJ* 26.10.2006 – grifo nosso).

O mesmo entendimento deve ser aplicado ao caso em análise, do art. 527, inc. VIII, alínea "x", do RICMS/00, ou seja, quando o contribuinte não fornecer informações em meio magnético ou entregar a Secretaria da Fazenda em condições diferentes do sistema da SEFAZ e/ou com dados incompletos, não é razoável penalizá-lo com multa de 2% das operações ou prestações do período.

5.2 Do princípio da vedação ao confisco aplicado as multas

A competência para criação dos tributos, deveres instrumentais e multa pelo descumprimento do dever instrumental, é repartida pelas pessoas políticas e regradas pelo texto constitucional. Cada pessoa política, com relação aos tributos que são de sua competência, deve respeitar a Constituição Federal e as normas gerais, editar os deveres que entender necessário para a efetivação da arrecadação.

Portanto, as normas que prescrevem as penalidades pelo descumprimento do dever instrumental devem ser interpretadas observando sempre os princípios constitucionais tributários.[21]

Assim, tanto o princípio que veda o confisco em relação aos tributos, estabelecendo o não confisco, quanto o da capacidade contributiva, e também o da proporcionalidade e razoabilidade, têm influxos na criação e aplicação das sanções tributárias.

A sanção tributária tem por objetivo garantir a manutenção da eficácia das normas tributárias, as normas que as instituem guardam direta e imediata subordinação quantitativa às normas primárias dispositivas.

Luciano Amaro[22] adverte que "a multa não pode ser transformada em instrumento de arrecadação; pelo contrário, deve-se graduar a multa em função da gravidade da infração".

A multa tributária, além de previsão legal para que seja aplicada e devida pelo contribuinte, deve observar os comandos dos princípios constitucionais tributários, em especial o da proporcionalidade, razoabilidade e do não confisco.

Nos termos do art. 527, inc. VIII, alínea "x", do RICMS/00, o contribuinte que cumprir o dever instrumental de fornecer as informações em meio magnético, ou entregar a Secretaria da Fazenda em condições diferentes do sistema da SEFAZ e/ou com dados incompletos, será penalizado com multa de 2% das operações ou prestações do período. Tal regramento afronta os princípios constitucionais, pois, o descumprimento do dever instrumental, prejudicial ao controle procedimental das exigências tributárias pelo Fisco, deve ser punido com a aplicação de multas; todavia, tais multas devem obedecer à proporcionalidade e à razoabilidade, guardando correlação na quantidade e na qualidade da sanção.

Maria Ângela Lopes Paulino[23] destaca que se a infração cometida não acarretou, de forma indireta, falta de pagamento da quantia devida a título de tributo, mas se caracteriza como mero erro formal, tal ilicitude deve ser sancionada com a aplicação de multas com valores fixos.

Se o descumprimento do dever instrumental acarreta prejuízo para o Fisco, sem intenção de fraudar, nesta hipótese, poderá a multa ser aplicada de forma proporcional ao valor do tributo, com o objetivo de punir a infração formal. Mas para isto, a autoridade administrativa deverá comprovar a relação de causalidade entre o fato infringente formal e a lesão suportada pelo Fisco e sua dificuldade para fiscalizar e arrecadar.

Neste sentido, O Juiz Federal Leandro Paulsen ensina que "são inadmissíveis as multas excessivamente onerosas, insuportáveis, irrazoáveis. O princípio da propor-

---

21. Célio Armando Janczeski, "Multas pelo descumprimento da obrigação acessória e sua interpretação e aplicação segundo princípios constitucionais", *RDDT* 198/31.

22. *Direito Tributário Brasileiro*, São Paulo, Saraiva, 2009.

23. "Os limites das sanções pecuniárias decorrentes do descumprimento de deveres instrumentais", *RDT* 113/275.

cionalidade impede se possa reconhecer validade, *e.g.*, a uma multa moratória de 60%. O descompasso entre o ilícito e a punição cominada é gritante".

O STF já reduziu multas desproporcionais. Note-se que tanto a instituição de tributos quanto a previsão de multas devem conformar-se não apenas ao princípio da legalidade mas também aos demais princípios, sob pena de invalidade. Não é o fato de a multa estar prevista em lei que dispensa a análise da validade do dispositivo. Veja-se, quanto a tal ponto, breve nota introdutória ao princípio da legalidade (art. 150, I), em que se destaca a supremacia da constituição e o controle jurisdicional da validade das leis. Cabe chamar atenção ainda para o fato de que não há impedimento a que se reduza multa excessiva, expurgando-a do excesso inconstitucional. Mas só se deve afastar a multa sob o argumento da desproporcionalidade quanto tal seja, efetivamente, a única solução, ou seja, quando não haja lei posterior mais benéfica, cuja aplicação, por força do art. 106, II, *c*, do CTN, seja suficiente para a redução da alíquota a patamar aceitável, dispensando, assim, a análise da questão constitucional.

Portanto, toda multa desproporcional, é imoral e tem caráter confiscatório e, neste sentido, já se posicionou o Egrégio Supremo Tribunal Federal, pacificando que as multas punitivas não podem ser desproporcionais e confiscatórias: "*Ação Direta de Inconstitucionalidade. §§ 2º e 3º do art. 57 do Ato das Disposições Constitucionais Transitórias da Constituição do Estado do Rio de Janeiro. Fixação de valores mínimos para multas pelo não recolhimento e sonegação de tributos estaduais. Violação ao inciso IV do art. 150 da Carta da República.* A desproporção entre o desrespeito à norma tributária e sua consequência jurídica, a multa, evidencia o caráter confiscatório desta, atentando contra o patrimônio do contribuinte, em contrariedade ao mencionado dispositivo do texto constitucional federal. Ação julgada procedente" (STF, ADI 551, *Informativo STF* 297, fev./2003).

Percebe-se que o Egrégio Supremo Tribunal Federal afasta a multa exorbitante por ter caráter confiscatório e pela desproporção entre o desrespeito à norma tributária e sua consequência jurídica, ou seja, fere os princípios do não confisco e da proporcionalidade.

Hugo de Brito Machado[24] entende que o STF conclui o julgamento de forma correta, mas decidiu equivocadamente ao evocar o princípio do não confisco para afastar a aplicação de multa abusiva, em razão de o caráter confiscatório ser vedado na exigência de tributos e não se aplica a penalidade, lecionado que "É certo que o Supremo Tribunal Federal evoluiu quanto à fundamentação adotada no deferimento da cautelar, passando a considerar que a multa em tela contrária o princípio da razoabilidade. Mesmo assim, afirmou que a vedação ao tributo com efeito de confisco é uma limitação ao poder de tributar que se estende, também, às multas decorrentes de obrigações tributárias, ainda que não tenham elas natureza de tributo (ADI 551-1-RJ, j. 24.10.2002, com ementa publicada no *DJU-I* 14.2.2003).

"A conclusão à qual chegou o Supremo é correta. O fundamento, todavia, deve ser outro, A rigor, a vedação ao tributo com efeito confiscatório não se estende às multas tributárias. O que impede a cominação de multas exorbitantes é o princípio constitucional de proporcionalidade, no que alberga a ideia de que deve haver uma proporção, em sentido estrito, entre a gravidade do ilícito e a sanção ao mesmo correspondente."

A limitação à natureza pecuniária da sanção também retira fundamento em todos os princípios constitucionais gerais assim como os princípios constitucionais específicos, estes são bases fundamentais para a hermenêutica no nosso ordenamento jurídico, em matéria tributária, a competência para criar e aplicar sanções, em especial as multas por descumprimento de obrigação tribu-

---

24. 2007, p. 72.

tária advém da competência para tributar, e deste modo, o poder de sancionar decorre do poder de tributar.

Aplicar 2% de multa sobre o total de entradas e saídas da contribuinte está a sobrepesar o contribuinte, ferindo os princípios da moralidade e da razoabilidade (art. 8º do Código de Defesa do Contribuinte – LC 939/2003[25]), bem como se afastando do objetivo estampado no inciso II do art. 2º do mesmo Código.[26] Nossa interpretação é que o termo "operações" refere-se apenas àquelas relacionadas às saídas.

A regra da tributação é que incida sobre o que demonstre conteúdo econômico e a mesma questão para as multas, não podem incidir sobre entradas de uma pessoa jurídica que seriam as despesas e os custos e sim sobre saídas que se referem as receitas obtidas.

Até porque nos valores referentes às saídas já estão embutidos os custos e despesas das entradas, acarretando assim também "bis in idem".

Ademais, se o contribuinte emitir todos os documentos fiscais, somente não fazendo via eletrônica, ou colocar dados incorretos ou de difícil leitura nos arquivos magnéticos, mas se suas GIAs estiverem corretas e apresentar toda documentação fiscal, comprovando que não omitiu nenhuma operação de saída, a referida multa é totalmente desproporcional.

A Legislação do ICMS bandeirante, no seu art. 527-A, confere ao julgador administrativo relevar ou reduzir a multa quando esta for desproporcional a gravidade do ilícito cometido pelo contribuinte, desde que este não tenha agido com dolo, fraude ou simulação e não implique a falta de pagamento do imposto, *in verbis*:

---

25. "Art. 8º. A Administração Tributária atuará em obediência aos princípios da legalidade, impessoalidade, moralidade, publicidade, razoabilidade, finalidade, interesse público, eficiência e motivação dos atos administrativos."

26. "Art. 2º. São objetivos do Código: (...); II – proteger o contribuinte contra o exercício abusivo do poder de fiscalizar, de lançar e de cobrar tributo instituído em lei."

"Art. 527-A. A multa aplicada nos termos do artigo 527 poderá ser reduzida ou relevada por órgão julgador administrativo, desde que a infração tenha sido praticada sem dolo, fraude ou simulação, e não implique falta de pagamento do imposto (Lei 6.374/1989, art. 92 e § 2º, na redação da Lei 10.619/2000, art. 1º, XXXI, e Lei 10.941/2001, art. 44). (*Acrescentado o art. 527-A pelo inciso I do art. 2º do Decreto 46.676, de 9.4.2002;* DOE 10.4.2002; *efeitos a partir de 1.5.2002*)

"§ 1º. Na hipótese de redução, observar-se-á o disposto no § 7º do artigo 527.

"§ 2º. Não poderão ser relevadas, na reincidência, as penalidades previstas na alínea 'a' do inciso VII e na alínea 'x' do inciso VIII do artigo 527.

"§ 3º. Para aplicação deste artigo, serão levados em consideração, também, o porte econômico e os antecedentes fiscais do contribuinte."

A norma supra está em consonância com os princípios da razoabilidade e proporcionalidade e possibilita ao julgador administrativo fazer uma interpretação sistemática e principiológica ao realizar a revisão do lançamento administrativo.

No entanto, para ser aplicada a norma supra é preciso que o contribuinte não tenha agido com dolo, fraude ou simulação, que sua infração não tenha implicado em falta de pagamento de imposto e que não seja reincidente na penalidade em específico na qual é objeto do presente estudo, a prevista na alínea "x" do inc. VIII do art. 527.

Esta disposição inclusive está correta e em consonância com a finalidade das sanções tributárias para assim não estimular a prática reiterada do ilícito, por menos gravoso que seja, até mesmo pelo motivo que cabe ao contribuinte auxiliar as atividades do Fisco.

O § 3º da norma em comento estabelece que para aplicação do dispositivo serão levados em consideração o porte econômico e os antecedentes fiscais do contribuinte; isso não quer dizer que não se aplica o benefício legal ou os princípios da razoabilidade e proporcionalidade à empresas de grande porte, pois não é porque se trata de uma grande empresa que a multa pode ser desproporcional ao gravame causado pelo contribuinte e abusiva.

A aplicabilidade dos princípios não guarda relação com o agente e sim entre o meio e o fim; a determinação do § 3º apenas estabelece uma ressalva para que seja observado o princípio da capacidade contributiva no momento de relevar ou reduzir a multa, tendo em vista que seria absurdo dois contribuintes de porte econômicos distintos, um pequeno e um grande, que cometem a mesma infração – por exemplo, a prevista na alínea "x" do inc. VIII do art. 527 do RICMS/00 –, e no caso da empresa de grande porte a multa é relevada e no da pequena é simplesmente reduzida.

Tal situação afrontaria o princípio da capacidade econômica ou contributiva, o qual é um norteador da justiça fiscal, por isso existe essa ressalva na norma em comento.

6. Conclusões

As normas sancionatórias tributárias tem a finalidade de assegurar o cumprimento das normas tributárias e não pode ser utilizadas como instrumento de arrecadação, pois esta é a finalidade dos tributos.

A sanção tributária deve respeitar os princípios norteadores do direito, como qualquer norma jurídica, em especial os princípios da razoabilidade e proporcionalidade.

O não cumprimento da obrigação acessória prevista na Portaria CAT n. 32/1996 não implica que não estão sendo observadas as normas tributárias de incidência do ICMS, é apenas um dever instrumental para facilitar o trabalho de fiscalização do Fisco, assim a penalidade estabelecida no art. 527, inc. VIII, alínea "x", do RICMS/00 fere os princípios da razoabilidade e proporcionalidade, em razão da excessiva multa incidente sobre o total de entradas e saídas no período em relação ao gravame causado e de forma alguma pode uma multa tributária incidir sobre despesas e custo ainda mais no caso de simples envio de arquivos magnéticos.

Por fim, para se fazer Justiça e respeitar os princípios que regem o Estado Democrático de Direito, deve ser esta multa relevada ou reduzida conforme a casuística e no caso de redução a base de cálculo da multa deve apenas os valores referentes as saídas ou as receitas do período.

7. Bibliografia

AMARO, Luciano (2009). *Direito Tributário Brasileiro*. São Paulo, Saraiva.

ÁVILA, Humberto (2004). "Conteúdo, limites e intensidade dos controles de razoabilidade, de proporcionalidade e de excessividade das leis". *RDA* 236, abr.-jun./2004.

_____ (2009). *Teoria dos Princípios*. 10ª ed. São Paulo, Malheiros Editores.

BOBBIO, Norberto (2003). *Teoria da Norma Jurídica*. Bauru, Edipro.

CANOTILHO, J. J. Gomes (1998). *Direito Constitucional e Teoria da Constituição*. Coimbra, Almedina.

CARRAZZA, Roque Antonio (2003). *Curso de Direito Constitucional Tributário*. 19ª ed. São Paulo, Malheiros Editores.

CARVALHO, Paulo de Barros (2011). *Direito Tributário: Linguagem e Método*. São Paulo, Noeses.

CASTRO, Carlos Roberto de Siqueira (1989). *O Devido Processo Legal e a Razoabilidade das Leis na Nova Constituição*. Rio Janeiro, Forense.

DALLARI, Dalmo de Abreu (2012). *Elementos de Teoria Geral do Estado*. 31ª ed. São Paulo, Saraiva.

FERRAZ Jr., Tércio Sampaio (2002). *Introdução ao Estudo do Direito: Técnica, Decisão e Dominação*. 3ª ed. São Paulo, Atlas.

FIGUEIREDO, Lúcia Valle (2005). *Curso de Direito Administrativo*. São Paulo, Malheiros Editores.

GREGO, Marco Aurélio. *A Não-cumulatividade no PIS e na COFINS* (no prelo).

HART, Hebert L. A. (1994). *O Conceito de Direito*. 3ª ed. Lisboa, Fundação Calouse Gulbekian.

JANCZESKI, Célio Armando. "Multas pelo descumprimento da obrigação acessória e sua interpretação e aplicação segundo princípios constitucionais". *RDDT* 198.

KELSEN, Hans (1999). *Teoria Pura do Direito*. São Paulo, Martins Fontes.

LIMA Maria Rosynete Oliveira (1999). *Devido Processo Legal*. Porto Alegre, Sérgio Antonio Fabris Editor.

MACHADO, Hugo de Brito (2007). *Curso de Direito Tributário*. 28ª ed. São Paulo, Malheiros Editores.

MARICATO, Andréia Fogaça (2009). *Dever Instrumental: Regra Matriz e Sanções*. Dissertação para obtenção do Título de Mestre em Direito Tributário na Faculdade de Direito da PUC/SP, São Paulo.

MENDES, Gilmar (2001). "O princípio da proporcionalidade na jurisprudência do Supremo Tribunal Federal: novas leituras". *Revista Diálogo Jurídico*, vol. I, n. 5, ano I, ago./2001.

MENDES, Fernando Marcelo (2005). *Discricionariedade Administrativa e os Princípios da Proporcionalidade, da Razoabilidade e da Motivação no Controle Jurisprudencial do Silêncio Administrativo*. Dissertação de Mestrado na PUC/SP, São Paulo.

MELLO, Celso Antônio Bandeira de (1993). *Curso de Direito Administrativo*. São Paulo, Malheiros Editores.

NEVES, Marcelo (1998). *Teoria da Inconstitucionalidade das Leis*. São Paulo, Saraiva.

OLIVEIRA, André Felix Ricotta de (2010). *A Regra-Matriz do Direito ao Crédito de ICMS*. Dissertação para obtenção do Título de Mestre em Direito Tributário na Faculdade de Direito da PUC/SP. São Paulo.

PAULINO, Maria Ângela Lopes. "Os limites das sanções pecuniárias decorrentes do descumprimento de deveres instrumentais". *RDT* 113.

TOMÉ, Fabiana Del Padre (2005). *A Prova no Direito Tributário*. Noeses.

STUMM, Raquel Denise (1995). *Princípio da Proporcionalidade no Direito Constitucional Brasileiro*. Porto Alegre, Livraria do Advogado.

ESTUDOS & COMENTÁRIOS

CONFLITOS DE COMPETÊNCIA TRIBUTÁRIA ENTRE O ISS E O ICMS: A TRIBUTAÇÃO DAS "OPERAÇÕES MISTAS" E A EVOLUÇÃO DA JURISPRUDÊNCIA

Caio Augusto Takano

Mestrando em Direito Econômico, Financeiro e Tributário pela USP.
Especialista em Direito Tributário pelo IBET.
Professor-Assistente no Curso de Especialização em Direito Tributário do IBDT.
Advogado em São Paulo

1. Considerações introdutórias. 2. A discriminação de competências tributárias na Constituição Federal de 1988. 3. Contornos constitucionais dos espectros de incidência do ISS e do ICMS. 4. O conflito de competência entre o ISS e o ICMS e a questão das "operações mistas". 5. Critérios de soluções possíveis e a evolução jurisprudencial sobre o tema. 6. Conclusões.

1. Considerações introdutórias

A Constituição Federal de 1988 repartiu competências tributárias entre os entes políticos mediante a instituição de regras, referindo-se, no mais das vezes, a conceitos determinados, com o escopo de definir as possibilidades de atuação legiferante daqueles entes, bem como de prevenir eventuais conflitos de competência.[1] Tais regras atuam como uma primeira e importante limitação ao poder de tributar que, a um só tempo, definem expressamente, já no antiplano constitucional, quais são os fatos susceptíveis de tributação e retiram parcela de liberdade do legislador na medida em que delimitam o conteúdo das normas que poderá editar.[2]

É forçoso reconhecer a relevância das regras de competência tributária e dos conceitos nelas introduzidos, resultado de uma efetiva tomada de decisão pelo legislador constituinte, em nosso ordenamento jurídico. Nesse sentido, é procedente a advertência de Paulo de Barros Carvalho, de que "o empenho do constituinte cairia em solo estéril se a lei infraconstitucional pudesse ampliar, modificar ou restringir os conceitos utilizados naquele diploma para desenhar as faixas de competências oferecidas às pessoas políticas".[3]

---

1. Cf. Paulo Ayres Barreto, "Conceitos constitucionais e competência tributária", in Nélida Cristina dos Santos, *Temas de Direito Tributário: Estudos em Homenagem a Eduardo Bottallo*, São Paulo, Saraiva, 2013, p. 336.

2. Cf. Humberto Ávila, *Sistema Constitucional Tributário*, 4ª ed., São Paulo, Saraiva, 2010, p. 163.

3. Cf. Paulo de Barros Carvalho, *Curso de Direito Tributário*, 25ª ed., São Paulo, Saraiva, 2013, p. 112.

Nada obstante, a partir de um determinado signo constitucional é possível construir diversas propostas interpretativas, dependendo da perspectiva adotada pelo exegeta. Por exemplo, tem-se usualmente o Direito Tributário como um "direito de superposição",[4] sendo os conceitos de Direito Privado utilizados pela Constituição imutáveis, seja pela própria lógica do sistema jurídico, seja pelo comando expresso do art. 110 do CTN. Contudo, no âmbito privado, o signo "serviço" comporta tanto uma acepção mais restrita (Direito Civil), quanto uma acepção mais ampla (Direito do Consumidor).

Dúvidas surgem, pois, em relação à construção da significação a partir dos signos utilizados nos enunciados constitucionais, ainda que se adote como premissa a existência de conceitos rígidos e imutáveis. Qual conceito deverá prevalecer? Quais traços são relevantes para o direito tributário? Como devem ser interpretados os signos utilizados nos enunciados constitucionais?

No que se refere ao tema proposto, mesmo com o esforço do legislador complementar para dirimir conflitos de competência (e aqui a doutrina converge na possibilidade de a lei complementar dirimir conflitos de competência[5]), definindo contornos mais nítidos para os conceitos de "serviço" ou de "circulação de mercadoria", não são raras as pretensões dos Estados de exigir o ICMS sobre operações que impliquem fornecimento de mercadoria, ainda que configurem mera etapa de uma determinada prestação de serviço. De outro lado, também é comum que os Municípios exijam o ISS de uma determinada etapa da cadeia produtiva da mercadoria que envolva uma atividade que, isoladamente, pudesse ser considerada como um serviço.

Diante deste panorama, coube ao Poder Judiciário definir com maior precisão os tênues limites das hipóteses de incidência do ISS e do ICMS nas chamadas "operações mistas", isto é, atividades que envolvem serviços e fornecimento de mercadorias, elegendo critérios que pudessem determinar qual imposto deveria incidir sobre elas, respeitando-se os arquétipos constitucionais. No entanto, diversas foram as soluções propostas pelos Tribunais superiores e pouco significativa foi a segurança jurídica promovida a partir das construções pretorianas até o momento.[6]

Busca-se, no presente estudo, investigar as balizas constitucionais sobre a matéria para, posteriormente, analisar a evolução da jurisprudência sobre o tema, buscando identificar quais critérios são considerados relevantes para classificar uma "operação mista" como "prestação de serviço" ou "circulação de mercadoria", bem como verificar a pertinência de tais critérios com o nosso ordenamento jurídico.

2. A discriminação de competências tributárias na Constituição Federal de 1988

A estruturação do sistema constitucional tributário foi realizada por intermédio de um trabalho minudente do legislador constituinte, pelo qual se atribui a característica da rigidez ao nosso sistema, como sempre enfatizou Geraldo Ataliba.[7] No Brasil, como em nenhum outro corpo legislativo, foram delineadas, de forma clara e precisa, as balizas que deverão ser inexoravelmente observadas por todos, legisladores e aplicadores do Direito.

Essa opção do legislador constituinte por um sistema fechado, com base em regras, e não em dicções principiológicas,

---

4. Cf. Estevão Horvath, "Conflitos de competência (IPI, ICMS, ISS etc.)", in Misabel Abreu Machado Derzi, *Competência Tributária*, Belo Horizonte, Del Rey, 2011, pp. 233-234.

5. Cf. Paulo Ayres Barreto, "Ampliação das hipóteses de retenção no ISS na fonte. Limites normativos", in Valdir de Oliveira Rocha (Coord.), *Grandes Questões Atuais do Direito Tributário*, 16º vol., São Paulo, Dialética, 2012, p. 270.

6. A questão aguarda uma análise mais acurada e definitiva no julgamento no RE 605.552-RS, em sede de repercussão geral, de relatoria do Ministro Dias Toffoli.

7. Cf. Geraldo Ataliba, *Sistema Constitucional Tributário Brasileiro*, São Paulo, Ed. RT, 1968, pp. 22-32.

implica importantes consequências para a compreensão de nosso sistema jurídico, principalmente em relação aos limites interpretativos das normas constitucionais de competência tributária. Neste sentido, são oportunas as lições de Humberto Ávila: "O decisivo é que a Constituição Brasileira não permitiu a tributação pelo estabelecimento de princípios, o que deixaria parcialmente aberto o caminho para a tributação de todos e quaisquer fatos condizentes com a promoção dos ideais constitucionais traçados".[8]

A partir dessa decisão, restringiu-se substancialmente a liberdade do legislador infraconstitucional, que ficou adstrito às balizas traçadas já em sede constitucional. Em outras palavras, é na própria Constituição Federal que a competência impositiva dos entes públicos encontra seus limites máximos.[9]

De interessante figura se vale Paulo Ayres Barreto para descrever esse fenômeno, identificando, no texto constitucional, uma série de prescrições que conformariam "círculos concêntricos", que definiriam o último e efetivo limite da tributação, e, a partir deste círculo, formar-se-iam sucessivos círculos concêntricos, em contínuas reduções, até a efetiva definição do espectro possível de atuação do legislador ordinário para instituir a norma geral e abstrata, dentro do qual, inclusive, deve agir a administração tributária.[10]

Disso decorre a impossibilidade de se pretender ampliar o campo de competência delimitado em âmbito constitucional, a partir de prescrições principiológicas ou a partir da finalidade daquelas normas. Deve-se, ao contrário, respeitar a decisão do legislador constituinte ao optar por tratar o assunto mediante regras. Como ensina Frederick Schauer, a partir de sua positivação, a própria regra fornece razões suficientes para as tomadas de decisões de seu aplicador.[11]

Não é demais lembrar que a rigidez constitucional possui como aspecto positivo a repartição de competências tributárias e, como aspecto negativo, a inibição dos demais entes federativos pela referida outorga, evitando, pelo menos no plano lógico, os conflitos de competência e a bitributação interna.

Se a existência de uma repartição de competências tributárias não é uma exigência do sistema federal (desde que seja assegurada a autonomia financeira de seus membros, através da discriminação de receitas da arrecadação), é interessante observar, contudo, que esta opção acompanhou todos os textos constitucionais desde o surgimento da federação brasileira.[12] E o legislador constituinte o fez, principalmente, por duas razões: (i) assegurar a autonomia financeira das pessoas políticas que compõem a federação, conferindo-lhes fontes juridicamente próprias de receitas;[13] e (ii) proteger o contribuinte da cumulação de incidências que pudesse ultrapassar a capacidade contributiva manifestada por um mesmo fenômeno.[14]

Como assinalou Misabel Derzi, em virtude da existência de princípios fundamentais como o federalismo e a rigidez constitucional, não poderia o legislador constituinte ter optado por tipos, estruturas mais abertas e fluídas, devido à incompatibilidade de suas características com aqueles princípios, de-

---

8. Cf. Humberto Ávila, *Sistema Constitucional Tributário*, 4ª ed., cit., p. 163.
9. Cf. Roque Antonio Carrazza, *Curso de Direito Constitucional Tributário*, 26ª ed., São Paulo, Malheiros Editores, 2010, p. 524.
10. Cf. Paulo Ayres Barreto, *Elisão Tributária: Limites Normativos*, tese apresentada ao concurso a Livre-Docência do Departamento de Direito Econômico e Financeiro – área de Direito Tributário – da Faculdade de Direito da USP, São Paulo, 2008, p. 202.

11. Cf. Frederick Schauer, *Las Reglas en Juego: un Examen Filosófico de la Toma de Decisiones Basada en Reglas en el Derecho y en la Vida Cotidiana*, Madrid, Marcial Pons/Ediciones Jurídicas y Sociales, 2004, p. 136.
12. Cf. Luís Eduardo Schoueri, *Normas Tributárias Indutoras e Intervenção Econômica*, Rio de Janeiro, Forense, 2005, p. 343.
13. Cf. Geraldo Ataliba, *Sistema Constitucional Tributário Brasileiro*, cit., p. 24.
14. Cf. Luís Eduardo Schoueri, *Direito Tributário*, 2ª ed., São Paulo, Saraiva, 2012, p. 242.

vendo prevalecer a interpretação a partir de conceitos constitucionais.[15]

Nesse sentido, surge novamente a voz de Paulo Ayres Barreto, que nos adverte: "Não teria o menor sentido a Constituição ser minudente ao discorrer sobre as competências tributárias, estabelecendo, ainda, uma cláusula de fechamento (art. 154, I, da CF) para, em seguida, permitir que o legislador infraconstitucional manipulasse a competência da forma que bem lhe aprouvesse".[16]

Portanto, estamos convencidos de que a amplitude do campo de incidência tributária, em qualquer instrumento normativo, deverá ser buscada inicialmente na própria Constituição Federal, onde encontrará nos signos utilizados pelo legislador constituinte um conceito fechado, que, por sua vez, atuará como um primeiro e intransponível limite.

3. Contornos constitucionais dos espectros de incidência do ISS e do ICMS

Descrever todo o debate teórico realizado no âmbito acadêmico nas últimas décadas em torno da existência e do conteúdo de um conceito de prestação de serviço e outro de circulação de mercadoria, a partir de sua radicação constitucional, certamente ultrapassaria o escopo desse artigo. Contudo, a identificação dos traços típicos da competência delimitada em sede constitucional será bastante útil para a compreensão das discussões que circunscrevem o tema dos conflitos de competência entre o Imposto sobre Serviços – ISS e o Imposto sobre Circulação de Mercadorias e Serviços – ICMS.

A Constituição Federal, em alguns casos, foi bastante lacônica no tratamento do regime jurídico de alguns impostos, nos quais se limitou a delimitar suas materialidades possíveis mediante a enunciação de conceitos, conferindo maior liberdade ao legislador infraconstitucional para disciplinar a matéria, como no caso do IPI e do ISS; enquanto que em outros foi bastante minuciosa, delimitando de forma precisa seus contornos essenciais, como no caso do ICMS.

Nada obstante, mesmo naqueles casos, não se infirma a característica da rigidez constitucional, porque inegavelmente haverá limites para a atividade do legislador infraconstitucional no próprio texto magno. Sobre o assunto, Cleber Giardino é enfático: "os limites das faculdades impositivas de cada qual [pessoas exercentes de poder tributário], assim, só podem estar, rigorosa e definitivamente, dispostos no texto constitucional".[17]

Nesse sentido, embora a Constituição tenha se limitado a empregar a expressão "serviços de qualquer natureza" para definir o pressuposto da norma de incidência tributária do ISS (art. 156, inc. III), importantes limites podem ser identificados já em exegese constitucional. O signo "serviço" indica, consoante lapidar escólio de Aires Barreto, que será tributável "toda a prestação de esforço humano a terceiros, com conteúdo econômico, em caráter negocial, sob regime de direito privado, mas sem subordinação, tendente à obtenção de um bem material ou imaterial".[18]

O simples fato de outrem "tomar" ou "pagar" um serviço não autoriza o legislador complementar a exigir o recolhimento de tributo cujo liame obrigacional sequer poderia ter nascido para o próprio contribuinte, em razão de extravasar os limites da regra de competência constitucional. Filiamo-nos, pois, às lições de José Eduardo Soares de Melo, para quem a ação tributável necessariamente haverá de ser a *prestação* de servi-

---

15. Cf. Misabel Abreu Machado Derzi, *Direito Tributário, Direito Penal e Tipo*, 2ª ed., São Paulo, Ed. RT, 2007, p. 137.
16. Cf. Paulo Ayres Barreto, "Preços de transferência", *Revista de Direito Tributário*, n. 78, São Paulo, Malheiros Editores, 1999, p. 134.

17. Cf. Cléber Giardino, "ISS – Competência municipal", *Revista de Direito Tributário*, n. 32, São Paulo, Ed. RT, 1985, p. 221.
18. Cf. Aires Fernandino Barreto, *Curso de Direito Tributário Municipal*, São Paulo, Saraiva, 2009, p. 317.

ços, porquanto apenas esta abrange todos os elementos imprescindíveis à configuração de serviço, segundo o seu conceito constitucional.[19] Identificamos, destarte, o núcleo da materialidade possível para a instituição do ISS: a efetiva prestação de serviço.

Não é demais recordar que meras atividades, etapas e eventos que não consubstanciem a efetiva prestação de serviços não podem ser alcançados pelo ISS. Antes de concluída a prestação do serviço, ainda não se verificou a materialidade do imposto.[20]

De outro lado, aos Estados coube a competência para tributar operações relativas à circulação de mercadorias. A literatura sobre o significado e a amplitude dessa expressão é bastante significativa no Brasil,[21] havendo convergência no sentido de que apenas abrangeriam negócios jurídicos realizados entre partes distintas e que impliquem a transferência de titularidade de mercadorias (e não quaisquer bens).[22] Os contornos constitucionais de maior importância para o ICMS orbitam, pois, em torno desses três elementos essenciais: "operações", "circulação" e "mercadorias".[23]

Daí a clássica distinção, com fundamento no Direito Civil, e que seria posteriormente adotada pelo Supremo Tribunal Federal,[24] entre as materialidades do Imposto sobre Serviços (ISS) e do Imposto sobre Circulação de Mercadorias (ICMS): aquele teria como pressuposto uma "prestação de fazer", incidindo sobre um fato jurídico da prestação do serviço, enquanto este teria como pressuposto uma "prestação de dar", incidente sobre o ato jurídico de praticar um ato mercantil. Eis, fundamentalmente, seu principal traço distintivo.[25]

Feitas essas breves considerações, estamos seguros para prosseguir à análise dos conflitos de competência entre esses dois impostos, bem como da forma pela qual o Poder Legislativo e o Poder Judiciário vêm enfrentando o tema.

4. O conflito de competência entre o ISS e o ICMS e a questão das "operações mistas"

A discriminação de competências tributárias pela Constituição de 1988, operada pela positivação de conceitos determinados, fez com que alguns autores de boa nota, como Roque Carrazza, chegassem a afirmar a impossibilidade de conflitos de competência, pelo que a materialidade de cada tributo estaria bem definida e delimitada já em sede constitucional.[26]

---

19. Cf. José Eduardo Soares de Melo, *ISS – Aspectos Teóricos e Práticos*, 3ª ed., São Paulo, Dialética, 2003, p. 37. No mesmo sentido, Cf. Paulo de Barros Carvalho, *Direito Tributário: Linguagem e Método*, 3ª ed., São Paulo, Noeses, 2009, p. 766; cf. Marçal Justen Filho, *O Imposto sobre Serviços na Constituição*, São Paulo, Ed. RT, p. 188.
20. Cf. Aires Barreto, *Curso de Direito Tributário Municipal*, cit., p. 334.
21. Sobre o assunto, cf. Geraldo Ataliba, "ICMS na Constituição", *Revista de Direito Tributário*, n. 57, São Paulo, Ed. RT, 1991, pp. 90-104; Alcides Jorge Costa, *ICM na Constituição e na Lei Complementar*, São Paulo, Resenha tributária, 1979, pp. 79-101; Roque Antonio Carrazza, *ICMS*, 13ª ed., São Paulo, Malheiros Editores, 2009, pp. 42-57; José Eduardo Soares de Melo, *ICMS: Teoria e Prática*, 11ª ed., São Paulo, 2009, pp. 11-23; Misabel Abreu Machado Derzi, "Aspectos essenciais do ICMS como imposto de mercado", in Luís Eduardo Schoueri e Fernando Aurélio Zilveti (coords.), *Direito Tributário – Estudos em Homenagem a Brandão Machado*, São Paulo, Dialética, 1998, pp. 116-142; Edvaldo Brito, "Natureza mercantil do ICMS", in Valdir de Oliveira Rocha (coord.), *O ICMS e a LC 87/1996*, São Paulo, Dialética, 1997, pp. 33-50; Paulo de Barros Carvalho, *Direito Tributário: Linguagem e Método*, 3ª ed., cit., pp. 726-755; entre outros.
22. Por todos, cf. Geraldo Ataliba, "ICMS na Constituição", *Revista de Direito Tributário*, n. 57, cit., pp. 98-99.

23. Por todos, cf. Paulo de Barros Carvalho, *Direito Tributário: Linguagem e Método*, 3ª ed., cit., pp. 729-730.
24. Podemos verificar a adoção desta linha pelo STF no julgamento do RE 116.121-3-SP, rel. Ministro Octavio Galotti, Tribunal Pleno, j. 11.10.2000, *DJ* 25.5.2001.
25. Cf. Roque Antonio Carrazza, *Reflexões sobre a Obrigação Tributária*, São Paulo, Noeses, 2010, p. 126.
26. Cf. Roque Antonio Carrazza, "Impossibilidade de conflitos de competência no sistema tributário brasileiro", in Aldo de Paula Júnior (*et al.*), *Direito Tributário*

Não obstante, se de um lado o ISS e o ICMS possuem diferentes materialidades e campos de incidência próprios, decorrentes de distinta radicação constitucional, de outro, a prática tem revelado que, nada obstante o esforço do legislador constituinte, a fluidez das referências sígnicas utilizadas para delimitar a competência tributária de cada ente político induz à ocorrência de conflitos de competência.

No que tange especificamente ao conflito existente entre esses dois tributos, caso emblemático é o das denominadas "operações mistas", que agregam mercadorias e serviços, isto é, serviços que empregam materiais ou fornecimento de mercadorias que exigem, em sua produção, um fazer como atividade-meio, dando ensejo à questão problemática da bitributação, pois tais atividades, no mais das vezes, são tributadas como "operação de circulação de mercadorias", pelos Estados, ou "prestação de serviços", pelos Municípios.

Cumpre salientar, ainda, que, além da insegurança jurídica, há efeitos econômicos prejudiciais tanto ao contribuinte que, ao prestar um serviço, tem o fornecimento de mercadorias tributado pelo ICMS e, consequentemente, é agravado por uma alíquota maior, quanto ao contribuinte que, ao realizar uma operação mercantil, tem uma das etapas da cadeia produtiva tributada pelo ISS, e, em virtude desta "não incidência", será tolhido o seu direito ao crédito, implicando indesejável cumulatividade no ciclo econômico da mercadoria.

A questão, como se vê, é tormentosa e suas consequências são nefastas. Com efeito, dificuldades exsurgem quanto à definição do imposto que deverá incidir sobre tais operações negociais, justamente porque nelas há a interpenetração de algumas características típicas de prestações de serviço com outras típicas de operações com mercadorias. Qual característica deverá prevalecer? Como se dará a incidência de tais tributos sobre aquele fato? Como se definir a base de cálculo do imposto exigido?

Diante desta situação de insegurança jurídica, coube em um primeiro momento às normas gerais de direito tributário estabelecer critérios seguros para eliminar esse conflito de competência. No próprio Código Tributário Nacional foi instituído, inicialmente, um critério de rateio entre os dois impostos, em seus arts. 71 e 72.

Originalmente, o CTN previa que nas hipóteses em que a prestação de serviço tenha como parte integrante uma operação sujeita ao Imposto sobre Circulação de Mercadorias (na época, o ICM), o ISS seria calculado sobre 50% do valor da operação (art. 72, II). Com o Ato Complementar n. 34, de 1967, o art. 71, § 2º passou a prever um rol de serviços que seriam considerados como sendo de "caráter misto" (como beneficiamento, acondicionamento, recondicionamento, confecção, etc.), porque acompanhados do fornecimento de mercadorias. Nestes casos específicos, tributava-se o fornecimento de mercadorias pelo ICM e o ISS sobre o valor total do serviço, deduzindo-se a parcela que serviu de base para o cálculo do Imposto sobre Circulação de Mercadorias (art. 72, inc. II, com a redação dada por aquele Ato Complementar).

Posteriormente, tais dispositivos foram revogados pelo Decreto-lei n. 406/1968. A partir daí, este mesmo instrumento normativo instituiu critérios – que foram mantidos, inclusive, pela Lei Complementar n. 116/2003 – para identificar qual natureza jurídica (se "prestação de serviço" ou "circulação de mercadorias") deveria prevalecer sobre uma operação de natureza mista – sujeitando ao ISS caso o serviço esteja previsto na lista anexa ou ao ICMS caso assim previsto expressamente ou não conste na referida lista –, o que não apenas recebeu incisivas críticas da doutrina especializada,[27] como também

---

e os Conceitos de Direito Privado: VII Congresso Nacional de Estudos Tributários, São Paulo, Noeses, 2010, pp. 1.127-1.153.

27. Neste sentido, a afirmação de Paulo Ayres Barreto: "se, para realização desse serviço, outras atividades tiverem que ser realizadas, estas não configuram serviço

não foi suficiente para solucionar, por si, os conflitos de competência entre Estados e Municípios.

Em síntese, o grande desafio da tributação das "operações mistas" está em identificar critérios satisfatórios e seguros que as direcionarão à tributação pelo ISS ou pelo ICMS, mediante a aplicação das regras da Constituição e da lei complementar. Neste cenário, evidencia-se a importância de conhecer a jurisprudência de nossos tribunais ao delinear traços seguros que permitam ao contribuinte a previsibilidade da tributação que recairá sobre suas atividades econômicas. Eis o que passaremos a realizar.

5. Critérios de soluções possíveis e a evolução jurisprudencial sobre o tema

A evolução da jurisprudência do Superior Tribunal de Justiça aponta a utilização frequente de três critérios (alguns, atualmente, com mais ou menos intensidade do que outros) para classificar uma "operação mista" como "prestação de serviço" ou "operação mercantil": (i) a aplicação do princípio da preponderância; (ii) a distinção entre atividade-meio e atividade-fim; (iii) a observância das balizas instituídas por Lei Complementar.

Pela aplicação do princípio da preponderância, identificam-se quais são as atividades mercantis e serviços prestados pelo contribuinte e, dentre eles, quais se sobrepõem, de modo que, a depender da natureza da atividade preponderante, incidirá o ISS ou o ICMS sobre a atividade em sua integralidade. Cite-se, como exemplo, o julgamento do Recurso Especial 139.921-PR,[28] no qual se afastou a cobrança do ISS do serviço de aplicação de um piso de madeira, comercializado pela própria empresa, cuja atividade principal era o exercício de comércio, representação, importação e exportação de materiais de construção, móveis e objetos de decoração. Nesta operação, o STJ reconheceu haver preponderância da atividade comercial, razão pela qual deveria incidir o ICMS tanto pela venda do piso, quanto pela sua instalação.

É interessante observar que pela aplicação do critério da preponderância, podemos atingir resultados radicalmente distintos daqueles obtidos a partir de outros critérios. Tome-se, por exemplo, o Recurso Especial 725.246-PE, no qual foi decidido que a composição gráfica não se submeteria ao ISS, porquanto a atividade seria preponderantemente industrial, em sentido contrário à jurisprudência que se consolidava naquele momento, que atribuía bastante relevância às prescrições normativas da lista anexa, como será analisado abaixo.[29]

Por outro lado, pela aplicação do critério que leva em consideração a atividade-meio e a atividade-fim desempenhada pelo contribuinte, será a partir desta última que se definirá qual o tributo que deverá incidir sobre a "operação mista" praticada pelo contribuinte, em sua integralidade.[30]

Se, por exemplo, a atividade-fim da empresa for a prestação de serviços, as mercadorias empregadas ou fornecidas em sua prestação serão consideradas atividades-meio, necessárias para a consecução do serviço, e não tributada pelo ICMS. É o caso das empresas de construção civil que fornecem mercadorias necessárias à prestação de seu serviço, e que são tributadas exclusivamente pelo ISS, não se admitindo fracionamentos.[31]

---

tributável, para fins do ISS" ("Ampliação das hipóteses de retenção no ISS na fonte. Limites normativos", in Valdir de Oliveira Rocha (coord.), *Grandes Questões Atuais do Direito Tributário*, cit., p. 268).

28. Cf. STJ, 1ª T., rel. Ministro Francisco Falcão, REsp 139.921-PR, j. 15.8.2000, *DJe* 2.10.2000.

29. Cf. STJ, 1ª T., rel. Ministro Teori Albino Zavascki, REsp. 725.246-PE, j. 25.10.2005, *DJe* 14.11.2005.

30. Neste sentido, há diversas manifestações no âmbito do STJ, dentre as quais destacamos o REsp 1.280.329-MG; EDcl no AgRg no Ag em REsp 103.409-RS; REsp 540.490-SP; e o REsp 888.852-ES.

31. Neste sentido, cf. STJ, 1ª Seção, rel. Ministro Luiz Fux, REsp 1.135.489-AL, j. 9.12.2009, *DJe* 1.2.2010.

Sob este ângulo, vale recordar que, se igualmente constar no contrato social da empresa a atividade comercial ou industrial como um de seus objetos, caracterizando-a como uma de suas atividades-fim, então poderá haver incidência de ambos os tributos.[32]

Embora não deixe de ser decorrente do critério da preponderância, com ele não se confunde, uma vez que o critério ora analisado enxerga a operação sob uma perspectiva unitária.[33] Por sua vez, pelo critério da preponderância, via-se uma "operação mista" como o somatório de prestações de serviços e operações mercantis, que, pela preponderância de uma, prevaleceria aquela natureza jurídica igualmente para fins tributários.

A diferença é tênue, mas dista de ser irrelevante. Basta imaginar como poderia ter sido o resultado do julgamento do Recurso Especial 216.967-SP,[34] no qual se examinou a tributação sobre o fornecimento de *software*, caso o STJ tivesse trilhado outro caminho. No caso, decidiu-se que o fornecimento de programa de computador, quando desenvolvido para clientes específicos e de forma personalizada, geraria a incidência do ISS, enquanto que programa criado e vendido de forma impessoal para clientes, que o adquirem como uma mercadoria qualquer, geraria a incidência do ICMS. Priorizou-se, portanto, a identificação da atividade-fim a que o produto se submeteria (se prestação de serviço personalizado ou se venda ao varejo). Fosse utilizado o critério da preponderância, talvez o resultado fosse diferente, pois, mesmo nos casos de *software* de prateleira, seria bastante plausível sustentar a preponderância da prestação de serviço ao longo da produção daquele *software*.

32. Cf. STJ, 2ª T., rel. Ministra Eliana Calmon, Recurso em MS 4.552-MT, j. 5.8.2010, *DJe* 17.8.2010.

33. É interessante observar os acórdãos proferidos nos REsp 258.121-PR e 247.595-MG, em que, embora tenha havido menção expressa ao critério da "preponderância", parece-nos que os julgadores efetivamente se pautaram pelo critério da atividade-meio e atividade-fim.

34. Cf. STJ, 2ª T., rel. Ministra Eliana Calmon, REsp 216.967-SP, j. 28.8.2001, *DJe* 22.4.2002.

Por fim, outro critério utilizado pelo Superior Tribunal de Justiça – e que vem ganhando especial peso, no âmbito daquele tribunal – é a estrita aplicação das regras previstas na própria Lei Complementar n. 116/2003, que prevê a seguinte solução: (a) sobre operações "puras" de circulação de mercadoria e sobre os serviços previstos no inciso II, do art. 155 da CF (transporte interestadual e internacional e de comunicações) incide ICMS; (b) sobre as operações "puras" de prestação de serviços previstos na lista de que trata a LC 116/2003 incide ISS; (c) e sobre operações mistas incidirá o ISS sempre que o serviço agregado estiver compreendido na lista de que trata a LC 116/2003 e incidirá ICMS sempre que o serviço agregado não estiver previsto na referida lista.[35]

É interessante notar que, a partir desse raciocínio, ao enfrentar novamente a questão da tributação do serviço de composição gráfica, em razão de essa atividade constar na lista de serviço, pacificou aquele pretório superior que seria tributável somente pelo ISS, em plena divergência ao acórdão que utilizou o critério da preponderância. A partir daí já é possível verificar os efeitos práticos da adoção de um critério ou de outro por nossos tribunais.

Atualmente, no âmbito do Superior Tribunal de Justiça, a caracterização de uma "operação mista" como tributável pelo ISS ou pelo ICMS dependerá basicamente de sua previsão expressa (inclusive como exceção) na Lista Anexa da Lei Complementar n. 116/2003. Embora ainda existam manifestações nos demais sentidos, o maior número de manifestações e, portanto, o caminho mais seguro para o contribuinte identificar se haverá ou não a incidência desses tributos sobre suas atividades, na atualidade, seria a observância dos critérios objetivos previstos em Lei Complementar.

35. Neste sentido, há inúmeros julgados no STJ, dentre os quais destacamos: EDcl no AgRg no AgRg no REsp 1.168.488-SP; REsp 1.102.838-RS; REsp 650.687-RJ; REsp 732.496-RS; REsp 882.526-RS; AgRg no AI 1.071.523-SP; REsp 37.548-SC; REsp 327.504-SP; e REsp 1.239.018-PR.

Com efeito, a partir do Recurso Especial representativo de controvérsia 1.092.206-SP,[36] que consolidou este posicionamento, espera-se que o critério da estrita aplicação das regras previstas na Lei Complementar n. 116/2003 irá prevalecer na jurisprudência daquele Tribunal. Sem adentrar no mérito de seu acerto, a sua consolidação tem o condão de proporcionar alguma segurança ao contribuinte no âmbito daquele tribunal superior, sendo o esforço, portanto, de inegável valia.

A previsibilidade da tributação das operações mistas pelos contribuintes estaria assegurada, se a questão se limitasse unicamente à aplicação de lei federal. Contudo, por envolver, como vimos, matéria constitucional, cabe ao Supremo Tribunal Federal decidir quais critérios coadunam com os ditames constitucionais e, portanto, são idôneos para indicar a incidência de um ou de outro imposto. O problema surge quando se constata que STF tem trilhado o caminho inverso daquele descrito acima, percorrido pelo Superior Tribunal de Justiça, permanecendo a indefinição do tema, uma vez que a última palavra ainda não foi proferida.

Aliás, a jurisprudência naquele Tribunal seguiu exatamente a direção oposta. O Pretório Excelso partiu, em um primeiro momento, defendendo a aplicação dos critérios oferecidos por lei complementar, afirmando que "há de prevalecer o regime arquitetado pelo Decreto-lei n. 406/1968, em seu art. 8º, §§ 1º e 2º, já transcritos, e, agora, pela CF/1988, no art. 155, IX, *b*",[37] contudo, alguns anos depois, alterou esse entendimento e passou a atribuir maior importância aos signos utilizados nas regras constitucionais de competência tributária. Sob esta perspectiva, a identificação da natureza jurídica de uma "operação mista" do contribuinte dependeria fundamentalmente de responder se a atividade-fim desempenhada é um serviço ou uma operação mercantil, sendo irrelevantes as atividades-meio realizadas.[38] Se a atividade-fim é um "fazer", então a operação como um todo será tributada pelo ISS, enquanto que se for um "dar", incidirá o ICMS.[39]

Em recente julgamento, ao enfrentar o tema na ADI/MC 4.389-DF, é possível identificar, com bastante clareza, que a linha seguida pelo Supremo Tribunal Federal foi a de conferir primazia aos conceitos constitucionais, e não meramente aplicar as regras que a lei complementar positivou para dirimir conflitos de competência. Se uma determinada situação pode ensejar a tributação pelo ISS ou pelo ICMS, mas nunca dos dois simultaneamente,[40] é forçoso reconhecer que será necessário verificar se aquela situação, sob o ponto de vista global, subsome ao conceito de "prestação de serviço" ou de "operação mercantil". E esta visão global, no entender do STF, possui como chave a identificação da atividade-fim do contribuinte e a sua subsunção a um conceito constitucional.

No caso citado, a operação mercantil envolvia, em determinada etapa no meio do ciclo produtivo, produção de embalagens sob encomenda para posterior industrialização (serviços gráficos), e, sobre esta etapa, entendiam os Municípios que deveria incidir o ISS (com respaldo, inclusive, na jurisprudência do

---

36. Cf. STJ, 1ª Seção, rel. Ministro Teori Albino Zavascki, REsp 1.092.206-SP, j. 11.3.2009, *DJe* 23.3.2009.

37. Cf. STF, 1ª T., rel. Ministro Ilmar Galvão, RE 144.795-SP, j. 19.10.1993, *DJ* 12.11.1993.

38. Cf. STF, 1ª T., rel. Ministro Sepúlveda Pertence, RE 191.732-SP, j. 4.5.1999, *DJ* 18.6.1999. No mesmo sentido, v. tb. o RE 164.599-7-SP e o RE 176.626-3-SP.

39. A caracterização de um serviço, a partir de seu conceito constitucional (que, por sua vez, apontaria uma "prestação de fazer"), foi muito bem explorada pelo STF no julgamento do RE 116.121-3-SP, Tribunal Pleno, rel. Ministro Octavio Galotti, j. 11.10.2000, *DJ* 25.5.2001. Embora possa haver divergências, podendo se argumentar que o julgamento do RE 547.245-SC (análise da incidência do ISS sobre o *leasing* financeiro) teria apontado um novo entendimento, que teria, inclusive, prevalecido sobre o anterior, não parece esse ser o melhor entendimento. Até porque não é possível identificar, neste recurso, um entendimento consolidado do plenário do STF sobre a interpretação da expressão "serviços" ou o conteúdo desse conceito.

40. Trecho do voto vista da Ministra Ellen Gracie na ADI/MC 4.389-DF. Cf. STF, Tribunal Pleno, rel. Ministro Joaquim Barbosa, ADI/MC 4.389-DF, j. 13.4.2011, *DJ* 35.5.2011.

STJ). O Ministro Relator Joaquim Barbosa, a despeito de essa atividade constar na lista anexa (item 13.05), defendeu que a solução não deveria levar em conta a natureza da atividade isoladamente considerada, mas o papel que ela possui no ciclo produtivo como um todo. Sob esta perspectiva, decidiu que a produção de embalagens por encomenda, configuraria, na realidade, uma etapa da própria operação mercantil, tributável pelo ICMS. Em suas palavras: "Assim, não há como equiparar a produção gráfica personalizada e encomendada para uso pontual, pessoal ou empresarial, e a produção personalizada e encomendada para fazer parte de complexo processo produtivo destinado a por bens em comércio".

Embora haja a tendência de o Supremo Tribunal Federal seguir essa linha, conferindo maior relevância aos conceitos constitucionais, cabe lembrar que a discussão ainda está aberta. Em 2011 houve o reconhecimento de Repercussão Geral no RE 605.552,[41] que trata do emblemático caso do fornecimento de medicamentos manipulados por farmácias especializadas, oportunidade em que se espera que o STF confirme as balizas adotadas até o momento e estabeleça importantes diretrizes para a tributação das "operações mistas".

Até o seu julgamento, que provavelmente alinhará o entendimento de todos os tribunais pátrios, haverá a convivência de três critérios distintos, o que poderá causar situações anti-isonômicas entre contribuintes, na medida em que se poderá atribuir consequências distintas para uma mesma situação, implicando inevitável insegurança jurídica.

6. Conclusões

A Constituição Federal de 1988, ao repartir competências tributárias, fez referência a conceitos determinados. Se no plano teórico parece não haver espaço para conflitos de competência, na prática deparamos não apenas com uma situação radicalmente oposta como também a inexistência de critérios satisfatórios no plano legal. Eis precisamente o caso das "operações mistas", em que há grande dificuldade em identificar os critérios que irão direcioná-la à tributação pelo ISS ou pelo ICMS, acarretando, no mais das vezes, à dupla tributação do contribuinte.

Diversos critérios foram utilizados por nossos tribunais superiores para dirimir esse conflito de competência entre Estados e Municípios que, basicamente, conferem maior relevância ou às referências sígnicas das regras de competência tributária ou aos critérios instituídos pela lei complementar ao dispor sobre conflitos de competência.

Seja como for, é fundamental que a jurisprudência empreenda esforços para unificar seu entendimento, pois a depender do critério escolhido, é possível alcançar resultados diametralmente opostos, o que compromete a isonomia, a justiça e a segurança jurídica, bem como impossibilita que o contribuinte consiga planejar competentemente suas atividades econômicas. Não por outro motivo que a assimetria na interpretação dos tribunais em casos similares foi tão incisivamente combatida por Karl Larenz,[42] uma vez que os grandes prejudicados dessa oscilação jurisprudencial são os empresários brasileiros e a própria nação.

Por fim, cumpre salientar que a palavra final sobre o tema ainda cabe ao Supremo Tribunal Federal, que deverá traçar as diretrizes a serem seguidas pelos demais tribunais, quando examinar o Recurso Extraordinário 605.552-RS, reestabelecendo aqueles valores tão caros aos contribuintes, em relação a este difícil tema.

---

41. Cf. STF, Tribunal Pleno, rel. Ministro Dias Toffoli, RE 605.552-RS, j. 31.3.2011, *DJ* 13.5.2011.

42. Cf. Karl Larenz, *Metodologia da Ciência Do Direito*, 4ª ed., Lisboa, Fundação Calouste Gulbenkian, 2005, p. 442.

ESTUDOS & COMENTÁRIOS

ATOS INERENTES AO PROCESSO LEGISLATIVO (ENUNCIAÇÃO) PODEM IMPOR LIMITES INTERPRETATIVOS À LEI PRODUZIDA?
(Análise decorrente da interpretação autêntica dada ao subitem 4.07 – serviços farmacêuticos – da lista anexa à Lei Complementar 116/2003)

DANILO MONTEIRO DE CASTRO

Mestre em Direito Tributário pela PUC/SP.
Advogado e Consultor

1. Introdução. 2. Direito comunicacional (emissor e receptor). 3. Controle público da linguagem no direito. 4. Linguagem "dos Poderes" em choque (espécie de controle público?). 5. Um caso prático. 6. Considerações finais.

1. Introdução

Estas reflexões decorrem de problema prático enfrentado que nos levou ao questionamento de determinadas premissas teóricas hodiernamente adotadas (na amplitude em que têm sido adotadas), exatamente como bem colocou Lourival Vilanova[1] ser o papel do jurista, *"ponto de intersecção da teoria e da prática, da ciência e da experiência"*.

Tal motivação, em suma, adveio do sentido atribuído (construído) a determinado enunciado prescritivo pelo Poder Judiciário em sentido oposto ao pretendido pelo Poder Legislativo (tal sentido pretendido pelo Legislativo encontra-se devidamente relatado em enunciados relacionados à tramitação desta lei) e, provocado quanto a isso (construção de sentido em desacordo com os relatos constitutivos daquela mensagem interpretada) o argumento do Poder Judiciário para manutenção de sua construção foi o de que o enunciado jurídico, uma vez positivado, tem "vida própria", pouco importando a intenção (vontade) do emissor, cabendo ao receptor a construção do sentido que bem entender.

Nunca questionamos essa premissa, de que a construção do sentido compete ao receptor, cabendo ao emissor torcer para que sua mensagem alcance a finalidade pretendida. Pelo contrário, ela nos parece perfeitamente coerente às construções filosóficas posteriores ao chamado giro-linguístico.

---

1. Lourival Vilanova, "Fundamentos do Estado de Direito", in *Escritos Jurídicos e Filosóficos*, vol. 1, São Paulo, Axis Mundi/IBET, 2003, p. 414.

Todavia, quando ela foi inserida dentro deste contexto, onde há um relato (devidamente formalizado) do Senado Federal, rejeitando pretensão da Câmara dos Deputados de inserção de determinado enunciado no texto da lei e, posteriormente, vem o Poder Judiciário e insere no sistema tal enunciado vedado mediante "interpretação extensiva"[2] daquele efetivamente promulgado, isso nos motivou a repensar aquela premissa, não no intuito de afastá-la por completo, mas de verificar a validade de seu alcance ilimitado.

Para facilitar a visualização do ocorrido (conflito entre enunciados – que, no caso, impõe conflito entre "Poderes"), vamos a sua abstração lógica:[3]

(i) Enunciado proposto pelo Senado Federal: "(a → c)";
(ii) Alteração proposta pela Câmara dos Deputados: "(a v b → c)";
(iii) Alteração rejeitada no Poder Legislativo "(b → -c)". Dispositivo legal: "D(a → c)"; e
(iv) Partindo da premissa (b Є a), *o Poder Judiciário construiu o enunciado:* "D(b → c)".

Desformalizando, (i) o Senado Federal apresentou proposta de lei com o seguinte enunciado: "ante o fato 'a' deve ser a consequência jurídica 'c'"; (ii) a Câmara dos Deputados buscou ampliar a hipótese normativa inserindo novo elemento motivador da consequência 'c' (ante os fatos 'a' e/ou[4] 'b' deve ser a consequência jurídica 'c'); (iii) tal ampliação proposta pela Câmara dos Deputados foi rejeitada (ou seja, não houve interesse legislativo em 'b' implicar 'c' – essa ausência de interesse encontra-se explicitada em Parecer do Senado Federal) e, portanto, o relato legislativo vencedor[5] (enunciado jurídico prescritivo) foi "ante o fato 'a' deve ser[6] a consequência jurídica 'c'"; (iv) veio, então, o Poder Judiciário e, analisando um caso concreto interpretou que 'b' está contido em 'a' (ou seja, 'b' é espécie do gênero 'a'[7]) e, portanto, se a norma dispõe "ante o fato 'a' deve ser a consequência jurídica 'c'", é válida a construção "ante o fato 'b' deve ser a consequência 'c'".

Ora, se a pretensão da Câmara dos Deputados (de ampliação do enunciado, para que a consequência "c" alcançasse o fato

---

2. "(...) a doutrina afirma que a primeira [*interpretação extensiva*] se limita a incluir no conteúdo da norma um sentido que já estava lá, apenas não havia sido explicitado pelo legislador" (Tercio Sampaio Ferraz Jr., *Introdução ao Estudo do Direito*, 6ª ed., São Paulo, Atlas, 2011, pp. 271-272).

3. "(...) podemos estudar, mediante conceitos, proposições e inferências de segundo grau, aquelas formas vazias (abstraídas) de conteúdo, que serão as formas de primeiro grau. Cumpre notar que dizer que são vazias de conteúdo, não quer dizer que possam ser pensadas sem esse conteúdo, e sim que são pensadas com desprezo ao seu conteúdo, com abstração de seu conteúdo, isto é, neutralizando o conteúdo por não considerá-lo importante para o estudo das formas" (Alaôr Caffé Alves, *Lógica: Pensamento Formal e Argumentação*, 5ª ed., São Paulo, Quartier Latin, 2011, p. 59).

4. "La ambigüedad consiste, pues, en que la conjunción disyuntiva 'o' del lenguaje natural puede entenderse como 'una cosa o la otra, pero no ambas', o bien como 'una cosa, la otra o ambas simultáneamente'. Para disolver esta ambigüedad usamos a veces la forma 'y/o' (expresión que los puristas del idioma no recomiendan) para la alternativa no excluyente" (Delia Teresa Echave, María Eugenia Urquilo e Ricardo A. Guibourg, *Lógica, Proposición y Norma*, Buenos Aires, Astrea, 2008, p. 54).

5. "(...) tudo aquilo que se chama de 'realidade', a sucessão temporal de eventos únicos e irrepetíveis, consiste em um relato vencedor, um fenômeno linguístico cuja apreensão é retórica" (João Maurício Adeodato, *Uma Teoria Retórica da Norma Jurídica e do Direito Subjetivo*, São Paulo, Noeses, 2011, p. 18).

6. Na abstração lógica, esse dever-ser somente é formalizado quando a norma é positivada, ou seja, quando se tem, efetivamente, um enunciado prescritivo (imperativo). Tal formalização dá-se através da letra "D", como modal deôntico neutro que vincula as variáveis da proposição ("a" e "c"), demonstrando, ainda, tratar-se de causalidade jurídica (dever-ser) e não física (ser).

7. "Ali onde houver linguagem, natural ou técnica, científica ou filosófica, haverá, certamente, classes e operações entre classes, com o aparecimento de gêneros, espécies e subespécies (...) frases como 'o indivíduo x é elemento do conjunto C', 'o objeto y pertence à classe K' ou 'o domínio D contém como elemento o indivíduo z', são expressões que denunciam a presença dessa categoria formal que, em linguagem simbólica, escrevemos 'x Є K' ('x está em K')" (Paulo de Barros Carvalho, *Direito Tributário, Linguagem e Método*, 3ª ed., São Paulo, Noeses, 2009, p. 121).

"b") foi rejeitada no processo legislativo (e tal rejeição não se deu por ser implícito que o fato "b" pertence ao conjunto "a"; muito pelo contrário, a rejeição deu-se expressamente para que o fato "b" não implicasse a consequência "c") *encontra-se evidente o conflito linguístico entre os Poderes Legislativo (b → -c) e Judiciário (b → c).*

Importante destacar que a construção feita pelo Poder Judiciário não invocou outra norma de igual ou superior hierarquia existente no sistema no intuito de validar tal raciocínio (se assim fosse, inexistiria razão para as considerações aqui presentes). A interpretação dada parte tão somente do raciocínio de que "a" (gênero) compõe "b" (espécie), e de que o enunciado, uma vez proferido, ganha "vida própria", cabendo apenas ao intérprete a construção do sentido.

Ciente de que o Poder Legislativo não quis regular determinada relação intersubjetiva e, principalmente, estando essa informação expressa em ato formal relacionado à enunciação[8] da lei interpretada (intenção legislativa devidamente vertida em linguagem, portanto), pode o Poder Judiciário manter a construção de sentido feita, regulando tal relação intersubjetiva em frontal oposição àquela informação?

É a resposta a este questionamento que se pretende no presente estudo.

2. Direito comunicacional (emissor e receptor)

O problema trazido à baila, insista-se, não diz respeito a eventual invalidação formal da norma, ou invalidação material ante o aparente conflito com o conteúdo de norma de igual ou superior hierarquia, mas sim gira em torno de possível conflito entre o enunciado construído (interpretação) e relatos existentes no processo legislativo do suporte físico que o motivou (com eles é possível constatar que o sentido construído é diametralmente oposto ao pretendido pelo emissor).

Para enfrentar essa questão, de inquestionável caráter comunicacional, necessário analisar a relação emissor/receptor, mormente no contexto jurídico.

Por tudo que já foi dito, nos perece óbvio o papel do destinatário da mensagem, qual seja, construir sentido ao enunciado recebido. Assim, se é ele (receptor) quem vai construir o sentido, qual é, então, a importância do emissor? Ugo Volli[9] esclarece: "(...) o destinatário acredita descobrir o sentido de alguma coisa, mas na realidade recebe uma comunicação cuidadosamente elaborada por um emissor. De modo geral, é até possível pensar *toda* a comunicação como uma complexa manipulação do ambiente operada por alguém (o emissor) interessado em fazer com que algum outro (o destinatário) perceba um certo sentido".

É certo que, na sequência, este semiólogo italiano vai discorrer sobre a importância do receptor (condição necessária à comunicação, em detrimento à figura do emissor que, para ele, pode inexistir num ato comunicacional), mas a questão que se quer aqui frisar é a relevância do agente responsável pela enunciação na comunicação jurídica.

Gregório Robles,[10] jurista espanhol considerado um dos precursores do Direito Comunicacional, fortalece a importância do

---

8. "O fato produtor de normas é o fato-enunciação, ou seja, a atividade exercida pelo agente competente. Falamos em fato-enunciação porque a atividade de produção normativa é sempre realizada por atos de fala. Não podemos denominar o fato enunciação de fato jurídico, pois jurídico é aquele fato que sofreu incidência normativa, que, como dissemos, só sobrevêm com o ato de aplicação do direito, transfigurado no seio de uma norma concreta. Na atividade de produção normativa não há ainda norma jurídica, logo não há se falar em fato jurídico produtor de normas. Não nos parece haver fato jurídico produtor de norma, mas tão só fato procedimental (enunciação) sem o qualificativo 'jurídico'" (Tárek Moysés Moussallem, *Fontes do Direito Trib*

9. Ugo Volli, *Manual de Semiótica*, trad. Silva Debetto C. Reis, São Paulo, Loyola, 2007, p. 20.

10. Gregório Robles, *O Direito como Texto: Quatro Estudos de Teoria Comunicacional do Direito*, trad. Roberto Barbosa Alves, Barueri, Manole, 2005, p. 18.

emissor na comunicação jurídica ao afirmar que "*a decisão geradora de texto jurídico limita o sentido deste*". Ora, se o sentido do texto é limitado pela decisão de gerá-lo e, quem dá "vida" ao enunciado é o emissor, evidenciado está sua relevância no contexto comunicacional.

Comprovando a importância do emissor no ato de comunicação, Lucas Galvão de Britto,[11] em obra inédita, destaca seis etapas intrasubjetivas que antecedem o ato de fala, quais sejam: (i) dúvida ou ideia; (ii) aporia; (iii) decisão; (iv) estímulo; (v) vontade; e (vi) resistências (inclui as três primeiras na subclasse "Proposição" e, as três últimas, na subclasse "Objetivação"). Somente com a transposição das resistências, e consequente realização do ato de fala, será possível falar em intersubjetividade linguística. Esclarece o autor:

"A comunicação, vista como um fenômeno para além da intersubjetividade comporta também os domínios da linguagem intrasubjetiva. Ali estarão as etapas da enunciação que darão forma ao enunciado.

"Como o alcance ao seu conteúdo é impossível, eis que a enunciação se esvai no tempo de sua realização, restarão apenas as marcas da enunciação-enunciada, os díticos (ou dêiticos) que permitam conhecer os dados da intencionalidade (o que não coincide com a voluntariedade consciente) do agente, sem o qual, é impossível a comunicação.

"A intencionalidade é também pressuposto para o ato de recepção a ser realizado pelo receptor da mensagem. O dado da intencionalidade montado pela enunciação enunciada está para a comunicação, como está a verdade lógica para a argumentação. O acesso a uma intencionalidade 'por correspondência' é impossível, contudo é imperioso que o receptor *pressuponha* alguma intenção para que possa construir o sentido da mensagem."

"Ainda que se costume afirmar que, para o direito, observado por uma perspectiva comunicativa, o domínio que importará a análise é o da intersubjetividade, a importância de estudar os elementos envolvidos na etapa de produção do enunciado, sob sua perspectiva intrasubjetiva, é evidenciada pelo reconhecimento dos dados da enunciação (pertencentes à linguagem intrasubjetiva) enquanto pressupostos comunicacionais à formação da mensagem.

"Se não é possível remontar o exato teor da enunciação em todas as suas etapas a partir dos vestígios por ela deixados (enunciação enunciada), a ainda que parcial reconstrução desta é, ao menos, importante dado a auxiliar na construção do conteúdo da mensagem e no poder de convencimento da proposição formada."

O estudo acima é bastante elucidativo e, no contexto do direito, facilitador da resolução de problemas hermenêuticos, como os destacados no início deste estudo, já que mesmo sendo inalcançável o fato-enunciação em sua integralidade, é possível a sua reconstrução parcial e, com ela, provar que determinadas significações não cabem nos limites traçados pelo emissor da mensagem jurídica (e nesse momento, já podemos afirmar que tais limites existem).

Isso porque, no direito não há integralidade intrasubjetiva nas etapas que antecedem a enunciação da norma, pelo contrário, boa parte do processo de enunciação[12] está vertida em linguagem (intersubjetiva, portanto), ou seja, existem relatos (documentos) facilitadores da reconstrução, sempre parcial, da enunciação.

---

11. Lucas Galvão de Britto, *Teoria dos Atos de Fala: Anotações às Ideias Propostas pelo Professor Paulo de Barros Carvalho em Reunião de seu Grupo de Estudos* (16.9.2010, obra inédita).

12. "A enunciação, que é o próprio ato de fala, produz o enunciado, ou seja, aquilo que se fala. O ato de pintar é enunciação; o quadro pintado, enunciado. O ato de legislar é enunciação; a lei, enunciado. O ato de julgar, enunciação; a sentença, enunciado. A prática do ato administrativo, enunciação; o ato administrativo produzido, enunciado. Finalmente, o processo é enunciação; o produto, enunciado" (Eurico Marcos Diniz de Santi, *Decadência e Prescrição no Direito Tributário*, São Paulo, Max Limonad, 2000, pp. 64-65).

No Legislativo, por exemplo, temos todo o trâmite do projeto de lei, propostas aprovadas, recusadas, as respectivas razões; no Judiciário temos o processo judicial que antecede, motiva e limita o ato de decidir (ao Juiz, por exemplo, é vedado julgar além dos limites da pretensão que lhe foi deduzida pelas partes – decisão *extra petita*).

Ora, se em muitos casos é possível ter acesso aos pressupostos do ato comunicacional formador da mensagem jurídica (componentes da enunciação) e, uma vez constatado que o sentido atribuído à mensagem pelo intérprete autêntico conflita com tais pressupostos de sua formação, não nos parece aceitável a manutenção de tal enunciado no sistema jurídico (sua invalidação é medida necessária).

Importante esclarecer que não se está exigindo a obrigatoriedade da verificação de eventuais elementos da enunciação para, só então, o intérprete autêntico da mensagem construir sua significação. Deve o intérprete partir do enunciado prescritivo (e demais outros existentes no sistema) para a construção da norma jurídica. Todavia, uma vez questionada a compatibilidade de tal sentido construído com os fatos componentes da enunciação (formalizados em linguagem – documento) a autoridade competente para tanto não pode deixar de sopesar essa alegação (linguagem das provas) ao argumento de que o enunciado possui "vida própria" e, por isso, irrelevante os elementos de sua construção.

3. Controle público da linguagem no direito

O termo "controle público da linguagem" tem sido utilizado por João Maurício Adeodato[13] para explicar a equivocada interpretação de que o giro-linguístico na filosofia trouxe faculdade irrestrita e ilimitada ao receptor da mensagem em construir o sentido que bem entender. Diz o autor:

"(...) o ser humano é linguisticamente fechado em si mesmo, em um universo de signos, sem acesso a qualquer 'objeto' para além dessa circunstância.

"Isso não implica que a realidade seja subjetiva, pelo menos no sentido de *dependente de cada indivíduo*, muito pelo contrário. O maior ou menor grau de 'realidade" de um relato vai depender dos outros seres humanos, da possibilidade de *controles públicos da linguagem* (...). A linguagem tem uma função de controle e a exerce reduzindo complexidade; logo, não pode ser errante, ao talante de cada um, precisa apresentar regularidade. (...) o controle público da linguagem, no qual o direito desempenha papel importante, é a ferramenta contra o individualismo na percepção do mundo e também na ética."

Construir o sentido é tarefa do destinatário, mas se o fizer em desacordo com os costumes ou outros tipos de limitação linguística (como sua estrutura sintática – lógica), a sociedade, implícita ou explicitamente, rechaçará tal interpretação. É por essa razão que a realidade de uma pessoa com distúrbios mentais não é aceita pela sociedade como tal (ainda que seja esta a realidade daquele indivíduo).

A realidade, de acordo com as premissas da filosofia da linguagem, é construída pelo indivíduo que capta, mediante linguagem, as sensações do "mundo exterior". Podemos falar em uma realidade similar perante um determinado grupo de indivíduos, pois eles vivem sobre as mesmas influências socioculturais (a realidade de uma tribo indígena não se assemelha à nossa) e, é por essa razão (vivência em sociedade), implícita ao ser humano, que há barreiras culturais que limitam a interpretação (ou, pelo menos a controlam). Texto pressupõe contexto e, assim, é o meio (público) onde se deu a comunicação que irá controlá-la.

No direito não é diferente, quem realmente constrói a realidade jurídica é o des-

---

13. João Maurício Adeodato, *Uma Teoria Retórica da Norma Jurídica e do Direito Subjetivo*, cit., pp. 18-19 e 36.

tinatário da mensagem (ainda que essa seja uma situação cíclica, já que o receptor enuncia, em linguagem competente, a construção de sentido que produziu e, com isso, passa a ser emissor de uma mensagem jurídica, a espera de nova interpretação), mas deve fazê-lo dentro do contexto jurídico pertinente.

Sobre os limites ao intérprete autêntico do enunciado jurídico (controle público da linguagem no direito), Tathiane dos Santos Piscitelli[14] é muito feliz ao afirmar que: "A despeito de o texto, isoladamente, não expressar nenhum significado e, dessa forma, o sentido depender da atribuição que o intérprete faça, não entendemos que essa atividade de construção de sentido seja absolutamente livre. Os juízes, ao promoverem a interpretação de dada norma constitucional, encontram-se inseridos em determinado contexto linguístico que não pode ser ignorado. Os significados atribuídos devem ser intersubjetivamente compartilhados, sob pena de não se realizar comunicação alguma. Importante dizer que isso não implica afirmar a existência de um sentido mínimo no texto (o que infirmaria a premissa acima exposta), mas sim a consideração de que *a interpretação dos textos jurídicos não ocorre no vácuo, mas sim limitada, inicialmente, por constrangimentos próprios da linguagem*, a que chamaremos de 'regra de uso' das respectivas expressões".

A questão é complexa, pois não existem parâmetros claros (explícitos) de quais são estas "regras de uso" (ou "controles públicos da linguagem"), ou seja, não há uma demarcação cristalina dos limites interpretativos, quer no campo do direito quer fora dele. Mas essa complexidade, frise-se, não infirma a existência de limites.[15]

4. Linguagem "dos Poderes" em choque (espécie de controle público?)

O problema posto no início é intrigante, pois oriundo de comunicação entre o Poder Legislativo (emissor) e o Poder Judiciário (receptor), contexto onde deve prevalecer a harmonia e independência de tais "Poderes",[16] conforme prescrição contida em nosso texto constitucional (art. 2º da Constituição Federal de 1988). Mais ainda, tal regra de independência e harmonia entre os órgãos do poder é cláusula pétrea (art. 60, § 4º, inciso III, da Constituição Federal).

Ora, se o Poder Judiciário tem a informação (foi provocado nesse sentido) de que no processo de enunciação da lei (processo legislativo de formação do enunciado prescritivo) determinada redação foi rejeitada para evitar certo sentido, pode ele construir exatamente esse sentido que o Legislativo quis evitar, ao argumento de que o enunciado promulgado não lhe traz essa limitação? Estaria, com isso, desrespeitando a independência e, principalmente, harmonia exigida no texto constitucional? A harmonia entre os "Poderes" seria uma espécie de controle público da linguagem no direito?

Parece-nos ser afirmativa a resposta às três indagações acima.

É atividade preponderante do Poder Legislativo a inserção de normas gerais e abs-

---

14. Tathiane dos Santos Piscitelli, "Os conceitos de direito privado como limites à interpretação de normas tributárias: análise a partir dos conceitos de faturamento e receita", in Priscila de Souza (Org.), *Direito Tributário e os Conceitos de Direito Privado*, São Paulo, Noeses, 2010, pp. 1.230-1.231.

15. "(...) não é qualquer sentido que pode ser atribuído as palavras União Federal, Estados, Municípios, renda, serviços, mercadoria, tributo, funcionário público e várias outras. Se assim fosse de nada valeriam os textos legais (...) o aplicador não é livre para atribuir o sentido que melhor lhe aprouver" (Tárek Moysés Moussallem, "Interpretação restritiva no direito tributário", in Priscila de Souza (Org.), *Direito Tributário e os Conceitos de Direito Privado*, cit., p. 1.216).

16. "Não há, nem pode haver, Estado sem poder. Este é o princípio unificador da ordem jurídica e, como tal, evidentemente, é uno. O exercício desse poder pelos órgãos estatais pode ser, todavia, diferentemente estruturado. Tanto pode ser ele concentrado nas mãos de um só órgão, como pode ser dividido e distribuído por vários órgãos. (...) A necessidade de prevenir o arbítrio, ressentida onde quer que haja apontado a consciência das individualidades, leva à limitação do poder, de que a divisão do poder é um dos processos técnicos e, historicamente, dos mais eficazes" (Manoel Gonçalves Ferreira Filho, *Curso de Direito Constitucional*, 24ª ed., São Paulo, Saraiva, 1997, pp. 129-130).

tratas (leis, por exemplo) no sistema jurídico positivo, ao passo que ao Poder Judiciário resta a atividade típica de inserção de normas individuais e concretas (sentenças, por exemplo) em tal sistema, partindo daqueles enunciados gerais e abstratos. Assim, o papel interpretativo do Judiciário, tomando por base (suporte físico) os enunciados proferidos pelo Legislativo, é situação usual.

Note-se, portanto, que neste contexto relacional, o papel do Judiciário se sobrepõe ao do Legislativo, já que a significação daquele texto (suporte físico), ou seja, o seu alcance e incidência no caso concreto, será fruto da construção de sentido praticada pelo Judiciário.[17]

Se, além disso, partirmos da premissa de que não há limites a tal construção de sentido ou, como no problema posto, ainda que se saiba o sentido pretendido pelo emissor (Legislativo) faculta-se ao Judiciário a construção de outro em sentido diametralmente oposto (não fundado em outras regras do sistema, tão somente embasado na alegação de irrelevância de tais manifestações linguísticas existentes no processo de enunciação), nos parece evidente a violação à regra constitucional de harmonia que deve prevalecer entre tais órgãos do poder.

O poder estatal, como já dito anteriormente, é uno, apenas exercido, em determinados Estados, de maneira não concentrada (dividido e distribuído entre três órgãos – Legislativo, Executivo e Judiciário).

O exercício do poder, ante as premissas inerentes ao giro-linguístico, dar-se-á, por óbvio, mediante linguagem (no direito, através de enunciados prescritivos) e, portanto, é aceitável a afirmação de que o poder é meio de comunicação. Sendo assim, também deve incidir sobre o poder o controle público da linguagem (no caso, linguagem no direito), exaltando a consonância necessária entre texto e contexto.

Sobre o poder como meio de comunicação, Maria Celeste C. Leite dos Santos[18] ensina: "Poder é um *meio de comunicação* simbolicamente generalizada. Num primeiro sentido, poder é *violência simbólica* enquanto as relações de força entre os grupos ou classes constitutivas de uma formação social estão na base de uma decisão arbitrária, que é a condição de instauração de uma relação de comunicação. Mas, *como violência simbólica*, o poder não se reduz à imposição de força, ou seja, ele não produz seu efeito se não se exerce numa relação de comunicação. Num segundo sentido, poder é violência simbólica na medida em que *reproduz* (re-produz – duplo sentido da palavra) a seleção arbitrária que um grupo, ou uma classe, operam objetivamente *no* e *pelo seu* arbitrário cultural. Isso significa que o poder, enquanto código, é *reconhecido* como *legítimo* na medida em que é *desconhecido* como violência simbólica".

Se o poder é linguagem (meio de comunicação), nos parece evidente ser um limite público desta o seu exercício em harmonia pelos órgãos estatais que o detêm (Legislativo, Executivo e Judiciário). Dito de outro modo, se um destes órgãos interpretar uma mensagem emanada por outro construindo sentido que sabe não ser o pretendido pelo emissor, sem justificar tal construção em outra norma de igual ou superior hierarquia, não há dúvida a desarmonia instaurada no exercício do poder (repartido, frise-se) que o controle público da linguagem no direito tende a rechaçar.[19]

---

17. "Torna-se cada vez mais reconhecido que os textos não são capazes de controlar inequivocamente os conflitos concretos; como cada grupo social e mesmo cada indivíduo veem diversamente o que é correto, as expressões genéricas das leis ordinárias e constituições precisam ser concretizadas, num processo sobre o qual o legislativo que as criou não tem qualquer controle. No Brasil isso é agravado por um legislativo inoperante e um judiciário agressivo, fazendo do decisionismo casuísmo" (João Maurício Adeodato, *Uma Teoria Retórica da Norma Jurídica e do Direito Subjetivo*, cit., p. 57).

18. Maria Celeste Cordeiro Leite dos Santos, *Poder Jurídico e Violência Simbólica*, São Paulo, Cultural Paulista, 1985, p. 215.

19. "(...) os trabalhos do Legislativo e do Executivo, especialmente, mas também do Judiciário, só se desenvolverão a bom termo, se esses órgãos se subordinarem ao princípio da harmonia, que não significa

Insista-se, não é tarefa fácil indicar (cercar, mapear) o controle público da linguagem. No direito, entretanto, a figura do intérprete autêntico do enunciado prescritivo, cumulado com a obrigatoriedade de harmonia entre os órgãos do poder (se tal harmonia não estivesse explícita no texto constitucional pátrio ela, facilmente, poderia ser construída implicitamente – não é crível separar o exercício do poder em órgãos distintos se, um deles, puder tomá-lo exclusivamente para si), impõe limites (controles) a tal atividade hermenêutica, ao passo que no caso concreto poder-se-á constatar se houve excessos na interpretação, que possam estremecer aquela harmonia necessária entre os "Poderes".

5. Um caso prático

Todas as considerações acima advieram de um caso concreto verificado, onde nos parece que houve essa transposição, por parte do Poder Judiciário, aos limites interpretativos que a linguagem pública condiciona, mormente no direito, havendo desrespeito para com a harmonia entre os órgãos do poder exigida pela Constituição Federal do Brasil.

O caso pragmático observado diz respeito a conflito de competência, em matéria tributária, atinente a subsunção da atividade de manipulação de fórmulas magistrais (farmacêuticas) na regra-matriz do Imposto sobre Serviços (ISS) ou na regra-matriz do Imposto sobre Circulação de Mercadorias e Serviços (ICMS).

O conflito advém da lista anexa à Lei Complementar n. 116, de 31 de julho de 2003, que estabeleceu dentre as atividades tributáveis pelo ISS os "serviços farmacêuticos". O conflito, portanto, decorre do alcance semântico desta expressão (quais atividades se enquadram na classe serviços farmacêuticos? ou melhor, manipulação de fórmulas magistrais se subsome a esta classe?).

Ocorre que existe um elemento "pré-jurídico" (ou seja, oriundo do processo de enunciação desta regra) que se levado em consideração, pode afastar o conflito de competência supracitado, sem a necessidade de discussão do alcance semântico do termo "serviços farmacêuticos". Vejamos:

A Lei Complementar n. 116/2003 é fruto do Projeto de Lei do Senado n. 161/1989, de autoria do então Senador Fernando Henrique Cardoso. Esse projeto, repise-se, oriundo do Senado Federal, sofreu alterações quando da sua apreciação pela Câmara dos Deputados.

Ao retornar ao Senado Federal houve a rejeição de várias alterações promovidas pela Câmara dos Deputados, mormente a inclusão, no subitem 4.07 (que possuía a redação "serviços farmacêuticos"), da expressão "inclusive de manipulação".

Insista-se, a proposta do Senado era: "em havendo atividade de serviços farmacêuticos deve ser obrigatório o pagamento de ISS". A alteração da Câmara dos Deputados foi: "em havendo atividade de serviços farmacêuticos, e manipulação de fórmulas pertence a esta classe, deve ser obrigatório o pagamento de ISS".

Entretanto, essa pretensão de inclusão da manipulação de fórmulas na classe dos serviços farmacêuticos para fins de incidência do ISS foi rejeitada. Nesse sentido, manifestou-se a Comissão de Assuntos Econômicos, relatada à época pelo Senador Romero Jucá, que no Parecer n. 688,[20] publicado no *Diário do Senado Federal* em 18 de junho de 2003, dispõe:

"(...) parece-nos, que, no afã de dotar os Municípios de uma excelente fonte de

---

nem o domínio de um pelo outro nem a usurpação de atribuições, mas a verificação de que, entre eles, há de haver consciente colaboração e controle recíproco (que, aliás, integra o mecanismo), para evitar distorções e desmandos. A desarmonia, porém, se dá sempre que se acrescem atribuições, faculdades e prerrogativas de um em detrimento de outro" (José Afonso da Silva, *Curso de Direito Constitucional Positivo*, 33ª ed., São Paulo, Malheiros Editores, 2010, p. 111).

20. Disponível em *http://www.se nado.gov.br/sf/publicacoes/diarios/pdf/sf/2003/06/17062003/15726.pdf*, acesso 25.11.2013.

recursos, o Substitutivo da Câmara ultrapassou alguns limites, ora tornando o sistema tributário mais cumulativo do que já é, ora fragilizando em demasia a situação do contribuinte, ou ainda, invadindo a esfera de competência dos Estados, para tributar fatos gravados pelo ICMS.

"Para sanar estas eivas, acreditamos que se fazem necessários destaques de alguns trechos da redação dada na Câmara, quer para simplesmente rejeitá-los, quer para recuperar o trecho original aprovado no Senado Federal.

"(...) No que respeita a fatos insertos no campo de incidência do ICMS, após acurada análise da Lista de Serviços, em conjunto com representantes de Estados e Municípios, convencemo-nos de que os seguintes dispositivos do Substitutivo e da Respectiva Lista devem ser objeto de análise destacada:

"(...) – expressão 'inclusive de manipulação' do subitem 4.07 da lista anexa de serviços;

"(...). Com base no exposto, certos de que a nova lei viabilizará o fortalecimento das finanças públicas municipais, votamos pela aprovação parcial do Substitutivo da Câmara dos Deputados ao Projeto de Lei do Senado n. 161, de 1989 – Complementar, e pela rejeição dos seguintes dispositivos e trechos:

"(...) – expressão 'inclusive de manipulação' do subitem 4.07 da lista anexa de serviços, pelo fato de poder tratar-se de operação mista, isto é que envolve o fornecimento conjunto de mercadorias e serviços, circunstância em que criar-se-ia um espaço para elisão fiscal de mercadorias aí envolvidas de sua sujeição ao ICMS."

O Projeto original desta Lei Complementar, portanto, era idêntico (no que diz respeito aos serviços farmacêuticos) à redação do texto aprovado, sancionado, promulgado e devidamente publicado que, hoje, vigora em nosso ordenamento.

Todavia, a Câmara dos Deputados buscou à época, dentro dos trâmites legislativos pertinentes (processo de enunciação), ampliar o alcance do subitem 4.07 da lista anexa, exatamente para onerar a atividade de manipulação de fórmulas com o ISS. Ou seja, a redação original deste subitem, conferida pelo Senado Federal era "subitem 4.07 – serviços farmacêuticos" e, a pretensão da Câmara dos Deputados foi de alterá-lo para "subitem 4.07 – serviços farmacêuticos, inclusive de manipulação".

Ora, se a pretensão da Câmara dos Deputados de ampliar o alcance semântico do dispositivo inerente aos "serviços farmacêuticos" para atingir a manipulação de fórmulas (e, assim, ser alcançado pelo ISS) foi, expressamente, rejeitada pelo Senado Federal, ao argumento de poder tratar-se de operação mista (que envolve o fornecimento conjunto de mercadorias e serviços), resta evidenciado que, ao final do processo legislativo de formação desta Lei Complementar, se manteve tal atividade fora do campo de incidência do ISS.

É bem verdade que essas informações não estão inseridas no texto da lei (enunciado prescritivo), mas sim em relatos que compuseram seu processo de enunciação. Mesmo assim, se estes relatos "pré-jurídicos" forem levados ao conhecimento do órgão julgador num caso concreto, devem sim ser considerados na construção do sentido da norma geral e abstrata.

Interessante é que se não houvesse o relato, em linguagem competente, destes procedimentos legislativos que culminaram com a rejeição da pretensão oriunda da Câmara dos Deputados de inserir, no subitem 4.07, a expressão "inclusive de manipulação", seria quase impossível demonstrar (remontar) o processo de enunciação e, por conseguinte, inviável o questionamento do sentido construído pelo intérprete autêntico.

Todavia, ante a existência de tais relatos devidamente vertidos em linguagem (Parecer do Senado publicado no *Diário Oficial*), não nos parece cabível rejeitá-los ao argumento de que a norma, uma vez editada, ganha "vida própria".

Se há um relato (vertido em linguagem competente) demonstrando que a consequência jurídica inerente ao enunciado inserido no sistema pelo Poder Legislativo não deveria atingir as atividades de manipulação de fórmulas magistrais, esse enunciado, em que pese não ser uma norma jurídica, deve sim ser considerado se trazido à baila num caso concreto, já que componente do processo de enunciação daquela norma e, com isso, além de reduzir complexidades nessa comunicação, mantém a harmonia entre tais órgãos do poder.

Todavia, em recente decisão do Egrégio Tribunal de Justiça do Estado de São Paulo,[21] não foi esse o raciocínio exarado:

"Pelas mesmas razões, pode-se dizer que não colhem as alegações recursais do autor, no que toca ao veto do Poder Legislativo à pretensão de incluir, no subitem da lista anexa à LC 116/2003, a expressão 'inclusive manipulação'.

"É que a supressão, por si só, não é indicativa da *mens legis* que a parte quer ver reconhecida, havendo de se dizer que a expressão 'produtos farmacêuticos' já é suficientemente ampla, pelo que tautológica a especificação.

"E nem se argumente com os Motivos do Veto, porquanto, uma vez editada, a norma ganha autonomia em relação àqueles que a editaram, como consequência do princípio da racionalidade do legislador (Santiago Nino, *Consideraciones sobre la Dogmática Jurídica*, México, Instituto de Investigaciones Jurídicas, pp. 86 e 87)."

O relato que compõe o processo de enunciação da norma, portanto, foi rechaçado pelo intérprete autêntico ao argumento de que "*uma vez editada, a norma ganha autonomia em relação àqueles que a editaram*". Mas será que essa premissa, que não nos parece equivocada, se aplica a este específico caso? Entendemos que não!

---

21. Brasil, TJSP, 7ª Câmara de Direito Público, rel. Desembargador Luiz Sérgio Fernandes de Souza, Ap 0011914-55.2010.8.26.0602, *DJe* 16.4.2012.

Remontando todo o processo de comunicação temos:

> (i) Senado Federal: Se há serviço farmacêutico, então o ISS deve incidir ["(a → c)"];
> (ii) Câmara dos Deputados: Manipulação é serviço farmacêutico [(b ∈ a), logo "(b → c)"];
> (iii) Senado Federal: Para ISS, manipulação não é serviço farmacêutico [(b ∈ a), logo "(b → -c)"];
> (iv) Poder Legislativo: Enunciado prescritivo inserido no sistema ["D(a → c)"];
> (v) Poder Judiciário (1a Instância): (b → ∈ a), logo, "D(b → c)"; e
> (vi) Poder Judiciário (2a Instância): Irrelevantes os atos "i", "ii" e "iii".
> Mantida a conclusão "v".

Ora, se os atos "i", "ii" e "iii" supracitados estão devidamente vertidos em linguagem (ou seja, é possível não só ter acesso ao seu conteúdo, como o mesmo foi disponibilizado a toda sociedade, já que publicado no *Diário Oficial*), por que não podem ser considerados para fins de construção de sentido da norma? Se a norma possui esse conteúdo semântico em razão daquele processo de enunciação, quando o mesmo é invocado (já que vertido em linguagem – documento) para demonstrar que o sentido construído pelo intérprete não deve prosperar, não há razão para desconsiderá-lo.

O sentido do texto deve guardar relação com o contexto da comunicação. Se é possível ter acesso a documentos que remontam parte do processo de enunciação e, através deles, é fácil constatar o sentido equivocado atribuído à norma, uma vez invocados tais documentos, deve o intérprete levá-los em consideração (ainda que os afaste com base em outras regras do sistema), sob pena de desvirtuar o processo comunicacional do direito, bem como a harmonia exigida entre os órgãos do poder.

6. Considerações finais

A questão apreciada neste estudo é interessante, pois a regra (os casos usuais) nos força a não aceitar a intervenção de elementos não pertencentes ao sistema para influir na significação deles, ou seja, há uma forte rejeição em aceitar a delimitação do alcance de uma norma jurídica (elemento do sistema de direito positivo) em face de relatos que compuseram a sua enunciação (relatos não expressos em normas jurídicas e que, por isso, não integram o sistema).

Soma-se a isso outra premissa (que também se aplica na grande maioria dos casos) de que cabe ao intérprete (receptor) a construção do sentido ao enunciado, restando pouca importância (ou nenhuma) ao emissor da mensagem.

O presente trabalho quis demonstrar que o emissor da mensagem tem sim importância no processo de comunicação. A interpretação de uma mensagem está limitada ao significado daquelas palavras por ele empregadas no contexto em que se deu tal comunicação. É evidente que, daquele significado comum, o intérprete irá construir a sua significação, mas ela não pode destoar do culturalmente aceito pela sociedade onde formalizada a comunicação.

No direito, a existência de princípios extremamente vagos de fato possibilita ao intérprete todo esse poder de construção ilimitada de sentido. Entretanto, isso não o autoriza a construir a significação sem apresentar os fundamentos sistêmicos (normas jurídicas) que o levaram a tal entendimento.

No problema apreciado, a significação não foi construída com base em um princípio ou regra de alto nível hierárquico, a justificar a desconsideração dos relatos apresentados (limitadores do sentido atribuído à norma) existentes no processo de sua enunciação. Pura e simplesmente refutou-se tais relatos, ao argumento de serem irrelevantes, por não figurarem no antecedente da norma jurídica (mas sim em relatos que justificaram o seu conteúdo – reconstrução parcial do seu processo de enunciação).

Se considerarmos que o emissor da mensagem (jurídica ou não) impõe limites (sintáticos, semânticos e pragmáticos) à construção do sentido pelo receptor; se for possível reconstruir, ainda que parcialmente, o processo de enunciação para confrontar o sentido atribuído pelo receptor com o expressamente pretendido pelo emissor (como vimos isso é perfeitamente possível no direito, já que vários atos que compõem a enunciação estão devidamente vertidos em linguagem escrita); não vemos razão para ignorar tais evidências no processo de verificação da validade do sentido atribuído à norma pelo intérprete autêntico, ou seja, não há motivo para que tais enunciados "pré-jurídicos" não figurem como meio de prova apto à constatação da (in)validade material do sentido construído.

O sentido deve partir do enunciado jurídico (essa é a regra). Todavia, relatos (vertidos em linguagem competente) que remontam o processo de enunciação desta mensagem podem ser considerados (meio de prova) para verificar se o sentido construído guarda, ou não, relação com os limites existentes em tal enunciado.

Assim, resta evidenciado que: (i) o emissor tem função relevante no processo de comunicação, inclusive no direito; e (ii) por isso, em sendo possível reconstruir o processo de enunciação por ele praticado, serão aceitos os relatos ali existentes como meio de prova à verificação (validade) do sentido atribuído, pelo intérprete, ao enunciado que produziu.

Os limites interpretativos ao destinatário da mensagem (intérprete autêntico, no caso do direito) são difíceis de pontuar. Mas isso não infirma a assertiva de que o intérprete não tem um poder ilimitado.

Ante os aspectos inerentes à comunicação (e o direito se insere aqui), o contexto onde ela ocorreu, sua estrutura sintática e, ainda, os elementos semânticos empregados no enunciado (e, como visto, na própria enunciação, se possível sua reconstrução, ainda que parcial, ante a existência de elementos vertidos em linguagem formal – documental), podem motivar a não aceitação (ou invalidação, no caso do direito) de certo sentido atribuído à mensagem, na clara e necessária presença de um controle público da linguagem, inclusive no direito.

ESTUDOS & COMENTÁRIOS

AINDA SOBRE LEGALIDADE TRIBUTÁRIA: UM EXAME DAS FUNÇÕES EFICACIAIS COMO INSTRUMENTO DO CONTROLE DO PODER DE TRIBUTAR

ÉDERSON GARIN PORTO

Mestre e Doutorando em Direito pela UFRGS.
Professor de Direito Tributário da Unisinos. Membro da FESDT.
Advogado

Introdução. 1. Parte conceitual da legalidade: 1.1 Raízes da legalidade; 1.2 Definição conceitual de lei e implicações com a definição de legalidade tributária; 1.3 Consagração da legalidade como elemento central da rigidez do Sistema Tributário Nacional; 1.4 Importância e expressão da legalidade no direito brasileiro. 2. Parte eficacial da legalidade tributária: 2.1 Legalidade como expressão da democracia; 2.2 Legalidade como limitação formal. Legalidade enquanto reserva legal; 2.3 Legalidade como limitação da atuação da administração. 2.4 Legalidade como tipicidade, determinabilidade fática ou especificidade conceitual. Conclusões.

Introdução

A chamada legalidade tributária, princípio da legalidade ou tipicidade tributária já foi objeto de inúmeros trabalhos de elevado valor acadêmico, figurando na história do Direito Tributário com seus reconhecidos méritos. Sendo assim, a proposta de voltar a escrever sobre um tema que já foi objeto de tantos estudos se revela das mais árduas, agravada pela tarefa de homenagear um dos maiores tributaristas brasileiro, Hugo de Brito Machado.

A proposta defendida neste trabalho, por certo não é revolucionária, mas tem a humilde pretensão de acrescentar algumas questões ao debate da norma inserida na Constituição e que é considerada por muitos como uma das mais importantes da seara tributária. Pretende-se, portanto, falar com uma abordagem diferente do mesmo tema, utilizando um método diferente na esperança de colher resultados diferentes daqueles já trazidos pela prestigiosa doutrina pátria. O que se propõe, pois é um modelo de análise constitucional-sistemático ou constitucionalmente orientado, onde se privilegia a concretização e implementação de normas (princípios, postulados e regras) constitucionais na jurisprudência. Pretende-se, portanto, colaborar com a estruturação de uma argumentação jurídica fundada na Constituição Federal e nas decisões do

Supremo, tornando o trabalho de aplicação do direito mais preciso e intersubjetivamente controlável, evitando-se, com isso, aplicações puramente arbitrárias. A proposta tem a expectativa de demonstrar como a legalidade tributária é interpretada pela Corte responsável pela guarda da Constituição, buscando construir sentido e oferecer critérios que fugiriam da mera especulação opinativa.

1. Parte conceitual da legalidade

1.1 Raízes da legalidade

A ideia de sujeitar o poder do Estado de tributar à anuência do Poder Legislativo é, por vezes, remetida à Magna Carta de 1215 e, em outros registros, relacionada aos anos que antecederam a independência das colônias inglesas na América quando cunhou-se a expressão "no taxation without representation". Em verdade, a origem da legalidade ou "direito de concordar com a tributação", como se refere Luís Eduardo Schoueri, é mais remota. Atribui-se a formação do conceito de legalidade à expressão romana "nullum tributum sine lege", chamado à época de consentimento fiscal corporativo.[1] Há, também, registros que datam de 614 na Europa, quando o Édito de Paris selava um acordo entre os Reinos Francos estabelecendo que em qualquer povoado que se tenha exigido tributo e levado aquela população à insurgência, deveria ser instaurada investigação e o tributo seria abolido. Este é o registro da proibição de um tributo inaudito (*exactio inaudita*).[2]

Na Inglaterra medieval, a interferência dos súditos tem origens remotas que antecedem seguramente a carta do Rei João Sem-Terra. A expressão "aid" ou "auxilia", por exemplo, significava a ajuda dos vassalos aos suseranos, sendo inerente à relação suserania e vassalagem.[3] Contudo, pairava a ideia de que o rei deveria viver com seus próprios meios, vale dizer, deveria manter a coroa com a chamada tributação ordinária, sendo a contribuição extra do súdito exigida em situações excepcionais, decorrendo daí a necessidade de contar com a anuência de órgãos representativos para exigir o tributo.[4] Registra-se que o imposto sobre o patrimônio chamado de "saladin tithe" exigido por Henrique II nos idos de 1188 tinha o propósito de fazer frente as despesas das cruzadas contra Saladino.[5] Para a instituição do "saladin tithe", Henrique II buscou aprovação do Conselho Nacional do Rei, assim como do "jury of neighbours". Idêntica providência foi adotada em 1198 para se instituir a chamada "carucage". Em que pese a Magna Carta de 1215 tenha ganhado maior notoriedade, os registros históricos demonstram que a origem da necessidade de se obter "concordância do contribuinte" está ancorada nestes fatos históricos.[6]

O Rei João Sem-Terra (John Lackland) tornou-se famoso justamente por tentar abandonar a prática antes noticiada. De efeito, o seu reinado foi marcado pela adoção de algumas medidas impopulares e comportamentos que afrontaram os súditos culminando com a tomada de Londres em

---

1. Klaus Tipke e Joachim Lang, *Direito Tributário*, trad. Luiz Dória Furquim, vol. I, Porto Alegre, Sergio Antonio Fabris, 2008, p. 236.

2. Luís Eduardo Schoueri, *Direito Tributário*, São Paulo, Saraiva, 2011, p. 269. Charles Adams, *For Good and Evil. The Impact of Taxes on the Course of Civilization*, 2ª ed., Nova York, Madison, 1999, p. 139. Refere Charles Adams: "Harsh and punitive measures against new or excessive taxation had their origin in the Edict of Paris of A.D. 614, sometimes likened unto Magna Carta. The Edict was a treaty between rivals kings in the Frankish Kingdom which spread over most of northern Europe".

3. Frederick Pollock e Frederic William Maitland, *The History of English Law Before the Time of Edward I*, vol. I, Ed. Indianapolis, Liberty Fund, pp. 21 e 369.

4. Luís Eduardo Schoueri, *Direito Tributário*, cit., p. 270. Christoph Dellstedt, *Die Steuer als instrument der politik*, Berlim, Dunker and Humblot, 1966, p. 73.

5. Frederick Pollock e Frederic William Maitland, *The History of English Law Before the Time of Edward I*, cit., p. 59.

6. Luís Eduardo Schoueri, *Direito Tributário*, cit., p. 270.

1215 pelos barões revoltosos. A carta, tida por muitos como precursora das Constituições, tinha três pontos fundamentais: em primeiro lugar, a Igreja teria liberdade para encontros Eclesiásticos; em segundo lugar, a cobrança de tributos além dos níveis normais deveria ser precedida de anuência dos súditos; e, em terceiro lugar, nenhum homem livre seria punido exceto naqueles casos previstos na *common law*.[7]

Outro fato histórico que marcou de forma indelével o Direito Tributário remonta aos idos de 1750 e que precederam a independência norte-americana. Os colonos britânicos, insatisfeitos com a falta de representatividade junto ao distante parlamento britânico, insurgiram-se contra a tributação das colônias cunhando a famosa expressão "no taxation without representation". Portanto, as raízes da legalidade aqui destacadas remontam ao Estado absolutista atenuado por frágeis lampejos democráticos.[8] A investigação empreendida permite compreender o sentido que a norma examinada possui hoje. Não se pode defender uma ideia de legalidade tributária desatrelada da consistência democrática que a história tratou de agregar ao referido princípio, exigindo que o exercício do poder de tributar seja precedido de consulta aos representantes do povo.

1.2 Definição conceitual de lei e implicações com a definição de legalidade tributária

Em língua portuguesa a expressão "lei" apresenta mais de um sentido, podendo ser desde ato emanado pelo Poder Legislativo, chegando a expressar "norma" ou até mesmo "direito".[9] Tércio Sampaio Ferraz Junior alerta para o equívoco de se igualar a ideia de "lei" ao conceito de "norma", dizendo que lei é a fonte de direito ou "revestimento estrutural da norma", já a norma é a prescrição que pode estar contida na lei ou outro ato normativo.[10] Lei em sentido técnico pode ser definida como o preceito jurídico escrito, proveniente de autoridade estatal competente de caráter geral e abstrato. Num sentido amplo, pode-se dizer que lei seria toda e qualquer fonte normativa, incluindo-se nesta acepção a lei divina, os costumes, a jurisprudência e as normas emanadas pelo Estado. Num sentido mais estrito, entende-se por lei aquela norma emanada pelo Poder Legislativo. Segundo Riccardo Guastini, formular uma norma é um ato bruto, enquanto que legislar – introduzir as normas formuladas em um ordenamento jurídico – é um ato "institucional" ou, melhor dizendo, uma sequência de atos institucionais, guiados por normas jurídicas constitutivas.[11]

Autonomia Contratual nos Contratos Administrativos, Coimbra, Almedina, 2003, p. 19). Refere Jacques Chevallier que o Estado de Polícia reconhecia o Direito, mas apenas na sua versão puramente formal (*L'État de Droit*, 3ª ed, Paris, Montchrestien, 1999, p. 16).

9. Definição vernacular de lei: "1. Regra de direito ditada pela autoridade estatal e tornada obrigatória para se manter a ordem e o progresso numa comunidade. 2. Norma(s) elaborada(s) e votada(s) pelo poder legislativo. 3. Obrigação imposta pela consciência e pela sociedade. 4. Norma, regra" (Aurélio Buarque de Holanda, *Dicionário do Língua Portuguesa*, Rio de Janeiro, Nova Fronteira, 1985, p. 289). Hugo de Brito Machado, *Os Princípios Jurídicos da Tributação na Constituição de 1988*, 4ª ed., São Paulo, Dialética, 2001, p. 34.

10. "A noção de lei, contudo, não é fácil de determinar. Antes de mais nada, como vimos, é preciso evitar a confusão entre lei e norma. A norma é uma prescrição. A lei é a forma de que se reveste a norma ou um conjunto de normas dentro do ordenamento. Nesse sentido, a lei é a fonte do direito, isto é, o revestimento estrutural da norma que lhe dá a condição de norma jurídica" (Tércio Sampaio Ferraz Junior, *Introdução ao Estudo do Direito*, 6ª ed., São Paulo, Atlas, 2010, p. 199).

11. Riccardo Guastini, *Distinguendo: Estudios de Teoría y Metateoría del Derecho*, Barcelona, Gedisa, 1999, p. 307.

---

7. Diz Sydney Mitchell: "The increase in their frequency and severity with wich the royal rights in connection with them were insisted on led to the combination of the barons which resulted in the establishment of an effective check on the king's control of taxation" (Sydney Knox Mitchell, *Studies on Taxation under John and Henry III*, New Haven, Yale University, p. 7).

8. José Manuel Sérvulo Correia alerta para o fato de ainda mesmo na Idade Média era possível verificar limitações jurídicas ao poder do monarca (*Legalidade e*

Há, ainda, a distinção entre lei em sentido formal e lei em sentido material.[12] No primeiro caso, considera-se lei em sentido formal aquele ato normativo analisado sob o aspecto da sua constituição, vale dizer, modo de sua produção. De outra banda, lei em sentido material é a norma identificada pelo seu conteúdo.[13] Antes de mera classificação doutrinária, a distinção traz consequências importantes que serão apreciadas na segunda parte deste ensaio. Por ora, pode-se afirmar que a noção de legalidade pressupõe a edição de lei não somente no seu sentido formal, como também em seu sentido material.[14] Sendo assim, em termos bastante singelos, pode-se dizer que lei é o ato normativo emanado pelo Poder Legislativo.[15] Ocorre que a Constituição Brasileira arrola no art. 59 uma série de atos criados pelo processo legislativo. Se, como visto, a legalidade tributária pressupõe a edição de lei para instituir ou majorar tributo, qual ou quais destes atos normativos antes arrolados serviriam para atender o preceito do art. 150, I, da Constituição?

A questão remete à tormentosa discussão sobre a chamada hierarquia legislativa, tema bastante caro ao Direito Tributário e que já ensejou inúmeras controvérsias submetidas ao Supremo Tribunal Federal.[16] A jurisprudência da Suprema Corte brasileira se consolidou no sentido de não reconhecer hierarquia entre os diferentes atos normativos emanados pelo Poder Legislativo, estabelecendo, em verdade, distinção em relação à competência que a Constituição reserva a cada modalidade.[17] Dessa forma, em poucas palavras, resumindo a discussão aos limites estabelecidos neste ensaio, a Constituição define competências para cada ato normativo expedido pelo Poder Legislativo, de sorte que não há falar em hierarquia entre as espécies referidas no art. 59. Há, em verdade, delimitação de competência, de sorte que as matérias reservadas à Constituição somente podem ser tratadas por meio de emendas constitucionais, temas restritos à lei complementar somente podem ser disciplinadas por este tipo legislativo e assim sucessivamente.[18]

Penderia dúvida nas hipóteses em que a Constituição silencia, isto é, quando não há determinação de qual seria o tipo legislativo próprio para a veiculação da matéria a ser

---

12. Hugo de Brito Machado, *Os Princípios Jurídicos da Tributação na Constituição de 1988*, 4ª ed., cit., p. 34.

13. Tércio Sampaio Ferraz Junior sintetiza a distinção da seguinte forma: "Resumidamente, podemos distinguir, então, entre leis materiais, isto é, leis caracterizadas por sua natureza (produção solene e institucionalizada de normas gerais) e leis formais ou caracterizadas pela forma (conteúdos que adquirem o caráter de lei porque o obedecem a sua forma de produção)" (*Introdução ao Estudo do Direito*, 6ª ed., cit., p. 201).

14. Luciano Amaro, *Direito Tributário Brasileiro*, 14ª ed., São Paulo, Saraiva, 2008, p. 116.

15. Luiz Felipe Silveira Difini estabelece que: "Lei em sentido lato é a expressão que compreende todos os atos normativos, ou atos que contêm disposições gerais, aplicáveis indistintamente a todos que se encontrem nas situações previstas em lei. Abrange desde as normas gerais de hierarquia até aquelas situadas em degraus inferiores da hierarquia legislativa" (*Manual de Direito Tributário*, 3ª ed., São Paulo, Saraiva, 2006, p. 116).

16. No julgamento da modificação implementada pela Lei ordinária n. 9.718 na disciplina da COFINS, instituída pela Lei Complementar n. 70, o STF consolidou entendimento de que não há hierarquia entre lei ordinária e lei complementar: "Contribuição social sobre o faturamento – COFINS (CF, art. 195, I). 2. Revogação pelo art. 56 da Lei 9.430/1996 da isenção concedida às sociedades civis de profissão regulamentada pelo art. 6º, II, da Lei Complementar 70/1991. Legitimidade. 3. Inexistência de relação hierárquica entre lei ordinária e lei complementar. Questão exclusivamente constitucional, relacionada à distribuição material entre as espécies legais. Precedentes. 4. A LC 70/1991 é apenas formalmente complementar, mas materialmente ordinária, com relação aos dispositivos concernentes à contribuição social por ela instituída. ADC 1, rel. Moreira Alves, *RTJ* 156/721. 5. Recurso extraordinário conhecido mas negado provimento" (Pleno, rel. Ministro Gilmar Mendes, RE 377.457, Repercussão Geral – Mérito, j. 17.9.2008, *DJe* 241).

17. 2ª T., rel. Ministro Joaquim Barbosa, RE 518.672 AgR, j. 26.5.2009, *DJe* 113, 19.6.2009.

18. Humberto Ávila, *Sistema Constitucional Tributário*, São Paulo, Saraiva, 2004, p. 131. José Souto Maior Borges, *Lei Complementar Tributária*, São Paulo, Ed. RT, 1975. Heleno Taveira Torres, "Código Tributário Nacional: teoria da codificação, função das leis complementares e posição hierárquica no sistema", *Revista Dialética de Direito Tributário* 71.

legislada. No entanto, desde o julgamento da Ação Declaratória de Constitucionalidade 1, consolidou-se entendimento de que o silêncio da Constituição indica que a matéria pode ser tratada tanto por lei ordinária, quanto por medida provisória.[19] No tocante à questão das medidas provisórias, discutiu-se durante longo período sobre a constitucionalidade de tal ato normativo veicular matéria tributária.[20] Em que pese o acalorado debate travado em sede doutrinária sobre o tema, a posição do Supremo Tribunal Federal aponta para a admissibilidade da utilização de medida provisória, conquanto sejam observados os requisitos impostos pelo art. 62 da Constituição.[21]

Pode-se, ainda, estabelecer uma terceira discussão em torno do texto da Constituição que dispõe sobre a legalidade tributária. Considerando que o texto do art. 150, I, poder-se-ia defender que a reserva à lei estaria limitada apenas às hipóteses em que houvesse necessidade de criar um tributo novo ou aumentar aqueles já existentes. No entanto, não paira dúvida alguma de que o sentido da legalidade tributária é bem mais amplo do que circunscrever a legalidade às hipóteses de aumento ou criação. Em verdade, a submissão do Direito Tributário à lei diz respeito à definição da hipótese de incidência como um todo, descrevendo todos os seus elementos, consoante dispõe o art. 97 do Código Tributário Nacional.[22]

1.3 Consagração da legalidade como elemento central da rigidez do Sistema Tributário Nacional

O Sistema Constitucional Tributário adotado pelo Brasil possui uma característica que lhe é muito peculiar, vale dizer, a rigidez do Sistema Tributário é uma consagração dos avanços históricos obtidos no país. Assim sendo, é preciso fazer um breve repasse na tradição constitucional pátria para identificar o sentido e a força que a legalidade tributária hauriu das Constituições Brasileiras. A começar pela Constituição do Império. Não se pode perder de vista que sendo fruto de um período histórico bastante significativo – pós-revoluções liberais – a marca da limitação do Poder Estatal em nome de garantias e determinados direitos do cidadão é visível.[23] Considerando que na Europa os Estados liberais passaram a proteger os direitos chamados pelos constitucionalistas como sendo aqueles de primeira geração,[24] no Brasil não poderia ser diferente. A liberdade, a segurança individual e a propriedade, direitos fundamentais de primeira geração, são garantias invioláveis segundo o art. 179 da Constituição de 1824.[25]

---

19. Pleno, rel. Ministro Moreira Alves, ADC 1, j. 1.12.1993, *DJ* 16.6.1995, p. 18.213. No mesmo sentido: Pleno, rel. Ministro Gilmar Mendes, RE 377.457, Repercussão Geral – Mérito, j. 17.9.2008, *DJe* 241, divulg. 18.12.2008, public. 19.12.2008.

20. Consultar dentre outros: Humberto Ávila, *Medida Provisória na Constituição de 1988*, Porto Alegre, Safe, 1997; Clèmerson Merlin Clève, *Medidas Provisórias*, 2ª ed., São Paulo, Max Limonad, 1999.

21. Dentre outros precedentes: Pleno, rel. Ministro Carlos Velloso, ADI/MC 1.397, j. 28.4.1997, *DJ* 27.6.1997, p. 30.224.

22. Hugo de Brito Machado, *Os Princípios Jurídicos da Tributação na Constituição de 1988*, 4ª ed., cit., p. 27. No mesmo sentido: Andrei Pitten Velloso, *Constituição Tributária Interpretada*, São Paulo, Atlas, 2007, p. 127; Luís Eduardo Schoueri, *Direito Tributário*, cit., p. 279.

23. Aos autores Paulo Bonavides e Paes de Andrade a marca liberal é inegável na Constituição imperial (*História Constitucional do Brasil*, 4ª ed., Brasília, OAB, 2002, p. 105).

24. José Joaquim Gomes Canotilho, *Direito Constitucional e Teoria da Constituição*, 7ª ed., Coimbra, Almedina, 2003, pp. 393-398. No mesmo sentido: José Carlos Vieira de Andrade, *Os Direitos Fundamentais na Constituição Portuguesa. 1976*, 2ª ed., Coimbra, Almedina, 2001, p. 173; Ingo Wolfgang Sarlet, *A Eficácia dos Direitos Fundamentais*, 4ª ed., Porto Alegre, Livraria do Advogado, 2004, p. 53. Adota-se a classificação largamente utilizada nos meios acadêmicos de "gerações" por melhor expressar a ideia de sucessão no tempo apenas, já que indissociável a ideia de complementariedade de uma geração à outra.

25. José Manuel Sérvulo Correia, *Legalidade e Autonomia Contratual nos Contratos Administrativos*, Coimbra, Almedina, 2003, p. 21. Os valores preservados pelo Estado de Direito liberal é compartilhado por Luis Felipe Difini que identifica naquela primeira versão do Estado de Direito o "paradigma jurídico-político da burguesia enquanto classe revolucionária" ("Princípio do Estado Constitucional Democrático de Direito", *Revista da Ajuris* 102/163).

Na seara tributária, a Constituição de 1934 prosseguiu no caminho do aprimoramento dos institutos de Direito Tributário. Pela primeira oportunidade também a Constituição condiciona a instituição de tributo à lei, consoante dispunha o art. 17. Em que pese o regime ditatorial, a Constituição de 1937 promoveu progresso no tocante às limitações à tributação, aperfeiçoando a rigidez do sistema, conforme identifica Geraldo Ataliba, que chama a Carta de 1937 de "rígida, exaustiva, minuciosa, casuística e abrangedora".[26] Houve no texto de 1946 uma profusão de limitações ao poder de tributar. No perpasso do Constitucionalismo brasileiro, não é demasiado abordar a Emenda Constitucional n. 18 de 1965 que para muitos autores foi o marco da autonomia do Direito Tributário consagrado na Constituição.[27] Com efeito, pela primeira vez na história do país a Constituição reservou um capítulo próprio ao "Sistema Tributário".[28] A inserção de um capítulo destacado para o Direito Tributário na Constituição significou muito mais que uma mera modificação legislativa. Representou, em verdade, uma maturação dogmática e institucional demonstrando através do texto constitucional a importância que a tributação tem na vida da sociedade.[29] Em que pese a Constituição de 1967 esteja maculada para sempre como uma carta outorgada pelo regime militar, no campo tributário houve inegável consolidação de conceitos e institutos que vigoram até os dias atuais.

O vácuo de democracia percebido no país entre os períodos ditatoriais mencionados impregnou a Constituição de 1988 de ideais democráticos.[30] De efeito, a noção básica e fundamental da expressão "democrático" na Constituição, conduz à imposição de requisitos de legitimidade do poder preenchidos com o consenso social por meio da democracia representativa, assim como também por meio da democracia direta, estimulada na Constituição de 1988 (art. 14, I, II e III).[31] Em síntese, a Constituição de 1988 caracteriza-se, preponderantemente, pela sua rigidez, na medida em que dispõe sobre as competências tributárias (arts. 145 a 149-A) e impõe limites ao poder de tributar (arts. 150 e 152). A criação e majoração de tributos exigem lei prévia para o seu estabelecimento (art. 150, I) e algumas matérias somente podem ser tratadas através de Lei Complementar (art. 146). A rigidez constitucional tributária é traço genuinamente brasileiro, presente desde a Constituição de 1946, como afirma Aliomar Baleeiro.[32] O exame da legalidade ao longo da tradição constitucional brasileira permite afirmar que a legalidade sempre pautou a tributação, estando presente desde a Constituição do Império. Os textos constitucionais que se sucederam agregaram outros aspectos que hoje conferem a rigidez e pretensão de completude que notabiliza o Sistema Constitucional Tributário.

26. Geraldo Ataliba, *Sistema Constitucional Tributário Brasileiro*, São Paulo, Ed. RT, 1968, p. 66.

27. Fábio Fanucchi, *Curso de Direito Tributário Brasileiro*, vol. I, São Paulo, Resenha Tributária, 1971, p. 12.

28. Ruy Barbosa Nogueira, *Curso de Direito Tributário*, 4ª ed., São Paulo, Instituto Brasileiro de Direito Tributário, 1976, p. 14.

29. Idem, p. 30. Cf. Fábio Fanucchi, *Curso de Direito Tributário Brasileiro*, cit., p. 63.

30. Konrad Hesse, *Elementos de Direito Constitucional da República Federal da Alemanha*, trad. Luís Afonso Heck, Porto Alegre, SaFe, 1998, p. 115; Antonio E. Pérez Luño, *Derechos Humanos, Estado de Derecho e Constitución*, 5ª ed., Madri, Tecnos, 1995, p. 204; Paulo Bonavides, *Do Estado Liberal ao Estado Social*, Fortaleza, Imprensa Universitária do Ceará, 1958, pp. 167-168.

31. Luiz Felipe Silveira Difini, "Princípio do Estado Constitucional democrático de direito", *Revista da Ajuris* 102/181.

32. Refere Aliomar Baleeiro ao comentar que: "o sistema tributário movimenta-se sob complexa aparelhagem de freios e amortecedores, que limitam os excessos acaso detrimentosos à economia e à preservação do regime e dos direitos individuais" (*Limitações Constitucionais ao Poder de Tributar*, 7ª ed., Rio de Janeiro, Forense, 1998, p. 2).

1.4 Importância e expressão da legalidade no direito brasileiro

O escorço histórico empreendido permite concluir a importância e o sentido que a legalidade alcançou ao longo do tempo, vale dizer, a noção exata do sentido da legalidade em matéria tributária passa a ser melhor compreendida com a identificação dos sentidos que foram atribuídos pela tradição. Pode-se dizer, pois, que a delegação do poder de tributar ao legislativo, exigindo-se que seja editada lei para criação de tributo ou sua majoração, foi construída ao longo dos séculos em torno da ideia de anuência popular.[33] Nessa medida, acerta Luís Eduardo Schoueri ao utilizar a expressão "direito de concordar com a tributação", "já que se espera, na maior medida possível, a concordância daqueles que serão atingidos pela tributação".[34]

Esta é uma constatação consagrada na história, mas não é a única. Com a propriedade que lhe é habitual, Hugo de Brito Machado destaca sentido dúplice à legalidade tributária: "(a) o de que o tributo deve ser cobrado mediante o consentimento daqueles que o pagam, e (b) o de que o tributo deve ser cobrado segundo normas objetivamente postas, de sorte a garantir plena segurança nas relações entre o fisco e os contribuintes".[35] Com razão o mestre.

Ousaria acrescentar que o segundo sentido é decorrência lógica do primeiro. Equivale a dizer que de nada adiantaria submeter a criação de um tributo ao parlamento no intuito de colher a chancela dos representantes do povo e não trazer segurança alguma ao contribuinte.[36] A conclusão parece óbvia: não se pode esperar que a ordem jurídica imponha ao Estado a consulta aos representantes do povo apenas para lhe conferir um cheque em branco. Compreender a legalidade de tal forma equivaleria a reduzir o seu conteúdo à praticamente zero.[37] Nessa toada, a legalidade se mimetiza ao próprio sentido do princípio do Estado de Direito, consolidando a noção de vinculação do Estado ao direito posto.[38] Num

---

33. Compartilhando a mesma ideia: "O princípio da legalidade significa que a tributação deve ser decidida não pelo chefe do governo, mas pelos representantes do povo, livremente eleitos para fazer leis claras" (Sacha Calmon Navarro Coelho, *Curso de Direito Tributário*, Rio de Janeiro, Forense, 2006, p. 214).

34. Luís Eduardo Schoueri, *Direito Tributário*, cit., p. 274.

35. Hugo de Brito Machado, *Os Princípios Jurídicos da Tributação na Constituição de 1988*, 4ª ed., cit., p. 17. No mesmo sentido: "O princípio da legalidade provavelmente é o princípio por excelência dos sistemas jurídicos modernos. É a essência do Estado democrático de direito: as regras do jogo jurídico são fixadas por lei, o que significa que a vontade de todos enunciada por representantes eleitos pelo povo. Os sistemas do tipo Estado democrático de Direito são geralmente identificados com a legalidade, com

o Império da Lei (*rule of law*). (...) A legalidade tem duas dimensões: formal e material. A legalidade formal diz respeito à natureza do veículo introdutor da norma jurídica" (Cristiano Carvalho, "Sistema, competência e princípios", in Eurico Marcos Diniz de Santi (Coord.), *Curso de Especialização em Direito Tributário: Estudos Analíticos em Homenagem a Paulo de Barros Carvalho*, Rio de Janeiro, Forense, 2005, p. 884).

36. Paulo de Barros Carvalho, *Curso de Direito Tributário*, 19ª ed., rev., São Paulo, Saraiva, 2007, pp. 167-168.

37. Cristiano Carvalho aprofunda a questão, dizendo: "A demarcação da ação estatal, numa ordem constitucional democrático, é extremamente rígida. Não só os agentes têm de agir conforme a lei expressamente os autoriza, como as próprias leis têm de seguir parâmetros demarcados na Constituição. De nada adiantaria um princípio que determinasse que ao Estado tudo o que não fosse permitido seria proibido se ele pudesse ditar livremente o que é o que não é permitido para si próprio. Isso nos leva a concluir que o princípio ontológico do direito público (legalidade projetada no Estado) já limita a ação estatal antes mesmo da elaboração das leis: limita a competência mesma de elaborar as leis. O receptor dos mandamentos constitucionais é, em primeiro lugar, o próprio Estado, cuja gênese é a mesma Constituição" ("Sistema, competência e princípios", in Eurico Marcos Diniz de Santi (Coord.), *Curso de Especialização em Direito Tributário: Estudos Analíticos em Homenagem a Paulo de Barros Carvalho*, cit., p. 885).

38. Semelhante conclusão foi obtida por Rafael Maffini em sua pesquisa na jurisprudência do STF (*Princípio da Proteção Substancial da Confiança no Direito Administrativo Brasileiro*, Porto Alegre, Verbo Jurídico, 2006, pp. 42 e 44). J. J. Gomes Canotilho traz a seguinte noção: "O direito compreende-se como um *meio de ordenação* racional e vinculativa de uma comunidade organizada e, para cumprir esta função ordenadora, o direito estabelece *regras e medidas*, prescreve *formas e*

país de tradição romano-germânica, onde a lei ocupa lugar preponderante enquanto fonte de direito,[39] forçoso concluir que tal vinculação refere-se à lei vigente. No texto da Constituição, são incontáveis os artigos e incisos que remetem a disciplina e a regulamentação de garantias e direitos à legislação infraconstitucional,[40] o que denota a importância da legislação e o apreço do ordenamento jurídico para com a norma escrita.[41]

A jurisprudência do Supremo Tribunal Federal vincula a legalidade tributária à noção de Estado de Direito, como se pode observar em trecho do voto do Ministro Aliomar Baleeiro.[42] Nessa trilha, o STF expôs com clareza a amplitude da norma aqui examinada ao apreciar a constitucionalidade da concessão de benefícios fiscais por parte do Estado do Rio Grande do Sul através de protocolo individual, estabelecendo como exigência para a concessão a inexistência de autuação do contribuinte.[43] A jurisdição do STF nos brinda com exemplos que conferem relevante importância à legalidade, sempre reenviando a norma ao sobreprincípio do Estado de Direito.[44] Impõe-se a reserva e a supremacia da lei como forma de subordinar a atuação do Poder Público a parâmetros preestabelecidos e atender valores inscuplidos na legislação,[45] consoante destaque do voto da Ministra Ellen Gracie.[46] O conteúdo normativo que a jurisprudência do STF apresenta ao intérprete é de que a legislação

---

procedimentos e cria *instituições*, Articulando medidas ou regras materiais com formas e procedimentos, o direito é, simultaneamente, *medida material e forma da vida colectiva* (K. Hesse)" (*Direito Constitucional e Teoria da Constituição*, 7ª ed., cit., p. 243).

39. René David, *Os Grandes Sistemas do Direito Contemporâneo. Direito Comparado*, 2ª ed., Lisboa, Meridiano, 1978, p. 62; Amílcar de Araújo Falcão, "O problema das fontes do Direito Tributário", *Revista de Direito Administrativo* 41/15, jul.-set./1955.

40. Por esse motivo a Carta Magna assim dispõe nos arts. 5º, II e XXXIX, e 37.

41. José Souto Maior Borges, em excelente artigo, ironiza o movimento que se denomina "contradogmática" ou também cunhado de "direito alternativo" chamando-o de generoso equívoco, pois dentre outros equívocos destacados acaba por destruir um dos pilares da juridicidade que é a segurança jurídica. Ao se referir à legalidade, é enfático: "Uma legalidade 'ilegítima' pode muito bem ser ainda assim melhor do que a ineficácia da legalidade; sua conversão num mero enunciado teórico, desprovido de efetividade" ("Pró-dogmática: por uma hierarquização dos princípios constitucionais", *Revista Trimestral de Direito Público* 1/140).

42. "Nosso sistema jurídico-constitucional, como todos os Estados de Direito, consagra o princípio da legalidade do tributo, que é, doutrinariamente, obrigação *ex lege* (art. 19, I; art. 153, § 29, da Constituição Federal). E o Código Tributário Nacional, que é lei complementar de normas gerais de Direito Financeiro (art. 6º, XVII, 'c'), da Constituição Federal, estabelece nítida e imperiosamente a regra da reserva de lei para instituição e majoração de impostos, quer do ponto de vista do fato gerador, quer no da base de cálculo (Lei n. 5.172/1966, art. 97, II, III e § 1º)" (1ª T., rel. Ministro Aliomar Baleeiro, RE 80.386-SP, j. 4.3.1975, *DJU* 4.4.1975).

43. "Reputo induvidoso que o Poder Público detém a faculdade de instituir benefícios fiscais, desde que observados determinados requisitos ou condições já definidos no texto constitucional e em legislação complementar, de modo a respeitar princípios e valores jurídicos próprios do Estado de Direito. Tal premissa mostra-se de fundamental importância porquanto não apenas preserva características formais próprias do Estado de Direito, como a representação popular, a reserva constitucional de competências, a independência de jurisdição, o princípio da legalidade (reserva e supremacia da Lei), entre outras, como também a atuação do Poder Público, mediante prévia subordinação a certos parâmetros ou valores antecipadamente estabelecidos em lei específica e sobretudo a princípios positivados na Constituição. Com isso, o Poder Público submete-se à ordem normativa do Estado de Direito, por sua simultânea especificidade garantidora do interesse prevalente do Estado e do interesse individual dos administrados, estabelecendo-se verdadeiro obstáculo à atuação ilegítima e à intemperança do Poder Público" (2ª T., rel. Ministra Ellen Gracie, RE 403.205-RS, j. 28.3.2006, *DJU* 19.5.2006, p. 43).

44. Estas ideias foram mais amplamente explicitadas no trabalho: Éderson Garin Porto, *Estado de Direito e Direito Tributário*, Porto Alegre, Livraria do Advogado, 2009, *passim*.

45. Essa concepção é idêntica à referida por Karl Engisch sobre a Lei Fundamental Alemã: "O art. 20, al. 3, da Constituição (Lei Fundamental) da República Federal declara expressamente: 'O Poder Executivo (a Administração, pois) e o Poder Judicial (ou seja, os Tribunais) estão vinculados à Lei e ao Direito'. É este um aspecto essencial do caráter de 'Estado-de-Direito' da nossa vida pública" (*Introdução ao Pensamento Jurídico*, 8ª ed., trad. J. Baptista Machado, Lisboa, Fundação Calouste Gulbenkian, 2001, p. 78).

46. 2ª T., rel. Ministra Ellen Gracie, RE 403.205-RS, j. 28.3.2006, *DJU* 19.5.2006, p. 43.

deve ser observada de forma incondicional para que seja garantido o estado ideal de coisas representado pela norma chamada "legalidade".

A doutrina confere idêntica importância à legalidade, onde sustentam alguns que o princípio da legalidade é o mais importante para efeito de limitação ao poder de tributar.[47] Dentre outros, pode-se fazer referência a Aliomar Baleeiro que aponta a legalidade tributária como "o mais universal desses princípios".[48] Em verdade, é inegável que a Sistema Tributário Brasileiro fez opção pela rigidez da ordem tributária, estabelecendo critérios e impondo limites expressos no próprio texto da Constituição.[49] A rigidez é uma característica que não se pode atribuir apenas a Constituição Federal de 1988, já que desde o texto de 1934 adota-se no Brasil um Sistema Constitucional rígido.[50] Agrega-se, pois, o elemento da tradição para a perfeita compreensão do fenômeno.[51]

2. Parte eficacial da legalidade tributária

Chegado o momento de proceder a análise da eficácia normativa que doutrina e jurisprudência conferem à legalidade tributária. No entanto, cumpre fazer, de forma introdutória, pequeno destaque para a compreensão das espécies normativas, no intuito de demonstrar a tríplice dimensão assumida pela chamada legalidade tributária. Para tanto, utilizar-se-á a classificação das normas adotada por Humberto Ávila que as divide em: regras, princípios e postulados.[52]

As regras caracterizam-se pela pretensão de clareza semântica, pelo propósito de prescrever comportamentos baseando-se nos chamados operadores deônticos "obrigatório", "permitido" ou "proibido". Da mesma forma, pode-se dizer que as regras possuem elevada rigidez quanto à aplicação, de sorte que o processo de utilização das regras baseia-se na subsunção do fato ao suporte fático descrito na moldura legal. Utiliza-se o método subsuntivo de aplicação do direito que propõe o desencadeamento de uma consequência jurídica se e somente se a situação fática preencher a moldura esculpida *in abstrato* pelo legislador, que nas palavras do Ministro Marco Aurélio, em conhecida metáfora, faz alusão ao figurino constitucional, na medida em que o fato da vida veste ou não o figurino pré-concebido pelo legislador. Como define Karl Engisch:

---

47. Gerd. W. Rothmann, "O princípio da legalidade tributária", *Revista de Direito Mercantil, Industrial, Econômico e Financeiro* 8/70, 1972. Defende Gerd Rothmann que "colige-se que o princípio fundamental do Direito Tributário é o da legalidade dos tributos, que assim pode ser formulado: não haverá tributo sem lei que o institua. Em vista da analógica deste princípio com aquele que rege o Direito Penal, costuma-se dizer, parafraseando o aforismo de Feuerbach: *nullum tributum sine lege*".

48. Aliomar Baleeiro, *Direito Tributário Brasileiro*, 11ª ed., Rio de Janeiro, Forense, 2003, p. 90; Geraldo Ataliba, *Sistema Constitucional Tributário Brasileiro*, cit., p. 30.

49. Laurent Fonbaustier faz interessante reflexão crítica sobre princípio de textura aberta no sistema tributário francês, *in verbis*: "La liberté du legislateur doit toujours être comprise en relation avec l'experience du respect des principes constitutionnels. Quelle que soit sa latitude d'action, l'egalité dans la loi lui imposera toujours des restrictions 'non négociables'. Les discrimination opérées ne devront en effet jamais contrevenir aux dispositions de l'article 1er précité de la Constitution. Elles ne sauraient donc, explicitement ou implicitement, favoriser par l'impôt des catégories de personnes à raison de leur race, de leur origine, de leurs religions ou croyances" ("Réflexions critiques sur un principe à texture ouverte: l'égalité devant l'impôt", *Archives du Philosophie du Droit* 46/90, 2006).

50. A constatação é feita por Geraldo Ataliba: "Da contemplação do sistema formado por esse diploma constitucional [*Constituição de 1934*], vê-se que, pela primeira vez, em todo o mundo, estrutura-se um sistema constitucional tributário rígido e inflexível que ao legislador ordinário não deixa margem alguma de discrição ou liberdade" (*Sistema Constitucional Tributário Brasileiro*, cit., p. 61).

51. Hans-Georg Gadamer, *Verdade e Método I. Traços Fundamentais de uma Hermenêutica Filosófica*, trad. Flávio Paulo Meurer, 6ª ed., Petrópolis, Vozes, 1997, pp. 270-273; José Souto Maior Borges, "Hermenêutica histórica no Direito Tributário", *Revista Tributária e de Finanças Públicas* 31/120.

52. Humberto Bergmann Ávila, *Sistema Constitucional Tributário*, cit., pp. 38-52 e *Teoria dos Princípios*, São Paulo, Malheiros Editores, 2003, pp. 26-82.

"A consequência jurídica em nada mais consistiria senão 'numa conexão lógica da situação de facto (descrita na hipótese legal) com a regra jurídica na sua referência normativa'".[53] O constituinte dotou o Sistema Tributário Nacional de inúmeras regras de competência, deixando clara a preferência por esta espécie normativa por um motivo bastante óbvio: as regras prescrevem condutas rígidas, eliminam problemas de coordenação e visam diminuir o espaço de atuação do intérprete.[54] A legalidade tributária, tal como descrita no texto constitucional (art. 150, I), assume feição preponderante de regra, vale dizer, a Constituição estabelece competência ao Poder Legislativo para disciplinar a matéria tributária, assim como, de forma indireta, estabelece a atividade marginal regulamentar do Poder Executivo.[55] Sendo a legalidade tributária uma regra, a consequência que se extraí é que a norma não pode ser superada pela livre ponderação do intérprete, exceto por exceção estabelecida por outra regra no texto constitucional. É exatamente o caso do art. 153, § 1º, que autoriza ao Presidente da República a modificar alíquotas por meio de decreto. Logo, a regra da legalidade não pode ser ponderada, suavizada ou relativizada.

Por outro lado, não se pode desconhecer que a legalidade tributária também possui dimensão normativa de princípio. Com efeito, tem-se como princípio aquela norma de natureza finalística, que possui elevado grau de abstração e visa promover um estado ideal de coisas ou bens jurídicos tutelados pela Constituição.[56] É da natureza dos princípios a ponderação e relativização do seu conteúdo para a resolução de eventual conflito. Na hipótese, a legalidade possui também dimensão normativa principiológica, na medida em que aponta para um estado ideal de coisas que resta consagrado na tradição jurídica como observado no exame das origens da norma. Significa dizer que os valores da representatividade do cidadão na instituição de normas em matéria tributária, notadamente a criação ou majoração de tributos, assim como a ideia de "concordância com a tributação" antes referida, além dos valores segurança, previsibilidade e determinabilidade são bens jurídicos tutelados pela legalidade. A observância da norma insculpida no art. 150, I, da Constituição em toda sua plenitude aqui preconizada é capaz de promover, em favor do cidadão, a segurança, a previsibilidade e a determinabilidade almejadas.[57]

2.1 Legalidade como expressão da democracia

Uma das facetas mais evidentes da legalidade é a exigência de buscar legitimação popular para conformar o poder de tributar ao Sistema Constitucional Tributário. Em outras palavras, significa dizer que a tributação deve receber a chancela dos representantes do povo, já que a instituição ou majoração dos tributos depende da edição de lei para ter validade segundo a Constituição. Esse viés pressupõe uma pré-compreensão dos fundamentos históricos da legalidade que impõem a um só tempo participação popular (consenso) decorrente da cidadania, observância da constitucional separação de poderes e competência legislativa.[58]

---

53. Karl Engisch, *Introdução ao Pensamento Jurídico*, 8ª ed., cit., p. 61.
54. Humberto Ávila, *Sistema Constitucional Tributário*, cit., p. 40.
55. Idem, p. 122
56. Idem, p. 38.

57. Por derradeiro, impende definir, ainda que de forma breve, a noção de postulado. Diferentemente das regras que prescrevem condutas (obrigatório, permitido, proibido), assim como diversamente dos princípios que apontam para fins, valores consagrados no ordenamento jurídico, os postulados são normas que atuam num plano superior. Em outras palavras, os postulados são normas que instituem métodos de aplicação de outras normas. Daí, ser lícito afirmar que a legalidade também pode assumir a forma de postulado, norma inscrita no art. 150, I, c/c o art. 5º, I, todos da Constituição Federal. Segundo Humberto Ávila, este postulado prescreve um dever de obediência do aplicador ao conteúdo mínimo ou ponto de partida eleito pelo legislador (*Sistema Constitucional Tributário*, cit., p. 38).
58. Como refere Hugo de Brito Machado, "o tributo deve ser consentido, vale dizer, aprovado

O primeiro debate está no controle político realizado pelo parlamento que, como é próprio da política, não possui regras muito claras ou logicidade em seu comportamento.[59] A decisão do parlamento em aprovar ou rejeitar um projeto de lei que pretende majorar determinado tributo está pautada em critérios exclusivamente políticos, de sorte que a aprovação da lei poderá ser obtida ainda que não se revele necessária a majoração do ponto de vista das contas públicas. Da mesma forma, se os indicadores econômico-financeiros apontarem para a necessidade de mudanças na tributação, o parlamento poderá não aprovar baseado apenas em juízo de conveniência política. Então surge o seguinte questionamento: se o Sistema Constitucional Tributário é rígido e altamente técnico, revela-se compatível com o ordenamento jurídico pátrio a decisão tomada pelo parlamento com fundamento apenas em juízo político? A política pode suplantar o tecnicismo do Direito Tributário? Não há dúvida de que a pergunta contém grave equívoco na sua própria formulação. Misturando-se o plano da decisão política com o plano da decisão judicial e propondo os mesmo critérios de decisão, a resposta provavelmente será de nenhuma serventia. Com efeito, o plano de decisão política está baseado em critérios decisionais diferentes daqueles próprios das Cortes. Essa distinção está no cerne da separação dos poderes e atribuições de cada órgão.[60] Para não alongar o debate, ficando apenas com as questões envolvendo a tributação, pode-se dizer que a Constituição concedeu uma margem maior de decisão ao parlamento que a concedida ao Poder Judiciário. Significa dizer que o Poder Legislativo possui margem de discricionariedade maior que o Poder Judiciário em matéria tributária, mas não se pode admitir que a decisão política tomada pelo legislativo seja absolutamente discricionária. Em que pese a decisão política possua uma margem de decisão mais ampla, ainda assim possui balizas ditadas pela Constituição, de modo que a sua inobservância pode ser corrigida pelo Poder Judiciário.

No intuito de exemplificar o debate sobre o juízo político e o controle por parte do Poder Judiciário, tomemos como exemplo a questão examinada pelo Supremo Tribunal Federal, envolvendo a chamada "guerra fiscal".[61] O Estado do Piauí editou lei estadual estabelecendo tratamento diferenciado para a incidência de ICMS sobre mercadorias provenientes de outros Estados da federação. De um lado, sustenta o Piauí que exerce competência tributária conferida pela Constituição, pois compete aos Estados legislarem sobre ICMS. Sendo assim, a decisão de aumentar alíquotas do tributo, em seus limites territoriais, estaria na esfera de decisão política, não devendo ser sindicada pelo Judiciário. Por outro lado, sustenta-se a inconstitucionalidade da lei com base na inobservância das balizas impostas pela Constituição à decisão política que lhe competiria. Vale dizer, a decisão de aumentar as alíquotas do tributo no Piauí não pode ofender outras normas da Constituição como, por exemplo, a liberdade de tráfego de bens e pessoas (arts. 150, V, e 152),

---

pelo povo, seus representantes nos parlamentos" (*Os Princípios Jurídicos da Tributação na Constituição de 1988*, 4ª ed., cit., p. 17); Luiz Felipe Silveira Difini, *Manual de Direito Tributário*, 3ª ed., cit., p. 73.

59. Ronald Dworkin sustenta que a decisão política é motivada por uma lógica coletiva, dizendo que "denomino política aquele tipo de padrão que estabelece um objetivo a ser alcançado, em geral uma melhoria em algum aspecto econômico, políticos ou social da comunidade (ainda que certos objetivos sejam negativos pelo fato de estipularem que algum estado atual deve ser protegido contra mudanças adversas)" (*Levando os Direitos a Sério*, trad. Nelson Boeira, São Paulo, Martins Fontes, 2002, p. 36).

60. Ronald Dworkin refere que: "Os argumentos de política justificam uma decisão política, mostrando que a decisão fomenta ou protege algum objetivo coletivo da comunidade como um todo. O argumento em favor de um subsídio para a indústria aeronáutica, que apregoa que tal subvenção irá proteger a defesa nacional, é um argumento de política" (*Levando os Direitos a Sério*, cit., p. 129).

61. Pleno, rel. Ministro Joaquim Barbosa, ADI/MC 4.565, j. 7.4.2011, *DJe* 121, 24.6.2011.

vedação à bitributação (art. 155, § 2º, VII, *b*) e, especialmente, a proibição de guerra fiscal (art. 155, § 2º, VI). Em seu voto, o Ministro Joaquim Barbosa revela que os argumentos de índole política arguidos pelo Estado do Piauí, quando sustentou que o desequilíbrio econômico da sua região em detrimento ao sul e sudeste, ainda que relevantes,[62] não podem suplantar as normas constitucionais.[63]

O segundo debate a ser travado no perfil da legalidade como "direito de concordar com a tributação" controverte a competência conferida ao legislativo e que, por vezes, é usurpada pelos Poderes Executivo e Judiciário. Este debate foi levado ao Supremo Tribunal Federal através de Recurso Extraordinário manejado pela União Federal contra acórdão que ampliou as hipóteses de isenção previstas em Decreto-lei. A Corte deu provimento ao recurso, dizendo que a ampliação das hipóteses de isenção consistiria em atuação do Poder Judiciário como legislador positivo, criando situações isencionais não previstas pelo legislador.[64] A vedação à edição de regulamentos e ou decretos do Poder Executivo que extrapolam a exigência de lei prévia é também assegurada pelo Supremo Tribunal Federal. Refere o Supremo que "sem lei estadual que a estabelece, é ilegítima a cobrança do imposto de circulação de mercadorias sobre o fornecimento de alimentação e bebidas em restaurantes ou estabelecimentos similar".[65] Nos casos de concessão do benefício de isenção tributária, o Poder Judiciário não pode exercer função positiva, vale dizer, por se tratar de juízo político, não poderia a Justiça estender benefícios isencionais não alcançados pela lei em razão da separação de poderes protegida pela Constituição.[66] Ao longo do voto, o Min. Celso de Mello invoca a tese do legislador negativo para fundamentar sua decisão.[67]

---

62. "O vício econômico apontado pelo estado-requerido decorre da adoção do critério de origem para demarcar o aspecto ativo da competência tributária, considerados os tributos multifásicos que gravam a produção, o consumo ou as vendas. Contudo, o problema apontado não é exclusividade local. De fato, a experiência norte-americana registra inúmeras controvérsias relativas à guerra fiscal que envolvem as operações abrangentes de mais de um membro da Federação. E o rápido avanço tecnológico tem agravado as distorções dos princípios da neutralidade e do pacto federativo. Desde o célebre julgamento do caso Quill *v.* North Dakota (504 U.S. 298, 1992), concernente às atualmente obsoletas vendas por catálogo postal, passando pela atual insurgência das grandes redes de varejistas contra o modelo adotado pela amplamente conhecida empresa de vendas *on-line* Amazon, os métodos de partilha da aptidão para instituir tributos vêm sendo colocados à prova" (Pleno, rel. Ministro Joaquim Barbosa, ADI/MC 4.565, j. 7.4.2011, *DJe* 121, 24.6.2011).

63. Nas palavras do Ministro: "Adequada ou inadequada em termos econômicos e sociais, a opção política feita pelo constituinte originário é precisa e nítida: nas operações interestaduais aplica-se a regra de tributação exclusiva pelo estado de destino se a mercadoria for combustível ou lubrificante. Nos demais casos, prevalece o critério de origem, mitigado na hipótese de operação realizada com consumidor final que também seja contribuinte do tributo. Os argumentos do estado-requerido tangentes à disparidade abissal entre as diversas regiões de nosso país de proporções continentais são relevantes, mas a alteração pretendida depende de verdadeira reforma tributária que não pode ser realizada individualmente por cada ente político da Federação, com posterior chancela de validade pelo Judiciário" (Pleno, rel. Ministro Joaquim Barbosa, ADI/MC 4.565, j. 7.4.2011, *DJe* 121, 24.6.2011).

64. No voto do Ministro Celso de Mello consta que: "A concessão desse benefício isencional traduz ato discricionário que, fundado em juízo de conveniência e oportunidade do Poder Público, destina-se, a partir de critérios racionais, lógicos e impessoais estabelecidos de modo legítimo em norma legal, a implementar objetivos estatais nitidamente qualificados pela nota da extrafiscalidade. A exigência constitucional de lei formal para a veiculação de isenções em matéria tributária atua como insuperável obstáculo à postulação da parte recorrente, eis que a extensão dos benefícios isencionais, por via jurisdicional, encontra limitação absoluta no dogma da separação de poderes" (2ª T., rel. Ministro Mauricio Corrêa, RE 188.951-SP, j. 16.5.1995, *DJU* 16.5.1995, p. 29.585).

65. 1ª T., rel. Ministro Antonio Neder, RE 78.871-SP, j. 19.4.1977, *DJU* 6.5.1977, *RTJ* 81-3/787.

66. 1ª T., rel. Ministro Celso de Mello, AIAgR 142.348-MG, j. 2.8.1994, *DJU* 24.3.1995, p. 6.807.

67. "Os magistrados e Tribunais – que não dispõem de função legislativa – não podem conceder, por isso mesmo, ainda que sob fundamento de isonomia, o benefício da exclusão do crédito tributário em favor daquela a quem o legislador, com apoio em critérios impessoais, racionais a objetivos, não quis contemplar com a vantagem da isenção. Entendimento diverso, que reconhecesse aos magistrados essa anômala função

Portanto, a legalidade atua como limitador não só para proteger o contribuinte, mas serve como regra de decisão para a preponderância do juízo político baseado num critério majoritário, em detrimento de um juízo de princípio baseado na tutela de pretensão individual. A questão está centrada num ideal de coexistência harmônica entre os Poderes, respeitando as competências atribuídas pela Constituição Federal a cada qual, bem como as opções valorativas já escolhidas na sua respectiva zona de competência. A tese do legislador negativo desenvolvida pelo Supremo Tribunal Federal estatui que o Poder Judiciário não pode acrescentar hipóteses não previstas na legislação em atenção também à separação de poderes.[68] Em síntese, pode-se concluir, provisoriamente, que a legalidade tributária impõe ao intérprete o dever de limitação jurídica do Estado através dos preceitos de cidadania e separação de poderes e democracia, corolários do Estado de Direito. A legalidade sob o influxo dos referidos preceitos exige a observância das competências definidas pela Constituição, sendo vedada a substituição por parte do Judiciário ou do Executivo nos juízos políticos realizados pelo constituinte ou pelo legislador ordinário.

2.2 Legalidade como limitação formal. Legalidade enquanto reserva legal

A segunda linha de aplicação da legalidade estabelece um caminho para que o Estado promova as alterações em matéria tributária de forma correta. Trata-se do viés de índole formal conferido à legalidade. A Constituição estabelece que a instituição ou majoração deverá ser feita por meio de lei, logo, implicitamente, o texto da Constituição envia duas mensagens claras ao intérprete: (1) a tributação deve ser procedida por lei em sentido estrito e (2) outros atos normativos não estão autorizados a implementar mudanças em matéria tributária.

As duas mensagens são claramente reconhecidas pela jurisprudência do Supremo Tribunal Federal que, com apoio na doutrina de Canotilho, também reconhece idêntico alcance a ideia de reserva legal.[69] A classificação acima reproduzida é tirada do julgamento da ADI/MC ajuizada contra lei do Estado de Pernambuco que delegava ao Poder Executivo a prerrogativa de concessão de benefícios fiscais.[70] Como se pode ver, o Supremo Tribunal Federal rechaça, dentro da eficácia de "reserva legal" atribuída à legalidade tributária, a chamada "delegação legislativa externa", pois ofende frontalmente os preceitos constitucionais. Dentro da visão acima referida da legalidade tributária, reserva de lei pode ser identificada como exigência de que "as intervenções onerosas na esfera jurídica do indivíduo à existência de lei formal, isto é, emanada do poder

---

jurídica, equivaleria, em última análise, a converter o Poder Judiciário em inadmissível legislador positivo, condição institucional essa que lhe recusou a própria Lei Fundamental do Estado. É de acentuar, neste ponto, que, em tema de controle de constitucionalidade de atos estatais, o Poder Judiciário só pode atuar como legislador negativo" (*RTJ* 146/461, rel. Ministro Celso de Mello).

68. Humberto Ávila, *Teoria da Igualdade Tributária*, São Paulo, Malheiros Editores, 2008, p. 186.

69. "Cumpre ter presente que a ideia de lei – 'enquanto instrumento de garantia contra o Poder Executivo e como regra primária indispensável ao desenvolvimento da atividade administrativa' (J. J. Gomes Canotilho, *Direito Constitucional*, 5ª ed., Almedina, Coimbra, 1991, p. 799) – conduz ao reconhecimento de que o postulado da reserva legal comporta análise sob dupla perspectiva: uma, de caráter negativa, e outra, de natureza positiva. A dimensão negativa da reserva constitucional de lei – adverte o magistério da doutrina (J. J. Gomes Canotilho, ob. e loc. cits.) – traduz a noção de que 'nas matérias reservadas à lei está proibida a intervenção de outra fonte de direito diferente de lei (a não ser que se trate de normas meramente executiva da administração)'. De outro lado, o princípio constitucional em questão, ao projetar-se em sua dimensão positiva, reafirma a ideia de que 'nas matérias reservadas à lei, esta deve estabelecer, ela mesma, o respectivo regime jurídico, não podendo declinar a sua natureza administrativa em favor das outras fontes'" (Pleno, rel. Ministro Celso de Mello, ADI/MC 1.296, j. 14.6.1995, *DJ* 10.8.1995).

70. Pleno, rel. Ministro Celso de Mello, ADI/MC 1.296, j. 14.6.1995, *DJ* 10.8.1995.

legislativo".[71] Examinando a discussão levada ao Supremo Tribunal Federal pelo Estado do Rio Grande do Sul que havia se insurgido com a sua inclusão no cadastro federal de devedores (CADIN) por divergência na prestação de contas de um convênio entabulado com a União Federal, percebe-se que a Corte reconheceu o "princípio da reserva de lei", qualificando-o como "instrumento constitucional de preservação da integridade de direitos e garantias fundamentais".[72]

A legalidade tributária, também conhecida como legalidade estrita, exige, em síntese, que todo e qualquer tributo seja instituído por lei, não por mera formalidade, mas como forma de prestigiar o Estado de Direito, na acepção antes referida de submissão do Estado ao Direito, posição respaldada pela jurisprudência do Supremo Tribunal Federal.[73] Em linha de conclusão

parcial, pode-se dizer que a legalidade em seu viés de limitação formal pode ser entendida como reserva legal, isto é, o tratamento da matéria tributária deve ser regulado por lei em seu sentido formal (ato emanado pelo Poder Legislativo) e, por via indireta, outro ato normativo não pode promover criação ou majoração de tributo, assim como o poder regulamentar que compete ao Executivo está limitado pela mesma norma.

2.3 Legalidade como limitação da atuação da administração

A legalidade possui função de conformação da atuação do Poder Executivo e impõe à Administração o dever de submissão à lei. Isso decorre do enfeixe dos arts. 5º, II, e 37 da Constituição. A tributação nada mais é do que uma atividade administrativa e como tal deve se conformar aos limites estabelecidos pela lei. Trata-se de atividade administrativa vinculada, consoante prescreve o art. 3º do Código Tributário Nacional, importando no afastamento de eventual margem de discricionariedade.[74]

O viés atribuído à legalidade tributária no sentido de vincular a atividade administrativa do Estado é disciplinada pelo art. 142 do Código Tributário Nacional. Em síntese, sustenta-se que a atividade tributária deve se conformar à lei, não podendo deixar de aplicá-la, sob pena de prevaricação, tampouco deve extrapolar os limites legais, exigindo para além do que efetivamente é devido. Logo, a Administração tributária deve se ater a lei na constituição do crédito

---

71. Gerd W. Rothmann, "O princípio da legalidade tributária", *Revista de Direito Mercantil, Industrial, Econômico e Financeiro* 8/71, cit.

72. No voto do Ministro Celso de Mello consta que: "O princípio da reserva de lei atua como expressiva limitação constitucional ao poder do Estado, cuja competência regulamentar, por tal razão, não se reveste de suficiente idoneidade jurídica que lhe permita restringir direitos ou criar obrigações. Nenhum ato regulamentar pode criar obrigações ou restringir direitos, sob pena de incidir em domínio constitucionalmente reservado ao âmbito de atuação material da lei em sentido formal. – O abuso de poder regulamentar, especialmente nos casos em que o Estado atua 'contra legem' ou 'praeter legem', não só expõe o ato transgressor ao controle jurisdicional, mas viabiliza, até mesmo, tal a gravidade desse comportamento governamental, o exercício, pelo Congresso Nacional, da competência extraordinária que lhe confere o art. 49, inciso V, da Constituição da República e que lhe permite 'sustar os atos normativos do Poder Executivo que exorbitem do poder regulamentar (...)" (Pleno, rel. Ministro Celso de Mello, ACO-QO 1.048-RS, j. 30.8.2007, *DJ* 31.10.2007, p. 77).

73. A título ilustrativo, vale transcrever excerto do voto do Ministro Ilmar Galvão que reconhece a inconstitucionalidade de taxa instituída através de portaria: "A portaria n. 62/2000, portanto, ao determinar a cobrança de valores em razão do exercício do poder de polícia, cria verdadeira taxa, sem observar, entretanto, os princípios da legalidade estrita – que disciplina o Direito Tributário – e da anterioridade. Ressalta-se, ainda, que a utilização de expressões vagas como 'outras espécies' e 'outros aquáticos', constantes do item 5.4 da portaria sob enfoque, gera caracterização imprecisa das atividades ensejadoras da cobrança da taxa, o que igualmente é incompatível com legalidade tributária" (Pleno, rel. Ministro Ilmar Galvão, ADI/MC 2.247-DF, j. 13.9.2000, *DJU* 10.11.2000, p. 81).

74. Esta aplicação da legalidade é encontrada em: Gerd Rothmann, "O princípio da legalidade tributária", in Antonio Sampaio Dória e Gerd Rothmann, *Temas Fundamentais de Direito Tributário Atual*, Belém, Cejup, 1983, pp. 77-120; Luís Eduardo Schoueri, *Direito Tributário*, cit., p. 282.

tributário. A questão se reflete com maior relevância prática quando a Administração confronta-se com uma dada situação fática que não se amolda perfeitamente à hipótese de incidência ou situação que parece ter contornos de simulação ou dissimulação. Tanto no primeiro, quanto no segundo caso, está se discutindo o alcance do conteúdo da norma tributária e a possibilidade de discricionariedade em matéria tributária. Como defendido por Luís Eduardo Schoueri, a legalidade não aceita o exercício de juízo de conveniência e oportunidade.[75] A questão é aguçada a partir do exame do art. 116, parágrafo único do Código Tributário Nacional chamada em doutrina como normal geral antielisiva. O referido dispositivo concede à autoridade administrativa tributária (leia-se Poder Executivo), a faculdade de desconsiderar atos ou negócios jurídicos praticados com a finalidade de dissimular a ocorrência de fato gerador. Logo, estaria autorizada, a Administração, a desconsiderar declaração feita pelo contribuinte para proceder ao lançamento de ofício.

Por óbvio que não se discute a competência que assiste à Administração de desconsiderar atos fraudulentos ou praticados em abuso de direito. Ocorre que, dada a textura fechada da norma tributária que reclama interpretação o mais próximo do literal possível, vedando-se inclusive a utilização de analogia ou equidade (art. 108 do Código Tributário Nacional), não se pode conceber que se utilize da referida norma antielisiva para que seja tributados fatos não tratados pelo legislador. Este é o ponto fundamental da discussão. Se compete ao legislativo eleger os fatos geradores passíveis de serem tributados, não pode a Administração, por meio da regra inserida no art. 116 do Código Tributário Nacional, substituir o legislador e tributar fatos não abarcados na legislação. Esta, portanto, é a aplicação da legalidade tributária como

limitação da atuação da administração na constituição do crédito tributário.[76]

2.4 Legalidade como tipicidade, determinabilidade fática ou especificidade conceitual

A chamada tipicidade tributária ou legalidade material é também reconhecida em doutrina como "determinabilidade fática" ou especificidade conceitual.[77] Ocorre que a exigência constitucional imposta ao legislador ordinário de uma determinação mais apurada das hipóteses fáticas é mais enfática que a prévia edição de lei, como exige a legalidade formal.[78] Exige-se, em sede tributária, tal nível de precisão normativa como forma de evitar que a utilização de expressões corriqueiras possam embaralhar o intérprete que, por vezes, não se satisfaz com a existência de lei em sentido formal para satisfazer os preceitos constitucionais. Por essa razão adota-se a definição "determinabilidade fática" utilizada por Humberto Ávila.[79] Aqui, no entanto, está a se sustentar que a Constituição exige

---

75. Luís Eduardo Schoueri, *Direito Tributário*, cit., p. 292.

76. Hugo de Brito Machado, *Os Princípios Jurídicos da Tributação na Constituição de 1988*, 4ª ed., cit., pp. 55-56.

77. Ricardo Lodi Ribeiro, "Legalidade tributária, tipicidade aberta, conceitos indeterminados e cláusulas gerais tributárias", *Revista de Direito Administrativo* 229/323, jul.-set./2002. O autor critica a ideia oitocentista de tipicidade cerrada ou fechada, apontando como uma das causas do atraso ou "crise axiológica" do Direito Tributário.

78. Misabel Derzi, na atualização à obra de Aliomar Baleeiro, parafraseando Bühler identifica a legalidade no sentido material com o Estado de Direito: "Lembra O. Bühler que, segundo a máxima de que nenhuma intervenção se dará sem fundamental legal, a conformidade coma lei e com o pressuposto de fato 'são manifestações jurídico-tributárias do Estado de Direito' (cf. Ottmar Bühler, *Principios de Derecho Internacional Tributario*, trad. Fernando Cervera Torrejon, Madrid, Derecho Financiero, 1968, p. 201)" (Aliomar Baleeiro, *Limitações Constitucionais ao Poder de Tributar*, 7ª ed., cit., p. 116).

79. Humberto Ávila, *Sistema Constitucional Tributário*, cit., pp. 300 e ss. Canotilho reconhece a existência de um princípio da precisão ou determinabilidade das normas jurídicas (*Direito Constitucional e Teoria da Constituição*, 7ª ed., Coimbra, Almedina, 2003, p. 258).

mais que lei prévia. Exige a definição clara da hipótese de incidência, sob pena de violação à determinabilidade fática. De nada adiantaria a Constituição exigir simplesmente que houvesse a edição prévia de lei para instituição de um determinado tributo novo cuja moldura legal fosse excessivamente aberta.[80] Estar-se-ia, assim, conferindo ao Poder Executivo um "cheque em branco" para estabelecer o sujeito passivo, fato gerador, base de cálculo e alíquota. O Sistema Tributário, no entanto, indica o contrário. É possível haurir do Sistema Constitucional Tributário esse dever de precisão, aqui chamado determinabilidade fática, inclusive com supedâneo em precedente do Supremo Tribunal Federal.[81]

A doutrina de Direito Tributário é uníssona ao sustentar o dever de precisão normativa, divergindo apenas quanto ao nome a ser atribuído.[82] Roque Antonio Carrazza, por exemplo, chama apenas legalidade e diz que "para afugentarmos, desde já, possíveis dúvidas, é bom dizermos que criar um tributo é descrever abstratamente sua hipótese de incidência, seu sujeito ativo, seu sujeito passivo, sua base de cálculo e sua alíquota".[83] De outro lado, Paulo de Barros Carvalho prefere adjetivar o princípio e chamá-lo de estrita legalidade.[84] O Supremo Tribunal Federal, ao apreciar a extensão e significado da norma constitucional de legalidade, já reconheceu o dever de correta discriminação de sujeito passivo, alíquota e base de cálculo.[85] No julgamento que apreciou a prática da Administração paulista em legislar sobre matéria tributária por meio de decreto, o Supremo Tribunal Federal referiu que ainda que a determinação do sujeito passivo constasse das normas federais (Decreto-lei), seria necessário constar também na legislação estadual.[86] Na mesma linha, ao examinar o Recurso Extraordinário que discutia a instituição de taxa sem a

---

80. O Tribunal Constitucional Federal da Alemanha aplicou o princípio do Estado de Direito no julgamento do caso que discutia a "Lei dos preços" e a possibilidade dos órgãos da Administração para regular a matéria por meio de decretos e medidas administrativas. O Tribunal assentou que "os princípios do Estado de Direito exigem que também os poderes delegados ao Executivo para a edição de atos administrativos onerosos sejam, por meio de lei autorizadora, suficientemente determinados e delimitados em seu conteúdo, objeto, propósito e extensão, de tal forma que as intervenções sejam mensuráveis, bem como sejam, em certa extensão, previsíveis e calculáveis para o cidadão" (BVerfGE 8, 274 de 12.11.1958; Jürgen Schwabe, *Cinquenta Anos de Jurisprudência do Tribunal Constitucional Federal Alemão*, trad. Beatriz Hennig *et alli*, Montevidéu, Fundación Konrad Adenauer, 2005, p. 846).

81. "(...) o princípio da reserva legal foi concebido para garantir o contribuinte contra o abuso do poder de tributar. Se prevalecer o poder do acórdão impugnado, ficará o executivo Paulista com o poder quase absoluto de tributar por meio de decreto regulamentar de lei federal, anomalia que a Constituição rejeita, como se compreende" (1ª T., rel. Ministro Antonio Neder, RE 78.871-SP, j. 19.4.1977, *DJU* 6.5.1977, *RTJ* 81-3/787).

82. Importante ressaltar que a mera classificação ou nomenclatura adotada é de somenos importância. Parece-nos mais correto e didaticamente ilustrativo utilizar a expressão determinabilidade fática. Contudo, a despeito da divergência quanto ao nome, convergem os autores quanto aos efeitos e consequências jurídicas da norma.

83. Roque Antonio Carrazza, *Curso de Direito Constitucional Tributário*, 18ª ed., São Paulo, Malheiros Editores, 2002, p. 216.

84. Refere Paulo de Barros Carvalho: "o veículo introdutor da regra tributária no ordenamento há de ser sempre a lei (sentido lato), porém o princípio da estrita legalidade diz mais do que isso, estabelecendo a necessidade de que a lei adventícia traga no seu bojo os elementos descritores do fato jurídico e os dados prescritores da relação obrigacional. Esse *plus* caracteriza a tipicidade tributária, que alguns autores tomam como outro postulado imprescindível ao subsistema de que nos ocupamos, mas que pode, perfeitamente, ser tido como uma decorrência imediata do princípio da estrita legalidade" (*Curso de Direito Tributário*, 15ª ed., cit., p. 159).

85. Como destaca o Ministro Aliomar Baleeiro no seu voto: "Nosso sistema jurídico-constitucional, como o de todos Estados-de-Direito, consagra o princípio da legalidade do tributo, que é, doutrinariamente, obrigação *ex lege* (art. 19, I; art. 153, § 29 da Constituição Federal). E o Código Tributário Nacional, que é lei complementar de normas gerais de Direito Financeiro (art. 6º, XVII, 'c') da Constituição Federal, estabelece nítida e imperiosamente a regra da reserva de lei para instituição e majoração de impostos, quer do ponto de vista do fato gerador, quer no da base de cálculo (Lei 5.172/1966, arts. 97, II, III e § 1º)" (1ª T., rel. Ministro Aliomar Baleeiro, RE 80.386-SP, j. 4.3.1975, *DJU* 4.4.1975).

86. 1ª T., rel. Ministro Antonio Neder, RE 78.871-SP, j. 19.4.1977, *DJU* 6.5.1977, *RTJ* 81-3/787.

expressa discriminação da base de cálculo e alíquota, o Supremo Tribunal Federal reconheceu a inconstitucionalidade da norma.[87] Na síntese do princípio, proposta por Humberto Ávila, a determinabilidade fática consiste na necessidade de expressa referência dos elementos essenciais distintivos da hipótese de incidência do tributo, sob pena de incorrer em inconstitucionalidade.[88] Por fim, há o problema envolvendo tributação mediante lei lacunosa.[89] Numa concepção mesquinha da norma, poder-se-ia sustentar que a edição de lei prévia teria atendido a legalidade. Contudo, o Supremo Tribunal Federal, reiteradamente, rechaça o uso da analogia em sede de Direito Tributário.[90] De efeito, a jurisprudência do Supremo e a doutrina majoritária sustentam que o uso da analogia é vedado para a instituição ou majoração de tributos.[91] Em julgamento sobre a taxatividade da lista de serviços do Imposto sobre Serviço de Qualquer Natureza (ISSQN), o Supremo Tribunal Federa, por diversas vezes, posicionou-se pela vedação de ampliação analógica.[92]

Conclusões

Em sede de conclusões, podemos afirmar que a legalidade tributária é fruto de anseios sociais históricos que tentaram, ao longo dos anos, impor limites ao poder de tributar, notadamente exigindo a anuência do povo em matéria tributária. A necessidade de consultar os representantes do povo, com o passar do tempo, deixou de ser meramente um requisito formal, isto é, procedimento para instituição de tributos, para alcançar a condição de balizador e modulador material da referida atividade tributária. Assim, atualmente, não se admite uma concepção de lei meramente formal para caracterizar o atendimento da legalidade. Revela-se necessário o atendimento da lei no seu caráter material.[93]

A legalidade tributária exige a edição de lei não somente para instituir ou majorar tributos. O tratamento da matéria tributária deve ser veiculado por lei no sentido mais amplo, devendo ser identificada a espécie própria do caso concreto de acordo com as competências tributárias definidas pela Constituição.[94] No entanto, não paira dúvida

---

87. Consoante ressalta o Ministro Carlos Velloso: "Posta assim a questão, segue-se a inconstitucionalidade do citado dispositivo legal, dado que ali não está fixada nem a base de cálculo da taxa e nem a sua alíquota. É dizer, a lei não estabelece a base de cálculo da taxa e nem a sua alíquota, delegando à autoridade administrativa a elaboração de tabela anual para 'ressarcimento de custos incorridos nos respectivos serviço', violando-se, destarte, o princípio da legalidade tributária (CF, art. 150, I; CTN, art. 97, IV)" (Pleno, rel. Ministro Carlos Velloso, RE 188.107-SC, j. 21.3.1997, *DJU* 30.5.1997, p. 23.193).

88. Humberto Ávila, *Sistema Constitucional Tributário*, cit., p. 310.

89. John Ward identifica quatro problemas no Reino Unido: (1) a ambiguidade semântica; (2) indeterminação semântica; (3) generalidade e indeterminação; e (4) conflito entre a terminologia da lei e a intenção do legislador. No entendimento do autor: "Si può affermare che l'attività di interpretazione delle norme del Regno Unito riflete un insieme di presunzioni relative all'intenzione del Parlamento (in generale, nel significato descritto più sopra). La prima presunzione, che è anche la più forte, è quella che assegna importanza predominante al 'significato ordinario' della lettera della legge. Questa presunzione esprime l'idea (discussa più sopra) secondo cui si deve cercare di chiarire il significato delle parole effettivamente inteso dal legislator; collegata a cio è la presunzione, che deriva dal 'senso comune', secondo la quale il legislatore utilizza il linguaggio in modo attento ed ortodosso" ("L'interpretazione delle norme tributarie e gli effetti sugli uffici e sui contribuenti nel Regno Unito", *Rivista di Diritto Finanziario e Scienza delle Finanze* 54/77, 1995).

90. 2ª T., rel. Ministro Francisco Rezek, RE 182.314-SP, j. 21.2.1995, *DJU* 18.8.1995, p. 24.980; 1ª T., rel. Ministro Aliomar Baleeiro, RE 80.386-SP, j. 4.3.1975, *DJU* 4.4.1975.

91. Ricardo Lobo Torres, *Normas de Interpretação e Integração do Direito Tributário*, 3ª ed., Rio de Janeiro, Renovar, 2000, p. 119. John Ward, "L'interpretazione delle norme tributarie e gli effetti sugli uffici e sui contribuenti nel Regno Unito", *Rivista di Diritto Finanziario e Scienza delle Finanze* 54/73-105, cit.

92. 2ª T., rel. Ministro Carlos Madeira, RE 114.354-RJ, j. 6.11.1987, *DJU* 4.12.1987, p. 27.644. É bem verdade que o STF já se valeu da analogia para ampliar a lista de serviços do ISS: 1ª T., rel. Ministro Xavier de Albuquerque, RE 87.931, j. 20.2.1979, *DJU* 23.8.1979, p. 2.102.

93. Luciano Amaro, *Direito Tributário Brasileiro*, 14ª ed., cit., p. 116.

94. Humberto Ávila, *Sistema Constitucional Tributário*, cit., p. 131; José Souto Maior Borges, *Lei*

alguma de que o sentido da legalidade tributária é bem mais amplo do que circunscrevê-la às hipóteses de aumento ou criação. Em verdade, a submissão do Direito Tributário à lei diz respeito à definição da hipótese de incidência como um todo, descrevendo todos os seus elementos, consoante dispõe o art. 97 do Código Tributário Nacional.[95]

A pesquisa em torno da tradição histórica brasileira permite concluir que a legalidade se constitui em elemento central da chamada rigidez do Sistema Constitucional Tributário. Pode-se dizer, pois, que a atribuição da limitação do poder de tributar ao legislativo, exigindo-se que seja editada lei para criação de tributo ou sua majoração, foi construída ao longo dos séculos em torno da ideia de anuência popular.[96] Nessa medida, acerta Luís Eduardo Schoueri ao utilizar a expressão "direito de concordar com a tributação", "já que se espera, na maior medida possível, a concordância daqueles que serão atingidos pela tributação".[97]

Dentre as eficácias apresentadas, apontou-se a legalidade como expressão da democracia, estando a exigir a observância das competências definidas pela Constituição, sendo vedada a substituição por parte do Judiciário ou do Executivo nos juízos políticos realizados pelo constituinte ou pelo legislador ordinário. Identificou-se, igualmente, que a legalidade, em seu viés de limitação formal, pode ser entendida como reserva legal, isto é, o tratamento da matéria tributária deve ser regulado por lei em seu sentido formal (ato emanado pelo Poder Legislativo) e, por via indireta, outro ato normativo não pode promover criação ou majoração de tributo, assim como o poder regulamentar que compete ao Executivo deve ser limitado pela mesma norma. Na mesma linha, sustentou-se que a legalidade possui eficácia de limite à atividade administrativa tributária, vedando discricionariedade na atividade de constituição do crédito tributário. Por fim, considerando que a legalidade haure do ordenamento jurídico pátrio conceitos e institutos para definição das hipóteses de incidência, não se pode admitir imprecisão conceitual ou até mesmo emprego de analogia no desempenho do poder de tributar.

Complementar Tributária, cit.; Heleno Taveira Torres, "Código Tributário Nacional: teoria da codificação, função das leis complementares e posição hierárquica no sistema", *Revista Dialética de Direito Tributário* 71, cit.

95. Hugo de Brito Machado, *Os Princípios Jurídicos da Tributação na Constituição de 1988*, 4ª ed., cit., p. 27. No mesmo sentido: Andrei Pitten Velloso, *Constituição Tributária Interpretada*, cit., p. 127; Luís Eduardo Schoueri, *Direito Tributário*, cit., p. 279.

96. Sacha Calmon Navarro Coelho, *Curso de Direito Tributário*, cit., p. 214.

97. Luís Eduardo Schoueri, *Direito Tributário*, cit., p. 274.

ESTUDOS & COMENTÁRIOS

PRINCÍPIO CONSTITUCIONAL DA IGUALDADE TRIBUTÁRIA NA INCIDÊNCIA DO IPI: CRÍTICA DOUTRINÁRIA AO JULGAMENTO DOS EMBARGOS INFRINGENTES 5002923-29.2010.404.7205 PELO TRF-4ª REGIÃO

Gustavo Chies Cignachi

Juiz Federal Substituto da 4ª Região.
Mestrando em Direito Tributário pela PUC/SP.
Especialista em Registros Públicos pela UniRitter/RS

1. Introdução. 2. Rápidas considerações sobre o princípio constitucional da isonomia ou da igualdade em matéria tributária. 3. Do caso concreto no julgamento dos embargos infringentes 5002923-29.2010.404.7205. 4. Da crítica doutrinária: a isonomia e o desvio da extrafiscalidade do IPI: 4.1 Da situação equivalente: igualdades e desigualdades de posições jurídicas; 4.2 Da extrafiscalidade específica do IPI: a seletividade pela essencialidade. 5. Conclusão. 6. Bibliografia.

1. Introdução

Em decisão recente, a 1ª Seção do Tribunal Regional Federal da 4ª Região (TRF-4ª R.), no julgamento dos Embargos Infringentes 5002923-29.2010.404.7205, entendeu por alterar sua jurisprudência quanto à incidência do Importo sobre Produtos Industrializados. A "virada" partiu de uma nova leitura da estrutura constitucional e legal do tributo, abortando sua aplicação às empresas importadoras de manufaturas.

A Corte Regional acabou por abandonar a reiterada jurisprudência já consolidada, inclusive, pelo Superior Tribunal de Justiça. Houve uma alteração radical no enfoque a ser dado à disciplina do imposto, mais atendo aos estritos temos da lei tributária.

Contudo, sempre com a devida vênia, o presente trabalho pretende promover a crítica doutrinária dessa nova interpretação. Se, por um lado, trouxe inovação e maior refinamento técnico na abordagem do texto legal, por outro, fez surgir novas implicações de ordem constitucional. O respeito ou a infringência ao Princípio Constitucional da Igualdade Tributária é questão que restou aberta pelo novo entendimento, demandando a abordagem acadêmica.

2. Rápidas considerações sobre o princípio constitucional da isonomia ou da igualdade em matéria tributária

Como bem referiu o Professor Paulo de Barros Carvalho, princípio "é o nome que se dá a regras do direito positivo que introduzem valores relevantes para o sistema, influindo vigorosamente sobre a orientação de setores da ordem jurídica".[1] Estão, expressa ou implicitamente, integrados ao ordenamento, direcionando as atividades de criação, interpretação e aplicação do conjunto normativo, ou seja, tornando-o jus-axiologicamente informado.

Especificamente quanto à igualdade, em todos os seus aspectos, seja formal, como material, apresenta-se como vetor interpretativo e valor inserido por todo o texto constitucional. O legislador recorreu ao conceito na construção dos vários ramos inseridos na Constituição, com destaque a sua elevação a garantia individual fundamental: "Art. 5º. Todos são iguais perante a lei, sem distinção de qualquer natureza, garantindo-se aos brasileiros e aos estrangeiros residentes no País a inviolabilidade do direito à vida, à liberdade, à igualdade, à segurança e à propriedade, nos termos seguintes".

Por consequência lógica, a máxima axiológica influenciou de forma profunda a estrutura do Sistema Tributário Nacional, se colocando também como garantia do indivíduo contra a Soberania, dotada do Poder de Tributar. Aquele direito garantido individualmente à "pessoa-cidadão", no exercício de sua cidadania e no tratamento que lhe deve ser deferido em correspondência aos demais, é espelhada para as relações do Estado com a "pessoa-contribuinte". Como já referiu o Pleno do Supremo Tribunal Federal no julgamento da ADI 3.105:[2]

"ofensa ao princípio constitucional da isonomia tributária, *que é particularização do princípio fundamental da igualdade*".

Dispõe o art. 150, inciso II, da Carta Maior:

"Art. 150. Sem prejuízo de outras garantias asseguradas ao contribuinte, é vedado à União, aos Estados, ao Distrito Federal e aos Municípios:

"(...).

"II – instituir tratamento desigual entre contribuintes *que se encontrem em situação equivalente*, proibida qualquer distinção em razão de ocupação profissional ou função por eles exercida, independentemente da denominação jurídica dos rendimentos, títulos ou direitos;"

A vedação é dirigida ao Estado que, no exercício de sua competência tributária, não poderá produzir norma jurídica que tenho por efeito a desigualdade entre contribuintes. Frise-se que a regra faz uso da expressão "que se encontrem em situação equivalente", indicando que a norma protetiva visa a uma igualdade prática, aquela buscada com vistas ao estado de coisas ali posto.

Quer dizer, não se trata de um mandamento de igualdade meramente formal, não é apenas a garantia de aplicação da lei a todos, de forma indistinta. É norma que busca proteção material do contribuinte quanto se encontrar em "situação equivalente" em comparação com outro. Ainda que a lei, formalmente, determine a distinção, esta não tem abrigo na ordem constitucional, devendo ser rechaçada pelo aplicador.

A utilização do conceito de equivalência ou, pode-se dizer, semelhança, traz ao princípio uma segunda conclusão: não é exigida uma igualdade absoluta, total ou formal. A desigualdade entre contribuintes é acolhida pela norma constitucional, desde que aqueles que recebem tratamento diverso

---

1. Paulo de Barros Carvalho, *Direito Tributário, Linguagem e Método*, 4ª ed., São Paulo, Noeses, 2011, p. 261.

2. Tribunal Pleno, rel. Ministra Ellen Gracie, rel. p/Acórdão Ministro Cezar Peluso, ADI 3.105, j. 18.8.2004, *DJ* 18.2.2005, p. 4, ement. vol. 2.180-02, p. 123, *RTJ* 193-01/137, *RDDT* 140/202-203, 2007 (grifamos).

não estejam ocupando posição semelhante aos demais. O Poder Público está autorizado – para resgatar a velha máxima – a desigualar os desiguais.

Encontrando e elegendo o legislador elementos do mundo dos fatos, vistos e escolhidos pela linguagem apropriada, imposta pela ordem constitucional, que tenha por efeito o estabelecimento de distinções no mundo do direito – como, por exemplo, a separação entre micros e pequenas empresas das demais, com fundamento no critério de faturamento[3] – pode ele impor tratamento desigual. Não haverá proibição, pois não está presente, na análise e interpretação da situação jurídica de desigualdade, o elemento da equivalência de posições entre os contribuintes.

O Supremo Tribunal Federal, na ADI 1.643, já teve a oportunidade de analisar a questão da igualdade para o caso, citado como exemplo, das empresas de micro e pequeno porte, acolhendo a constitucionalidade da norma distintiva, pois fundada em razões de "desequilíbrio": "Não há ofensa ao princípio da isonomia tributária se a lei, por motivos extrafiscais, imprime tratamento desigual a microempresas e empresas de pequeno porte de capacidade contributiva distinta, afastando do regime do Simples aquelas cujos sócios têm condição de disputar o mercado de trabalho sem assistência do Estado".[4]

O Relator, Ministro Maurício Corrêa, analisando a questão apresentou fundamento calcado na constatação objetiva de situação "não equivalente": "Essa desigualdade factual justifica tratamento desigual no âmbito tributário, em favor do mais fraco, de modo a atender também à norma contida no § 1º do art. 145 da Constituição Federal, tendo-se em vista que esse favor fiscal decorre do implemento da política fiscal e econômica, visando o interesse social".

Portanto, por essas considerações, o princípio da igualdade, na seara tributária, se apresenta como determinação negativa ao legislador infraconstitucional quanto à instituição de tributo ou criação de exceções ou situações jurídicas, que ponham em desigualdade material contribuintes em equivalência de posições. Ao mesmo tempo,

---

3. O art. 3º da Lei Complementar 123/2006 traz ao universo jurídico a distinção que o legislador pôde enxergar no mundo dos fatos, utilizando critérios da contabilidade:

"Art. 3º. Para os efeitos desta Lei Complementar, consideram-se microempresas ou empresas de pequeno porte a sociedade empresária, a sociedade simples, a empresa individual de responsabilidade limitada e o empresário a que se refere o art. 966 da Lei 10.406, de 10 de janeiro de 2002 (Código Civil), devidamente registrados no Registro de Empresas Mercantis ou no Registro Civil de Pessoas Jurídicas, conforme o caso, desde que:

"I – no caso da microempresa, aufira, em cada ano-calendário, receita bruta igual ou inferior a R$ 360.000,00 (trezentos e sessenta mil reais); e

"II – no caso da empresa de pequeno porte, aufira, em cada ano-calendário, receita bruta superior a R$ 360.000,00 (trezentos e sessenta mil reais) e igual ou inferior a R$ 3.600.000,00 (três milhões e seiscentos mil reais)."

4. "*Ação Direta de Inconstitucionalidade. Sistema integrado de pagamento de impostos e contribuições das microempresas e empresas de pequeno porte. Confederação Nacional das Profissões Liberais. Pertinência temática. Legitimidade ativa. Pessoas jurídicas impedidas de optar pelo regime. Constitucionalidade.* 1. Há pertinência temática entre os objetivos institucionais da requerente e o inciso XIII do art. 9º da Lei 9.317/1996, uma vez que o pedido visa a defesa dos interesses de profissionais liberais, nada obstante a referência a pessoas jurídicas prestadoras de serviços. 2. Legitimidade ativa da Confederação. O Decreto de 27.5.1954 reconhece-a como entidade sindical de grau superior, coordenadora dos interesses das profissões liberais em todo o território nacional. Precedente. 3. Por disposição constitucional (CF, art. 179), as microempresas e as empresas de pequeno porte devem ser beneficiadas, nos termos da lei, pela 'simplificação de suas obrigações administrativas, tributárias, previdenciárias e creditícias, ou pela eliminação ou redução destas' (CF, art. 179). 4. Não há ofensa ao princípio da isonomia tributária se a lei, por motivos extrafiscais, imprime tratamento desigual a microempresas e empresas de pequeno porte de capacidade contributiva distinta, afastando do regime do SIMPLES aquelas cujos sócios têm condição de disputar o mercado de trabalho sem assistência do Estado. Ação direta de inconstitucionalidade julgada improcedente" (Tribunal Pleno, rel. Ministro Maurício Corrêa, ADI 1.643, j. 5.12.2002, *DJ* 14.3.2003, p. 27, ement. vol. 2.102-01, p. 32).

abre a possibilidade de serem feitas diferenciações jurídico-tributárias para aqueles em situações de desequilíbrio.

Assim, a análise crítica da virada jurisprudencial, decidida pela Corte Regional, deve ter por norte a busca pelo estabelecimento das posições jurídicas entre os contribuintes. A possível quebra da igualdade, portanto, depende da análise da equivalência entre a situação do caso concreto e aquela em que se encontram outros contribuintes.

3. Do caso concreto no julgamento dos embargos infringentes 5002923-29.2010.404.7205[5]

Feitas as considerações de ordem teórica, em uma abordagem hipotética, cabe agora esmiuçar o situação de fato posta a julgamento perante a 1ª Seção do Tribunal Regional Federal da 4ª Região. Tratava-se de ação de rito ordinário proposta por importadora contra a União Federal, tendo como pedido principal o reconhecimento da não incidência do IPI sobre a comercialização, no mercado interno, de produtos por ela importados, ou seja, defendendo a inocorrência do fato gerador na saída dos bens de seu estabelecimento.

A importadora sustentou que, quando da importação da mercadoria industrializada no exterior, já fora tributada, respondendo pelo pagamento do tributo como equiparada a estabelecimento industrial na forma dos arts. 46, inciso I, e 51, inciso I, do Código Tributário Nacional:

"Art. 46. O imposto, de competência da União, sobre produtos industrializados tem como fato gerador:

"I – o seu desembaraço aduaneiro, quando de procedência estrangeira;

"(...).

"Art. 51. Contribuinte do imposto é:

"I – o importador ou quem a lei a ele equiparar;"

O argumento central da parte autora residia no fato de não ser estabelecimento industrial, mas comercial. Sua atividade econômica estaria voltada à aquisição de mercadorias estrangeiras e posterior revenda a varejo, sem qualquer novo processo de industrialização. Portanto, não haveria hipótese de incidência do tributo na saída da mercadoria do estabelecimento, pois não existiria nova "industrialização" a ser tributada.

A tese foi vitoriosa em primeira instância, sendo a ação julgada procedente.

---

5. *"Tributário. IPI. Produto industrializado. Circulação jurídica. Fato gerador. Importador. Estabelecimento equiparado a industrial. Desembaraço aduaneiro. Saída do estabelecimento. Bitributação. Fatos geradores e contribuintes diversos.* 1. O IPI não recai sobre a atividade de industrialização, de elaboração do produto, mas sobre o resultado do processo produtivo, ou seja, a operação jurídica que envolve a prática de um ato negocial do qual resulte a circulação econômica da mercadoria. 2. Mostra-se equivocada a assertiva de que a operação jurídica abrange somente o fabricante e o adquirente direto do bem industrializado, não abarcando situações em que a mercadoria não foi industrializada por nenhuma das partes envolvidas no negócio jurídico de transmissão da propriedade ou posse. 3. O cerne da incidência do IPI, de acordo com o art. 153, inciso IV, da CF, é a operação jurídica que faz circular o produto industrializado. 4. A parte autora é contribuinte importador (art. 51, inciso I, do CTN e art. 24, inciso I, do Decreto 7.212/2010), uma vez que ocorreu exatamente a situação fática prevista na norma. Nesse momento, houve fato gerador do IPI (art. 46, inciso I, do CTN e art. 35, inciso I, do RIPI) e a nacionalização das mercadorias. 5. A legislação tributária prevê nova hipótese de operação jurídica que promove a circulação dos bens, após a nacionalização (art. 4º, inciso I, da Lei n. 4.502/1964). Assim, nova incidência do IPI ocorre quando houver a saída das mercadorias do estabelecimento equiparado a industrial, em consonância com o disposto no art. 46, inciso II, combinado com o art. 51, inciso II e parágrafo único, do CTN. 6. Nas duas hipóteses examinadas houve circulação do produto industrializado, consoante o fato gerador descrito na lei: desembaraço aduaneiro, praticado pelo importador; saída econômico-jurídica, praticada pelo estabelecimento equiparado a industrial. Resta afastada a pecha de bitributação, visto que há fatos geradores e contribuintes diversos, embora a mesma pessoa jurídica figure como contribuinte" (TRF-4ª R., 1ª Seção, rel. p/Acórdão Vânia Hack de Almeida, EINF 5002923-29.2010.404.7205, *DE* 8.2.2013).

Contudo, a Fazenda Nacional interpôs recurso de apelação, subindo também os autos à Corte Regional em reexame necessário. No julgamento colegiado da demanda, o Desembargador Federal Relator Otávio Roberto Pamplona, na relatoria, apresentou voto pela rejeição do recurso.

O Relator, em suma, acolheu a tese de que, tendo o processo de industrialização se encerrado no exterior, sendo o ato tributado pelo IPI na importação, não caberia nova incidência quando da saída dos bens para o mercado interno, pois o autor da ação não realiza novo processo industrial. A simples comercialização (ou revenda) do bem que foi importado de forma acabada não atrairia a incidência do tributo, sendo indevida sua exigência pelo Fisco.

Em seu voto, sustentou o Relator:

"A parte autora não se irresigna contra a incidência de IPI em decorrência do desembaraço aduaneiro (art. 46, inc. I, do CTN), apenas pretende que se reconheça que se o processo de industrialização ocorre antes da importação, e por ocasião do despacho aduaneiro já houve a devida tributação, não deve pagar novamente o IPI por ocasião da saída do produto do estabelecimento.

"Assim, a tese da bitributação, neste caso específico, deve ser acolhida, pois a operação realizada da forma como descrita pela empresa, de efeito, não configura processo de industrialização que justifique nova incidência do IPI.

"Diferente seria a hipótese em que a autora praticasse atos que a legislação considera como de industrialização, nos termos do art. 4º do Decreto n. 4.544/2002 (Regulamento do IPI – RIPI)."

O Revisor, após pedido de vista, apresentou voto divergente, inaugurando uma nova análise jurídica da controvérsia. Preocupou-se o Desembargador Federal Rômulo Pizzolatti, com muita propriedade, em desarticular a tese da "ausência de industrialização" como fato capaz de afastar a incidência tributária do IPI.

Em linhas gerais, o Revisor passou a interpretar a regra-matriz de incidência tributária nos limites da linguagem imposta pela norma jurídica. Aos fatos, deu interpretação da norma, demovendo a ideia de que a operação física (ou ocorrência no mundo natural) de industrialização seria elemento condicionante da incidência do IPI.

A norma de competência tributária do IPI, prevista pela Constituição, não impôs a ocorrência do processo como hipótese de incidência, mas estabeleceu que a natureza do produto como industrializado poderia atrair tributação, conforme art. 153, inciso IV: "Art. 153. Compete à União instituir impostos sobre: (...); IV – produtos industrializados".

Nessa linha, defendeu o Revisor em seu voto que à lei infraconstitucional coube a definição das hipóteses de incidência envolvendo produtos industrializados – e não propriamente industrialização –, sendo fixadas como tais: o desembaraço aduaneiro, a saída da mercadoria do estabelecimento definido em lei e a arrematação do bem apreendido ou abandonado. Sob essa ótica, separando produto de processo de industrialização, o revisor estruturou sua divergência: "Ora, fato gerador do IPI é aquele descrito na lei como tal, observada a diretriz constitucional, não sendo obrigatório que o próprio contribuinte industrialize o produto, mas sim que de algum modo se vincule à circulação de produto industrializado".

Como não tem relevância a ocorrência ou não de industrialização, ou seja, como tal fato seria irrelevante à linguagem da norma posta pelo legislador constitucional, pôde o julgador sustentar a ocorrência não de um, mas de dois fatos geradores no caso posto.

Primeiro, ao importar mercadoria industrializada, a empresa autora praticaria ato sujeito à incidência do art. 46, inciso I, do Código Tributário Nacional: "Art. 46. O imposto, de competência da União, sobre produtos industrializados tem como fato gerador: I – o seu desembaraço aduaneiro, quando de procedência estrangeira".

Segundo, quando promovesse a saída dessa mesma mercadoria, agora já desembaraçada e incorporada a seu estoque, praticaria novo fato gerador, atraindo uma segunda hipótese de incidência, qual seja, a do art. 46, inciso II, em conjunto com o parágrafo único do art. 51, ambos no Código Tributário Nacional:

"Art. 46. O imposto, de competência da União, sobre produtos industrializados tem como fato gerador:

"(...).

"II – a sua saída dos estabelecimentos a que se refere o parágrafo único do art. 51;

"(...).

"Art. 51. Contribuinte do imposto é:

"(...).

"Parágrafo único. Para os efeitos deste imposto, considera-se contribuinte autônomo qualquer estabelecimento de importador, industrial, comerciante ou arrematante."

Dessa forma, tendo em conta a ocorrência de dois fatos geradores distintos, atraindo duas hipóteses de incidência diversas, não haveria óbice à tributação, bem como não se poderia falar em bitributação. O contribuinte teria direito apenas a aproveitar o crédito de IPI decorrente do pagamento do imposto no desembaraço para abatimento da operação de saída dos bens, em respeito à não cumulatividade.

Seguindo com o julgamento, a Desembargadora Federal Luciane Amaral Corrêa Münch apresentou voto acompanhando a divergência do revisor. A fundamentação apresentada reforçou a linha argumentativa do voto-divergente, apresentando mais dois argumentos relevantes.

Primeiro, a julgadora sustentou que o art. 46 do Código Tributário Nacional, em seus incisos, elenca hipóteses de incidência não auto-excludentes. Quer dizer, o só fato de haver tributação no desembaraço (inciso I) não significa que não possa haver tributação na saída da mercadoria do estabelecimento (inciso II), o que também desestabiliza a alegação de bitributação.

Segundo, a Desembargadora abordou também a questão da isonomia, ponto central deste artigo, tomando por fundamento a argumentação da Fazenda Nacional, apresentada em memoriais e transcrita na decisão, sendo o trecho mais importante: "(...) o fato de o legislador ter escolhido o desembaraço aduaneiro e também a saída do bem importado do estabelecimento do importador como fatos geradores do IPI vai ao encontro de uma só preocupação: proteger a indústria nacional, fazendo com que a carga tributária incidente sobre o bem importado não seja inferior àquela incidente sobre o bem nacional".

A justificativa acolhida para afastar a alegação de ofensa à isonomia tributária seria a "proteção da indústria nacional", o que, supostamente, seria uma das finalidades da IPI como tributo extrafiscal.

Assim, concluiu-se o julgamento, com provimento do recurso de apelação da Fazenda Nacional, por maioria, reformando a decisão de primeira instância. A parte autora, derrotada, fez uso da hipótese específica do art. 530 do Código de Processo Civil, manejando recurso de embargos infringentes para a 1ª Seção do Regional.

Recebido e processado, foi posto em pauta o recurso pela Juíza Federal convocada Vânia Hack de Almeida, que apresentou voto, acolhido por unanimidade dos presentes no julgamento, pelo não provimento do recurso. A argumentação apresentada, em resumo, é a mesma construída no julgamento da apelação.

Pode-se, então, estabelecer as premissas adotadas pelo Tribunal Regional Federal da 4ª Região para a solução da questão em favor da Fazenda Pública: (i) o IPI não incide sobre o processo de industrialização, mas sobre operações com produtos industrializados; (ii) o desembaraço aduaneiro e a saída da mercadoria do estabelecimento são hipóteses distintas de incidência, o que afasta a bitributação; e (iii) a quebra da isonomia tributária está justificada pela proteção da indústria nacional, considerando o caráter extrafiscal do IPI.

Feitas estas colocações, a crítica específica desse trabalho recairá sobre a terceira premissa, que, máxima vênia, considerando a estrutura constitucional do IPI, não tem base jurídica.

4. Da crítica doutrinária: a isonomia e o desvio da extrafiscalidade do IPI

4.1 Da situação equivalente: igualdades e desigualdades de posições jurídicas

Inicialmente, para a aferição da incidência ou não da máxima constitucional da isonomia, é preciso aferir se realmente existe, no caso posto, situação equivalente, como exige o texto constitucional em seu art. 150, inciso II:

"Art. 150. Sem prejuízo de outras garantias asseguradas ao contribuinte, é vedado à União, aos Estados, ao Distrito Federal e aos Municípios:

"(...).

"II – instituir tratamento desigual entre contribuintes *que se encontrem em situação equivalente*, proibida qualquer distinção em razão de ocupação profissional ou função por eles exercida, independentemente da denominação jurídica dos rendimentos, títulos ou direitos;"

Equivalentes, sob a ótica do Direito Tributário, são aquelas situações em que os contribuintes apresentam similar posição econômica e expressão de riqueza, como refere o Professor Paulo de Barros Carvalho: "Quando a estimativa 'igualdade' é empregada no direito tributário, o critério é bem objetivo: dois sujeitos de direito que apresentarem sinais de riqueza expressos no mesmo padrão monetário haverão de sofrer a tributação em proporções absolutamente iguais".[6]

No julgamento dos Embargos Infringentes 5002923-29.2010.404.7205, tem-se como autora uma empresa importadora de bens acabados, ou seja, bens sobre os quais não mais serão realizados atos de beneficiamento industrial, que, após o desembaraço, os comercializa a varejo no mercado interno. Na verdade, a empresa em questão se coloca no mercado como um varejista qualquer, com o diferencial de que suas fornecedoras são empresas estrangeiras.

Para a análise da equivalência das situações, importante reconstruir, de forma simplificada, qual posição jurídica um varejista ocupa na cadeia produtiva. O produto industrializado, que é o elemento expressivo de capacidade contributiva capaz de atrair a incidência do IPI com base na norma constitucional, até alcançar o seu destino final, chegando às mãos do consumidor, passa, hipoteticamente, por três estágios, senão vejamos.

No primeiro estágio, o produto é industrializado, é realizado o processo físico de industrialização, agregando valor ao substrato material da mercadoria, distinguindo-a como "produto industrializado" dentro do grande conjunto de bens. É necessariamente um ato do estabelecimento industrial, o local capaz de unir fatores de produção para a transformação física da coisa e sua conversão em outra, que é tachada pelo ordenamento como industrializada.

Realizado o processo de industrialização, que pode ser dividido em inúmeras etapas, mas aqui simplificado de forma hipotética, tem-se um produto acabado e apto a ser comercializado com o varejista, sendo que a saída do estabelecimento que o industrializou atrai a incidência do IPI com fundamento no art. 46, inciso II, do Código Tributário Nacional. Quer dizer, na passa-

---

6. Paulo de Barros Carvalho, *Direito Tributário, Linguagem e Método*, 4ª ed., São Paulo, Noeses, 2011, p. 284.

gem do primeiro para o segundo estágio, na transferência jurídica da mercadoria da indústria para o varejo, tem-se a ocorrência do fato gerador e o surgimento da obrigação tributária do estabelecimento industrial em pagar determinada quantia a título de IPI.

No segundo estágio, após a incorporação do produto industrializado ao estoque da empresa varejista, não se pode mais falar em industrialização. Aqui exerce a empresa a posição jurídica de comerciante, de pessoa dedicada com habitualidade à venda de mercadorias. Quando este comerciante varejista efetua a venda da mercadoria para o consumidor final, não há fato gerador do IPI.

Contudo, deve-se ressaltar que a inocorrência do fato gerador, nesse segundo momento, não está ligada à ausência de "nova industrialização", como bem defendido pelos julgadores no precedente em discussão. A Constituição Federal não determinou a tributação do processo de industrialização, mas das operações envolvendo os produtos industrializados. O que impede o surgimento da obrigação tributária nessa segunda operação é, na verdade, a ausência de previsão legal (de norma infraconstitucional) que disponha hipoteticamente sobre a saída de produtos do estabelecimento do comerciante, que não é industrial.

Em outras palavras, o Código Tributário Nacional em seu art. 46, inciso II, elenca como fato gerador do IPI apenas a saída de produtos industrializados dos estabelecimentos dos contribuintes elencados no art. 51:

"Art. 51. Contribuinte do imposto é:

"I – o importador ou quem a lei a ele equiparar;

"II – o industrial ou quem a lei a ele equiparar;

"III – o comerciante de produtos sujeitos ao imposto, que os forneça aos contribuintes definidos no inciso anterior;

"IV – o arrematante de produtos apreendidos ou abandonados, levados a leilão.

"Parágrafo único. Para os efeitos deste imposto, considera-se contribuinte autônomo qualquer estabelecimento de importador, industrial, comerciante ou arrematante."

Como se pode ver da leitura do dispositivo, o comerciante apenas é considerado contribuinte pela lei e, por consequência, seu estabelecimento apenas se enquadra no grupo daqueles cuja saída de produtos industrializados é fato gerador do IPI, quando a operação tem como destinatário outro industrial, outro estabelecimento industrial. No entanto, dedicando-se o comerciante ao varejo, ou seja, à venda ao consumo final, não pode ser enquadrado em qualquer dos incisos, não sendo, portanto, a saída do produto de seu estabelecimento fato gerador da exação.

Chega-se, então, ao terceiro estágio da cadeia produtiva, com a operação de compra e venda comercial, o consumidor final adquire a mercadoria industrializada do varejista, pondo fim ao ciclo econômico. Esta última operação de transferência jurídica, apesar de envolver manufaturados, não é fato gerador do tributo, por total ausência de norma nesse sentido.

O importante é destacar que a exação tributária restou limitada apenas ao primeiro estágio da cadeia produtiva, incidindo apenas sobre a transação comercial entre industrial e comerciante, tendo por base de cálculo o valor da operação, o que chamaremos de "preço da indústria". Posteriormente, o comerciante, ao valor pago pelos bens, agregará seus custos de operação (transporte, estocagem, mão-de-obra, encargos sociais, aluguéis, etc.) e sua margem de lucro para formar o "preço do varejo", a ser pago pelo consumidor final. Sobre esta segunda grandeza, necessariamente maior que a primeira, não haverá tributação pelo IPI, que esgotou sua cadeia de incidência logo no primeiro estágio do ciclo econômico. A posição jurídica ocupada pelo varejista, que o excluiu do âmbito de incidência da norma tributária, é justamente esta de comerciante (que não venda para a indústria, considerando a exceção do inciso III do art. 51 do CTN).

Feitas essas considerações, se deve questionar sobre a equivalência da posição jurídica do varejista adquirente de produtos nacionais (da indústria nacional) e o varejista que promove a importação de produtos acabados para revenda no mercado interno. Do ponto de vista geral, os estágios produtivos são os mesmos, com apenas uma diferença fundamental: o processo de industrialização (primeiro estágio) ocorre fora do território nacional, realizado por empresa não suscetível à lei tributária brasileira, e, por consequência, a operação comercial de transferência da mercadoria para o varejista (segundo estágio) exige um procedimento especial chamado de importação.

A principal dificuldade imposta à tributação nessa segunda situação, que determina um tratamento diferenciado pelo ordenamento jurídico, reside no fato de o estabelecimento industrial estar localizado no exterior, fora da abrangência da lei tributária. Não poderia o legislador pretender a cobrança do IPI na saída de produto industrializado de uma empresa localizada em Hong Kong, p. ex., justamente por não haver soberania do Estado Brasileiro naquela região do mundo.

A única forma de que dispõe o legislador para impor a exação tributária sobre estes produtos é elegendo como contribuinte o sujeito da relação comercial que esteja no Brasil, sob o império da lei brasileira. Por tal razão, a norma tributária elenca o importador de produtos industrializados como contribuinte do IPI, pois não se pode exigir o imposto do industrial estrangeiro.

Portanto, por obra da lei, o varejista que adquire mercadorias acabadas do exterior, realizando uma operação de importação – que nada mais é do que uma transação comercial, mas marcada pela internacionalidade –, assume a posição jurídica de importador neste momento. Quer dizer, a passagem entre o primeiro estágio da cadeia econômica, que foi concluído no exterior (industrialização), para o segundo estágio (incorporação ao estoque do varejo) é determinada por uma importação, sendo que o varejista nesta transição (do primeiro para o segundo estágio, apenas), é importador.

Estando na posição de importador, a lei o considera contribuinte (art. 51, inciso I, do CTN) e, ao realizar o desembaraço de produtos industrializados, ocorre a hipótese de incidência prevista pelo art. 46, inciso I, do Código Tributário Nacional. Esta é a razão pela qual o varejista se vê como sujeito da obrigação tributária de pagamento do IPI, por estar obrigado como contribuinte ao pagamento do imposto na condição de importador, como uma alternativa para a impossibilidade de exigência direta do industrial estrangeiro.

Importa ressaltar que, até este momento da cadeia, apesar das diferenças, o que se tem são situações próximas. Em ambos os casos, existe uma industrialização anterior, seja pelo industrial brasileiro, seja pelo estrangeiro, e uma operação de transferência da mercadoria para o varejista. A diferença na imputação de responsabilidade tributária do industrial para o adquirente-importador justifica-se pela internacionalidade, mas em ambos os casos o IPI incidirá sobre a grandeza representativa da operação: o "preço da indústria" na transação doméstica ou o "valor aduaneiro" na transação internacional (art. 47, inciso I, do CTN).

Seguindo com o ciclo econômico, após o desembaraço, a mercadoria é incorporada ao estoque do varejista. Assim, completou-se a operação de importação, passando-se para o segundo estágio, no qual não se pode mais afirmar que o varejista ocupe a posição jurídica de importador, pois voltou a sua atividade principal de comerciante. Quer dizer, a partir do segundo estágio até o terceiro, com a venda para o consumidor final, não há qualquer diferença entre a posição jurídica daquele que adquiriu as manufaturas no mercado interno e o que o fez no exterior.

Ambos os sujeitos possuem bens (produtos industrializados) como parte de seu estoque e, independente de sua origem, os comercializarão no mercado interno, assumindo a posição de comerciante e não mais de importador. A "situação equivalente" de que fala a Constituição se verifica justamente nesta segunda transação comercial, na operação de transferência da mercadoria entre o varejista-comerciante e o consumidor final.

Na primeira operação, a diferença de posições jurídicas é clara e autoriza a distinção. Aquele que adquire no mercado interno (da indústria nacional) não é sujeito da obrigação tributária, pois não assume posição jurídica que o elenque como contribuinte (importador, industrial ou arrematante). Por sua vez, o que adquire do exterior (industrialização no exterior), assume a posição de importador e, portanto, se submete à hipótese de incidência.

Esta obrigação de pagamento do IPI não é questionada pelo autor da ação na qual se deu o julgamento dos Embargos Infringentes 5002923-29.2010.404.7205, que reconheceu seu dever como importador. A divergência reside justamente na imposição da exação na segunda operação, entre varejista e consumidor final.

Nesta, ambos os sujeitos assumem a posição equivalente de comerciante, efetuando operações domésticas de compra e venda mercantil para consumidores no Brasil. São situações jurídicas absolutamente iguais, não sendo possível fazer qualquer espécie de distinção. Apenas se poderia fazer exceção quanto à "origem histórica" das mercadorias, mas estas estão, em ambos os casos, juridicamente "nacionalizadas", seja por terem sido produzidas no Brasil, seja por terem sido desembaraçadas na forma da lei.

Nesta linha de raciocínio, a adoção da interpretação utilizada pela Corte Federal para o julgamento da causa implicaria uma necessária quebra da isonomia, ferindo o Princípio da Igualdade Tributária. Retomando a tese vencedora o Acórdão, a norma tributária teria estabelecido duas hipóteses de incidência, no desembaraço aduaneiro e na saída do estabelecimento, o que permitiria a cobrança do IPI em dois momentos, pela conjugação dos seguintes dispositivos:

"Art. 46. O imposto, de competência da União, sobre produtos industrializados tem como fato gerador:

"I – o seu desembaraço aduaneiro, quando de procedência estrangeira;

"II – a sua saída dos estabelecimentos a que se refere o parágrafo único do art. 51;

"(...).

"Art. 51. Contribuinte do imposto é:

"(...).

"Parágrafo único. Para os efeitos deste imposto, considera-se contribuinte autônomo qualquer estabelecimento de importador, industrial, comerciante ou arrematante."

No entanto, interpretar a norma tributária de forma que o varejista seja visto como importador tanto para fins de desembaraço, como para fins de revenda da mercadoria importada, implica uma distinção sem justificativa econômica capaz de expressar capacidade contributiva diferenciada.

No ciclo econômico com a mercadoria nacional, haverá tributação sobre o "preço da indústria" na primeira operação entre industrial e varejista-comerciante. A transação seguinte, apesar da expressão econômica de um "preço de varejo", que inclui os custos da mercadoria, o próprio IPI já recolhido, demais despesas e lucro do varejista, não sofrerá incidência. Como resultado, o IPI sobre a mercadoria incidirá apenas sobre o "preço da indústria", logicamente menor, e será repassado economicamente como custo até o consumidor final.

No ciclo com a mercadoria importada, adotando-se a interpretação que prevaleceu, haverá tributação sobre o "valor aduaneiro" na importação, que corresponde ao "preço da indústria", com as peculiaridades que lhe são próprias. Todavia, na operação seguinte, sobre o "valor aduaneiro" também será o varejista obrigado a acrescer seus custos de operação (transporte, estocagem, encargos, etc.) e sua margem de lucro para formar seu "preço de varejo", sendo que este será novamente onerado pelo IPI, com o abatimento do montante do imposto já recolhido no desembaraço aduaneiro pela regra da não cumulatividade.

A quebra da isonomia reside justamente no fato de, no primeiro caso, a tributação se encerrar sobre o "preço da indústria" (que corresponde ao "valor aduaneiro" na importação), que não contempla quaisquer dos custos de operação do comerciante varejista; e, no segundo caso, a incidência terá por base do "preço do varejo", com a inclusão na base de cálculo de todos os custos que lhe são próprios. Em suma, apesar de ambos os contribuintes assumirem a posição equivalente de varejista-comerciante, terão um tratamento desigual no que diz respeito à base econômica de incidência do IPI.

Com toda a vênia, a interpretação dada pelo Tribunal às normas de regência do imposto redunda em uma situação de desigualdade constitucionalmente vedada. A compatibilização entre a regra-matriz de incidência tributária, estruturada pelos arts. 46 e 51 do Código Tributário Nacional, e a garantia de isonomia, prevista no inciso II do art. 150 da Constituição, depende do reconhecimento, pelo aplicador da norma, da assunção de diferentes posições jurídicas pelo varejista na compra e revenda de manufaturas importadas, atuando ora como importador (contribuinte), ora como comerciante (não contribuinte).

Feitas estas considerações, uma segunda objeção, ainda mais importante e que depende de uma análise mais detalhada, se apresenta. Em defesa do entendimento estampado no precedente de debate, pode-se argumentar que, na verdade, a quebra da isonomia, apesar de os contribuintes estarem em situação equivalente, está plenamente justificada pela extrafiscalidade própria do IPI, que, segundo a Procuradoria da Fazenda Nacional fez constar em memoriais, teria a finalidade de "proteger a indústria nacional".

4.2 Da extrafiscalidade específica do IPI: a seletividade pela essencialidade

A crítica ao argumento apresentado passa pela identificação restrita do âmbito da extrafiscalidade concedida pelo legislador constitucional ao IPI. Conforme dispõe o inciso I do § 3º do art. 153 da Constituição:

"Art. 153. Compete à União instituir impostos sobre:

"(...).

"IV – produtos industrializados;

"(...).

"§ 3º. O imposto previsto no inciso IV:

"I – será seletivo, em função da essencialidade do produto;"

Não há dúvidas que o Imposto sobre Produtos Industrializados tem, como parte de sua gênese, uma função extrafiscal. Outra não pode ser a conclusão, considerando que é posto como exceção a uma série de garantias constitucionais, como a legalidade para a fixação de alíquotas e a anterioridade, o que lhe confere a flexibilidade necessária à efetivação prática de sua finalidade regulatória ou intervencionista.

No entanto, não basta a afirmação de que o IPI seja dotado desta função especial para que o Estado possa dele fazer qualquer uso e atingir qualquer objetivo. A extrafiscalidade está, para o imposto sobre as manufaturas, limitada à "seletividade em função da essencialidade do produto".

O legislador constitucional foi claro ao balizar a atuação do Estado quando da utilização do tributo em comento para atingir objetivos regulatórios. A motivação para a dosagem de alíquotas ou a imposição de tratamento desigual de produtos apenas pode levar em cota a essencialidade da mercadoria industrializada.

Quer dizer, o IPI é tributo voltado à regulação do consumo, para, de um lado, incentivar e facilitar a produção e a circulação de produtos de primeira ordem, indispensáveis (ou essenciais) ao bem-estar geral da grande maioria da população; e, do de outro, impor maior ônus ao consumo de bens supérfluos, não essenciais, presumidamente, representativos de maior capacidade contributiva, ou de bens nocivos à coletividade, como o tabaco.

O Poder Executivo, dotado do poder de alteração unilateral de alíquotas, pode e deve fazer uso do IPI apenas para induzir ou desestimular o consumo de determinados produtos, provocando reflexos no bem-estar coletivo e direcionando os investimentos nos parques produtivos. O encarecimento de determinado bem ou insumo induz uma redução do consumo e da produção, liberando recursos – capital e trabalho – para a industrialização de outros, cujo aumento da oferta é mais interessante ao interesse público.

É nesta perspectiva, de regulação da produção e do consumo, que cabe a utilização do IPI. O imposto serve para, por exemplo, desestimular o consumo de álcool, ao tempo de pode induz ao consumo de biscoitos. Este tem sido o histórico de sua utilização, como na recente redução de alíquotas para veículos populares, causando um considerável incremento no consumo e na produção industrial.

Contudo, o que não cabe a este tributo é estimular o consumo de produtos nacionais, em detrimento de produtos importados. A essencialidade diz respeito à mercadoria, à sua colocação na "grade" de consumo como, numa ponta, um bem de primeira ordem, indispensável à vida digna, ou, em outra, um produto de luxo. O foco da diretriz constitucional é a manufatura na sua colocação dentro do mercado de consumo, em comparação com outras, não se questionando quanto a sua origem.

Não se está a afirmar que o Estado não pode ou não dispõe de ferramentas para a proteção da indústria nacional, mas apenas que ao IPI não coube essa função. O legislador constitucional previu outras exações, também com natureza extrafiscal, voltadas exclusivamente para a regulação do comércio internacional e a proteção da produção doméstica, quais sejam: o Imposto de Importação e o Imposto de Exportação.

Havendo risco concorrencial à produção brasileira, o Poder Executivo pode atuar com estas outras ferramentas tributárias. Ainda, fora do Direito Tributário, existem instrumentos administrativos, como a imposição de tarifas aduaneiras *antidumping*.

Retomando o caso concreto em questão, apesar da equivalência de posições jurídicas assumidas pelo adquirente de produtos importados e pelo adquirente de produtos nacionais, já explicitada, a decisão judicial chancelou a quebra de isonomia com base numa ideia de extrafiscalidade reguladora do comércio exterior. O voto vencedor acolheu argumentos da Fazenda Nacional, que são explícitos quanto à pretensão de fazer do IPI um imposto protecionista:

"(...) o fato de o legislador ter escolhido o desembaraço aduaneiro e também a saída do bem importado do estabelecimento do importador como fatos geradores do IPI vai ao encontro de uma só preocupação: proteger a indústria nacional, fazendo com que a carga tributária incidente sobre o bem importado não seja inferior àquela incidente sobre o bem nacional.

"A prevalecer a tese defendida pela autora (de que o IPI só incidiria sobre a matéria-prima importada submetida a processo industrial no País), chegar-se-ia ao absurdo de se propagar a incidência do IPI (mercado interno) sobre o produto importado que foi submetido a algum tipo de industrialização aqui no Brasil (fomentando nossa atividade econômica e gerando empregos), e a não incidência do tributo na revenda da mercadoria que já foi importada pronta e acabada, sem a necessidade de qualquer beneficiamento. No primeiro caso, em que o beneficiamento do produto fomentou a economia nacional e gerou empregos, o importador seria penalizado com o pagamento do IPI; no segundo caso, em que não houve qualquer atividade produtiva realizado no Brasil nem um único emprego gerado, o importador seria agraciado com a exoneração do IPI.

"Seria realmente paradoxal que um imposto que tem função eminentemente extrafiscal, utilizado como se sabe, como instrumento indutor da atividade econômica e industrial do País, passasse a exercer um papel oposto, isto é, de favorecimento do produto industrializado no exterior."

A argumentação da Fazenda Nacional, analisada na parte em que foi utilizada como fundamento da decisão judicial, com toda a vênia, padece de dois erros conceituais, que merecem abordagem específica.

Primeiro, a afirmação de que a imposição de uma nova tributação pelo IPI na saída de bens do importador-varejista espelha uma preocupação do legislador no sentido de "proteger" a indústria nacional não se sustenta. A regulação específica do imposto pelo art. 46 e ss. do Código Tributário Nacional é anterior a Constituição de 1988, não podendo espelhar, com tanta certeza como afirmado, a intenção do constituinte mais recente.

Fundamentar a ocorrência de um segundo fato gerador do IPI na saída da mercadoria importada, quando o mesmo não ocorre com a mercadoria nacional, por razões protecionistas desvirtua a ideia de essencialidade. A geladeira nacional e a importada, ambas do mesmo padrão produtivo, são igualmente essenciais, pois o critério de comparação são outros produtos (carros, refrigeradores, etc.) e não o país de origem da mesma mercadoria.

Em outras palavras, a interpretação dada aos dispositivos pelo Fisco está impregnada de um elemento linguisticamente estranho à linguagem imposta pelo legislador para o IPI. Buscando sustentação teórica no *construtivismo lógico-semântico*

do Professor Paulo de Barros Carvalho,[7] pode-se afirmar que o constituinte balizou a linguagem apropriada para o imposto de manufaturas no signo da essencialidade do produto.

A proteção da indústria nacional, a promoção de políticas de comércio exterior, o favorecimento ao consumo de bens produzidos no Brasil, entre outros, são todos signos estranhos ao IPI. Ou seja, o intérprete não pode deles se valer para a aplicação da norma tributária do imposto, justamente por serem fatos da realidade (na forma de pretensões político-administrativas) que não foram "recortados" pela linguagem construída no texto constitucional. Não podem ingressar como fundamento ou argumento da atuação jurídico-tributária do Estado, sob pena de "não se estar mais a falar de IPI", de se transformar o imposto em algo que ele não é.

A interpretação cria uma figura juridicamente estranha, construída por uma linguagem equivocada que permitiu o ingresso de significantes impróprios, como a "proteção da indústria nacional". O IPI deve ser interpretado com olhos à essencialidade do produto, apenas esta relação do bem com a utilidade e a necessidade de seu consumo é "enxergada" pela norma, demais critérios, intenções e preocupações, por mais nobres que sejam, estão "fora do discurso".

Segundo, pedindo nova vênia, a alegação de que, caso não fosse imposta ao contribuinte a ocorrência de um segundo

---

7. O construtivismo lógico-semântico defendido pelo Professor Paulo de Barros Carvalho, em linhas gerais, vê na linguagem a construção do conhecimento: "conhecer é saber emitir proposições sobre determinadas situações, pessoas ou coisas. A partir do momento em que falamos sobre algo, conferindo acepções, definindo, dividindo, classificando em gênero e espécies, conhecemos mais profundamente aquele objeto que nos é dado. E, nesse sentido, todo objeto, seja ele natural, metafísico, ideal, e, no nosso caso, cultural, está submetido a esse processo cognitivo. Trata-se do 'cerco inapelável da linguagem'" (Paulo de Barros Carvalho, *Direito Tributário, Linguagem e Método*, 4ª ed,. cit., p. 256).

fato gerador do IPI na saída dos bens importados, haveria um favorecimento da mercadoria importada não corresponde aos fatos. Como já referido, tanto o varejista que adquire do exterior, como o que o faz no mercado interno estão em situação isonômica no ato de revenda. Não há favorecimento em não tributar a saída do bem importado, mas neutralização, pois se deixa de impor ao importado um ônus que o nacional já não possui.

Segue a defesa da União Federal a sustentar que a "tributação extra" imporia um ônus maior àquele que optou por industrializar o bem no exterior e não fomentou a economia ou produziu empregos no Brasil, favorecendo o que o fez. Contudo, repita-se, está não é a função do IPI no panorama do Sistema Tributário Nacional.

Caso o Estado Brasileiro pretenda fomentar a instalação de determinadas indústrias no território nacional, deve elevar o Imposto de Importação do produto acabado e reduzir o dos insumos para sua produção, fazendo como que seja economicamente vantajosa sua produção no Brasil. Não se pode cogitar que a alternativa seja a quebra da isonomia tributária de contribuintes em situações equivalentes, prevista constitucionalmente no art. 150, inciso II, ainda mais na seara de um tributo (IPI) que não tem qualquer função regulatória do comércio exterior.

Portanto, considerando que o favorecimento de produtos brasileiros não é função do IPI, que tem por baliza apenas a regulação do consumo, na comparação da essencialidade entre os bens disponíveis no mercado, a extrafiscalidade que lhe é própria não pode fundamentar a quebra da isonomia tributária.

5. Conclusão

Na interpretação das normas de natureza tributária, os princípios e máximas constitucionais de proteção do contribuinte servem de norte interpretativo, permeando a relação entre os institutos e interferindo na aplicação. O Princípio da Isonomia em matéria tributária impõe um tratamento igualitário aos contribuintes que se encontram em situações equivalentes, ou seja, que expressam a mesma capacidade contributiva.

No caso em debate, como se procurou demonstrar, a imposição de uma segunda obrigação tributária decorrente da saída da mercadoria importada promovida pelo comerciante-varejista desafia a igualdade fiscal, na medida em que onera determinado contribuinte pelo simples fato de estar operando com manufaturas importadas. A comercialização de produtos nacionais ou importados não altera o fato de estar o contribuinte na mesma posição jurídica de comerciante, não na de importador ou industrial.

Da mesma forma, a origem dos bens negociados é irrelevante para fins de incidência do IPI, pois a extrafiscalidade do imposto sobre manufaturados está constitucionalmente adstrita à seletividade e à essencialidade. É imposto regulador do consumo e da produção, não se prestando como mecanismo de "proteção da indústria nacional" ou de diferenciação entre bens nacionais e importados, pois, para tanto, o legislador já expressamente previu o Imposto de Importação.

A tributação do IPI na importação de bens, portanto, não autoriza nova incidência do imposto quando da saída destas mesmas mercadorias para o consumo ou para o comércio em geral, sob pena de ofensa à igualdade tributária.

6. Bibliografia

CARVALHO, Aurora Tomazini de. *Curso de Teoria Geral do Direito: o Construtivismo Lógico-Semântico*. São Paulo, Noeses.

CARVALHO, Paulo de Barros. *Curso de Direito Tributário*. 22ª ed. São Paulo, Saraiva, 2010.

_____. *Direito Tributário, Linguagem e Método*. 4ª ed. São Paulo, Noeses, 2011.

_____. *Direito Tributário: Fundamentos Jurídicos da Incidência.* 9ª ed. São Paulo, Saraiva, 2012.

CARRAZZA, Roque Antonio. *Curso de Direito Constitucional Tributário.* 23ª ed. São Paulo, Malheiros Editores, 2007.

MACHADO, Hugo de Brito. *Curso de Direito Tributário.* 31ª ed. São Paulo, Malheiros Editores, 2010.

MELLO, Celso Antônio Bandeira de. *Curso de Direito Administrativo.* 29ª ed. São Paulo, Malheiros Editores, 2012.

ESTUDOS & COMENTÁRIOS

A NORMA DE COMPETÊNCIA DO IMPOSTO SOBRE A RENDA E PROVENTOS DE QUALQUER NATUREZA DAS PESSOAS FÍSICAS: LIMITAÇÕES MATERIAIS E IMUNIDADES "IMPLÍCITAS"

José Luiz Crivelli Filho
Especialista em Direito Tributário pelo IBET/SP.
Mestrando em Direito Tributário, Econômico e Financeiro na Faculdade de Direito da Universidade de São Paulo.
Advogado em São Paulo

Introdução. 1. Direito e linguagem. 2. Texto e norma. 3. Fontes do Direito: a atividade de enunciação. 4. A norma de competência tributária do imposto sobre a renda das pessoas físicas: 4.1 Sobre a competência tributária; 4.2 Norma de estrutura ou norma de conduta?; 4.3 Elementos da norma de competência do imposto sobre a renda da pessoa física: 4.3.1 O antecedente da norma de competência; 4.3.2 O modal deôntico da norma de competência tributária; 4.3.3 O consequente da norma de competência; 4.3.4 A norma de competência secundária. 5. Hipótese de incidência e base de cálculo possíveis do imposto sobre a renda e as imunidades implícitas: 5.1 Conceito constitucional de renda, hipótese de incidência e base de cálculo. 5.2 A questão do mínimo existencial e os limites à dedução de despesas: podemos falar em regras de imunidade como delimitadoras da tributação sobre a renda?. Conclusões. Referências bibliográficas.

Introdução

O presente estudo possui objetivo muito singelo: analisar a norma de competência do imposto sobre a renda e proventos de qualquer natureza das pessoas físicas e, ato contínuo algumas das limitações materiais que envolvem o ato de produção da regra-matriz de incidência deste tributo, mormente no que diz respeito *às restrições e vedações à dedução de despesas criadas pelo legislador infraconstitucional.*

Nos três primeiros tópicos traçaremos algumas noções fundamentais. Estabeleceremos a importância da linguagem enquanto constitutiva da realidade jurídica, bem como para a produção dos atos de fala deônticos pelos quais opera o Direito. Em seguida, diferenciaremos texto e norma, buscando traçar a estrutura lógica desta última. No terceiro tópico, teceremos breves comentários acerca das fontes do direito e da atividade de enunciação.

No quarto tópico dedicaremos esforço à construção da norma de competência tributária, estabelecendo os critérios que compõem o seu antecedente e o seu consequente, a fim de compreendermos a sua operacionalidade.

No último tópico, feriremos o assunto principal, buscando demonstrar, em linhas breves, que os direitos sociais constantes nos arts. 6º e 7º, IV, da Carta Magna de 1988 configuram regras de imunidade implícitas, componentes das limitações materiais veiculadas pela norma de competência tributária. Para isso, buscaremos construir o conceito constitucional de renda, a hipótese de incidência e a base de cálculo possíveis da regra-matriz de incidência deste tributo, a fim de demonstrar que as limitações e vedações à dedução de despesas, tais como postas pelo legislador infraconstitucional, não se compatibilizam com a norma de competência tributária.

1. Direito e linguagem

A tradicional teoria do conhecimento via a linguagem como o elo de conexão entre o sujeito cognoscente e o objeto cognoscido; uma proposição seria verdadeira se a sua descrição correspondesse integralmente ao objeto referido. Com o advento do giro-linguístico, a linguagem passa a ser autorreferencial, constituindo a realidade e o próprio ser cognoscente; a verdade, por sua vez, torna-se múltipla e variável. Se a dogmática tradicional defendia que o sentido era *extraído* do texto, hoje não há mais dúvidas de que o sentido é *construído* pelo intérprete, envolto em suas ideologias e valores, de acordo com os limites de seu mundo, ou melhor, os limites de sua linguagem.

O direito consiste em linguagem. Os enunciados prescritivos postos no ordenamento jurídico expressam-se em linguagem; a produção normativa se dá por meio do processo de enunciação, para o qual se exige a linguagem; a incidência da norma jurídica exige ato humano que produza linguagem competente. Em síntese: o direito se expressa por meio da linguagem, e, assim, atinge o seu objetivo principal que é o de regular as condutas intersubjetivas. É com base nesta ideia que abordaremos os temas objeto deste estudo.

2. Texto e norma

Direito positivo é o conjunto de enunciados prescritivos, cujo suporte físico é, em regra, o papel. Com base nestes textos, o intérprete não extrai o sentido, mas sim o constrói, influenciado por sua ideologia, seus valores e suas preferências, sendo que deste labor exegético, exsurgirá a norma jurídica, juízo hipotético-condicional dotado de um antecedente e de um consequente. Todas as normas jurídicas possuem este arranjo sintático, embora o conteúdo semântico seja variável. A norma de competência tributária, como se verá adiante, não escapa desta estrutura lógica.

De se ver, portanto, que a norma jurídica é a significação que o intérprete atribui aos textos do direito positivo, a partir da interpretação. É produzida em sua mente, estabelecendo os vínculos de coordenação e subordinação com as demais normas existentes, conformando o sistema jurídico. Em simbolismo lógico, podemos esquematizar a norma jurídica da seguinte forma: D[f→(S' R S")], ou seja, deve ser que, dado o fato F, então seja instalada a relação jurídica R, entre os sujeitos S' e S".[1]

Texto e norma, portanto, não se confundem. De um enunciado prescritivo podemos construir uma, várias ou nenhuma norma jurídica; por vezes, de dois ou mais dispositivos, constrói-se apenas uma norma jurídica, e assim sucessivamente. Por isso concordamos com a observação de Humberto Ávila, no sentido de que "não há correspondência biunívoca entre dispositivo e norma – isto é, onde houver um não terá obrigatoriamente de haver o outro".[2]

---

1. Paulo de Barros Carvalho, *Fundamentos Jurídicos da Incidência Tributária*, 8ª ed. rev., São Paulo, Saraiva, 2010, p. 40.

2. Humberto Ávila, *Teoria dos Princípios*, 9ª ed., ampl. e atual., São Paulo, Malheiros Editores, 2009, p. 31.

Como proposições prescritivas que são não se submetem ao binômio verdadeiro/falso, mas sim ao binômio válido/inválido. Para ser válida, a norma jurídica deve pertencer a determinado sistema "S", ou seja, há que ser editada e inserida no sistema por autoridade competente, mediante observância do procedimento estipulado pelo próprio sistema. Vê-se que a validade não é um atributo da norma jurídica, mas sim a sua relação com o sistema do direito positivo.

3. Fontes do Direito: a atividade de enunciação

Se partimos da premissa de que o direito opera por linguagem, então é certo afirmar que sua origem deve necessariamente dela advir. Daí falarmos no processo de enunciação. Em brilhante estudo sobre as fontes do direito tributário, Tarek Moyses Moussallem afirma que "o fato produtor de normas é o fato-enunciação, ou seja, a atividade exercida pelo agente competente. Falamos em fato-enunciação porque a atividade de produção normativa é sempre realizada por atos de fala".[3]

A criação do direito incumbe aos órgãos habilitados pelo próprio sistema jurídico, que estabelece os procedimentos para a inserção de novas normas jurídicas no sistema. Não obstante, a atividade que estes órgãos realizam também se considera fonte do direito.

As normas ingressam no sistema do direito positivo mediante a introdução por outra norma, geral e concreta, pela qual reconstruímos o processo de produção normativa, verificando sua validade ou invalidade. É pela enunciação-enunciada que verificamos se o órgão que editou o ato normativo foi o competente, se o local e o tempo da produção normativa se coadunam com as regras do direito posto e, principalmente, se o procedimento adotado encontra-se em consonância com as demais prescrições do sistema.

3. Tarek Moyses Moussallem, *Fontes do Direito Tributário*, São Paulo, Noeses, 2005, p. 150.

A norma jurídica introduzida consiste no apanhado de enunciados-enunciados, que serão interpretados pelo intérprete; ao atribuir significado aos vocábulos que compõem todo este fraseado normativo, construirá o intérprete a sua norma jurídica, de acordo com a estrutura lógica já mencionada. A norma de competência tributária foi introduzida por norma geral e concreta que tem em seu antecedente o processo de enunciação realizado pela Assembleia Constituinte em coordenadas de tempo e espaço determinadas e, no consequente, a obrigação de que os sujeitos detentores da competência tributária respeitem os enunciados-enunciados que compõem a norma de competência tributária.

Feitas estas brevíssimas digressões, sem o intuito de esgotar assunto tão rico, passamos a analisar a norma de competência tributária do imposto sobre a renda e proventos de qualquer natureza das pessoas físicas.

4. A norma de competência tributária do imposto sobre a renda das pessoas físicas

4.1 Sobre a competência tributária

Competência tributária[4] consiste em parcela de poder que permite ao ente legiferante instituir tributos, bem como expedir normas jurídicas sobre a matéria. O cálculo normativo entre as regras atributivas de competências e aquelas que veiculam imunidades traz como resultado a norma de competência, que por sua vez define o âmbito material de produção da norma jurídica tributária.

4. Anota Paulo de Barros Carvalho que o vocábulo "competência tributária" experimenta diversos proporções semânticas. Assim, "têm igualmente, *competência tributária* o Presidente da República, ao expedir um decreto sobre IR, ou seu ministro ao editar a correspondente instrução ministerial; o magistrado e o tribunal que vão julgar a causa; o agente da administração encarregado de lavrar o ato de lançamento (...)" *et cetera*. No presente trabalho, empregamos "competência tributária" como parcela do poder para instituir tributos e normas jurídicas tributárias.

O poder de instituir tributos não é livre encontrando rígidas limitações postas no plano constitucional, cabendo ao legislador infraconstitucional a sua observância, sob pena de inconstitucionalidade. No tocante aos impostos (arts. 153 a 156) e às contribuições sociais do art. 195, o legislador constituinte optou por estabelecer materialidades hábeis a justificar a tributação.

A discriminação de competências veicula um limite material ao exercício do poder de tributar. É dizer, o legislador infraconstitucional só poderá instituir impostos e contribuições sociais, desde que respeitadas as materialidades postas nas regras de competência.[5]

"Competência" é signo linguístico que experimenta diversas acepções. Tárek Moyses Moussallem identifica seis possíveis acepções: "(1) indicativo de uma norma jurídica; (2) qualidade jurídica de um determinado sujeito; (3) relação jurídica (legislativa) modalizada pelo functor permitido entre o órgão competente (direito subjetivo) e os demais sujeitos da comunidade (dever jurídico de absterem); (4) hipótese da norma de produção normativa que prescreve em seu consequente o procedimento para a produção normativa (se o agente competente quiser exercer a competência para produzir uma norma 'y' deve ser a obrigação de observar o procedimento 'z'); (5) previsão do exercício da competência que, aliada ao procedimento para a produção normativa, resulta na criação de enunciados prescritivos que a todos obrigam, e a que denominaremos norma sobre a produção jurídica; e (6) veículo introdutor que tem no seu antecedente a atuação da competência e do procedimento previstos na norma de produção jurídica, dando por resultados uma norma específica que também a todos obriga".[6]

Para este estudo, nos interessa a acepção de número 5 (cinco) identificada pelo autor supracitado, isto é, como norma jurídica que em seu antecedente estabelece os requisitos de validade sintática da regra-matriz de incidência a ser editada e, no consequente, a sua validade semântica.

4.2 Norma de estrutura ou norma de conduta?

As normas jurídicas possuem caráter prescritivo, expressando-se através de um dever-ser, que pode modalizar as condutas em obrigatórias, permitidas ou proibidas.

A clássica divisão proposta por Norberto Bobbio[7] consiste em separar as normas de estrutura – que regulam como outras normas deverão ser criadas – das normas de conduta – voltadas diretamente à regulação das condutas intersubjetivas, como a norma jurídica de incidência tributária. Nesse sentido, a norma de competência tributária seria classificada como norma de estrutura, pois serve de fundamento de validade para a produção da norma jurídica tributária, esta sim, norma de comportamento.

De qualquer forma, o Direito tem por objetivo último regular as condutas intersubjetivas, sendo correto afirmar que todas as normas jurídicas, direta ou indiretamente, buscam este fim. Assim, embora a norma de competência tributária traga em seu bojo as prescrições do órgão competente para a produção normativa, os procedimentos a serem observados e o seu conteúdo material possível, é certo que ela não deixa de ser uma norma de conduta dirigida ao legislador infraconstitucional, porquanto estabelece uma conduta modalizada pelo deôntico "permitido", atinente à criação do tributo.

---

5. Não se pode olvidar que o art. 154, I e II, da Constituição da República de 1988 autoriza que a União institua novos impostos, observadas as prescrições estabelecidas.

6. Tarek Moyses Moussallem, *Fontes do Direito Tributário*, cit., pp. 97-98.

7. Cf. Norberto Bobbio, *Teoria do Ordenamento Jurídico*, 10ª ed., Brasília, Ed. UnB, 1990.

4.3 Elementos da norma de competência do imposto sobre a renda da pessoa física

Vimos que as normas jurídicas são construídas pelo exegeta, quando da leitura dos textos prescritivos que compõem o direito positivo. Sua estrutura sintática é sempre uniforme, arranjando-se em um juízo hipotético-condicional, pelo qual se vincula um antecedente a um consequente. Uma vez realizado o antecedente, desencadeia-se o consequente, que prescreverá condutas modalizadas deonticamente em "permitidas", "proibidas" ou "obrigatórias".

Corolário lógico é que a norma de competência tributária também se apresenta como um juízo hipotético-condicional, veiculadora de um dever-ser. Seu antecedente descreverá uma situação fática que, se ocorrida, permite a introdução de enunciados-enunciados no sistema do direito positivo, estabelecendo relação jurídica entre o sujeito competente e todas as pessoas que deverão observar a mensagem deôntica inserida no sistema.

Esta divisão é salutar, na medida em que representa um rico instrumento metodológico, que nos permite visualizar como se deu a produção da norma jurídica, isto é, verificar se a norma jurídica foi expedida de acordo com a norma de estrutura que lhe dá validade sintática e semântica.

A seguir, vamos analisar de modo breve e objetivo o antecedente e o consequente da norma de competência do imposto sobre a renda das pessoas físicas, especialmente os seus critérios.

4.3.1 O antecedente da norma de competência

O antecedente (ou hipótese) de qualquer norma jurídica é composto pela seleção das notas do fato que pretende regular, descrevendo uma situação de possível ocorrência no mundo fenomênico. Na definição de Geraldo Ataliba, "a h.i. é primeiramente a descrição legal de um fato: é a formulação hipotética, prévia, genérica, contida na lei, de um fato (é o espelho do fato, a imagem conceitual de um fato; é seu desenho)".[8]

A norma de competência tributária tem como hipótese o processo de enunciação a ser observado para a criação de enunciados-enunciados que culminará na regra-matriz de incidência, relembrando que este processo consiste na produção de linguagem jurídica cujo resultado são os textos de direito positivo.

Identificamos 4 (quatro) critérios no antecedente: o subjetivo, o procedimental, o espacial e o temporal.[9] Analisemos cada um deles com maior detença.

4.3.1.1 *Critério subjetivo* – O critério subjetivo consiste no agente competente para expedir a regra-matriz de incidência tributária. Segundo Roque Antonio Carrazza, somente as pessoas políticas possuem competência tributária, porquanto possuem Legislativo com representação própria[10] que possibilite atender ao procedimento estabelecido pelo sistema normativo para a criação de tributos.

A própria Constituição da República de 1988 cuidou de distribuir as competências para cada ente federativo, atribuindo-lhes o poder de criar tributos. No tocante às taxas e às contribuições de melhoria, outorgou competência concorrente à União, Estados, Municípios e Distrito Federal; quanto às contribuições sociais, de intervenção no domínio econômico e de interesse das categorias profissionais ou econômicas, atribuiu competência exclusiva à União; no tocante aos impostos, houve rígida demarcação dos fatos-signos presuntivos de riqueza que podem ser colhidos pelos entes federativos.

---

8. Geraldo Ataliba, *Hipótese de Incidência Tributária*, 6ª ed., São Paulo, Malheiros Editores, 2009, p. 58.

9. Cf. Tácio Lacerda Gama, *A Norma de Competência Tributária para Instituição de Contribuições Interventivas*, São Paulo, Quartier Latin, 2003.

10. Roque Antonio Carrazza, *Curso de Direito Constitucional Tributário*, 28ª ed. rev., atual. e ampl., São Paulo, Malheiros Editores, 2012, p. 573.

O art. 153, III, da Lei Maior de 1988 dispõe que a competência para instituir o imposto sobre a renda e proventos de qualquer natureza é da União. É o órgão legislativo federal, portanto, que deverá realizar o processo de enunciação para criação do tributo.

4.3.1.2 *Critério temporal* – O critério temporal demarca o tempo para a criação dos tributos. Ele indica o momento de produção da norma jurídica tributária, consubstanciando a aplicação da norma de competência tributária. É pelo término da atividade de enunciação, que se tem por produzida a regra-matriz de incidência tributária, determinando o início de sua existência.

No caso da instituição da norma jurídica do imposto sobre a renda e proventos de qualquer natureza, tem-se que o critério temporal da norma de competência indicará o preciso momento de seu ingresso no direito positivo. O processo de enunciação será individualizado no tempo, em consonância com o prescrito pela norma de competência tributária.

4.3.1.3 *Critério espacial* – O critério espacial demarca o local onde deve ser exercida a atividade de enunciação pelo órgão competente. Se o tributo deve ser criado pelo Estado de São Paulo, é evidente que o local de exercício da competência é a Assembleia Legislativa situada na Capital do Estado.

Não se pode confundir o critério espacial do antecedente da norma de competência tributária com o seu âmbito de validade. Enquanto aquele se refere ao local de criação do tributo, este se refere ao território atingido pela norma, trazendo situações diferentes. No exemplo utilizado, o âmbito de validade da norma de competência atinge todo o Estado de São Paulo, mas o exercício da competência deve ocorrer na cidade em que se situa a Assembleia Legislativa.

A norma de competência do imposto sobre a renda e proventos de qualquer natureza tem como critério espacial a cidade de Brasília, Capital da República por força do § 1º do art. 18 da Constituição Federal de 1988, onde se situam os Poderes Legislativo e Executivo, responsáveis pela produção normativa atinente ao tributo.

4.3.1.4 *Critério procedimental* – Por fim, o critério procedimental estabelece os meios pelos quais a competência deve ser exercida. Em matéria tributária, a instituição da regra-matriz de incidência tributária ou qualquer alteração dos critérios que a compõem (material, espacial e temporal no antecedente; pessoal e quantitativo no consequente), se dá por meio do veículo normativo denominado Lei Ordinária, nos termos do art. 150, I, da Lei Maior de 1988. Trata-se de verdadeiro limite objetivo formal ao exercício do poder de tributar.

Destaca-se que, em alguns casos previstos pelo próprio Texto Constitucional, exige-se que a instituição da regra-matriz se dê por meio de Lei Complementar, como ocorre, dentre outros, com os empréstimos compulsórios (art. 148), os impostos residuais (art. 154) e o imposto extraordinário de guerra (art. 154, II). Não obstante, há casos em que a alteração do critério quantitativo – alíquota pode ser realizada por meio de ato infralegal a ser editado pelo Poder Executivo.

A norma de competência do imposto sobre a renda exige que o legislador federal realize o processo de enunciação, a fim de criar o tributo, por meio de Lei Ordinária (art. 59, III, da Constituição Federal de 1988), mediante observância do procedimento estipulado pelo Texto Constitucional.

O antecedente da norma de competência tributária, em síntese, descreve que, se o sujeito competente exercer o processo de enunciação em consonância com o procedimento previsto, dentro de coordenadas de espaço e tempo individualizadas, estará permitido a instituir a regra-matriz de incidência tributária. Para fins de imposto sobre a renda, objeto de nosso estudo, pode-se dizer que, (i) se a União, por meio de seu órgão legislativo (ii) localizado em Brasília, Capital da República, (iii) observar o procedimento necessário à criação do tributo, por meio dos atos que consubstanciam o procedimento legislativo, na modalidade Lei Ordinária, (iv) cujo esgotamento faz ingressar no ordenamento jurídico o tributo criado, então, deve-ser o desencadeamento do consequente normativo, estipulando relação jurídica de competência tributária, pela qual estará permitido ao sujeito ativo a expedição de enunciados que comporão a regra-matriz de incidência tributária.

Antes de analisar o consequente normativo, teceremos breves considerações sobre o modal deôntico da norma de competência tributária.

4.3.2 O modal deôntico da norma de competência tributária

Ao contrário do que se verifica nas leis da natureza, que se submetem ao princípio da causalidade física ("ser"), as normas jurídicas operam por meio de imputação deôntica[11] ("dever-ser"). Este "dever-ser", como bem aponta Paulo de Barros Carvalho, "denota uma região, um domínio ontológico que se contrapõe ao território do 'ser', em que as proposições implicante e implicada são postas por um ato de autoridade: $D(p \rightarrow q)$ (deve-ser que p implique q)".[12] Diante disto, possível falarmos em deôntico interproposicional e intraproposicional.

O dever-ser interproposicional é sempre neutro e, portanto, jamais modalizado. Este operador deôntico é ponente da implicação, sem o qual, o antecedente não se ligaria ao consequente normativo.

O dever-ser intraproposicional, por sua vez, aparece sempre modalizado, no interior da estrutura lógica da norma jurídica, mais precisamente em seu consequente. O antecedente conecta-se ao consequente por meio deste operador, sempre se utilizando dos modais "proibido" (V), "permitido" (P) e "obrigatório" (O).

Norberto Bobbio verificou que as regras de estrutura apresentam modais deônticos combinados, dois a dois. Assim, o legislador constituinte "proíbe", "permite" ou "obriga" o exercício da produção normativa e também determina o conteúdo ou forma que a norma produzida deverá apresentar ou não apresentar.[13]

A norma de competência tributária, em regra,[14] *permite obrigar (PO)*, ou seja, permite que o legislador infraconstitucional exerça a competência tributária, instituindo a norma jurídica tributária, que obrigará aquele que realizar evento enquadrável à hipótese tributária ao pagamento do tributo. Nesse sentido, leciona Paulo de Barros Carvalho que "os dispositivos que outorgam a competência para instituir tributos estão, todos eles, contidos na letra 'a', isto é, são normas que permitem obrigar (PO), entendendo 'obrigar' por disciplinar, regular, criar direitos, obrigações e sanções".[15]

A norma de competência do imposto sobre a renda permite ao legislador a obrigar. Tenhamos em mente que, realizado o seu antecedente, estará o legislador *permitido* a instituir a regra-matriz de incidência do tributo.

4.3.3 O consequente da norma de competência

O antecedente da norma jurídica descreve uma hipótese, de possível ocorrência no mundo da experiência social. O consequente desempenha função diversa, pois prescreve

---

11. Paulo de Barros Carvalho, *Fundamentos Jurídicos da Incidência Tributária*, 8ª ed., cit., p. 48.
12. Id., ibidem, p. 48.
13. Paulo de Barros Carvalho, *Direito Tributário, Linguagem e Método*, 3ª ed. rev. e ampl., São Paulo, Noeses, 2009, p. 356.
14. Paulo de Barros Carvalho demonstra que a competência tributária não pode ter como característica a facultatividade, tendo em vista que o ICMS, malgrado seja imposto de competência dos Estados, possui nítida feição nacional, impondo-se a instituição de sua regra-matriz, sob pena de fazer ruir a estrutura Federativa. Assim, a norma de competência do ICMS obriga a obrigar (OO). Nesse sentido, ver Paulo de Barros Carvalho, *Direito Tributário, Linguagem e Método*, 3ª ed. cit., pp. 249-252.
15. Id., p. 357.

condutas intersubjetivas, estabelecendo relação jurídica entre dois ou mais sujeitos de direito em torno de uma conduta permitida, proibida ou obrigatória. É o consequente, portanto, que outorga validade semântica ao tributo.

A norma de competência tributária não escapa deste esquema lógico, como já afirmamos anteriormente. Realizada a hipótese, deve-ser a permissão para que o sujeito ativo edite a norma jurídica tributária, a ser observada pelos potenciais sujeitos passivos, isto é, todos os indivíduos que possam ser atingidos pela incidência do tributo. Temos, portanto, os sujeitos da relação jurídica de competência e o objeto desta relação, que consiste, justamente, na permissão da criação da norma jurídica tributária, observadas as limitações postas pelos enunciados constitucionais e veiculados por lei complementar.

A seguir, analisaremos cada critério de maneira mais cuidadosa.

4.3.3.1 *Critério pessoal* – A realização do descritor desencadeia o prescritor, consistente em uma relação jurídica de competência entre o sujeito ativo e o sujeito passivo. Quanto ao sujeito ativo, cabe relembrar tudo o que foi dito sobre o órgão competente para exercer a competência tributária (item 4.3.1.1), sendo ele quem expede a norma jurídica tributária. À União compete expedir a norma jurídica tributária do imposto sobre a renda proventos de qualquer natureza, por definição constitucional que, frise-se, não pode ser alterada por norma infraconstitucional.

Já o sujeito passivo da relação jurídica em questão serão os destinatários da regra-matriz de incidência tributária, ou melhor, aqueles que realizarem o evento descrito na hipótese de incidência tributária.

4.3.3.2 *O objeto da relação jurídica* – Os limites formais ao exercício do poder de tributar encontram-se no antecedente da norma de competência tributária. Os limites materiais estão intimamente relacionados ao conteúdo da norma jurídica que será expedida pelo órgão competente e traduzem o conjunto de princípios e conceitos constitucionais, regras de imunidade e enunciados veiculados por Lei Complementar, a serem observados pelo legislador infraconstitucional, sob pena de a regra-matriz de incidência tributária ser incompatível com a norma de competência tributária.

O objeto da norma de competência do imposto sobre a renda e proventos de qualquer natureza apresenta diversas condicionantes materiais. Cabe ao sujeito ativo, detentor da competência para a instituição do imposto, respeitar princípios como irretroatividade, anterioridade, uniformidade geográfica, capacidade contributiva, mínimo existencial, vedação ao confisco, progressividade, generalidade e universalidade. Outrossim, deve observar o conceito constitucional de "renda" e "proventos de qualquer natureza", bem como as regras de imunidade, sem prejuízo das Leis Complementares que desempenham as funções estatuídas pelo art. 146 da Carta Constitucional de 1988.

Todos estes limites materiais conformam a regra-matriz de incidência tributária possível, cujos critérios não poderão ser extrapolados pelo legislador infraconstitucional.

4.3.4 A norma de competência secundária

As normas jurídicas possuem uma feição dúplice. Há uma norma primária, como é o caso da norma de competência tributária, que em seu antecedente descreve uma hipótese que, se ocorrida no mundo dos fenômenos, prescreve um dever-ser, assim como também há uma norma secundária, que traz em seu antecedente o descumprimento do consequente da norma primária e, em seu consequente, uma determinada sanção.

A razão para construirmos a norma de competência e analisarmos os critérios que a compõem é justamente o de verificar se a produção da norma hierarquicamente inferior respeitou, ou não, as prescrições da norma superior. Eventual incompatibilidade entre as normas, impõe o reconhecimento de inconstitucionalidade.

Assim, a norma de competência secundária tem como antecedente a não observância do prescritor da norma de competência primária que, uma vez verificado, desencadeará o consequente normativo, pelo qual se permite a qualquer interessado requerer ao Estado-Juiz a decretação de inconstitucionalidade do tributo criado em desrespeito aos limites competenciais.

5. Hipótese de incidência e base de cálculo possíveis do imposto sobre a renda e as imunidades implícitas

5.1 Conceito constitucional de renda, hipótese de incidência e base de cálculo

Interessa-nos, para o presente estudo, a análise da hipótese de incidência e da base de cálculo possíveis à luz das limitações impostas pela norma de competência tributária anteriormente analisada. Determinar qual é o conceito de "renda e proventos de qualquer natureza", utilizado pelo legislador constituinte, é decisivo para delimitarmos a hipótese de incidência e a base de cálculo possíveis da exação.

O art. 153, III, da Constituição da República de 1988 veicula regra de competência tributária, permitindo que a União institua imposto sobre a renda e proventos de qualquer natureza. A significação de "renda" e "proventos de qualquer natureza" é construída, portanto, a partir de exegese eminentemente constitucional.

Renda pressupõe, necessariamente, acréscimo patrimonial, ou seja, variação positiva no patrimônio do contribuinte, independentemente de sua origem, abrangendo valores recebidos pelo trabalho, produto do capital, alugueis, rendimentos financeiros e outros. Para tanto, devem ser estabelecidos limites temporais, para que seja possível verificar se houve acréscimo, decréscimo, ou manutenção do patrimônio inicialmente considerado. Os proventos de qualquer natureza, por sua vez, referem-se a todos os demais acréscimos patrimoniais que não se incluam no conceito de renda, a serem definido por lei complementar. Em síntese, a União pode tributar o acréscimo patrimonial que se verifique em determinado período de tempo, após a dedução das despesas indispensáveis à manutenção da fonte produtora da riqueza.

O próprio Texto Constitucional distancia a noção de renda e proventos de qualquer natureza de outros signos linguísticos, tais como patrimônio, capital, lucro, ganho, resultado e faturamento. Em clássico estudo sobre o tema, José Artur Lima Gonçalves assevera que o conceito pressuposto de renda é "o saldo positivo resultante do confronto entre certas entradas e certas saídas, ocorridas ao longo de um dado período".[16] Presente o saldo positivo, denota-se capacidade contributiva e, portanto, riqueza tributável pelo referido imposto.

Mas para que tenhamos renda não basta o acréscimo patrimonial a denotar existência de capacidade contributiva. Só se fala em capacidade para contribuir com o erário público quando a fonte produtora da renda destina parte da riqueza auferida às despesas indispensáveis à sua manutenção e continuidade. Daí a importância do mínimo existencial, que assegura espaço de não ingerência do Estado no patrimônio do contribuinte. Ademais, sequer podemos falar em acréscimo patrimonial neste momento, visto que a fonte produtora deve utilizar parte da riqueza auferida, a fim de recompor gastos, perdas e, obviamente, possibilitar a sua manutenção. Nesse diapasão, podemos afirmar que a dedução de despesas que sejam indispensáveis à esta manutenção deve ser permitida, como corolário lógico da noção de renda, capacidade contributiva e mínimo existencial.

O Código Tributário Nacional, exercendo a função de definir o conceito de renda posto na Carta Magna de 1988, dispôs, em

---

16. José Artur Lima Gonçalves, *Imposto sobre a Renda: Pressupostos Constitucionais*, São Paulo, Malheiros Editores, 2002, p. 179.

seu art. 43, I e II, que a incidência do imposto depende da "aquisição da disponibilidade econômica ou jurídica da renda, assim entendido o produto do capital, do trabalho ou da combinação de ambos (...) e de proventos de qualquer natureza, assim entendidos os acréscimos patrimoniais não compreendidos no inciso anterior". Vê-se que o legislador complementar não desbordou o conceito constitucional de renda, exercendo a função prevista no art. 146, III, *a*, da Constituição Federal, delimitando a atuação do legislador federal na instituição da regra-matriz de incidência tributária. Este enunciado, como se percebe, compõe o consequente da norma de competência tributária e, uma vez desrespeitado, enseja a aplicação da norma de competência secundária brevemente mencionada acima.

A norma jurídica tributária é composta de um antecedente[17] e um consequente, conforme já mencionado. Realizada a situação descrita no antecedente, desencadeia-se o consequente da norma, estabelecendo relação jurídica entre sujeito ativo (União) e o sujeito passivo (contribuinte), modalizada pelo deôntico "obrigatório", competindo a este a entrega da riqueza tributável àquele.

No caso do imposto sobre a renda, respeitadas as prescrições constitucionais e legais, temos que a hipótese de incidência só pode ser a aquisição da disponibilidade jurídica ou econômica de acréscimo patrimonial, respeitadas as deduções indispensáveis à manutenção da fonte produtora da renda, dentro do lapso temporal definido, no caso, o anual. Assim, somente após a satisfação do mínimo vital, é que se denota capacidade contributiva e, consequentemente, acréscimo patrimonial tributável.

Já a base de cálculo, critério quantitativo que compõe o consequente da regra-matriz de incidência tributária, tem a função de mensurar o tamanho do evento econômico denotado pela realização do antecedente normativo. Não há dúvidas de que a base de cálculo do imposto sobre a renda das pessoas físicas deve consistir no valor do acréscimo patrimonial obtido dentro do lapso temporal determinado para sua apuração, considerada a dedução das despesas indispensáveis que mencionamos.

Da análise do objeto da relação jurídica de competência, situada no consequente da norma competencial, verifica-se que o conjunto de princípios, regras, imunidades, direitos e garantias fundamentais limitam a hipótese de incidência possível, que só pode ser o acréscimo patrimonial adquirido dentro de determinado espaço de tempo. Consequentemente, a base de cálculo só pode ser o montante deste acréscimo, considerando-se a dedução das despesas indispensáveis.

5.2 A questão do mínimo existencial e os limites à dedução de despesas: podemos falar em regras de imunidade como delimitadoras da tributação sobre a renda?

Sabe-se que as empresas objetivam o lucro. Assegura-se a este ente a dedutibilidade de todas as despesas que sejam indispensáveis ao seu funcionamento, sob pena de não lhe ser possível prosseguir na produção de riqueza tributável. Satisfeito o mínimo existencial e havendo acréscimo patrimonial, denota-se capacidade contributiva e, consequentemente, possibilidade de tributação da renda. Com efeito, a empresa não será constituída com o intuito de gerar prejuízos ou simplesmente manter o patrimônio inicial. Por haver o objetivo de lucro, consequentemente haverá renda tributável.

Já as pessoas físicas, malgrado busquem gerar riquezas e, consequentemente, patrimônio substancioso, não têm a mesma função que as empresas. Suas necessidades são muito mais variáveis e pontuais do que

---

17. "(...) uma lei descreve hipoteticamente um estado de fato, um fato ou um conjunto de circunstâncias de fato, e dispõe que a realização concreta, no mundo fenomênico, do que foi descrito, determina o nascimento de uma obrigação de pagar um tributo" (Geraldo Ataliba, *Hipótese de Incidência Tributária*, 6ª ed., cit., p. 53).

as de uma pessoa jurídica. Há uma série de direitos e garantias fundamentais que devem ser efetivadas, para que o valor dignidade da pessoa humana seja concretizado. Assim, despesas que sejam indispensáveis à estes objetivos não poderiam ser tributados pelo Estado, vez que buscam garantir a existência digna da pessoa, sequer configurando renda tributável. Por outro lado, se toda e qualquer despesa pudesse ser deduzida da base de cálculo sob este fundamento, certamente os contribuintes buscariam incansavelmente uma base de cálculo "zero" ou até mesmo negativa, mediante dedução de toda e qualquer despesa.

Por tais razões, o legislador infraconstitucional limita as despesas dedutíveis, a fim de possibilitar que, ao final do período de apuração, verifique-se acréscimo patrimonial tributável, ainda que mínimo.

Aqui reside a nossa inquietação: direitos e garantias fundamentais, voltados à viabilizar a existência digna da pessoa humana podem ser consideradas regras de imunidade, integrantes das limitações materiais postas na norma de competência?

Ante de nos posicionarmos, cumpre tecer breves comentários acerca das imunidades.

Como é cediço, as imunidades estão espalhadas pelo Texto Constitucional, sendo equivocado sustentar sua concentração apenas no art. 150, VI. Há outras situações que não são passíveis de tributação, seja por impostos, taxas ou contribuições. Para Paulo de Barros Carvalho, as imunidades consistem na "classe finita e imediatamente determinável de normas jurídicas, contidas no texto da Constituição Federal, e que estabelecem, de modo expresso, a incompetência das pessoas políticas de direito constitucional interno para expedir regras instituidoras de tributos que alcancem situações específicas e suficientemente caracterizadas".[18]

O renomado jurista entende que as imunidades são apenas aquelas explícitas, que ingressam na ordem positiva por meio de autêntica norma jurídica, de modo que "para que se configure a existência de uma regra de imunidade tributária é mister que a vedação, sobre ser expressa, assuma o satisfatório grau de especificidade".[19]

Ao contrário do que pensa o nobre Professor da PUC/SP e da USP, cremos ser plenamente possível falarmos em regras de imunidade implícitas, mormente no tocante à tributação da renda das pessoas físicas.

Um dos fundamentos da República é a dignidade da pessoa humana, conforme disposto no art. 1º, IV, do Texto Constitucional de 1988. Nessa toada, o constituinte assegurou uma série de direitos e garantias fundamentais aos indivíduos, que sequer podem ser objeto de Proposta de Emenda Constitucional, dada a sua natureza de cláusula pétrea (art. 60, IV, § 4º, da Constituição).

Dentre o extenso rol de direito fundamentais, tem-se aqueles denominados "direitos sociais", prescritos no art. 6º da Lei Maior de 1988, assim redigido: "Art. 6º. São direitos sociais a educação, a saúde, a alimentação, o trabalho, a moradia, o lazer, a segurança, a previdência social, a proteção à maternidade e à infância, a assistência aos desamparados, na forma desta Constituição".

Também o art. 7º, IV, assegura a todo e qualquer trabalhador, urbano ou rural, o recebimento de salário mínimo, "capaz de atender a suas necessidades vitais básicas e às de sua família com moradia, alimentação, educação, saúde, lazer, vestuário, higiene, transporte e previdência social, com reajustes periódicos que lhe preservem o poder aquisitivo, sendo vedada sua vinculação para qualquer fim".

A regra-matriz do imposto sobre a renda das pessoas físicas, atualmente positivada, não estabelece limites à dedução com despesas médicas e previdência social privada, por

---

18. Paulo de Barros Carvalho, *Curso de Direito Tributário*, 23ª ed., São Paulo, Saraiva, 2011, p. 236.

19. Paulo de Barros Carvalho, *Direito Tributário, Linguagem e Método*, 3ª ed., cit., p. 362.

exemplo. Por outro lado, limita as despesas com educação e sequer viabiliza a dedução de despesas atinentes à moradia, alimentação, segurança, dentre outras.

Parece-nos claro que o rol do art. 6º, bem como do art. 7º, IV, da Constituição Federal de 1988 veiculam verdadeiras regras de imunidade implícitas, que conformam o núcleo do chamado mínimo existencial. Não haveria razão lógica para o constituinte assegurar estes direitos para, em seguida, impedir a dedução das despesas à ele voltadas, para fins de incidência do imposto sobre a renda. Impedir a dedução com despesas de educação, moradia, alimentação e saúde, por exemplo, inviabilizam a existência digna da pessoa humana e, consequentemente, a satisfação de seu mínimo existencial. Roque Antonio Carrazza, segue esta linha de pensamento ao defender que "se todos têm jus à educação e à moradia e se, para usufruí-lo, uma dada pessoa vê-se compelida a, respectivamente, pagar uma escola particular e locar um imóvel urbano, a ordem jurídica garante o *total abatimento* destas despesas, por ocasião do *ajuste anual*".[20]

É evidente que problemas podem surgir em decorrência deste posicionamento como, por exemplo, a dedução ilimitada de valores gastos com alimentação. O legislador infraconstitucional pode limitar quais alimentos poderão ser deduzidos, selecionando aqueles que sejam indispensáveis à manutenção da pessoa humana, bem como estabelecer um teto máximo.

Assim, à luz do conceito constitucional de renda, dos princípios da capacidade contributiva, da dignidade da pessoa humana e do respeito ao mínimo existencial, temos que as regras dos arts. 6º e 7º, IV, da Constituição Federal de 1988 configuram verdadeiras regras de imunidade, que por sua vez compõem o consequente da norma de competência tributária do imposto sobre a renda e proventos de qualquer natureza das pessoas físicas,

estabelecendo limitações materiais à expedição da regra-matriz de incidência tributária. Em consequência, a total vedação à dedução de despesas ou o estabelecimento de limites insuficientes, denotam incompatibilidade entre a regra-matriz e a norma de competência tributária do imposto em questão.

Conclusões

Ante o breve estudo realizado, verifica-se que a norma de competência tributária traça os limites formais e materiais à expedição da regra-matriz de incidência tributária, delimitando a hipótese de incidência possível, bem como a base de cálculo possível do imposto.

A construção da norma jurídica de competência nos permite verificar se a produção da norma jurídica tributária é ou não válida, mediante análise de todas as limitações materiais ali contidas, tais como princípios, imunidades, enunciados veiculados por lei complementar e o próprio conceito constitucional de renda.

Renda consiste em acréscimo patrimonial verificado em determinado lapso temporal, deduzidas as despesas indispensáveis à garantia do mínimo existencial, que possibilitam a manutenção da fonte produtora da riqueza tributável. Só há que se falar em capacidade contributiva, portanto, quando superado o limite intributável do mínimo existencial.

A Constituição Federal de 1988 assegura diversos direitos e garantias fundamentais à pessoa física. Dentre eles, os arts. 6º e 7º, IV, trazem um rol de direitos sociais básicos a serem concretizados, de modo que a tributação não pode aniquilá-los, muito menos vedar a sua concretização. Tais dispositivos, a nosso ver, veiculam regras de imunidade, que, portanto, compõem o rol de limitações materiais insertos na norma de competência tributária. Evidentemente, tais regras não são absolutas, de modo que o legislador infraconstitucional pode estabelecer limites às deduções, que sempre poderão ser questionadas pelo contribuinte perante o Judiciário.

---

20. Roque Antonio Carrazza, *Curso de Direito Constitucional Tributário*, 28ª ed., cit., p. 138.

Desta forma, qualquer vedação ou limitação à dedução de despesas com educação, saúde, moradia e alimentação, voltadas à consecução deste mínimo existencial, é inconstitucional. A atual regra-matriz do imposto sobre a renda e proventos de qualquer natureza, ao promover estas vedações e limitações, incorre em incompatibilidade com a norma de competência tributária, a ensejar a sua declaração de inconstitucionalidade.

Referências bibliográficas

ATALIBA, Geraldo. *Hipótese de Incidência Tributária*. 6ª ed. São Paulo, Malheiros Editores, 2009.

_____. *Sistema Constitucional Tributário*. São Paulo, Ed. RT, 1965.

ÁVILA, Humberto. *Sistema Constitucional Tributário*. 4ª ed. São Paulo, Saraiva, 2010.

_____. *Teoria dos Princípios: da Definição à Aplicação dos Princípios Jurídicos*. 9ª ed., ampl. e atual. São Paulo, Malheiros Editores, 2009.

BOBBIO, Norberto. *Teoria do Ordenamento Jurídico*. 10ª ed. Brasília, Ed. UNB, 1990.

CARRAZZA, Roque Antonio. *Curso de Direito Constitucional Tributário*. 28ª ed., rev., atual. e ampl. São Paulo, Malheiros Editores, 2012.

CARVALHO, Paulo de Barros. *Curso de Direito Tributário*. 23ª ed. São Paulo, Saraiva, 2011.

_____. *Direito Tributário, Linguagem e Método*. 3ª ed., rev. e ampl. São Paulo, Noeses, 2009.

_____. *Direito Tributário – Fundamentos Jurídicos da Incidência*. 8ª ed. rev. São Paulo, Saraiva, 2010.

GAMA, Tácio Lacerda. *Norma de Competência Tributária para Instituição de Contribuições Interventivas*. São Paulo, Quartier Latin, 2003.

KELSEN, Hans. *Teoria Pura do Direito*, versão condensada pelo próprio autor. 7ª ed. São Paulo, Ed. RT, 2008.

MACHADO, Hugo de Brito. *Curso de Direito Tributário*. 30ª ed., rev., atual. e ampl. São Paulo; Malheiros Editores, 2009.

MOUSSALLEM, Tarek Moyses. *Fontes do Direito Tributário*. São Paulo, Noeses, 2005.

NOGUEIRA, Julia de Menezes. *Imposto sobre a Renda na Fonte*. São Paulo, Quartier Latin, 2007.

SCHOUERI, Luís Eduardo. *Direito Tributário*. São Paulo, Saraiva, 2011.

VELLOSO, Andrei Pitten. *Conceitos e Competência Tributária*. São Paulo, Dialética, 2005.

ESTUDOS & COMENTÁRIOS

A ISENÇÃO DE IMPOSTO SOBRE A RENDA DA PESSOA FÍSICA QUE PERCEBEU RENDIMENTOS ACUMULADOS ANTERIORMENTE À INSTRUÇÃO NORMATIVA DA RECEITA FEDERAL DO BRASIL 1.127/2011

LAURA ELIZANDRA MACHADO CARNEIRO

Procuradora da Câmara Municipal de Diadema. Especialista em Direito Material Tributário pela Faculdade de Direito de São Bernardo do Campo. Mestranda em Direito Tributário pela USP. Advogada

Introdução. 1. Conceito de renda e regimes na legislação tributária: 1.1 Conceito de renda na Constituição Federal de 1988; 1.2 Conceito de renda no Código Tributário Nacional; 1.3 Regimes de competência e de caixa na legislação tributária. 2. Imposto sobre a Renda: 2.1 A incidência do Imposto sobre a Renda; 2.2 Instruções Normativas da Receita Federal do Brasil: 2.2.1 Instrução Normativa n. 1.127/2011; 2.3 Regulamento do Imposto sobre a Renda (Decreto n. 3.000/1999): 2.3.1 O art. 56, caput, do Regulamento do Imposto sobre a Renda; 2.3.2 A jurisprudência relativa ao tema. 3. Os princípios no sistema jurídico tributário brasileiro: 3.1 A aplicação dos princípios em face do tema; 3.2 Princípios constitucionais tributários: 3.2.1 O princípio da isonomia tributária; 3.2.2 O princípio da capacidade contributiva; 3.2.3 O princípio da irretroatividade da lei tributária. 4. Isenção de Imposto sobre a Renda da Pessoa Física: 4.1 A Instrução Normativa da Receita Federal do Brasil n. 1.127/2011 e a (ir)retroatividade; 4.2 A isenção de Imposto sobre a Renda da Pessoa Física pela Instrução Normativa da Receita Federal do Brasil n. 1.127/2011. Conclusão. Bibliografia.

Introdução

O Estado, por meio da atividade arrecadatória, busca promover a segurança jurídica, a justiça e a paz social, obtendo recursos, na sua maioria, por meio da expropriação dos bens dos particulares.

O Imposto sobre a Renda representa uma das maiores fontes de recursos no Brasil, motivo pelo qual demanda uma reflexão, com base nos princípios constitucionais tributários, para fins de interpretação das normas regulamentares que versam sobre a incidência tributária nos rendimentos acumulados recebidos por pessoa física em cumprimento de decisão judicial.

Nesse sentido, a Instrução Normativa da Receita Federal do Brasil n. 1.127, de 7 de fevereiro de 2011, veio para definir regras para tributação dos rendimentos percebidos acumuladamente de que trata o art. 12-A, da

Lei n. 7.713/1988, criando um novo sistema de tributação.

Anteriormente, os valores percebidos acumuladamente eram tributados como se fossem verba única. Todavia, essa norma regulamentadora passou a garantir ao contribuinte o direito de multiplicar os valores constantes da tabela do imposto sobre a renda pelo número de meses a que se refere o valor recebido, para cálculo da parcela a deduzir do imposto.

Dessa forma, a aplicação da Instrução Normativa em comento aos rendimentos recebidos acumuladamente a partir de 28 de julho de 2010, amplia a possibilidade de isenção do imposto, uma vez que é utilizada a tabela progressiva resultante da multiplicação da quantidade de meses a que se referem os rendimentos pelos valores constantes da tabela progressiva mensal correspondente ao mês do recebimento ou crédito.

Neste contexto, surgiu a inquietação que levou ao aprofundamento do estudo acerca do Imposto sobre a Renda da Pessoa Física incidente sobre rendimentos recebidos acumuladamente em virtude de decisão judicial, no tocante à possibilidade de aplicação dos mesmos critérios eleitos pelo legislador da Instrução Normativa da Receita Federal do Brasil n. 1.127/2011 para cálculo do imposto a deduzir de rendimentos recebidos acumuladamente, anteriores a 28 de julho de 2010.

Para tanto, no primeiro capítulo deste trabalho, trata-se da conceituação de renda trazida pela Constituição Federal e pelo Código Tributário Nacional, passando-se pela concepção dos regimes de caixa e de competência previstos na legislação tributária para determinação da renda auferida em um certo período de tempo.

No segundo capítulo, passa-se à análise do imposto sobre a renda e sua incidência, com ênfase na Instrução Normativa n. 1.127/2011 e no art. 56, *caput*, do Regulamento do Imposto sobre a Renda. Firmada uma visão geral acerca do tema, destaca-se a jurisprudência acerca da aplicação dos regimes tributários e dos princípios constitucionais tributários para apuração e tributação da renda auferida por pessoa física.

Em seguida, no terceiro capítulo, discorre-se acerca dos princípios constitucionais tributários aplicáveis ao tema, dando-se ênfase aos princípios da isonomia tributária, da capacidade contributiva e da irretroatividade da lei tributária.

No quarto capítulo do trabalho, reflete-se acerca da possibilidade de aplicação dos critérios eleitos pelo legislador da Instrução Normativa da Receita Federal do Brasil n. 1.127/2011 para fins de isenção de imposto sobre a renda de pessoa física em relação aos rendimentos recebido acumuladamente anteriores a 28 de julho de 2010, traçando diferenças acerca da aplicação dos critérios e da (ir)retroatividade da lei tributária.

Desta forma, sem a pretensão de esgotar o tema, objetiva-se traçar um convite ao profícuo debate acerca dessa importante questão, relevante à garantia da justiça social e fiscal ao contribuinte, que demanda uma interpretação da legislação tributária baseada nos princípios constitucionais tributários.

1. Conceito de renda e regimes na legislação tributária

Primeiramente, insta destacar que não existe no ordenamento jurídico brasileiro um conceito constitucional expresso de renda ou de proventos. Há contornos desses conceitos, decorrentes do significado desses termos e da interpretação dos princípios constitucionais a eles relacionados, de modo que o conceito de renda e proventos decorre da interpretação dos arts. 153, inciso III, da Constituição Federal e 43 do Código Tributário Nacional e dos princípios constitucionais que lhes dizem respeito.

No tocante aos regimes, existem na legislação brasileira dois regimes – o regime de caixa e o regime de competência, a seguir abordados em tópico específico.

1.1 Conceito de renda na Constituição Federal de 1988

O art. 153, inciso III, da Constituição Federal estabelece a competência da União para instituir impostos sobre renda e proventos de qualquer natureza, mas não fixa um conceito constitucional expresso de renda ou proventos.

Dessa forma, a explicitação do conceito de renda e de proventos de qualquer natureza encontra-se na legislação infraconstitucional. Todavia, do texto constitucional pode-se deduzir um conceito de renda, conforme leciona José Artur Lima Gonçalves (1997, pp. 170-171):

"(...) considerando que o texto constitucional serviu-se da técnica de referir-se ao critério material da regra-matriz de incidência tributária para o fim de proceder à repartição de competência tributária impositiva, o conceito '*renda e proventos de qualquer natureza*' foi utilizado para esse fim, sendo intuitivo que o respectivo âmbito não poderá ficar à disposição do legislador ordinário.

"Admitir o contrário implica conferir ao legislador infraconstitucional competência para bulir com o âmbito das próprias competências tributárias impositivas constitucionalmente estabelecidas, o que é – para quem aceita o pressuposto básico do escalonamento hierárquico da ordem jurídica – impossível.

"A própria Constituição fornecerá, portanto, ainda que de forma implícita, haurível de sua competência sistemática, o conteúdo do conceito de renda por ela – Constituição – pressuposto."

Aliomar Baleeiro (2010, p. 249) ensina que "*a eficácia dos princípios implícitos é equiparável à das regras expressas*".

Para Roberto Quiroga Mosquera (1998, p. 118): "O imposto sobre a renda e proventos de qualquer natureza incide sobre o elemento patrimonial que se constitui numa majoração de patrimônio, isto é, incide sobre a riqueza nova, renda e proventos de qualquer natureza; são elementos patrimoniais que não existiam antes no conjunto de direitos pré-existentes das pessoas e que não representam uma mera reposição de elementos patrimoniais ou permuta. Acréscimo, incremento ou majoração de elementos patrimoniais (riqueza nova) não se confunde com ingresso, entrada ou reposição de direitos patrimoniais (riqueza velha)".

Observa-se que a Constituição Federal traz, de forma implícita, o conceito constitucional de renda, segundo o qual haverá renda quando ocorrer acréscimo patrimonial – assim entendido o incremento material ou imaterial, representado por direitos e bens, de qualquer natureza – ao conjunto líquido de direitos de um dado sujeito. Em outras palavras, há um conceito constitucional de renda, que é construído a partir de uma interpretação sistemática da Constituição Federal, com a utilização dos princípios constitucionais, principalmente daquele que versa sobre a repartição constitucional de competências.

Nesse sentido, José Artur Lima Gonçalves (1997, p. 174) deduz um conceito de renda pressuposto pela Constituição, segundo o qual renda é o "*saldo positivo resultante do confronto entre certas entradas e certas saídas, ocorridas ao longo de um dado período*".

Para este doutrinador (1997, p. 191), somente haverá incidência do imposto sobre a renda se houver acréscimo patrimonial efetivo: "A circunstância de estar-se na presença de efetiva tributação de renda – critério material da regra-matriz respectiva – só é verdadeiramente afirmada quando o critério legalmente eleito (base de cálculo) para conversão desse fato em cifra econômica revela-se compatível com a consistência material do fato dado como 'pressuposto' pela Constituição e 'posto' pela lei: a renda efetivamente auferida ou percebida".

Portanto, haverá renda quando ocorrer ganho ou acréscimo patrimonial efetivo pelo sujeito passivo; caso contrário, não restará configurada a hipótese constitucional do imposto sobre a renda. Assim, por meio de uma interpretação feita a partir do Texto Constitucional, chega-se à conclusão de que somente incidirá imposto sobre a renda quando ocorrida mudança positiva no patrimônio do sujeito passivo, no período de tempo determinado, dentro do qual a renda tenha sido percebida e ao final do qual possa a renda ser quantificada.

1.2 Conceito de renda no Código Tributário Nacional

O conceito de renda, construído a partir da Constituição Federal, pode ser analisado à luz da legislação infraconstitucional.

O art. 43 do Código Tributário Nacional estabelece (*www.planalto.gov.br*, 25.6.2013, 18h00):

"Art. 43. O imposto, de competência da União, sobre a renda e proventos de qualquer natureza tem como fato gerador a aquisição da disponibilidade econômica ou jurídica:

"I – de renda, assim entendido o produto do capital, do trabalho ou da combinação de ambos;

"II – de proventos de qualquer natureza, assim entendidos os acréscimos patrimoniais não compreendidos no inciso anterior."

Em geral, os doutrinadores afirmam que o Direito brasileiro adotou a teoria do acréscimo patrimonial para a aferição do conceito de renda, devido ao fato do Código Tributário Nacional tratar de produto do capital, do trabalho, da combinação de ambos e de acréscimos patrimoniais.

Entretanto, Gisele Lemke (1998, pp. 62-63) entende que existe renda em sentido amplo (abrangendo os proventos) e renda em sentido estrito: "Ao definir a renda (em sentido estrito) como o produto do capital, do trabalho ou da combinação de ambos, o Código Tributário adotou a teoria da renda-produto ou a teoria das fontes. Isso não significa que tenha sido adotada essa teoria com todos os elementos colocados pelos seus partidários para a conceituação de renda. Até porque eles mesmos divergem entre si. Quando se afirma que o Código adotou a teoria das fontes, o que se pretende é dizer que ele excluiu a teoria da renda-acréscimo patrimonial para a definição de renda (em sentido estrito), exigindo que esta decorra de uma fonte produtiva (capital, trabalho ou a combinação de ambos)".

Paulo Ayres Barreto (2001, pp. 73-74) leciona que o conteúdo constante do art. 43 do Código Tributário Nacional "*não desborda o conceito constitucional de renda*", de modo que: "(...) a referência a proventos de qualquer natureza, como acréscimos patrimoniais não compreendidos no inciso anterior, impõe a seguinte conclusão: nos termos do CTN os acréscimos patrimoniais sujeitos à incidência do imposto sobre a renda são os enunciados no inciso I do art. 43 ou quaisquer outros".

Acerca da disponibilidade jurídica e da disponibilidade econômica de que trata o *caput*, do art. 43, do Código Tributário Nacional, há que se ressaltar que todo o ganho patrimonial sobre o qual incide o imposto sobre a renda configurará um fato jurídico, que antecede a norma individual e concreta, sendo desnecessária, nas lições de Paulo Ayres Barreto (2001, p. 74), a menção à disponibilidade econômica e jurídica, "*por nada alterar a construção do conteúdo desse enunciado prescritivo*".

Frise-se, outrossim, que o art. 43 do Código Tributário Nacional reitera a exegese constitucional, de modo que o imposto sobre a renda deve incidir sobre acréscimos patrimoniais. Dessa forma, com fulcro na outorga constitucional de competência, o imposto sobre a renda incide sobre o acréscimo patrimonial decorrente do cotejo da renda bruta, deduções e abatimentos da pessoa física.

1.3 Regimes de competência e de caixa na legislação tributária

Há dois regimes na legislação tributária para a determinação da renda auferida em um certo período: o regime de caixa e o regime de competência.

O Imposto sobre a Renda e Proventos de Qualquer Natureza é de competência exclusiva da União, conforme estabelece o art.

153, inciso III, da Constituição Federal. Esse imposto tem seu fato gerador expresso no art. 43 do Código Tributário Nacional, cuja Lei que o instituiu (Lei n. 5.172, de 25 de outubro de 1966) tem *status* de Lei Complementar, amoldando-se à previsão do art. 146, inciso III, alínea "a", da Constituição Federal.

Analisando-se o art. 43 acima transcrito, observa-se que esse imposto submete-se ao regime de competência, uma vez que este considera o fenômeno econômico ou jurídico, ou ambos simultaneamente. Em outras palavras, o fato gerador ocorre quando se adquire a disponibilidade econômica ou jurídica da renda, decorrente do produto do trabalho, do capital, ou de proventos de qualquer natureza, exigindo a existência de acréscimo patrimonial.

Nota-se, outrossim, que o citado dispositivo legal não faz menção à disponibilidade financeira, fenômeno afeto ao regime de caixa, que leva em consideração o aspecto financeiro das operações, ou seja, a entrada e a saída de dinheiro em caixa.

No regime de competência, somente quando concretizada a disponibilidade econômica ou jurídica da renda ou dos proventos de qualquer natureza, é que ocorrerá o fato gerador desse imposto.

Entretanto, o legislador ordinário não respeita o disposto no art. 43 do Código Tributário Nacional e impõe o regime de caixa ao contribuinte do imposto sobre a renda da pessoa física, quando estabelece, no art. 56, *caput*, do Decreto n. 3.000/1999 que esse imposto incidirá no mês do recebimento dos rendimentos acumulados, sobre o total, inclusive juros e atualização monetária.

2. Imposto sobre a Renda

O Imposto sobre a Renda e Proventos de Qualquer Natureza encontra-se previsto no art. 153, inciso III, da Constituição Federal, que atribui à União a competência para instituí-lo, delineia a sua regra-matriz de incidência tributária e fixa os princípios que o norteia. Também o art. 43 do Código Tributário Nacional normatiza os aspectos gerais do imposto sobre a renda e define os elementos que o compõem.

O imposto sobre a renda destina-se a cumprir os fins de arrecadação e contribui para a efetivação dos fundamentos do Estado, uma vez que pode ser utilizado como instrumento de equilíbrio das desigualdades socioeconômicas e serve para distribuição de riquezas, para a realização da igualdade e justiça social e fiscal.

2.1 A incidência do Imposto sobre a Renda

Conforme entendimento de Roque Antonio Carrazza (2006, pp. 47-48), o imposto sobre a renda "*deve ter por hipótese de incidência o fato de uma pessoa (física ou jurídica), em razão do seu trabalho, do seu capital ou da combinação de ambos, obter, ao cabo de certo período, rendimentos líquidos (acréscimos patrimoniais)*".

Por sua vez, Paulo Ayres Barreto (2001, p. 64) leciona que: "Em súmula, a norma geral e abstrata que descreva, em seu antecedente, 'auferir renda e proventos de qualquer natureza' como fato de possível ocorrência, que, se e quando acontecido, dará ensejo à incidência deste imposto, mediante o ato de aplicação do direito, deverá, necessariamente, estabelecer que: a) todo o patrimônio do contribuinte seja considerado; b) todo o acréscimo patrimonial verificado (a renda auferida) esteja submetido ao mesmo tratamento; e c) imposto dê-se de forma progressiva, sendo maior a alíquota aplicável quanto mais significativa for a base tributável".

A estrutura da regra-matriz de incidência do imposto sobre a renda, segundo Mary Elbe Queiroz (2004, pp. 155-156), é composta da hipótese ou descritor (critérios material, espacial e temporal) e do consequente ou prescritor (critérios pessoal e quantitativo). Segundo a doutrinadora, o critério material é adquirir a disponibilidade econômica e jurídica da renda e proventos de qualquer natureza, ou seja, a aquisição e disponibilidade de acréscimo patrimonial ou riqueza nova. Como critério espacial, fixa a renda ou provento percebido no território nacional, por residentes e não residentes no país, e no exterior, por pessoa residente e domiciliada no Brasil, enquanto mantida essa condição nos termos da lei.

Como critério temporal, aponta que é o momento da ocorrência do fato gerador em que se puder quantificar, na sua integralidade, a renda demonstrada pelos acréscimos patrimoniais, apurados, para as pessoas físicas, até 31 de dezembro de cada ano.

No critério pessoal, como sujeito ativo figura a União e como sujeito passivo a pessoa física que adquirir renda ou proventos, caracterizados como acréscimo patrimonial, na qualidade de contribuinte. A lei também coloca no polo passivo o terceiro que figura como responsável pela retenção e recolhimento de imposto sobre a renda devido pelo contribuinte. No critério quantitativo, a base de cálculo do imposto sobre a renda da pessoa física é o total dos rendimentos percebidos, menos as despesas necessárias à produção dos rendimentos, à manutenção da fonte produtora e à dedução dos respectivos dependentes e a alíquota é variável de acordo com a tabela progressiva.

2.2 Instruções Normativas da Receita Federal do Brasil

As normas regulamentadoras, na qual estão incluídas as instruções normativas elaboradas pelas autoridades administrativas, são importantes instrumentos para regulamentação das matérias veiculadas por lei, não podendo alterar ou inovar o texto de lei que regulamentam.

2.2.1 Instrução Normativa n. 1.127/2011

A Instrução Normativa da Receita Federal do Brasil n. 1.127/2011 define as regras para apuração e tributação dos rendimentos recebidos acumuladamente (RRA) de que trata o art. 12-A da Lei n. 7.713/1988, incluído pela Medida Provisória n. 497/2010, posteriormente convertida na Lei n. 12.350/2010.

Estabelece o art. 12-A da Lei n. 7.713/1988 (*www.receita.fazenda.gov.br*, 25.6.2013, 20h00):

"Art. 12-A. Os rendimentos do trabalho e os provenientes de aposentadoria, pensão, transferência para a reserva remunerada ou reforma, pagos pela Previdência Social da União, dos Estados, do Distrito Federal e dos Municípios, quando correspondentes a anos-calendários anteriores ao do recebimento, serão tributados exclusivamente na fonte, no mês do recebimento ou crédito, em separado dos demais rendimentos recebidos no mês. (*Incluído pela Lei n. 12.350, de 20 de dezembro de 2010*)

"§ 1º. O imposto será retido pela pessoa física ou jurídica obrigada ao pagamento ou pela instituição financeira depositária do crédito e calculado sobre o montante dos rendimentos pagos, mediante a utilização de tabela progressiva resultante da multiplicação da quantidade de meses a que se refiram os rendimentos pelos valores constantes da tabela progressiva mensal correspondente ao mês do recebimento ou crédito.

"(...).

"§ 7º. Os rendimentos de que trata o *caput*, recebidos entre 1º de janeiro de 2010 e o dia anterior ao de publicação da Lei resultante da conversão da Medida Provisória n. 497, de 27 de julho de 2010, poderão ser tributados na forma deste artigo, devendo ser informados na Declaração de Ajuste Anual referente ao ano-calendário de 2010." (*Incluído pela Lei n. 12.350, de 20 de dezembro de 2010*)

A Instrução Normativa da Receita Federal do Brasil n. 1.127, publicada no *DOU* em 8 de fevereiro de 2011, que dispõe sobre a apuração e tributação de rendimentos recebidos acumuladamente de que trata o art. 12-A da Lei n. 7.713/1988, sensível à iniquidade que representa a tributação de diferenças remuneratórias recebidas acumuladamente em cumprimento de decisão judicial como se fossem verba única, criou um novo sistema de tributação.

Esse diploma regulamentador estabelece, em seu art. 2º, que os rendimentos recebidos acumuladamente (RRA), a partir de 28 de julho de 2010, relativos a anos--calendário anteriores ao do recebimento, serão tributados exclusivamente na fonte, no mês do recebimento ou crédito, em separado dos demais rendimentos recebidos no mês, quando decorrentes de aposentadoria, pensão, transferência para a reserva remunerada ou reforma, pagos pela Previdência Social da União, dos Estados, do Distrito Federal e dos Municípios e de rendimentos do trabalho.

Tal norma regulamentadora garante ao contribuinte o direito de multiplicar os valores constantes na tabela do imposto de renda pelo número de meses a que o valor recebido se refere, para o cálculo da parcela a deduzir do imposto, conforme dispositivos abaixo transcritos (*www.receita.fazenda.gov.br*, 25.6.2013, 20h30):

"Art. 2º. Os RRA, a partir de 28 de julho de 2010, relativos a anos-calendário anteriores ao do recebimento, serão tributados exclusivamente na fonte, no mês do recebimento ou crédito, em separado dos demais rendimentos recebidos no mês, quando decorrentes de:

"I – aposentadoria, pensão, transferência para a reserva remunerada ou reforma, pagos pela Previdência Social da União, dos Estados, do Distrito Federal e dos Municípios; e

"II – rendimentos do trabalho.

"§ 1º. Aplica-se o disposto no *caput*, inclusive, aos rendimentos decorrentes de decisões das Justiças do Trabalho, Federal, Estaduais e do Distrito Federal.

"§ 2º. Os rendimentos a que se refere o *caput* abrangem o décimo terceiro salário e quaisquer acréscimos e juros deles decorrentes.

"§ 3º. O disposto no *caput* não se aplica aos rendimentos pagos pelas entidades de previdência complementar. (*Incluído pela Instrução Normativa RFB n. 1.261, de 20 de março de 2012*)

"Art. 3º. O imposto será retido, pela pessoa física ou jurídica obrigada ao pagamento ou pela instituição financeira depositária do crédito, e calculado sobre o montante dos rendimentos pagos, mediante a *utilização de tabela progressiva resultante da multiplicação da quantidade de meses a que se referem os rendimentos pelos valores constantes da tabela progressiva mensal correspondente ao mês do recebimento ou crédito.*

"§ 1º. O décimo terceiro salário, quando houver, representará em relação ao disposto no *caput* a um mês. (*Redação dada pela Instrução Normativa RFB n. 1.145, de 5 de abril de 2011*)

"§ 2º. *A fórmula de cálculo da tabela progressiva acumulada, a que se refere o* caput, *deverá ser efetuada na forma prevista no Anexo I a esta Instrução Normativa.* (*Redação dada pela Instrução Normativa RFB n. 1.145, de 5 de abril de 2011*)" (grifou-se)

Por sua vez, o anexo I da referida Instrução Normativa esclarece como deve ser feito o cálculo do imposto, para o ano-calendário de 2013, consoante tabela progressiva abaixo colacionada, incluída pela Instrução Normativa RFB n. 1.145, de 5 de abril de 2011 (*www.receita.fazenda.gov.br*, 25.6.2013, 20h30):

Base de cálculo em R$	Alíquota (%)	Parcela a deduzir do imposto (R$)
Até (1.710,78 x NM)	–	–
Acima de (1.710,78 x NM) até (2.563,91 x NM)	7,5	128,30850 x NM
Acima de (2.563,91 x NM) até (3.418,59 x NM)	15	320,60175 x NM
Acima de (3.418,59 x NM) até (4.271,59 x NM)	22,5	576,99600 x NM
Acima de (4.271,59 x NM)	27,5	790,57550 x NM

Conforme tabela acima reproduzida, para o cálculo do imposto sobre a renda da pessoa física, basta multiplicar o valor do limite da isenção indicado na tabela (R$ 1.710,78) pelo número de meses a que o valor recebido acumuladamente se refere. Essa tabela confirma que o regime a ser aplicado para o cálculo do imposto sobre a renda da pessoa física é o de competência, e não o regime denominado "caixa".

Observe-se, entretanto, que o art. 2º, *caput*, da Instrução Normativa da Receita Federal do Brasil n. 1.127/2011 estabelece que esse diploma regulamentador somente tem aplicação aos créditos recebidos acumuladamente a partir de 28 de julho de 2010.

2.3 Regulamento do Imposto sobre a Renda (Decreto n. 3.000/1999)

Para fins da legislação do Imposto sobre a Renda são consideradas pessoas físicas os indivíduos que, no mundo real, praticam o fato previsto na hipótese prevista na lei, passando a figurar como contribuintes.

De acordo com o disposto no art. 2º, do Regulamento do Imposto sobre a Renda (RIR/1999), aprovado pelo Decreto n. 3.000/1999, são contribuintes as pessoas físicas domiciliadas ou residentes no Brasil, ainda que ausentes do País, mas que mantenham a condição de residentes, e as residentes ou domiciliadas no exterior, que recebam rendimentos de fontes brasileiras, que sejam titulares de disponibilidade econômica ou jurídica de renda ou proventos de qualquer natureza, inclusive rendimentos e ganhos de capital.

2.3.1 O art. 56, *caput*, do Regulamento do Imposto sobre a Renda

O art. 56, *caput*, do Regulamento do Imposto sobre a Renda (Decreto n. 3.000/1999), estabelece que, no caso de rendimentos recebidos acumuladamente, o imposto sobre a renda da pessoa física incide no mês do recebimento, sobre o total dos rendimentos, inclusive sobre juros e atualização monetária (*www.receita.fazenda.gov.br*, 26.6.2013, 9h40): "Art. 56. No caso de rendimentos recebidos acumuladamente, o imposto incidirá no mês do recebimento, sobre o total dos rendimentos, inclusive juros e atualização monetária (Lei n. 7.713, de 1988, art. 12)".

Por sua vez, prevê o art. 12 da Lei n. 7.713, de 22 de dezembro de 1988 (*www.receita.fazenda.gov.br*, 25.6.2013, 20h00): "Art. 12. No caso de rendimentos recebidos acumuladamente, o imposto incidirá, no mês do recebimento ou crédito, sobre o total dos rendimentos, diminuídos do valor das despesas com ação judicial necessárias ao seu recebimento, inclusive de advogados, se tiverem sido pagas pelo contribuinte, sem indenização".

Acerca desse dispositivo legal, Lúcia Helena Bruski Young (2002, p. 37) explica que o imposto incide, no caso de rendimentos acumulados, no mês do recebimento, sobre o total dos rendimentos, abrangendo quaisquer acréscimos e juros, diminuído do valor das despesas com ação judicial necessário ao seu recebimento, inclusive com advogados, se tiverem sido pagas pelo contribuinte, sem indenização.

Com base nesse dispositivo, a Receita Federal do Brasil retém no que se denominada "malha fina", por suposta omissão de rendimentos, as declarações de imposto sobre a renda de pessoas físicas que não ofereceram à tributação os valores recebidos acumuladamente.

Por sua vez, o art. 46, da Lei n. 8.541, de 23 de dezembro de 1992, dispõe que o imposto sobre a renda incidente sobre os rendimentos pagos em cumprimento de decisão judicial será retido na fonte pela pessoa física ou jurídica obrigada ao pagamento, no momento em que o rendimento é disponibilizado ao beneficiário.

Assim é que, da análise literal dos citados dispositivos de lei, a Receita Federal do

Brasil efetua a inscrição dos valores recebidos acumuladamente e não declarados na dívida ativa da União Federal e do nome da pessoa física (contribuinte) no rol de inadimplentes.

2.3.2 A jurisprudência relativa ao tema

Entretanto, a jurisprudência do Egrégio Tribunal Regional Federal da 3ª Região já vem reconhecendo que deve ser aplicado o regime de competência, haja vista que a tributação dos valores recebidos acumuladamente por decisão judicial como movimento único de incidência tributária sobre valores atrasados, referentes a prestações que deveriam ter sido adimplidas mensalmente, sob o regime conhecido como "caixa" (que considera incidente o imposto de renda no momento do recebimento) gera a ampliação indevida da base imponível do tributo e a aplicação de alíquota de imposto de renda diversa da que incidiria caso fosse considerada a prestação mês a mês. Confira-se:

"*Tributário. Imposto de Renda incidente sobre proventos de aposentadoria auferidos acumuladamente e a destempo. Ofensa aos princípios constitucionais da isonomia e da capacidade contributiva. Fixação de honorários advocatícios. Apreciação equitativa do Magistrado.*

"1. A tributação em plano uniforme, com incidência de única alíquota, para todas as prestações previdenciárias recebidas com atraso, implica expressa afronta aos princípios constitucionais da isonomia e da capacidade contributiva, haja vista que o movimento único de incidência tributária sobre valores atrasados, no que toca ao pagamento de prestações que deveriam ser adimplidas mês a mês, produz o claro efeito de ampliar indevidamente a base imponível do tributo, provocando a aplicação de alíquota de imposto de renda distinta daquela que efetivamente incidiria caso a prestação tivesse sido paga tempestivamente.

"2. A fixação da verba honorária, com amparo nos dizeres do § 4º do art. 20 do CPC, pode ser realizada com observância dos limites estabelecidos no § 3º do mesmo dispositivo, já que ela (fixação) decorre da apreciação equitativa do Magistrado. Precedentes.

"3. Apelação e reexame necessário improvidos" (TRF-3ª Região/SP, 4ª T., rel. Desembargadora Marli Ferreira, Ap 0019446-56.2007.4.03.6100-SP, j. 4.11.2010, *DOU* 30.11.2010, www.trf3.jus.br, 20.6.2013, 19h30).

"*Processual Civil. Tributário. Imposto de Renda. Pessoa física. Repetição de indébito. INSS. Benefícios previdenciários. Pagamento de forma acumulada. Base de cálculo do tributo. Valor mensal do benefício. Tabela progressiva vigente.*

"1. Preliminar rejeitada por falta de interesse de agir, tendo em vista que o acesso ao Judiciário, não está condicionado à prévia postulação da via administrativa.

"2. Na espécie *sub judice*, trata-se de pagamento de benefícios previdenciários acumulados, que, realizado de uma só vez, ensejou a incidência do imposto de renda à alíquota máxima prevista na Tabela Progressiva do tributo.

"3. É certo que, se recebido o benefício devido, mês a mês, os valores não sofreriam a incidência da alíquota máxima do tributo, mas sim da alíquota menor, ou mesmo, estariam situados na faixa de isenção, conforme previsto na legislação do Imposto de Renda.

"4. O cálculo do Imposto sobre a Renda na fonte, na hipótese de pagamento acumulado de benefícios previdenciários atrasados, deve ter como parâmetro o valor de cada parcela mensal a que faria jus o beneficiário e não o montante integral que lhe foi creditado.

"5. A jurisprudência do E. STJ alinhou-se no sentido de que o disposto no art. 12 da Lei n. 7.713/1988 refere-se tão somente ao momento da incidência do tributo em questão, não fixando a forma de cálculo, que deverá considerar o valor mensal dos rendimentos auferidos (REsp 783.724-RS, rel. Ministro Castro Meira, j. 15.8.2006, *DJ* 25.8.2006, p. 328).

"6. Não é razoável, portanto, que o segurado, além de aguardar longos anos pela concessão do benefício previdenciário, ainda venha a ser prejudicado, com a aplicação da alíquota mais gravosa do tributo quando do pagamento acumulado dos respectivos valores, em clara ofensa aos princípios da capacidade contributiva e da isonomia tributária.

"7. Não há como se aferir de imediato o valor exato de cada benefício mensal a que faz jus o beneficiário, de forma a reconhecer a isenção legal em todos os meses do período indicado. Assim, o cálculo do IR deverá considerar a parcela mensal do benefício, em correlação aos parâmetros fixados na Tabela Progressiva vigente à época, inclusive no que concerne à alíquota menor (15%) ou faixa de isenção.

"8. Apelação improvida" (TRF-3ª Região/SP, 6ª T., rel. Desembargadora Consuelo Yoshida, Ap 0000405-29.2010.4.03.6123, j. 4.10.2012, e-DJF3 Judicial 1 11.10.2012, www.trf3.jus.br, 20.6.2013, 19h50).

"*Agravo de Instrumento – Tributário – Imposto de Renda Pessoa Física – Benefício previdenciário percebido de forma acumulada – Princípios constitucionais – Isonomia e capacidade contributiva.*

"A incidência do imposto de renda sobre os valores pagos com atraso é firmada em um só movimento e pela alíquota máxima prevista na tabela do imposto de renda.

"A tributação em plano uniforme, com incidência de única alíquota, para todas as prestações previdenciárias recebidas com atraso, implica expressa afronta aos princípios constitucionais da isonomia e da capacidade contributiva.

"O movimento único de incidência tributária sobre valores atrasados, no que toca ao pagamento de prestações que deveriam ser adimplidas mês a mês, produz o claro efeito de ampliar indevidamente a base imponível do tributo, provocando a aplicação de alíquota de imposto de renda distinta daquela que efetivamente incidiria caso a prestação tivesse sido paga tempestivamente.

"O pagamento feito a destempo deve sofrer a tributação em consonância com a tabela e alíquota vigentes à época própria, de modo a evitar a consumação de evidente prejuízo ao segurado social.

"Precedentes: REsp 617.081-PR, rel. Ministro Luiz Fux, 1ª T., j. 20.4.2006, *DJ* 29.5.2006 p. 159 e REsp 1.118.429-SP, rel. Ministro Herman Benjamin, 1ª Seção, j. 24.3.2010, *DJe* 14.5.2010.

"Agravo de instrumento a que se nega provimento" (TRF-3ª Região/SP, 4ª T., rel. Desembargadora Marli Ferreira, AI 0009641-70.2012.4.03.0000, j. 30.8.2012, *e-DJF3 Judicial 1* 12.9.2012, www.trf3.jus.br, 20.6.2013, 20h00).

Assim, tem-se que a jurisprudência, antes mesmo da entrada em vigor da Instrução Normativa da Receita Federal do Brasil n. 1.127, de 7 de fevereiro de 2011, já vinha reconhecendo o direito do contribuinte à aplicação do regime de competência.

3. Os princípios no sistema jurídico tributário brasileiro

Com o fim de fundamentar e bem entender a possibilidade de aplicação da Instrução Normativa da Receita Federal do Brasil n. 1.127/2011 para isenção de imposto sobre a renda da pessoa física que percebeu rendimentos acumulados anteriormente à vigência da norma regulamentadora, não podemos olvidar de tratar de alguns princípios tributários pertinentes ao tema.

Para tanto, precisamos observar que os princípios são o alicerce do sistema jurídico tributário brasileiro, na medida em que orientam o direito em sua totalidade.

Assim sendo, a violação a um princípio significa transgressão a todo o sistema jurídico e aos valores fundamentais esculpidos no direito brasileiro.

Neste sentido, a lição de Carlos Maximiliano (2007, p. 241), ao tratar dos princípios gerais do direito: "(...) todo conjunto harmônico de regras positivas é apenas o resumo, a síntese, o *substratum* de um complexo de altos ditames, o índice materializado de um sistema orgânico, a concretização de uma doutrina, série de postulados que enfeixam princípios superiores. Constituem estes as diretivas, ideias do hermeneuta, os pressupostos científicos da ordem jurídica".

Por isso, tem-se que a infringência a um princípio constitui ofensa maior do que a simples violação a um enunciado prescritivo, pois este se mostra como oposição a um mandamento específico e obrigatório, ao passo que a violação ao princípio se reveste de maior gravidade, devido a sua função de fundamentar, informar e orientar todo o sistema jurídico.

Ressalte-se, nesta oportunidade, a distinção entre enunciados prescritivos e normas jurídicas. Os enunciados prescritivos são utilizados na função pragmática de prescrever condutas intersubjetivas, ao passo que as normas jurídicas são significações construídas pelo intérprete a partir dos textos positivados e estruturadas na forma lógica dos juízos condicionais, estes formados pela associação de duas ou mais proposições de caráter prescritivo.

Tal distinção é de suma importância para este estudo, uma vez que, partindo-se dos enunciados prescritivos da Instrução Normativa da Receita Federal do Brasil n. 1.127/2011 busca-se a partir desta e sob a óptica dos princípios constitucionais tributários, chegar-se à construção de uma norma jurídica que satisfaça os ditames constitucionais.

Conforme lições de Paulo de Barros Carvalho (2011, p. 274), princípio é uma regra que porta núcleos significativos de grande dimensão e que influencia a orientação das cadeias normativas, às quais dá o caráter de unidade relativa e serve de fator de agregação para outras regras do ordenamento. Segundo este doutrinador, no direito, princípio é *"uma linguagem que traduz para o mundo jurídico-prescritivo, não o real, mas um ponto de vista sobre o real, caracterizado segundo os padrões de valores daquele que o interpreta"* (2011, p. 256).

Pode-se, pois, afirmar que os princípios são diretivas que iluminam a compreensão dos enunciados prescritivos, imprimindo-lhes caráter de unidade relativa e servindo como agregadores de um dado conjunto de normas, motivo pelo qual se defende uma postura interpretativa voltada para a ampla realização dos direitos dos contribuintes, concretizadores do respeito aos princípios da isonomia tributária e da capacidade contributiva, como será tratado oportunamente.

3.1 A aplicação dos princípios em face do tema

Segundo leciona Mary Elbe Queiroz (2004, p. 2), princípio "é a primeira pedra ou fundamento que instaura e dá suporte ao nascimento de todas as demais normas dele integrantes".

Atualmente, os princípios não se prestam apenas a solucionar lacunas legais.

A interpretação de todo o sistema jurídico baseia-se nos valores supremos e princípios, dos quais se originam os direitos da sociedade brasileira.

Ressalte-se, nesta oportunidade, que isso não significa a inobservância da lei, pois o sistema jurídico tributário brasileiro é pautado no princípio da legalidade estrita, insculpido no art. 150, inciso I, da Constituição Federal.

Entretanto, deve-se observar o princípio da legalidade substancial, de modo que o enunciado prescritivo não se mostra interpretável isoladamente, mas em conjunto com os demais elementos do sistema, a partir dos princípios e considerando os valores envolvidos, o que demonstra que o direito é um produto cultural, que se exterioriza sob os influxos das variáveis "tempo e espaço".

Em outros termos, pode-se afirmar que, atualmente, não tem o magistrado ou qualquer órgão que tenha competência para expedir enunciados prescritivos e fiscalizar o cumprimento dos direitos constitucionais e legais em matéria tributária qualquer poder discricionário em face da ausência de previsão, no sistema, direcionada à solução de determinada questão, pertinente ao caso concreto, de modo que terá de observar os princípios e valores nelas inseridos.

Para Paulo de Barros Carvalho (1991, p. 155): "A interpretação dos princípios, como normas que verdadeiramente são, depende de uma análise sistemática que leve em consideração o universo das regras jurídicas, enquanto organização sintática (hierarquia sintática) e enquanto organização axiológica (hierarquia dos valores jurídicos), pois assim como uma preposição prescritiva do direito não pode ser apreciada independentemente do sistema a que pertence, outro tanto acontece com os valores jurídicos injetados nas estruturas normativas. Desse processo de integração resultará o entendimento da mensagem prescritiva, em sua integridade semântica, sempre elástica e mutável".

Entende-se, assim, que emergiu uma nova concepção de hermenêutica jurídica caracterizada pela busca da efetivação da proteção do contribuinte contra o poder de tributar do fisco.

Portanto, a interpretação a ser dada aos dispositivos constitucionais e legais deve ser baseada nos princípios, pois estes são normas jurídicas carregadas de grande conotação axiológica, que introduzem valores importantes para o sistema jurídico e que influem na orientação de setores normativos do ordenamento jurídico.

3.2 Princípios constitucionais tributários

Em face da indispensabilidade da interpretação sistemática, torna-se necessário destacar os princípios constitucionais tributários mais relevantes à análise da possibilidade de aplicação da Instrução Normativa da Receita Federal do Brasil n. 1.127/2011 para fins de isenção de imposto sobre a renda de pessoa física que percebeu rendimentos acumulados anteriormente à vigência da norma regulamentadora, sem, contudo, exauri-los.

Antes de adentrar na análise dos princípios da isonomia tributária, da capacidade contributiva e da irretroatividade da lei tributária, é necessária a observância ao princípio da unidade da Constituição, que obriga o intérprete a considerar a Constituição em sua totalidade e buscar, no exercício da interpretação, a harmonização de eventuais conflitos.

Segundo José Joaquim Gomes Canotilho (1993, pp. 226-227), o princípio da unidade da Constituição: "(...) ganha relevo autônomo como princípio interpretativo quando com ele se quer significar que a Constituição deve ser interpretada de forma a evitar contradições (antinomias, antagonismos) entre as suas normas. Como ponto de orientação, guia de discussão e fator hermenêutico de decisão, o princípio da unidade obriga o intérprete a considerar a Constituição na sua globalidade e a procurar harmonizar os espaços de tensão existentes entre as normas constitucionais a concretizar. Daí que o intérprete deva sempre considerar as normas constitucionais não como normas isoladas e dispersas, mas sim como preceitos integrados num sistema interno unitário de normas e princípios".

Por sua vez, Paulo Bonavides (2006, p. 518), ao ressaltar a importância da aplicação do método de interpretação do ordenamento "conforme a Constituição", leciona que esse princípio interpretativo parte: "(...) da presunção de que toda lei é constitucional, adotando-se ao mesmo passo o princípio de que em caso de dúvida a lei será interpretada 'conforme a Constituição'. Deriva, outrossim, do emprego de tal método a consideração de que não se deve interpretar isoladamente uma norma constitucional, uma vez que do conteúdo geral da Constituição procedem princípios elementares da ordem constitucional, bem como decisões fundamentais do constituinte, que não podem ficar ignorados, cumprindo levá-los a devida conta por ensejo da operação interpretativa, de modo a fazer a regra que se vai interpretar adequada a esses princípios ou decisões. Daqui resulta que o intérprete não perderá de vista o fato de que a Constituição representa um todo ou uma unidade e, mais do que isso, um sistema de valor".

Ressalte-se, por oportuno, que na interpretação das normas tributárias também deve ser observado o princípio da máxima efetividade da Constituição, também conhecido por princípio da força normativa da Constituição ou princípio da eficiência, segundo o qual no exercício da jurisdição, os magistrados devem adotar soluções que confiram a máxima efetividade à Constituição Federal, especialmente no que diz respeito às limitações ao poder de tributar de que trata o art. 150, da Constituição Federal.

Acerca desse princípio, Luís Roberto Barroso (2008, p. 364) leciona que: "Efetividade significa realização do Direito, a atuação prática da norma, fazendo prevalecer no mundo dos fatos os valores e interesses por ela tutelados. Simboliza a efetividade, portanto, a aproximação, tão íntima quanto possível, entre o *dever ser* normativo e o *ser* da realidade social. O intérprete constitucional deve ter compromisso com a efetividade da Constituição: entre interpretações alternativas e plausíveis, deverá prestigiar aquela que permita a atuação da vontade constitucional, evitando, no limite do possível, soluções que se refugiem no argumento da não autoaplicabilidade da norma ou na ocorrência da omissão do legislador".

Quanto ao objeto deste trabalho, cita-se, como exemplo, potencial controvérsia interpretativa que pode surgir entre o § 1º, do art. 145 cumulado com o inciso II, do art. 150, da Constituição Federal, que dispõem, respectivamente, acerca do princípio da capacidade contributiva e do princípio da isonomia tributária, e a alínea "a", inciso III, do art. 150, da norma constitucional, que versa sobre o princípio da irretroatividade da lei tributária, conforme a seguir explicitado.

Na seara tributária, os sobreprincípios da certeza e da segurança jurídicas podem ser efetivados na medida em que consagram a isonomia, a irretroatividade e a capacidade tributária, dentre outros princípios.

Acerca dos princípios constitucionais tributários, Mary Elbe Queiroz (2004, p. 5) enfatiza que: "No âmbito tributário, como em todo o Direito, os princípios encerram valores que pairam acima das próprias normas que condicionam toda atividade ligada à incidência de tributos e à expropriação de bens dos particulares, quer no âmbito do Legislativo, quer no do Executivo, quer no do Judiciário. Todos aqueles que fazem ou executam as leis tributárias ou julgam a sua aplicação devem restar sob a égide dos mandamentos constitucionais, tendo por fim a justiça, no caso, a justiça fiscal (...)".

Por sua vez, Eduardo Domingos Bottallo (2005, p. 18) ressalta que: "O extraordinário valor axiológico dos princípios, aliado ao destacado sentido de ampla generalidade, justificam que sejam reconhecidos como os mais fortes e expressivos pontos de referência para a interpretação do sistema jurídico".

Por fim, insta observar que a satisfação dos postulados da justiça fiscal em um Estado Democrático de Direito somente ocorre quando as leis, elaboradas a partir da Constituição Federal, são aplicadas em harmonia com os princípios constitucionais tributários, na busca do equilíbrio entre a necessidade de arrecadação do fisco e o respeito aos direitos e garantias individuais dos contribuintes.

3.2.1 O princípio da isonomia tributária

Primeiramente, insta destacar que a igualdade é um sobreprincípio, previsto no art. 5º, *caput* e § 1º, da Constituição Federal, figurando como uma garantia fundamental, que possui eficácia plena e aplicação imediata, e como cláusula pétrea, não podendo ser restringido ou anulado por meio de emendas constitucionais, a teor do que dispõe o art. 60, § 4º, inciso IV, do Texto Constitucional.

No domínio do Direito Tributário, o princípio da isonomia tributária, insculpido no art. 150, inciso II, da Constituição Federal, veda à União, aos Estados, ao Distrito Federal e aos Municípios "*instituir tratamento desigual entre contribuintes que se encontrem em situação equivalente*".

Acerca deste princípio, Mary Elbe Queiroz (2004, p. 17) ensina que:

"(...) a igualdade será realizada por meio da distribuição dos contribuintes de acordo com a sua capacidade econômica, de acordo com a qual aqueles que têm mais deverão assumir um maior ônus da carga tributária que aqueles que têm menos ou nada têm. Tal disposição, na verdade, caracteriza-se como uma tentativa do legislador constitucional de buscar corrigir as desigualdades existentes na sociedade, para isso utilizando a tributação como um meio de alcançar a justiça fiscal e, por decorrência, a justiça social, além de possibilitar a arrecadação de valores para suprir o Estado.

"(...).

"É importante considerar, ainda, que, dentre os princípios, a igualdade apresenta-se com tal magnitude que se ela fosse subtraída os outros princípios perderiam a própria amplitude, pois nem mesmo a legalidade seria considerada, uma vez que a lei poderia ser aplicada de modo diferente para um e para outro, ou um mesmo tributo poderia ser exigido em medida diversa para contribuintes que se encontrassem em idênticas situações."

Para Roque Antonio Carrazza (2006, p. 289), o princípio da isonomia visa: "(...) que a lei tributária, tanto ao ser editada como aplicada: (a) não discrimine os contribuintes que se encontrem em situação jurídica equivalente; e (b) discrimine, na medida de suas desigualdades, os contribuintes que não se encontrem em situação jurídica equivalente".

E continua (2006, p. 78), explicando que o tributo, ainda que instituído por lei e editado pelo ente político competente, não pode atingir apenas um ou alguns contribuintes, excetuando outros, que se encontrem na mesma situação jurídica, o que vale também no campo da isenção tributária de imposto sobre a renda da pessoa física.

José Artur Lima Gonçalves (1997, p. 188) entende que:

"Só a lei pode criar uma regra-matriz de incidência; consequentemente, nela devem estar descritos todos os critérios necessários à existência desta, dentre os quais encontra-se o critério pessoal. Em face dessa exigência do princípio da legalidade, já afigura-se como imprescindível, também, o respeito ao princípio da isonomia, uma vez que esta consiste na igualdade na própria lei.

"(...).

"Não basta, portanto, que a eleição do sujeito passivo seja veiculada por lei. Essa indicação é limitada, em nosso entender, pela própria Constituição. Esse diploma, de maneira mais ou menos flexível, indica os possíveis sujeitos passivos, ou as possibilidades que o legislador infraconstitucional tem para elegê-los, sempre sob a sombra do princípio da isonomia."

Saliente-se que o imposto sobre a renda deve atender também aos princípios da pessoalidade, da capacidade contributiva, da universalidade, insculpidos no art. 145, § 1º, da Constituição Federal, todos desdobramentos do princípio da isonomia, previsto nos arts. 5º e 150, inciso II, da Constituição Federal.

É, ainda, relevante frisar que, como bem leciona Paulo de Barros Carvalho (2011, p. 286), para realizar-se a isonomia não basta tratar os desiguais de maneira desigual em relação aos que se encontrem em situação igual, mas é preciso que esse tratamento diferenciado se dê em função dessa diferença, isto é, "*que o tratamento diferenciado tenha relação com o critério discriminante eleito*".

Nesse sentido, pode-se observar que não se justifica o critério eleito pelo legislador da Instrução Normativa da Receita Federal do Brasil n. 1.127/2011, que adotou a data de 28 de julho de 2010 como marco para distinguir o cálculo adotado para apuração do Imposto sobre a Renda da Pessoa Física incidente sobre os rendimentos recebidos acumuladamente – aqueles que receberam rendimentos acumulados relativos a anos-calendário anteriores até 28 de julho de 2010, são tributados em parcela única pelo valor total; aqueles que receberam rendimentos acumulados relativos a anos-calendário anteriores a partir de 28 de julho de 2010, são tributados mediante a utilização de tabela progressiva resultante da multiplicação da quantidade de meses a que se referem os rendimentos recebidos.

3.2.2 O princípio da capacidade contributiva

O art. 145, § 1º, da Constituição Federal estabelece que (www.planalto.gov.br, 21.6.2013, 18h40):
"Art. 145. (omissis).
"§ 1º. Sempre que possível, os impostos terão caráter pessoal e serão graduados segundo a capacidade econômica do contribuinte, facultado à administração tributária, especialmente para conferir efetividade a esses objetivos, identificar, respeitados os direitos individuais e nos termos da lei, o patrimônio, os rendimentos e as atividades econômicas do contribuinte."

Como se pode observar, o dispositivo legal acima transcrito faz menção à "capacidade econômica". Todavia, a expressão há de ser entendida como capacidade para pagar tributos, isto é, capacidade contributiva.

Paulo de Barros Carvalho (2011, p. 333) traça distinção entre capacidade contributiva absoluta e relativa. Explica que realizar o princípio pré-jurídico da capacidade contributiva absoluta ou objetiva significa a eleição, pelo legislador competente, de fatos que ostentem signos de riqueza e que efetivar o princípio da capacidade contributiva relativa ou subjetiva é expressar a repartição da carga tributária, de tal forma que os contribuintes paguem de acordo com o tamanho econômico do evento. Para este doutrinador, a capacidade contributiva relativa significa a realização do princípio da igualdade, insculpido no art. 5º, caput, da Constituição Federal.

Segundo leciona Gisele Lemke (1998, p. 51), o princípio da capacidade contributiva decorre do princípio da isonomia: "(...) Ele decorre do da isonomia. É a sua manifestação concreta no campo do Direito Tributário. Melhor dizendo, é uma de suas manifestações, visto como o princípio da isonomia, na esfera tributária, não se esgota na tributação igual perante igual capacidade contributiva e desigual em caso contrário. Certamente, é a sua manifestação de maior relevo, pois se trata de princípio fundamental nesse setor do Direito. Ele significa especificamente que cada um deve contribuir para o Estado na medida de sua capacidade econômica, sendo que aqueles dotados de igual capacidade econômica devem contribuir com a mesma parcela de sua riqueza e aqueles cuja capacidade econômica for diversa devem contribuir com parcelas de riqueza diversas".

Para Roque Antonio Carrazza (2006, p. 114), o imposto sobre a renda e proventos de qualquer natureza somente atende ao princípio da capacidade contributiva em razão de ser progressivo, nos termos do que prevê o art. 153, § 2º, inciso I, da Constituição Federal, sendo que *"no caso do IR-Pessoa Física, quem, com efeito, tem rendimentos mais expressivos deve ser proporcionalmente mais tributado, por via de imposto sobre a renda, do que quem tem rendimentos menores"*.

Segundo entendimento de Mary Elbe Queiroz (2004, p. 29): "No caso do Imposto sobre a Renda, a capacidade contributiva realiza-se por meio dos princípios da pessoalidade e da progressividade, a fim de que possa medir e impor a tributação de acordo com o valor do ganho progressivo de cada um e tomando-se em consideração as suas características pessoais, com vista à efetividade da isonomia tributária".

Para Alcides Jorge Costa (1991, pp. 300-302):
"O conceito de capacidade contributiva é econômico-financeiro, mas é também jurídico-político. A maior ou menor capacidade contributiva objetiva de certos rendimentos em confronto com outros é, frequentemente, produto de ideias políticas ou de ideologias. (...).

"Como conceito jurídico-político que é, o de capacidade contributiva tem sido entendido como instrumento de redistribuição da riqueza e, portanto, mais compatível com alíquotas progressivas do que com alíquotas proporcionais. (...).

"O fato gerador de cada imposto deve guardar conexão com a capacidade tributária. Impossível criar imposto sobre fato não revelador desta capacidade."

Portanto, a capacidade contributiva representa um limite para as imposições tributárias, uma vez que funciona como indicador do poder de tributar do Estado e um limite no exercício de sua competência impositiva, para o alcance de uma tributação mais justa. Ademais, tem-se como inconstitucional a lei que, ao eleger os fatos de conteúdo econômico e, pois, cumprindo o princípio da capacidade contributiva absoluta, deixa de satisfazer o princípio da capacidade contributiva relativa, segundo o qual cada indivíduo deve contribuir de acordo com o tamanho econômico do evento.

3.2.3 O princípio da irretroatividade da lei tributária

O princípio da irretroatividade da lei tributária, previsto no art. 150, inciso III, alínea "a", da Constituição Federal, veda à União, aos Estados, ao Distrito Federal e aos Municípios "*cobrar tributos em relação aos fatos geradores ocorridos antes do início da vigência da lei que os houver instituído ou aumentado*".

Aliomar Baleeiro (1999, p. 296) leciona que: "Ao mencionar o princípio da irretroatividade de forma específica para o Direito Tributário, a nova Carta aperfeiçoou a redação tradicional na linha apontada por Pontes de Miranda, referindo-se a fato jurídico pretérito no art. 150, III, *a*, embora genericamente já o tivesse consagrado, por meio da vedação histórica de ofensa ao direito adquirido, ao ato jurídico perfeito e à coisa julgada, no art. 5º, XXXVI".

Sobre esse princípio, Paulo de Barros Carvalho (2011, p. 212) explica: "Com efeito, o enunciado normativo que protege o direito adquirido, o ato jurídico perfeito e a coisa julgada, conhecido como princípio da irretroatividade das leis, não vinha sendo, é bom que se reconheça, impedimento suficientemente forte para obstar certas iniciativas de entidades tributantes, em especial a União, no sentido de atingir fatos passados, já consumados no tempo, debaixo de plexos normativos segundo os quais os administrados orientaram a direção de seus negócios".

Em relação ao imposto sobre a renda, Mary Elbe Queiroz (2004, p. 24) ensina que: "(...) os princípios da anterioridade e da irretroatividade da lei conjugam-se e impõem-se com força para exigir que a norma legal que introduza alterações, criando novas hipóteses de incidência ou majorando o tributo, somente poderá ser aplicada a partir da sua vigência, a qual deverá dar-se antes do início do ano-calendário em que os respectivos fatos geradores deverão ocorrer. No tocante à produção de efeitos, esses somente se darão a partir do primeiro dia do mês de janeiro do ano-calendário seguinte àquele em que se deu a respectiva publicação".

Em suma, o princípio da irretroatividade da lei tributária obriga que, regras que estabeleçam direitos, devem estar em vigor antes da ocorrência do fato gerador, de modo que um fato somente será fato gerador se antes de sua ocorrência já tiver uma lei que traga hipótese de incidência em abstrato nesse sentido.

4. *Isenção de Imposto sobre a Renda da pessoa física*

Como cláusula excludente do crédito tributário, a isenção encontra-se prevista no art. 175, inciso I, do Código Tributário Nacional.

Roque Antonio Carrazza (2006, p. 829) conceitua isenção: "Isenção é uma limitação legal do âmbito de validade da norma jurídica tributária, que impede que o tributo nasça ou faz com que surja de modo mitigado (*isenção *parcial*). Ou, se preferirmos, é a nova configuração que a lei dá à norma jurídica tributária, que passa a ter seu âmbito de abrangência restringido, impedindo, assim, que o tributo nasça *in concreto* (evidentemente, naquela hipótese descrita na lei isentiva)".

Segundo entendimento de Paulo de Barros Carvalho (2011, p. 599), as normas de isenção são regras de estrutura, que introduzem modificações na regra-matriz de incidência tributária e atuam "*sobre a regra-matriz de incidência tributária, investindo contra um ou mais critérios de sua estrutura, mutilando-os, parcialmente*".

Como bem destaca o supracitado doutrinador, há oito maneiras de norma isentiva mutilar o critério do antecedente ou do consequente da regra-matriz de incidência tributária, quais sejam, pelo critério material, desqualificando o verbo; pelo critério material, subtraindo o complemento; pelo critério espacial; pelo critério temporal; pelo critério pessoal, atingindo o sujeito ativo; pelo critério pessoal, atingindo o sujeito passivo; pelo critério quantitativo, atingindo a base de cálculo; e pelo critério quantitativo, atingindo a alíquota.

Com efeito, a isenção é o encontro de duas normas jurídicas que inibem a incidência da hipótese tributária sobre os eventos qualificados abstratamente pelo preceito isentivo, ou que lhe mutila o consequente, comprometendo os efeitos prescritivos da conduta.

4.1 A Instrução Normativa da Receita Federal do Brasil n. 1.127/2011 e a (ir)retroatividade

Em princípio, pela análise literal dos dispositivos supracitados, tal norma regulamentadora não alcançaria os recebimentos acumulados pretéritos, anteriores a 28 de julho de 2010.

Todavia, é evidente que os critérios utilizados pelo legislador que elaborou a Instrução Normativa da Receita Federal do Brasil n. 1.127/2011 não podem ser simplesmente desconsiderados. Importante salientar que, ao se propor a aplicação desses critérios e dos princípios constitucionais tributários para o cálculo do valor a deduzir do imposto em relação aos recebimentos acumulados anteriores a 28 de julho de 2010, não se está violando o princípio da irretroatividade da lei tributária.

Em outras palavras, não se está propondo a retroação do alcance da lei, mas a aplicação dos mesmos critérios em relação a verbas de mesma natureza recebidas anteriormente à data estipulada no art. 2º, *caput*, da referida Instrução Normativa.

Ressalte-se, por oportuno, que o princípio da irretroatividade da lei tributária, expresso no art. 150, inciso III, alínea "a", da Constituição Federal, entre as limitações ao poder de tributar, apenas veda a cobrança de tributos em relação a fatos geradores ocorridos antes do início da vigência da lei que os houver instituído ou aumentado.

Importante observar, outrossim, que não haverá violação ao referido princípio pela aplicação dos critérios adotados na tabela progressiva da Instrução Normativa da Receita Federal do Brasil n. 1.127/2011, pois esta não institui ou aumenta tributo ao contribuinte. Ao contrário, a aplicação dos critérios utilizados na tabela, dividindo-se o montante recebido acumuladamente pelo número de meses a que se refere o valor, não viola o citado princípio, que, frise-se, foi estabelecido como garantia ao contribuinte e não ao Estado.

A esse respeito, Roque Antonio Carrazza (2011, p. 365) explica que "*a irretroatividade da lei protege o contribuinte contra o arbítrio do Estado, que não pode modificar, para pior, situações fiscais já consolidadas ou já aperfeiçoadas, embora ainda pendentes de condição*".

Saliente-se, por oportuno, que os critérios adotados no anexo da Instrução Normativa da Receita Federal do Brasil n. 1.127/2011 podem ser validamente aplicados aos recebimentos acumulados anteriores a

28 de julho de 2010, pelo simples fato de o contribuinte ser a figura central do Direito Tributário. Ademais, necessário observar que não se sustenta mais a mera subsunção do fato à norma, para obstar a aplicação do regime de competência.

Ao contrário, exige-se dos operadores de Direito uma interpretação jurídica centrada no contribuinte, com destaque para os valores humanistas no Direito Tributário.

Nesse sentido, Renato Lopes Becho (2009, p. 342) leciona que: "Colocar o homem no centro do direito tributário implica afirmar que a simples arrecadação não é mais o fim último do direito tributário. A finalidade do direito tributário é fazer da arrecadação um ato de justiça social com limites, com proteções ao contribuinte diante da força e da voracidade do Estado".

Considerando, outrossim, que o Direito Tributário nada mais é do que uma proteção contra o arbítrio do Estado, faz-se imprescindível interpretar as leis tributárias como forma protetiva do contribuinte, o que por si só justificaria a aplicação dos mesmos critérios adotados pelo legislador da Instrução Normativa da Receita Federal do Brasil n. 1.127/2011 aos rendimentos recebidos acumuladamente e a destempo anteriores a 28 de julho de 2010, com o consequente desfazimento da alegação de que tal aplicação violaria o princípio da irretroatividade da lei tributária.

Acrescente-se, ainda, que a aplicação dos princípios constitucionais da capacidade contributiva e da isonomia tributária tem maior peso no que tange à tributação do imposto sobre a renda da pessoa física que o princípio da irretroatividade da lei tributária. Como explica Ricardo Lobo Torres (2000, p. 46), *"em determinadas situações, um princípio apresenta peso menor que o de outro que se ajusta melhor ao caso, sem daí poder se concluir pela superioridade de qualquer deles. Os princípios constitucionais vivem em equilíbrio e na permanente busca da harmonia".*

Ressalte-se que o princípio da irretroatividade da lei tributária é limite objetivo, que trabalha para realizar os valores da isonomia e da capacidade contributiva e que funciona como mecanismo que dá eficácia a estes primados axiológicos do direito.

Em virtude disso, havendo conflito entre princípios que encerram "valores" e princípios "limites objetivos", prevalecem os princípios dotados de forte conteúdo axiológico.

4.2 A isenção de Imposto sobre a Renda da Pessoa Física pela Instrução Normativa da Receita Federal do Brasil n. 1.127/2011

Além da possibilidade de se sustentar a aplicação dos mesmos critérios adotados pela Instrução Normativa da Receita Federal do Brasil n. 1.127/2011, por meio da interpretação sistemática da norma regulamentadora, na qual o contribuinte é o centro do Direito Tributário, fundamenta-se também esse posicionamento na efetivação dos princípios constitucionais da capacidade contributiva e da isonomia tributária.

Entende-se, assim, que a interpretação das leis fiscais deve ser pautada nos princípios constitucionais tributários. No caso em comento, ao negar a aplicação dos critérios que inspiraram o legislador na Lei n. 12.350/2010 e a autoridade administrativa na Instrução Normativa da Receita Federal do Brasil n. 1.127/2011, aos rendimentos acumulados pretéritos, recebidos antes de 28 de julho de 2010, atenta-se contra o princípio da capacidade contributiva, insculpido no art. 145, § 1º, e contra o princípio da isonomia tributária, previsto no art. 150, inciso II, ambos da Constituição Federal.

Como se observa, a aplicação de regime de caixa para tributação dos rendimentos acumulados pretéritos como um valor único para pessoas físicas que os receberam em cumprimento de decisão judicial em período anterior a 28 de julho de 2010 e do regime de competência, que considera o valor mês a mês para pessoas físicas que receberam rendimentos acumulados em cumprimento de decisão judicial a partir 28 de julho de 2010, fere o princípio da capacidade contributiva, pois tributa para o primeiro, o valor total, como parcela única, o que aumenta a base imponível e a alíquota sobre a qual será pago o imposto de renda.

Ademais, isso viola também o princípio da isonomia tributária, pois contribuintes em situação equivalente podem ser tributados e outros serem isentos, dependendo da data em que receberam os rendimentos acumulados por força de decisão judicial.

Frise-se que a Lei n. 7.713/1988 reconhece a presença de um valor, qual seja, a necessidade de se tributar com base em cálculo que considera a quantidade de meses a que se referem os rendimentos recebidos acumuladamente. Todavia, no percurso de sua implementação a Instrução Normativa da Receita Federal do Brasil n. 1.127/2011 sofreu desvio, de tal forma que limitou a aplicação do referido cálculo apenas aos rendimentos recebidos acumuladamente a partir de 28 de julho de 2010, de modo que, ao implementar essa data como marco, a norma não traz a mesma orientação valorativa anterior, que seria a observância da isonomia tributária e da capacidade contributiva. Desta forma, pode-se afirmar que a referida Instrução Normativa viola os princípios da isonomia tributária e da capacidade contributiva, ao limitar a aplicação do cálculo aos rendimentos recebidos acumuladamente a partir de 28 de julho de 2010.

Portanto, em observância aos princípios da isonomia tributária e da capacidade contributiva pode-se sustentar a aplicação da Instrução Normativa da Receita Federal do Brasil n. 1.127/2011 para fins de isenção do imposto sobre a renda da pessoa física que percebeu rendimentos acumulados anteriores a 28 de julho de 2010.

Conclusão

Com base no conceito de renda construído a partir do art. 153, inciso III, da Constituição Federal, que fixa a competência legislativa da União para instituir impostos sobre a renda e proventos de qualquer natureza, chega-se à conclusão de que incidirá o referido imposto apenas quando verificado acréscimo patrimonial efetivo pelo sujeito passivo.

Observa-se, outrossim, que em que pese o art. 43 do Código Tributário Nacional estabelecer que o imposto sobre a renda submete-se ao regime de competência, o legislador ordinário e o aplicador do direito têm imposto ao contribuinte o regime de caixa, com fulcro no art. 56, *caput*, do Decreto n. 3.000/1999.

Neste aspecto, a Instrução Normativa da Receita Federal do Brasil n. 1.127/2011 criou um novo sistema de tributação que, aplicado sobre os rendimentos recebidos acumuladamente a partir de 28 de julho de 2010, passou a ser calculado sobre o montante dos rendimentos pagos, mediante utilização de tabela progressiva resultante da multiplicação da quantidade de meses a que se referem os rendimentos pelos valores constantes da tabela progressiva correspondente ao mês do recebimento ou crédito.

Partindo-se da premissa de que os princípios são normas que orientam todo o sistema jurídico tributário e que são indispensáveis para uma interpretação sistemática dos enunciados prescritivos, constatou-se que a Instrução Normativa da Receita Federal do Brasil n. 1.127/2011 não poderia ser interpretada literalmente.

Seria contrário à ordem constitucional aplicar a citada Instrução Normativa sem interpretá-la à luz dos princípios constitucionais tributários da isonomia tributária, da capacidade contributiva e da irretroatividade da lei tributária.

Conforme explicitado, a aplicação do direito pressupõe uma interpretação à luz dos princípios constitucionais tributários. Nessa atividade intelectual de interpretar com vistas ao sistema jurídico como um todo (enunciados prescritivos, valores e princípios), pode haver divergência na aplicação de um ou outro princípio em determinados casos, em que caberá ao intérprete, baseado na ponderação, atribuir um peso maior ao princípio que melhor se ajusta ao caso, na busca permanente do equilíbrio e da harmonia entre os princípios constitucionais.

Nesse diapasão, na ponderação entre o princípio da irretroatividade da lei tributária, que é uma garantia do contribuinte contra o poder de tributar do Estado, aplicável quando este institui ou majora tributos (princípio como limite objetivo), e o princípio da capacidade contributiva que, sob o viés subjetivo, abarca o princípio da isonomia tributária (princípios como valores), estes possuem peso maior que aquele no caso em estudo.

Justifica-se, portanto, o entendimento de que é possível a aplicação dos critérios eleitos pelo legislador da Instrução Normativa da Receita Federal do Brasil n. 1.127/2011 e a adoção do regime de competência, com a possibilidade maior de isenção do imposto sobre a renda de pessoa física que percebeu rendimentos acumulados, por decisão judicial, em período anterior a 28 de julho de 2010.

A uma, porque deve ser feita uma interpretação sistemática da norma regulamentadora, na qual o contribuinte ocupa o espaço central do Direito Tributário.

A duas, pela necessidade de efetivação dos princípios constitucionais da capacidade contributiva e da isonomia tributária, princípios estes de eficácia plena e aplicabilidade direta.

A três, porque o tratamento diferenciado de contribuintes que se encontrem na mesma situação não revela qualquer relação com o conteúdo discriminante eleito pelo legislador da Instrução Normativa da Receita Federal do Brasil n. 1.127/2011 ("a partir de 28 de julho de 2010").

Ressalte-se que, ao interpretar a Instrução Normativa em comento à luz dos princípios constitucionais da isonomia tributária e da capacidade contributiva, aplicando-se a norma regulamentadora para fins de cálculo de valores percebidos anteriormente a 28 de julho de 2010, não é violado o princípio da irretroatividade da lei tributária, uma vez que se está apenas aplicando a esses casos os mesmos critérios eleitos pelo legislador da referida Instrução Normativa para contribuintes em situação semelhante e garantindo-se que os contribuintes tenham assegurada a proteção estabelecida pela Constituição Federal em relação às limitações ao poder de tributar do Fisco.

Indubitavelmente, a reflexão ora proposta encerra grande impacto no ordenamento jurídico-tributário e os argumentos aqui expostos podem ser objeto de discordância daqueles que militam a favor de uma interpretação literal dos enunciados prescritivos, o que atingirá o objetivo deste trabalho de fomentar novas discussões, principalmente na seara da proteção do contribuinte pela efetivação dos princípios constitucionais existentes em matéria tributária e pela interpretação sistemática das normas tributárias (enunciados prescritivos, princípios e valores).

Acerca desta temática, o Fisco manifesta-se contrário à aplicação da Instrução Normativa da Receita Federal do Brasil n. 1.127/2011 para fins de isenção de imposto sobre a renda da pessoa física que percebeu rendimentos acumulados anteriormente a 28 de julho de 2010, sob a alegação de que a sua aplicação implicaria em violação ao princípio da irretroatividade da lei tributária.

É certo que com a utilização da fórmula proposta para cálculo do imposto pela norma regulamentadora em comento, são aumentadas as chances de isenção do imposto, haja vista que o valor recebido é dividido pelo número de meses a que se refere e multiplicado pelo valor constante da tabela.

Indubitavelmente, deixar de aplicar esta Instrução Normativa aos rendimentos recebidos acumuladamente anteriores a 28 de julho de 2010 traduz-se em manifesto tratamento desigual dos contribuintes, o que viola os princípios constitucionais tributários insculpidos para a proteção do contribuinte contra o poder de tributar do Fisco.

Ademais, insta observar que é por meio da aplicação dos princípios constitucionais da isonomia tributária e da capacidade contributiva que ocorre a concretização das limitações ao poder de tributar do Fisco.

Por derradeiro, em que pese a existência de diversos argumentos contrários à conclusão deste trabalho, é certo que qualquer interpretação literal dos enunciados prescritivos, não está adequada a uma interpretação na qual a pessoa do contribuinte é o centro do Direito Tributário e esse direito figura como instrumento social, cuja finalidade é a proteção dos contribuintes e a conquista da justiça fiscal, e não a prevalência da atividade arrecadatória estatal.

Em verdade, deve-se primar sempre pela concretização dos princípios constitucionais tributários, com o intuito de garantir os direitos mínimos dos contribuintes, de modo que a aplicação das limitações constitucionais ao poder de tributar, sobretudo dos princípios da isonomia tributária e da capacidade contributiva, não seja olvidada no momento da interpretação da legislação infraconstitucional.

Bibliografia

BALEEIRO, Aliomar (1999). *Direito Tributário Brasileiro*. 11ª ed. Rio de Janeiro, Forense.

_____ (2010). *Limitações Constitucionais ao Poder de Tributar*. Rio de Janeiro, Forense.

BARRETO, Paulo Ayres (2001). *Imposto sobre a Renda e Preços de Transferência*. São Paulo, Dialética.

BARROSO, Luís Roberto (org.) (2008). *A Nova Interpretação Constitucional: Ponderação, Direitos Fundamentais e Relações Privadas*. 3ª ed. Rio de Janeiro, Renovar.

BECHO, Renato Lopes (2009). *Filosofia do Direito Tributário*. São Paulo, Saraiva.

BONAVIDES, Paulo (2006). *Curso de Direito Constitucional*. 18ª ed. São Paulo, Malheiros Editores.

BOTTALLO, Eduardo Domingos (2005). *Lições de Direito Público*. 2ª ed. São Paulo, Dialética.

CANOTILHO, José Joaquim Gomes (1993). *Direito Constitucional*. 6ª ed. Coimbra, Livraria Almedina.

CARRAZZA, Roque Antonio (org.) (2011). *Código Tributário Nacional, Código de Processo Civil, Constituição Federal, Legislação Tributária e Processual*. 2ª ed. São Paulo, Ed. RT.

_____ (2006). *Curso de Direito Constitucional Tributário*. 22ª ed. São Paulo, Malheiros Editores.

_____ (2006). *Imposto sobre a Renda (Perfil Constitucional e Temas Específicos)*. 2ª ed. São Paulo, Malheiros Editores.

CARVALHO, Paulo de Barros (2011). *Curso de Direito Tributário*. 23ª ed. São Paulo, Saraiva.

_____ (2011). *Direito Tributário, Linguagem e Método*. 4ª ed. rev. São Paulo, Noeses.

_____ (2008). *Direito Tributário: Fundamentos Jurídicos da Incidência*. 6ª ed. rev. São Paulo, Saraiva.

_____ (1991). "Sobre os princípios constitucionais tributários". *Revista de Direito Tributário*, vol. 15, n. 55, São Paulo, jan.-mar./1991, p. 155.

COSTA, Alcides Jorge (1991). "Capacidade contributiva". *Revista de Direito Tributário*, vol. 15, n. 55, São Paulo, jan.-mar./1991, p. 300.

GONÇALVES, José Artur Lima (1997). *Imposto Sobre a Renda – Pressupostos Constitucionais*. São Paulo, Malheiros Editores.

LEMKE, Gisele (1998). *Imposto de Renda – Os Conceitos de Renda e de Disponibilidade Econômica e Jurídica*. São Paulo, Dialética.

MAXIMILIANO, Carlos (2007). *Hermenêutica e Aplicação do Direito*. 19ª ed. Rio de Janeiro, Forense.

MOSQUERA, Roberto Quiroga (1996). *Renda e Proventos de Qualquer Natureza*. Dissertação. São Paulo, Dialética.

QUEIROZ, Mary Elbe (2004). *Imposto sobre a Renda e Proventos de Qualquer Natureza*. 1ª ed. Barueri/SP, Manole.

TORRES, Ricardo Lobo (2000). *Normas de Interpretação e Integração do Direito Tributário*. 3ª ed. Rio de Janeiro, Renovar.

YOUNG, Lúcia Helena Brisk (2002). *Imposto de Renda na Fonte*. 3ª ed. Curitiba, Juruá.

DELIMITAÇÃO DOS CONCEITOS DE ELISÃO E EVASÃO TRIBUTÁRIAS SOB A ÓTICA DO CONSTRUCTIVISMO LÓGICO-SEMÂNTICO

SEMÍRAMIS OLIVEIRA

Mestranda em Direito Tributário pela PUC/SP.
Graduada em Direito pela PUC/SP.
Advogada

1. Introdução. 2. Lineamentos do constructivismo lógico-semântico. 3. Limites ao planejamento tributário e a aplicação de teorias antielisivas estrangeiras: 3.1 A teoria do propósito negocial; 3.2 A teoria da prevalência da substância sobre a forma; 3.3 Interpretação econômica. 4. Crítica à aplicação das teorias antielisivas no direito brasileiro. 5. Conceito de dissimulação e fraude para fins de desconsideração do negócio jurídico. 6. Delimitação entre os conceitos de elisão e evasão fiscal. 7. Criação de norma antielisão no direito brasileiro. 8. Conclusões. 9. Referências bibliográficas.

1. Introdução

Há um problema semântico de vaguidade quando nos referimos ao instituto do planejamento tributário. Genericamente, todo o procedimento com vistas à redução da carga tributária é denominado planejamento tributário.

Contudo, a organização das atividades negociais com o objetivo de obter economia tributária pode representar tanto uma conduta *lícita* quanto ilícita, por isso, é fundamental o delineamento entre elisão fiscal (conduta dentro do código de licitude do sistema do direito positivo) e evasão fiscal (conduta vedada pelo sistema do direito positivo).

A linguagem do legislador é a prescritiva para regular as condutas intersubjetivas. Já as definições jurídicas são atividades da Ciência do Direito, que tem linguagem descritiva, que as utiliza para melhor compreender o direito positivo, favorecendo a harmonia e a precisão das significações.[1]

O planejamento tributário demanda duas diferentes perspectivas de análise: de um lado o contribuinte que legitimamente pode e deve, com segurança jurídica, planejar suas ações com o escopo de reduzir a carga tributária que suporta e, de outro, a autoridade administrativa que busca encontrar o que supostamente seriam os "limites" ao ato de planejar do contribuinte.

---

1. "Vale registrar que nenhuma linguagem exerce uma única função, em seu estado puro. Trata-se, apenas, de predominância, e não de exclusividade" (Fabiana Del Padre Tomé, *A Prova no Direito Tributário*, 3ª ed., São Paulo, Noeses, 2011, p. 31).

As decisões do CARF sobre os limites do planejamento tributário coexistem em sentidos diversos, há indefinição quanto aos critérios, sob a ótica da fiscalização, passíveis de legitimar a desconsideração dos negócios jurídicos dos particulares.

A Lei Complementar n. 104/2001 incluiu o parágrafo único no art. 116 do CTN, dispondo que "a autoridade administrativa poderá desconsiderar atos ou negócios jurídicos praticados com a finalidade de dissimular a ocorrência do fato gerador do tributo ou a natureza dos elementos constitutivos da obrigação tributária, observados os procedimentos a serem estabelecidos em lei ordinária".

Esse enunciado prescritivo nos conduz a questionamentos: quais são os limites do planejamento tributário? Houve a inserção, através da Lei Complementar n. 104/2001, de uma norma geral antielisão no sistema jurídico brasileiro?

Essas questões ratificam a necessidade de construção de um conceito de planejamento tributário válido para garantir a segurança jurídica do contribuinte ao organizar as suas atividades pessoais, profissionais e empresariais. Utilizaremos nessa empreitada o arsenal metodológico do constructivismo lógico-semântico.

2. Lineamentos do constructivismo lógico-semântico

Toda ciência, como categoria do conhecimento, deve decorrer de construção conceitual que se erga sobre a base de pressupostos que formem um "método".

O método é o meio escolhido pelo sujeito para aproximar-se do objeto que se propõe a conhecer, sua escolha auxilia na dificuldade enfrentada ao se estudar os objetos culturais, os quais possuem diversos ângulos possíveis de análise, tais como: história, sociologia, filosofia, antropologia etc. O método é fundamental para o conhecimento científico, pois não há conhecimento sem sistema de referência.

Conhecer o Direito é compreendê-lo e interpretá-lo ao se conferir conteúdo, sentido e alcance à mensagem legislada, ou seja, emitir "juízos sobre".[2]

O constructivismo lógico-semântico, método difundido com mestria por Paulo de Barros Carvalho em suas obras, enxerga o Direito segundo a concepção hermenêutica-analítica.[3]

A teoria analítica, com amparo nas Ciências da Linguagem e na Lógica, cerca os termos da linguagem do direito positivo e da Ciência do Direito com vistas à redução de ambiguidade e vaguidade, prezando pela coerência e rigor da linguagem.[4]

Amparada pela semiótica, a decomposição do texto jurídico, para estudá-lo minuciosamente, é feita em seus planos sintático (estrutural), semântico (significativo) e pragmático (prático – de aplicação).

O plano sintático investiga as relações entre os signos no discurso. O plano semântico investiga a relação de significado/representação do sentido dos signos. O plano pragmático investiga os fatores contextuais que determinam os usos dos signos nas situações de comunicação.

A utilização dos planos semióticos na análise da linguagem jurídica favorece o estudo analítico do Direito. Os três planos são indissociáveis, trata-se apenas de corte metodológico.

---

2. "Inseparáveis, mas discerníveis, são os seguintes componentes do conhecimento: a) o sujeito cognoscente; b) os atos de percepção e de julgar; c) o objeto do conhecimento (coisa, propriedade, situação objetiva); d) a proposição (onde diversas relações de conceitos formam estruturas)" (Lourival Vilanova, *Estruturas Lógicas e o Sistema do Direito Positivo*, 4ª ed., São Paulo, Noeses, 2010, p. 1).

3. Em especial: *Direito Tributário, Linguagem e Método*, os recentes *Derivação e Positivação no Direito Tributário*, vols. I e II, *Direito Tributário – Fundamentos Jurídicos da Incidência*, dentre outros valiosos escritos.

4. Sobre as significações serem construídas a partir da linguagem, vejamos: "Para que exista lógica jurídica é indispensável que exista linguagem, pois com a linguagem são postas significações" (Lourival Vilanova, *Estruturas Lógicas e o Sistema do Direito Positivo*, 4ª ed., cit., p. XXXI).

Da Filosofia da Linguagem, o método utiliza os termos: enunciação, enunciação-enunciada e enunciado. A fonte do direito positivo (como uma fase pré-jurídica) é a *enunciação*. Não há enunciado sem enunciação. A enunciação-enunciada é o conjunto de enunciados que nos remete à atividade de enunciação, informando o processo legislativo ou o procedimento produtor da norma, a pessoa competente e as coordenadas de espaço e tempo dos eventos com teor de juridicidade que compõem a enunciação. Enunciado-enunciado é o enunciado prescritivo sem remissão à enunciação.

A análise jurídica das fontes do direito passa pela verificação do sujeito, da matéria e do procedimento. Estão credenciados para injetarem normas jurídicas no sistema do direito positivo: o Poder Legislativo, o Poder Executivo, o Poder Judiciário e os particulares.[5] A importância do estudo das fontes é verificar a validade de uma norma dentro do sistema do direito positivo.

O Direito, por ser constituído por linguagem, é um objeto cultural. O bem cultural tem duas faces: o suporte da linguagem e o significado construído pela interpretação impregnada de valores.[6] Assim, o Direito é *objeto cultural*, produzido pelo homem para disciplinar *condutas intersubjetivas*,[7] canalizando-as em direção a certos *valores*[8] que a sociedade deseja ver realizados. Por isso, tem-se a aplicação da teoria hermenêutica.

Interpretar é construir as significações do texto jurídico bruto (do direito positivo), mediante atos de valoração e dentro dos limites dos referenciais linguísticos do intérprete.

Percurso gerador de sentido é o conjunto das etapas mentais para construção da interpretação, ou seja, para construção da norma jurídica. São os planos S1 a S4: parte-se do documento jurídico-prescritivo (plano da expressão – S1), vai-se avançando em vários níveis de compreensão até se atingir a construção do sentido do texto (significação/proposição S2). Em seguida, é construída a norma jurídica (S3), que é a significação a partir da leitura dos textos positivados, ou seja, é o juízo hipotético-condicional (H → C) que a leitura do texto de lei provoca no intérprete.

A combinação das normas se dá na etapa S4 do percurso gerador de sentido, construindo o sistema jurídico entrelaçado pelos vínculos de hierarquia e pelas relações de coordenação entre as normas de mesma hierarquia.[9]

Partindo-se de um mesmo enunciado é possível a construção de inúmeras normas jurídicas diferentes, pois as significações mudam de acordo com o contexto e os referenciais, nos quais está inserido o intérprete.

O *direito positivo* e a *Ciência do Direito* têm linguagens diferentes: o direito positivo dirige-se à linguagem da realidade social com o fim de regulá-la (o direito positivo

---

5. São veículos introdutores de normas no sistema do direito positivo: leis ordinárias, leis complementares e etc. (o Poder Legislativo), Decretos e Medidas Provisórias etc. (o Poder Executivo), sentenças, acórdãos, súmulas, regulamentos internos (o Poder Judiciário) e testamentos, contratos, constituição do crédito tributário no "lançamento por homologação" (os particulares).

6. "Compreensão é a atitude gnosiológica própria aos objetos culturais, precisamente ali onde se demora o Direito" (Paulo de Barros Carvalho, *Derivação e Positivação no Direito Tributário*, vol. I, São Paulo, Noeses, 2011, p. XXVII).

7. A região material é apenas a conduta possível.

8. Sobre o valor inerente aos objetos culturais: "A ideia do *valo*r a que pretendemos ter acesso vai se formando, lentamente, em nosso espírito, até atingir o nível que a intuição emocional recomendar" (Paulo de Barros Carvalho, ob. cit., pp. 179-180).

9. "A ordem jurídica apresenta normas dispostas numa estrutura hierarquizada, regida pela fundamentação ou derivação, a qual se opera tanto no aspecto material quanto no formal ou processual, o que lhe imprime possibilidade dinâmica, regulando, ela própria, sua criação e seus modos de transformação. Examinando o sistema de baixo para cima, cada unidade normativa encontra-se fundada, material e formalmente, em normas superiores. Invertendo-se o prisma de observação, verifica-se que das regras superiores derivam, material e formalmente, regras de menor hierarquia. E a Carta Magna exerce esse papel fundamental na dinâmica do sistema" (*Derivação e Positivação no Direito Tributário*, vol. II, São Paulo, Noeses, 2013, p. 250).

consubstancia linguagem prescritiva, o dever-ser), ao passo que o sistema da Ciência do Direito refere-se ao direito positivo a fim de estudá-lo (linguagem descritiva, "S é P"), ou seja, o ponto de partida do trabalho cognoscitivo da Ciência do Direito é o texto jurídico-normativo válido.

O direito positivo é o conjunto de normas jurídicas válidas[10] em determinado país. A relação que liga uma norma (N) ao sistema de direito positivo (S) é a relação de pertinencialidade (N ∈ S). E para pertencer ao sistema do direito positivo, uma norma N deve ingressar no sistema por agente competente e mediante o procedimento previsto pelo próprio sistema. A Constituição Federal é o diploma de máxima hierarquia. E, a norma hipotética fundamental é um axioma, pressuposto gnosiológico do conhecimento jurídico.

Distingue-se documento jurídico-prescritivo, enunciado prescritivo e norma jurídica. Documento jurídico-prescritivo é o texto de lei, "a base física, o substrato material em que os sujeitos de direito materializam seus atos de fala. Trata-se de dado tangível que chega ao destinatário para ser objeto de interpretação".[11] Os enunciados prescritivos estão inscritos nos documentos jurídico-prescritivos. As normas jurídicas são significações construídas pelo intérprete, estruturadas na forma hipotético-condicional (H → C), os comandos voltados para o comportamento (a regulação de condutas intersubjetivas) são um dos seguintes três modais deônticos: "permitido", "proibido" ou "obrigatório".

Os princípios são enunciados prescritivos carregados de forte conotação axiológica, ou seja, introduzem valores relevantes para o sistema jurídico.

O signo "princípio" pode ser entendido como "valor" ou como "limite-objetivo", os valores estão inseridos em regras jurídicas de posição privilegiada, ao passo que os limites-objetivos são os mecanismos de realização dos valores. Assim, são valores: a segurança jurídica, a dignidade da pessoa humana, a justiça, a liberdade e, são limites-objetivos a legalidade, a anterioridade, a irretroatividade, a não cumulatividade, a tipicidade tributária, a capacidade contributiva etc.[12]

Quanto à "Teoria da Norma", são inúmeras as contribuições no estudo do Direito: o sentido de norma jurídica completa (norma primária e norma secundária),[13] as espécies normativas – norma geral e abstrata, norma geral e concreta, norma individual e abstrata e norma concreta e individual[14] e a estrutura da regra-matriz de incidência tributária.[15]

---

10. Os conceitos de validade e existência de norma jurídica se confundem, visto que uma norma só poderá existir se ela for válida no sistema.

11. Ob. cit., p. XIX.

12. "Os 'limites objetivos' distinguem-se dos valores, pois são concebidos para atingir certas metas, certos fins. Estes, sim, assumem o porte de valores. Aqueles limites não são valores, são procedimentos, se os considerarmos em si mesmos, mas voltam-se para realizar valores, de forma indireta, mediata, que são os fins para os quais estão preordenados os procedimentos" (Paulo de Barros Carvalho, *Direito Tributário, Linguagem e Método*, 5ª ed., São Paulo, Noeses, 2013, p. 299).

13. O sentido de norma jurídica completa engloba as normas primária e secundária. Norma primária é aquela que prescreve a conduta (o dever-ser), e norma secundária a que prevê o ilícito, consubstanciado no descumprimento da primária e a imputação de uma sanção coercitiva. A norma primária pode ser dispositiva (ex., a regra-matriz de incidência tributária) ou sancionatória (imposição de multa por falta de pagamento do tributo). A norma secundária é a norma processual, presente a figura do Poder Judiciário. Para Lourival Vilanova, norma primária e norma secundária compõem a "bimembridade da norma jurídica: a primária sem a secundária desjuridiciza-se; a secundária sem a primária reduz-se a instrumento, meio, sem fim material, a adjetivo sem o suporte do substantivo" (*Estruturas Lógicas e o Sistema do Direito Positivo*, 4ª ed., cit., 2010, p. 93).

14. A classificação nessas quatro espécies normativas baseia-se no fato descrito no antecedente como "fato abstrato" ou "fato concreto" e, na individualidade ou generalidade de sujeitos prescrita no consequente.

15. A teoria da norma tem também como subproduto a "regra-matriz de incidência tributária", que é um instrumento metódico de organização do texto bruto do direito positivo. A "regra-matriz de incidência tributária" tem dois sentidos – é uma norma jurídica em sentido estrito e é uma estrutura lógica. A regra-matriz representa com a formalização lógica a exação tributária. Dessa forma, o antecedente da regra-matriz é composto pelos

Enfim, essas são algumas anotações sobre o método que elegemos como suporte de análise da temática – elisão e evasão fiscal.

3. Limites ao planejamento tributário e a aplicação de teorias antielisivas estrangeiras

Na construção pela autoridade administrativa dos "limites" ao planejamento tributário, é possível identificar a aplicação acrítica das denominadas "teorias antielisivas" do direito estrangeiro, tais como a *teoria do propósito negocial* (*business purpose test*), a *teoria da prevalência da substância sobre a forma* (*substance over form doctrine*) e a *interpretação econômica*.

As normas "antielisivas" estrangeiras não têm validade no direito positivo brasileiro, como demonstraremos a seguir.

3.1 A teoria do propósito negocial

A *teoria do propósito negocial* tem origem no direito suíço, com grande desenvolvimento no direito norte-americano. Sua base é de construção jurisprudencial que identifica no caso concreto além da economia fiscal, um propósito negocial. Isso quer dizer que deverá haver outras "motivações" que não a exclusiva de economizar tributos para que a operação de planejamento tributário se legitime. Dessa forma, se a operação tiver apenas o propósito de economizar tributo os efeitos da operação de planejamento não seriam legítimos.

Na doutrina, Marco Aurélio Greco, dentre outros juristas, defende a linha da "existência de justificativa" para a validade do planejamento tributário e o faz nos seguintes termos:

"O Estado brasileiro evoluiu de um Estado Liberal para um Estado Social de Direito, dessa forma a capacidade contributiva prevista no art. 145 da CF e a solidariedade social prevista no art. 3º a CF se sobreporiam à legalidade: embora não previsto especificamente, o caso deve ser considerado dentro da incidência".[16]

"Cumpre analisar o tema do planejamento tributário não apenas sob a ótica das formas jurídicas admissíveis, mas também sob o ângulo da sua utilização concreta, do seu funcionamento e dos resultados que geram *à* luz dos valores básicos igualdade, solidariedade social e justiça."[17]

Segundo o posicionamento de Marco Aurélio Greco, a legalidade tributária e a segurança jurídica do contribuinte *são mitigadas* face à capacidade contributiva e o princípio da solidariedade.

Há decisões do Conselho Administrativo de Recursos Fiscais no sentido da exigência de "justificativas" extratributárias para a realização do negócio jurídico, como se observa no Acórdão 104-20.749, j. 15.6.2005:

"*IRPF – Exercício de 2001 – Omissão de rendimentos recebidos de fonte no exterior – Simulação* – Constatada a prática de simulação, perpetrada mediante a articulação de operações com o intuito de evitar a ocorrência do fato gerador do Imposto de Renda, é cabível a exigência do tributo, acrescido de multa qualificada (art. 44, inciso II, da Lei n. 9.430, de 1996). *Operações estruturadas em sequência* – O fato de cada uma das transações, isoladamente e do ponto de vista formal, ostentar legalidade, não garante a legitimidade do conjunto de operações, quando fica

---

critérios: critério material: consubstanciado em verbo, seguido de complemento; critério espacial: determinação do local relevante; critério temporal – momento relevante. Por sua vez, o consequente da regra-matriz é formado por: critério pessoal – sujeitos da relação, ativo e passivo e critério quantitativo – objeto da prestação que, no caso da regra-matriz de incidência tributária, consubstancia-se na base de cálculo e na alíquota. Cabe ao intérprete preencher essas variáveis lógicas, dentro do processo de derivação, partir da norma geral e abstrata e construir a norma individual e concreta. Seu núcleo lógico estrutural é D{[Cm(v.c).Ce.Ct → [Cp(Sa.Sp).Cq(bc.al)]}.

16. Marco Aurélio Greco, *Planejamento Tributário*, São Paulo, Dialética, 2004, p. 186.
17. Idem, p. 180.

comprovado que os atos praticados tinham objetivo diverso daquele que lhes é próprio. Ausência de motivação extratributária – *A liberdade de auto-organização não endossa a prática de atos sem motivação negocial, sob o argumento de exercício do planejamento tributário*. Multa isolada e multa de ofício – Incabível a aplicação da multa isolada (art. 44, § 1º, inciso III, da Lei n. 9.430, de 1996), quando em concomitância com a multa de ofício (inciso II do mesmo dispositivo legal), ambas incidindo sobre a mesma base de cálculo. Recurso parcialmente provido" (grifamos).

Não concordamos com a teoria do propósito negocial, pois restariam violados: (1) a segurança jurídica que exige previsibilidade e prévio conhecimento das normas a que se está submetido no sistema (que é um valor) e (2) a capacidade contributiva (que é um limite-objetivo) não configura limite à liberdade de atuação do contribuinte.

3.2 A teoria da prevalência da substância sobre a forma

A *teoria da prevalência da substância sobre a forma*, com origem no direito norte-americano, implica que incidência da norma tributária seria determinada não pela forma do negócio jurídico, mas sim pela sua substância econômica, ou seja, o resultado econômico prevaleceria sobre a forma do negócio jurídico.

Nesse caso havendo abuso da forma jurídica, seria considerado para os fins tributários o resultado econômico correspondente à forma jurídica adequada que deveria ter sido utilizada.

Há em parte dos acórdãos julgados pelo Conselho Administrativo de Recursos Fiscais acolhimento da desconsideração com base no abuso de forma, como se observa no Acórdão 101-95.552, j. 25.5.2006:

"*IRPJ – Ato negocial – Abuso de forma* – A ação do contribuinte de procurar reduzir a carga tributária, por meio de procedimentos lícitos, legítimos e admitidos por lei revela o planejamento tributário. *Porém, tendo o Fisco demonstrado à evidência o abuso de forma, bem como a ocorrência do fato gerador da obrigação tributária, cabível a desqualificação do negócio jurídico original, exclusivamente para efeitos fiscais, requalificando-o segundo a descrição normativo-tributária pertinente à situação que foi encoberta pelo desnaturamento da função objetiva do ato.*

"*Multa qualificada – Evidente intuito de fraude* – A evidência da intenção dolosa, exigida na lei para agravamento da penalidade aplicada, há que aflorar na instrução processual, devendo ser inconteste e demonstrada de forma cabal. O atendimento a todas as solicitações do Fisco e observância da legislação societária, com a divulgação e registro nos órgãos públicos competentes, inclusive com o cumprimento das formalidades devidas junto à Receita Federal, ensejam a intenção de obter economia de impostos, por meios supostamente elisivos, mas não evidenciam *má-fé, inerente à prática de atos fraudulentos*" (grifamos).

Inaplicável à espécie a *teoria da prevalência da substância sobre a forma*, dada a ausência de prescrição nesse sentido no direito tributário brasileiro.

3.3 Interpretação econômica

A interpretação econômica tem origem no Código Tributário alemão de 1919, como se observa nos excertos: parágrafo 4: "Na interpretação das leis tributárias devem ser considerados a sua finalidade, o seu significado econômico e o desenvolvimento das circunstâncias" e parágrafo 5: "A obrigação tributária não pode ser eludida ou reduzida mediante o emprego abusivo de fórmulas e formulações de direito civil".[18]

---

18. Luís Cesar de Souza Queiroz, "Limites do planejamento tributário", in Luís Eduardo Schoueri (coord.), *Direito Tributário – Homenagem a Paulo de Barros Carvalho*, São Paulo, Quartier Latin, 2008, p. 17.

Um dos mais tradicionais expoentes da utilização da interpretação econômica no direito tributário brasileiro é Amilcar de Araújo Falcão,[19] para quem o fato gerador:

"É, pois, o fato, o conjunto de fatos ou o estado de fato, a que o legislador vincula o nascimento da obrigação jurídica de pagar um tributo determinado.

"Nesta definição estão mencionados, como elementos relevantes para a caracterização do fato gerador, os seguintes: *a)* a previsão em lei; *b)* a circunstância de constituir o fato gerador, para o Direito Tributário, *um fato jurídico, na verdade um fato econômico de relevância jurídica*; *c)* a circunstância de tratar-se do pressuposto de fato para o surgimento ou a instauração da obrigação *ex lege* de pagar um tributo determinado" (grifamos).

Para Amilcar de Araújo Falcão, a interpretação econômica não acarretaria a violação da legalidade:[20] "Depurada de excessos e impropriedades, que se encontram em certos autores, a chamada interpretação econômica da lei tributária consiste, em última análise, em dar-se à lei, na sua aplicação às hipóteses concretas, inteligência tal que não permita ao contribuinte manipular a forma jurídica para, resguardado o resultado econômico visado, obter um menor pagamento ou o não pagamento de determinado tributo".

Em oposição à interpretação econômica do fato, vejamos a crítica de Alfredo Augusto Becker:[21] "Exemplo de carência de atitude mental jurídica é a divulgadíssima tese (aceita como coisa óbvia) que afirma ser a hipótese de incidência ('fato gerador', 'fato imponível', 'suporte factício') sempre um fato *econômico*. Outro exemplo atual é a muito propagada doutrina da interpretação e aplicação do Direito Tributário segundo a 'realidade *econômica* do fenômeno social'. Como se demonstrará, ambas teorias têm como resultado a demolição da *juridicidade* do Direito Tributário e a gestação de um ser híbrido e teratológico: o Direito Tributário invertebrado".

Não se admite a interpretação econômica do Direito brasileiro, por ser uma interpretação extrajurídica, o que justificaremos a seguir.

Em primeiro lugar, importa a distinção entre fato e evento. Não se conhece o evento em si, não se tem acesso a ele, o que se conhece é a linguagem que o relata. A linguagem não reflete o que "ser", mas sim "cria o ser".

Evento, para Vilém Flusser é o "dado bruto", aquilo apreendido através dos sentidos, é pelo intelecto que os dados brutos se tornam "realidade", já que através dele é vertido em linguagem. Os dados brutos se tornam "reais" apenas no contexto da língua, pois é a linguagem que cria, altera e propaga a realidade. A realidade, portanto, é texto e não um "conjunto de dados brutos".[22]

O Direito é um fenômeno de comunicação, e por isso, composto por linguagem que cria sua própria realidade. É o Direito que prescreve quais fatos sociais têm relevância jurídica, os quais desencadearão as consequências jurídicas prescritas. A linguagem do Direito se autorrefere e se autossustenta, pois não tem outro fundamento além de si própria, ela se mantém e se desconstitui mediante a própria linguagem jurídica, e não por acontecimentos ou pelos objetos por ela descritos. A linguagem não é um espelho do "real", do "concreto".

O fato social, o fato econômico, o fato contábil, o fato histórico e fato jurídico são recortes construídos por linguagem. A partir de um mesmo evento se constrói diversos fatos, não há fatos puros, apenas recortes. Sem a linguagem do Direito, um fato não adquire qualificação de fato jurídico.

Os fatos que manifestarem cunho econômico no "plano social", mas não estive-

---

19. *Fato Gerador da Obrigação Tributária*, 7ª ed., São Paulo, Noeses, 2013, pp. 2-3.
20. Idem, p. 25.
21. *Teoria Geral do Direito Tributário*, 6ª ed., São Paulo, 2013, p. 17.

22. *Língua e Realidade*, 3ª ed., São Paulo, Annablume, 2007, *passim*.

rem vertidos em linguagem competente, estarão fora do campo de incidência tributária. O fato jurídico-tributário é do antecedente da norma jurídica individual e concreta, que implica o consequente normativo.

Portanto, concluímos que a norma do art. 116, parágrafo único, não pode ser entendida como uma norma que permita a interpretação econômica.

4. Crítica à aplicação das teorias antielisivas no direito brasileiro

Exigir como requisito para o planejamento tributário qualquer uma das teorias antielisivas estrangeiras, é aplicar norma inexistente no sistema jurídico brasileiro.

Ademais, a aplicação dessas teorias implica na cobrança de tributo por analogia, que é vedada pelo art. 108, § 1º, do CTN. No sistema jurídico brasileiro há a proibição da interpretação analógica da lei, não pode a autoridade fiscal ao se deparar com uma situação ou fato que não configure fato gerador determinado em lei, exigir tributos. Esse poder que seria dado ao fisco afronta totalmente o princípio da legalidade.

Paulo de Barros Carvalho refere-se a instrumentos introdutórios primários e secundários, apenas o instrumento primário (a lei em sentido estrito) cria e majora o tributo, observando os limites-objetivos da legalidade, da irretroatividade e da anterioridade. A lei tributária deve prever os elementos do fato descrito na hipótese de incidência e os dados do consequente normativo (a relação jurídica), possibilitando a subsunção do fato à norma (princípio da tipicidade tributária).

A incidência jurídica tributária pressupõe a ocorrência de um fato previsto abstratamente na norma geral e abstrata. Não se transita livremente do mundo do "dever-ser" para o do "ser", assim entre esses dois universos está a vontade do ser humano.[23] Por isso, a incidência tributária demanda um agente (ser humano) que promova a subsunção e a implicação do preceito da norma geral e abstrata, fazendo nascer o vínculo obrigacional.[24]

A aplicação do direito e a incidência jurídica ocorrem no mesmo momento. A incidência se dá com a produção da linguagem competente. A aplicação do direito é ato de interpretação do comando legal, positivando-o no caso concreto para regular a conduta intersubjetiva e expedir a norma individual e concreta.

Nesse percurso de positivação do direito, não pode haver o emprego da analogia para construção da "substância econômica" do fato jurídico-tributário ou a desconsideração do negócio jurídico para se atingir fato não descrito na hipótese de incidência. À autoridade administrativa cabe realizar os comandos que a lei prescreve e nos limites por ela determinados.

Nesse sentido a valiosa lição de José Artur Lima Gonçalves:[25] "O que encontramos por trás dessa temática é a possibilidade, ou não, de estabelecimento, sob a nossa Constituição, das chamadas cláusulas antielisivas, as cláusulas gerais de tributo, que têm como pano de fundo tentativa de alcançar, por meio da tributação, *fatos que não estejam legislativamente tipificados na norma tributária, entregando ao administrador, agente que exerce função administrativa, a competência técnica para considerar que um dado evento econômico equivale, e por isso está abrangido, pela hipótese de incidência normativa*" (grifamos).

Socorremo-nos também nessa questão do art. 110 do CTN que dispõe que a lei tributária não pode alterar a definição, o conteúdo e o alcance de institutos, conceitos e formas

---

23. Paulo de Barros Carvalho, *Direito Tributário – Fundamentos Jurídicos da Incidência*, 9ª ed., cit., p. 293.

24. Claro está, portanto, que a incidência *não* se dá de forma automática e infalível.

25. José Artur Lima Gonçalves, "Tributação, liberdade e propriedade", in Luís Eduardo Schoueri (coord.), *Direito Tributário – Homenagem a Paulo de Barros Carvalho*, cit., p. 248.

de direito privado, utilizados, expressa ou implicitamente, pela Constituição Federal, pelas Constituições dos Estados, ou pelas Leis Orgânicas do Distrito Federal ou dos Municípios, *para definir ou limitar competências tributárias*.

Cumpri salientar que competência tributária é a aptidão das pessoas políticas de inovar o sistema jurídico-tributário, a rígida discriminação de competências é matéria constitucional, há as competências privativas de cada ente político e a delimitação das materialidades dos tributos possíveis de integrar o critério material da regra-matriz de incidência tributária.[26]

Enfim, a interpretação dos negócios jurídicos e de seus efeitos deve ser feita, impreterivelmente, segundo as prescrições do direito positivo, do contrário, ela será inválida.

5. Conceito de dissimulação e fraude para fins de desconsideração do negócio jurídico

O parágrafo único do art. 116 do CTN dispõe que a autoridade administrativa poderá desconsiderar atos ou negócios jurídicos praticados com a finalidade de dissimular a ocorrência do fato gerador do tributo ou a natureza dos elementos constitutivos da obrigação tributária, observados os procedimentos a serem estabelecidos em lei ordinária.

A redação normativa refere-se à dissimulação do negócio, termo que não está positivado no Código Civil, nos vícios sociais dos negócios jurídicos. A figura tipificada pelo Código Civil é simulação. Dessa forma, tomemos dissimulação como simulação nos termos a seguir expostos.

O art. 167, § 1º, do Código Civil dispõe que haverá simulação nos negócios jurídicos quando: I – aparentarem conferir ou transmitir direitos a pessoas diversas daquelas às quais realmente se conferem, ou transmitem; II – contiverem declaração, confissão, condição ou cláusula não verdadeira e III – os instrumentos particulares forem antedatados, ou pós-datados.

Observa-se a simulação quando houver divergência entre a vontade real e a vontade declarada com a finalidade de produzir efeito diverso e ludibriar terceiros.

Ressalte-se que a simulação é causa de nulidade do negócio jurídico, não sendo suscetível de confirmação, tampouco de convalidação pelo decurso de tempo, nos termos do art. 169 do Código Civil.

Para Paulo de Barros Carvalho,[27] na seara da tributação, para que haja simulação que legitime a desconsideração do negócio jurídico, é necessário:[28] (i) conluio entre as partes; (ii) divergência entre a real vontade das partes e o negócio por elas declarado; e (iii) intenção de lograr o Fisco.

Vejamos a simulação na jurisprudência do CARF:

"*Simulação – Substância dos atos –* Não se verifica a simulação quando os atos praticados são lícitos e sua exteriorização revela coerência com os institutos de direito privado adotados, assumindo o contribuinte as consequências e ônus das formas jurídicas por ele escolhidas, ainda que motivado pelo objetivo de economia de imposto. *Simulação – Nexo de causalidade –* A caracterização da simulação demanda demonstração de nexo de causalidade entre o intuito simulatório e a subtração de imposto dele decorrente. *Simulação – Efeitos da desconsideração –* O lançamento, na hipótese de simulação relativa, deve considerar a realidade subjacente em todos os seus aspectos, com adequada

---

26. Do exercício da competência tributária decorre a edição da regra-matriz de incidência tributária.

27. "Os atos tendentes a ocultar ocorrência de fato jurídico tributário configuram operações simuladas, pois não obstante a intenção consista na prática do fato que acarretará o nascimento da obrigação de pagar tributo, este, ao ser concretizado, é mascarado para que aparente algo diverso do que realmente é" (*Derivação e Positivação no Direito Tributário*, vol. 1, São Paulo, Noeses, 2013, p. 80).

28. Idem, p. 82.

consideração do sujeito passivo que praticou os atos que a conformam. Preliminares rejeitadas. Recurso provido" (Acórdão 104-21.729, j. 26.7.2006).

"*Simulação* – A simulação se caracteriza pela divergência entre a exteriorização e a vontade, isto é, são praticados determinados atos formalmente, enquanto subjetivamente, os que se praticam são outros. Assim, na simulação, os atos exteriorizados são sempre desejados pelas partes, mas apenas no aspecto formal, pois, na realidade, o ato praticado é outro. *Simulação e decadência* – Configurada a presença de simulação, o prazo para constituir o crédito tributário é de 5 (cinco) anos, contados do exercício (ano) seguinte àquele em que o lançamento poderia ter sido efetuado nos termos do art. 173, inciso I, do Código Tributário Nacional. *Simulação e multa de ofício qualificada* – Comprovada a simulação, correta a exigência da multa de ofício qualificada sobre os tributos devidos, no percentual de 150%" (Acórdão 102-48.620, j. 14.6.2007).

"*Simulação. Caracterização.* O fato dos atos societários terem sido formalmente praticados, com registro nos órgãos competentes, escrituração contábil, etc. não retira a possibilidade da operação em causa se enquadrar como simulação, isso porque faz parte da natureza da simulação o envolvimento de atos jurídicos lícitos. Afinal, simulação é a desconformidade, consciente e pactuada entre as partes que realizam determinado negócio jurídico, entre o negócio efetivamente praticado e os atos formais (lícitos) de declaração de vontade. Não é razoável esperar que alguém tente dissimular um negócio jurídico dando-lhe a aparência de um outro ilícito" (Acórdão 103-23.441, j. 17.4.2008).

Já a fraude tributária é expressa na Lei n. 4.502/1964, nos arts. 71, 72 e 73, que disciplinam as figuras da sonegação, fraude e conluio, *verbis*:

"Art. 71. *Sonegação* é toda ação ou omissão dolosa tendente a impedir ou retardar, total ou parcialmente, o conhecimento por parte da autoridade fazendária:

"I – da ocorrência do fato gerador da obrigação tributária principal, sua natureza ou circunstâncias materiais;

"II – das condições pessoais de contribuinte, suscetíveis de afetar a obrigação tributária principal ou o crédito tributário correspondente.

"Art. 72. *Fraude* é toda ação ou omissão dolosa tendente a impedir ou retardar, total ou parcialmente, a ocorrência do fato gerador da obrigação tributária principal, ou a excluir ou modificar as suas características essenciais, de modo a reduzir o montante do imposto devido, a evitar ou diferir o seu pagamento.

"Art. 73. *Conluio* é o ajuste doloso entre duas ou mais pessoas naturais ou jurídicas, visando qualquer dos efeitos referidos nos arts. 71 e 72."

Por sua vez, o art. 149, VII, do CTN dispõe que o lançamento é efetuado e revisto de ofício pela autoridade administrativa quando se comprove que o sujeito passivo, ou terceiro em benefício daquele, agiu com dolo, fraude ou simulação.

Portanto, fraude tributária é a violação intencional da norma jurídica tributária (ex., falsificação de nota fiscal). É imprescindível a existência do dolo, que é a intenção de empregar expediente ardiloso para "mascarar" a ocorrência do fato jurídico-tributário.

Não basta a simples suspeita de fraude ou simulação para que o negócio jurídico realizado pelo contribuinte seja desconsiderado pela autoridade administrativa, é necessária a prova do intuito doloso aplicado com a finalidade de modificar as características essenciais do fato jurídico-tributário.

As infrações objetivas são observadas pelo seu resultado, independentemente da intenção do agente. Já as infrações subjetivas pressupõem o dolo e a culpa: "Sendo assim, ao compor em linguagem o fato ilícito, além de referir os traços concretos que perfazem o resultado, os funcionários da Administração terão que indicar o *nexus* entre a conduta do infrator e o efeito que provocou, ressaltando o elemento volitivo (dolo ou culpa, conforme o caso), justamente porque integram o vulto típico da infração".[29]

No que tange às infrações tributárias subjetivas, o dolo e a culpa não podem ser presumidos, devem sim ser provados.

O processo de positivação das normas jurídicas tributária parte da norma geral e abstrata para construção da norma individual e concreta. Não há dessa forma, no direito positivo, tributo sem a expedição de norma individual e concreta que documente a incidência tributária.

Por isso o Professor Paulo de Barros Carvalho afirma:[30] "A norma geral e abstrata, para alcançar o inteiro teor de sua juridicidade, reivindica, incisivamente, a edição de norma individual e concreta. A previsão abstrata que a lei faz, na amplitude de sua generalidade, não basta para disciplinar a conduta intersubjetiva da prestação tributária. Sem uma norma individual e concreta, constituindo em linguagem o evento contemplado na regra-matriz, e instituindo também em linguagem o fato relacional, que deixa atrelados os sujeitos da obrigação, não há que se cogitar de tributo".

O lançamento tributário é veículo introdutor de norma individual e concreta pela administração pública. No antecedente da norma individual e concreta figura "o fato jurídico-tributário" e no consequente a "relação jurídica tributária".

Portanto, o lançamento nos termos do art. 149 do CTN, com a desconsideração do negócio jurídico realizado e a exigência do tributo incidente sobre a real operação, deve trazer os elementos de prova do fato ali alegado. Ou seja, o lançamento deve estar fundamentado na linguagem das provas, conforme adverte Fabiana Del Padre Tomé:[31] *"Tratando-se de lançamento realizado pela autoridade administrativa, esta precisa motivar seu ato mediante o emprego da linguagem das provas"*.

A aplicação do Direito com a devida aplicação da linguagem das provas é a garantia da observância da estrita legalidade tributária e da tipicidade tributária, que são limites-objetivos voltados à proteção do valor segurança jurídica, conforme mais uma vez a Professora Fabiana Del Padre Tomé:[32] "A fundamentação das normas individuais e concretas na linguagem das provas decorre da necessária observância aos princípios da estrita legalidade e da tipicidade tributária, limites objetivos que buscam implementar o sobreprincípio da segurança jurídica, garantindo que os indivíduos estarão sujeitos à tributação somente se for praticado o fato conotativamente descrito na hipótese normativa tributária".

Por conseguinte, a finalidade da prova é a constituição do fato jurídico, sem a figura das provas não podemos fazer a aplicação do direito, pois a prova constrói o fato que se dará por acontecido e que desencadeará os efeitos jurídicos prescritos.

6. Delimitação entre os conceitos de elisão e evasão fiscal

Não cabe ao CTN prescrever o que é a elisão fiscal, cabendo ao exegeta do Direito a tarefa de construção deste conceito normativo a partir da base objetiva do direito positivo, orientado pelos valores presentes no sistema jurídico.

Por força do princípio da legalidade (art. 5, II, e 150, I, da CF), as normas jurídicas inaugurais e as normas que majorem os tributos devem ser postas no sistema por lei em sentido estrito. A lei tributária deve prever os elementos do fato descrito na hipótese de incidência e os dados do consequente normativo (a relação jurídica), possibilitando a subsunção do fato à norma. Devido ao prin-

---

29. Paulo de Barros Carvalho, *Direito Tributário, Linguagem e Método*, 5ª ed., cit., p. 857.

30. Paulo de Barros Carvalho, *Direito Tributário – Fundamentos Jurídicos da Incidência*, 9ª ed., cit., p. 295.

31. *A Prova no Direito Tributário*, 3ª ed., São Paulo, Noeses, 2011, p. 270.

32. Idem, p. 33.

cípio da tipicidade, haverá a confirmação ou infirmação da espécie do tributo através do cotejo de sua base de cálculo com o critério material.

Por sua vez, são princípios ontológicos do direito: "tudo que não estiver juridicamente proibido, estará juridicamente permitido" (regime jurídico privado) e "tudo que não estiver juridicamente permitido, estará juridicamente proibido" (regime jurídico público).

Portanto, a validade do planejamento é aferida após verificação de adequação da conduta no campo da licitude ou da ilicitude. Assim, a opção negocial do contribuinte no desempenho de suas atividades, quando não integrar qualquer hipótese de *ilicitude*, ou seja, implicando a *ausência de subsunção do fato à norma tributária ou acarretando o enquadramento à norma tributária que prescreva exigências menos onerosas*, é perfeitamente lícita e não susceptível de desconsideração pela autoridade administrativa para fins de tributação.

Tomando-se o Direito como fenômeno comunicacional, o sistema jurídico é composto por linguagem prescritiva (o dever-ser) na qual impera o código lícito/ilícito, código que garante a segurança jurídica, com a previsibilidade da qualificação das condutas.

Há liberdade dos particulares em praticar atos jurídicos, que devem ser considerados válidos pelo sistema jurídico positivo, com fundamento na Constituição Federal, especialmente na garantia do direito de propriedade e na autonomia da vontade (art. 5º, *caput*, XIII, XXII, c/c o art. 170 e seus incisos da Constituição). Nesse sentido: "O contribuinte é livre para planejar sua atividade econômica de modo a se sujeitar à incidência mínima de tributos, através da utilização dos mecanismos jurídicos que lhe forem mais favoráveis, desde que no ato realizado não se verifique simulação, dolo ou fraude" (CARF, Acórdão 1102000.608, j. 23.11.2011).

Estará o contribuinte no campo da *ilicitude* se o negócio jurídico for simulado ou se houver a ocorrência do disposto nos arts. 71, 72 e 73 da Lei 4.502/1964, ou seja, *se as condutas esconderem, modificarem ou excluírem o fato jurídico-tributário*.

Assim, se a conduta estiver no campo da licitude estaremos diante da elisão fiscal e se no campo da ilicitude, da evasão fiscal. Veja-se decisão nesse sentido:

"*Direito Tributário. Abuso de direito. Lançamento*. Não há base no sistema jurídico brasileiro para o Fisco afastar a incidência legal, sob a alegação de entender estar havendo abuso de direito. O conceito de abuso de direito é louvável e aplicado pela Justiça para solução de alguns litígios. Não existe previsão do Fisco utilizar tal conceito para efetuar lançamentos de ofício, ao menos até os dias atuais. O lançamento é vinculado à lei, que não pode ser afastada sob alegações subjetivas de abuso de direito. **Planejamento tributário. Elisão. Evasão.** *Em direito tributário não existe o menor problema em a pessoa agir para reduzir sua carga tributária, desde que atue por meios lícitos (elisão). A grande infração em tributação é agir intencionalmente para esconder do credor os fatos tributáveis (sonegação).* **Elisão.** *Desde que o contribuinte atue conforme a lei, ele pode fazer seu planejamento tributário para reduzir sua carga tributária. O fato de sua conduta ser intencional (artificial), não traz qualquer vício. Estranho seria supor que as pessoas pudessem buscar economia tributária lícita se agissem de modo casual, ou que o efeito tributário fosse acidental.* **Segurança jurídica.** *A previsibilidade da tributação é um dos seus aspectos fundamentais*" (CARF, Acórdão 1101-00.708, j. 11.4.2012 – grifamos).

7. Criação de norma antielisão no direito brasileiro

Indagamos se a Lei Complementar n. 104/2001 introduziu no art. 116, parágrafo único do CTN, norma antielisiva no direito brasileiro, dúvida ratificada no cotejo entre a redação do parágrafo único e a sua exposição de motivos.

Retomemos a redação do parágrafo único: a autoridade administrativa poderá desconsiderar atos ou negócios jurídicos praticados com a finalidade de dissimular a ocorrência do fato gerador do tributo ou a natureza dos elementos constitutivos da obrigação tributária, observados os procedimentos a serem estabelecidos em lei ordinária.

Já a Exposição de Motivos da Lei Complementar 104/2001 prescreve: "6. A inclusão do parágrafo único ao art. 116 faz-se necessária para estabelecer, no âmbito da legislação brasileira, norma que permite à autoridade tributária desconsiderar atos ou negócios jurídicos com finalidade de elisão, constituindo-se, dessa forma, em instrumento eficaz para o combate aos procedimentos de planejamento tributário praticados com abuso de forma ou de direito".

A redação do parágrafo único do art. 116 refere-se ao negócio jurídico dissimulado. Já a exposição de motivos refere-se aos negócios realizados com abuso de forma ou abuso de direito.

Os preâmbulos, as ementas e as exposições de motivo têm linguagem prescritiva, e, portanto, *integram o direito positivo*. E, eles fixam os *dêiticos de conteúdo* que conferem importantes diretrizes axiológicas, sumulares e contextuais para a interpretação do restante dos enunciados prescritivos.

Os preâmbulos, as ementas e as exposições de motivo são enunciação-enunciada da mensagem legislativa que o intérprete volta-se a analisar e interpretar. Como observa Paulo de Barros Carvalho:[33] "A exposição de motivos, constando da enunciação-enunciada, manifesta-se mais próxima ao processo de enunciação do 'ato de fala' jurídico".

Contudo, observando a enunciação-enunciada e o enunciado-enunciado, concluímos que não há norma proibitiva de planejamento tributário, porque o enunciado-enunciado não trouxe esse comando.

O mesmo pode-se dizer quanto à figura do "abuso de forma ou de direito", o enunciado-enunciado não traz essa prescrição, portanto, "abuso de forma ou de direito" não passaram a ser normas válidas aplicáveis no direito tributário brasileiro.

A constitucionalidade da Lei Complementar n. 104/2001, na parte em que acrescenta o parágrafo único ao art. 116 do CTN, está sendo questionada na ADI 2.446, da Confederação Nacional do Comércio, distribuída em 18.4.2001, e aguarda julgamento da liminar.

Essa ADI ataca o dispositivo legal por considerar que ele afronta o princípio da legalidade, o princípio da tipicidade, a segurança jurídica e a separação dos poderes. Para a Confederação Nacional do Comércio esse enunciado introduziria a interpretação econômica no direito tributário brasileiro, possibilitando a tributação por analogia.

Para a Procuradoria-Geral da República, em parecer proferido nos autos dessa ADI em 27.9.2004, não foi inserida norma antielisão, mas sim, uma *norma antievasiva*, que pretende coibir a evasão fiscal nas suas mais variadas formas.

E justifica o entendimento de "norma antievasão" o Procurador Cláudio Fonteles:

"O propósito da norma ora hostilizada é o de impedir a evasão fiscal, razão pela qual permite a desconsideração de ato ou negócio jurídico praticado com a finalidade de mascarar a efetiva ocorrência de fato gerador ou a natureza de elemento constitutivo da obrigação tributária.

"Cumpre ainda esclarecer que o planejamento tributário – processo de escolha de ação ou omissão que visa à economia de tributos – e à prática da elisão fiscal – conduta lícita que impede o surgimento da obrigação tributária – não estão ameaçados pela norma do parágrafo único do art. 116, do CTN; pois tanto um quanto o outro ocorrem em momento anterior à ocorrência do fato gerador; e a norma em questão trata da possibilidade de desconsideração de ato ou negócio jurídico

---

33. *Derivação e Positivação no Direito Tributário*, vol. I, cit., p. 21.

praticado posteriormente ao fato gerador, com o propósito de dissimular sua ocorrência."

Diferentemente, para Paulo Ayres Barreto, há a ineficácia técnica do parágrafo único do art. 116 do CTN, por falta de lei regulamentadora.

Por "eficácia técnica", entendemos a irradiação dos efeitos jurídicos da norma já superados os obstáculos que impediam a propagação dos seus efeitos. Ex.: uma norma válida não juridiciza o fato e não tem os seus efeitos irradiados, porque lhe falta uma regra regulamentadora ou existe no ordenamento jurídico uma norma que inibe sua incidência.

Assim, para o Professor, o procedimento legal para a desconsideração de atos praticados pelos contribuintes deve ser objeto de norma específica e por exigência do parágrafo único do art. 116 do CTN, deve ser a lei ordinária. Contudo, tal norma ainda não foi introduzida no sistema. São suas palavras:[34] *"É forçoso concluir que, enquanto lei ordinária não disciplinar o procedimento de desconsideração dos negócios jurídicos realizados com a finalidade de dissimular a ocorrência do fato gerador, será inaplicável o parágrafo único do art. 116 do Código Tributário Nacional".*

Para Paulo de Barros Carvalho a Lei Complementar n. 104/2001 não inovou o sistema jurídico:[35] "A meu ver, porém, referido preceito não introduziu alteração alguma no ordenamento brasileiro, uma vez que este já autorizava a desconsideração de negócios jurídicos dissimulados, a exemplo do disposto no art. 149, VII, do Código Tributário Nacional. O enunciado acima transcrito veio apenas ratificar regra existente no direito pátrio".

Certamente, se pretendia o legislador coibir a elisão fiscal, assim não o fez. O dispositivo não representa uma inovação no sistema quanto a proibir o planejamento tributário, pois a desconsideração do negócio simulado já estava prevista no art. 149, VII, do CTN. Concordamos, dessa forma, com Paulo de Barros Carvalho.

8. Conclusões

Considerando que a validade se dá segundo o critério de pertinencialidade ao sistema (N S), o parágrafo único do art. 116 do CTN é norma válida, contudo, entendemos que não foi inserida no sistema uma norma antielisão.

A análise da validade do planejamento tributário deve ser com base na licitude ou ilicitude do negócio jurídico praticado pelo contribuinte. Dentro do campo da licitude, teremos a "elisão fiscal", ao passo que no campo da ilicitude das condutas teremos a "evasão fiscal".

O planejamento tributário será válido se não houver os ilícitos da Lei n. 4.502/1964 ou a simulação do art. 149, VII, do CTN. Os ilícitos dependem de prova, a ser produzida pela autoridade administrativa.

Não comprovada a ilicitude, a desconsideração dos negócios jurídicos é descabida, pois a atividade do particular de organizar seus negócios, com vistas à economia tributária e previamente à constituição do fato jurídico-tributário, está respaldada na Constituição Federal, nos arts. 5º, *caput*, XIII, XXII, c/c o art. 170 e seus incisos.

9. Referências bibliográficas

BECKER, Alfredo Augusto. *Teoria Geral do Direito Tributário*. 6ª ed. São Paulo, Noeses, 2013.

BARRETO, Paulo Ayres. "Desafios do planejamento tributário", in SCHOUERI, Luís Eduardo (coord.). *Direito Tributário – Homenagem a Paulo de Barros Carvalho*. São Paulo, Quartier Latin, 2008.

CARVALHO, Aurora Tomazini de. *Teoria Geral do Direito – O Constructivismo Lógico-Semântico*. 3ª ed. São Paulo, Noeses, 2013.

---

34. Paulo Ayres Barreto, "Desafios do planejamento tributário", in Luís Eduardo Schoueri (coord.), *Direito Tributário – Homenagem a Paulo de Barros Carvalho*, cit., p. 789.

35. *Derivação e Positivação no Direito Tributário*, vol. I, cit., p. 83.

CARVALHO, Paulo de Barros. *Direito Tributário, Linguagem e Método*. 5ª ed. São Paulo, Noeses, 2013.

_____. *Derivação e Positivação no Direito Tributário*. vol. I. São Paulo, Noeses, 2011.

_____. *Derivação e Positivação no Direito Tributário*. vol. II. São Paulo Noeses, 2013.

_____. *Direito Tributário – Fundamentos Jurídicos da Incidência*. 9ª ed. São Paulo, Saraiva, 2012.

DINIZ, Maria Helena. *Dicionário Jurídico Universitário*. São Paulo, Saraiva, 2010.

FALCÃO, Amilcar de Araújo. *Fato Gerador da Obrigação Tributária*. 7ª ed. São Paulo Noeses, 2013.

FERRAGUT, Maria Rita. "Evasão, elisão fiscal e a desconsideração da personalidade jurídica", in SCHOUERI, Luís Eduardo (coord.). *Direito Tributário – Homenagem a Paulo de Barros Carvalho*. São Paulo, Quartier Latin, 2008.

FLUSSER, Vilém. *Língua e Realidade*. 3ª ed. São Paulo, Annablume, 2007.

GRECO, Marco Aurélio. *Planejamento Tributário*. São Paulo, Dialética, 2004.

GONÇALVES, José Artur Lima. "Planejamento tributário – Certezas e incertezas", in ROCHA, Valdir de Oliveira (coord.). *Grandes Questões Atuais do Direito Tributário*. 10º vol. São Paulo, Dialética, 2006.

_____. "Tributação, liberdade e propriedade", in SCHOUERI, Luís Eduardo (coord.). *Direito Tributário – Homenagem a Paulo de Barros Carvalho*. São Paulo, Quartier Latin, 2008.

QUEIROZ, Luís Cesar de Souza. "Limites do planejamento tributário", in SCHOUERI, Luís Eduardo (coord.). *Direito Tributário – Homenagem a Paulo de Barros Carvalho*. São Paulo, Quartier Latin, 2008.

TOMÉ, Fabiana Del Padre. *A Prova no Direito Tributário*. 3ª ed. São Paulo, Noeses, 2011.

ESTUDOS & COMENTÁRIOS

O CABIMENTO DA AÇÃO CAUTELAR FISCAL ANTES DA CONSTITUIÇÃO DO CRÉDITO TRIBUTÁRIO

Rafael de Oliveira Franzoni
Procurador da Fazenda Nacional.
Especialista em Direito Tributário pela Universidade do Sul de Santa Catarina.
Mestrando em Direito Tributário pela USP

1. Introdução. 2. Direito, linguagem e construção de sentido. 3. A normatividade dos princípios. 4. Princípio da inafastabilidade da jurisdição e o decorrente poder geral de cautela. 5. Princípio da boa-fé objetiva no direito tributário. 6. O momento da constituição do crédito tributário. 7. A ação cautelar fiscal antes da constituição do crédito tributário: 7.1 Análise sintática da Lei n. 8.397/1992; 7.2 O sistema do direito positivo convive com incoerências?; 7.3 O sentido do art. 1º, parágrafo único, da Lei n. 8.397/1992. 8. Conclusão. 9. Referências.

1. Introdução

O presente trabalho tem um objetivo muito bem delineado: responder se cabe ou não a ação cautelar fiscal antes da constituição do crédito tributário. Isso porque a Lei n. 8.397/1992, em seu art. 1º, *caput*, preceitua que "o procedimento cautelar fiscal poderá ser instaurado *após a constituição do crédito*", ao passo em que o parágrafo único excepcionalmente prevê que "o requerimento da medida cautelar fiscal, na hipótese dos incisos V, alínea *b*, e VII, do art. 2º, *independe da prévia constituição do crédito tributário*". O problema é que essas duas hipóteses excepcionais em que se admitiria a medida somente ocorrem após a notificação do devedor acerca do lançamento fiscal, a qual, para muitos, é o ato que constitui o crédito tributário.

Desse modo, haveria um desarranjo sintático no próprio texto da Lei n. 8.397/1992. Sem falar ainda que grassa na doutrina e na jurisprudência um segundo ponto de vista de acordo com o qual o crédito tributário somente está constituído quando encerrada a discussão administrativa a respeito do lançamento. Portanto, há também divergência semântica no texto em relação à expressão *constituição do crédito tributário*.

O enfrentamento do tema exige, pois, detida análise sintática e semântica do texto da Lei n. 8.397/1992. Aliás, sempre onde houver linguagem decerto haverá, em alguma medida, dificuldades de ordem sintática, semântica e pragmática. E como o direito se manifesta pela linguagem, é sob a ótica da Teoria Comunicacional do Direito que se há de buscar a resposta ao problema ora proposto.

2. Direito, linguagem e construção de sentido

Segundo Gregório Robles,[1] onde há sociedade há linguagem. A sociedade é um grande sistema de comunicação, um sistema comunicativo entre seus membros. Para ele, o direito também é um sistema comunicacional, o mais importante nos dias atuais. Com efeito, o direito se expressa pela linguagem e só por ela. Por isso, ele deve ser analisado de acordo com a sua linguagem própria. No dizer de Paulo de Barros Carvalho,[2] o grande difusor no Brasil dessa Teoria Comunicacional do Direito, o direito positivo é um sistema que se ocupa das normas jurídicas enquanto mensagens produzidas pela autoridade competente e dirigidas aos integrantes da comunidade social. Mensagens estas que são prescritivas de condutas, que têm por fim orientar e regular o comportamento dos sujeitos de acordo com os valores eleitos pela sociedade.

Assim sendo, o direito tem de ser compreendido como um processo comunicacional que é, tendo em vista os seus elementos, que são seis: *remetente, mensagem, destinatário, contexto, código* e *contato*. No caso, figura na condição de remetente o legislador (considerado em sentido amplo), que envia uma mensagem de cunho prescritivo ao destinatário, os sujeitos submetidos à sua autoridade. Essa mensagem para ser eficaz requer um recorte da realidade social a ser regulada como contexto, além de um código compreensível tanto pelo remetente como pelo destinatário – o vernáculo –, e um contato, consistente em um canal físico no qual a mensagem seja objetivada (a lei, por exemplo) e uma conexão psicológica a envolver ambos os sujeitos do processo comunicacional.

E se é por meio da linguagem que o direito posto se constitui e se manifesta, é dever daquele que se propõe a estudá-lo levar em conta todo o seu processo comunicacional, desde o emitente até ao receptor. Distintamente do que propõem as teorias tradicionais, interpretar o direito não pode ser considerado o ato de extrair do texto jurídico o seu sentido. O texto é apenas o suporte físico onde estão as marcas da enunciação da mensagem normativa; não possui ânimo próprio. O real significado do que o emitente quis transmitir é da ordem do inefável. Somente o próprio emitente há saber. De acordo com a Teoria Comunicacional do Direito, o sentido do texto jurídico é obra da construção do intelecto do destinatário, deflagrado no instante em que entra em contato com o objeto. Nesse sentido, Raimundo Bezerra Falcão[3] ensina que, uma vez objetivada, a fala se desvincula do emissor, se emancipa dela. O que se tem, a partir daí, é a interpretação construída pelo apreensor, que se substitui ao sujeito da fala.

A compreensão da mensagem legislada é, portanto, a construção do sentido realizada pelo seu destinatário. Daí a diferença entre norma e texto: este é apenas o suporte físico onde a mensagem normativa é objetivada, aquela é um juízo implicacional originada no espírito do receptor no trato com o texto. Nessa ordem de ideias, interpretar é atribuir valores aos signos utilizados na mensagem. Por isso a importância da Semiótica – a Ciência que estuda os signos –, a revelar que o texto jurídico carece de ser investigado em três planos fundamentais: (i) da *sintaxe*, para averiguar as relações das normas entre si; (ii) da *semântica*, para identificar o verdadeiro significado dos vocábulos empregados; e (iii) da *pragmática*, para saber como o receptor da norma utiliza a mesma linguagem no seu dia-a-dia.

Ao percurso da mensagem objetivada no texto em contato com o intelecto do intérprete, Paulo de Barros Carvalho chama *trajetória da interpretação*. E, conforme ensina, é construída em quatro estágios: (i) organização dos enunciados do direito posto

---

1. Robles Morchon, 1998, Capítulo 3.
2. Paulo de Barros Carvalho, 2008, pp. 156-173.
3. Falcão, 1997, Primeira parte, item 1.2.

de modo sintático; (ii) outorga de conteúdo aos enunciados, transformando-os em proposições dotadas de carga semântica de conteúdo; (iii) integração de proposições com vistas à produção de unidades completas de sentido para as mensagens deônticas (ao que chama de *mínimo irredutível do deôntico*); e (iv) agrupamento das normas, assim construídas no estágio anterior, com relações de subordinação e coordenação, formando um sistema.[4]

Isso posto, é sob a ótica da Teoria Comunicacional do Direito que se procurará responder ao questionamento proposto nesta investigação.

3. A normatividade dos princípios

Admite-se o direito como sendo o conjunto de normas jurídicas cuja função é orientar e regular a conduta humana de acordo com os valores eleitos por uma determinada sociedade em dado espaço e tempo em busca da paz social. Tal conjunto é de tal forma organizado e arranjado segundo relações de coordenação e subordinação e sob o influxo de um princípio unificador – a norma fundamental –, cuja racionalidade denuncia a existência de um sistema.

O sistema do direito positivo é, pois, um sistema composto exclusivamente de normas jurídicas. Não há nada senão normas jurídicas no universo do direito. Normas estas todas animadas com função prescritiva da conduta a ser regulada de acordo com um dos três modais deônticos: permitido, proibido ou obrigatório.

Nessa ordem de ideias, ao dizer que as normas jurídicas se subdividem em princípios e regras, tanto uns como as outras são dotados de caráter prescritivo de condutas. Sejam expressos no texto ou sejam implícitos no contexto, ao se tomar os princípios como normas jurídicas, não se pode negar-lhes a mesma capacidade de regular a conduta humana.

Que então distingue princípios das regras?

Os princípios são normas jurídicas portadoras de forte conteúdo axiológico em relação às regras e ocupam posição hierárquica privilegiada e polarizadora no sistema. Na mesma linha de pensamento, Roque Antonio Carrazza define princípio jurídico como "um enunciado lógico, implícito ou explícito, que, por sua grande generalidade, ocupa posição de preeminência nos vastos quadrantes do Direito e, por isso mesmo, vincula, de modo inexorável, o entendimento e a aplicação das normas jurídicas que com ele se conectam".[5]

Justamente em razão dessa sua hierarquia privilegiada e polarizadora no sistema, os princípios jurídicos vinculam o aplicador do direito, iluminando-o decisivamente na atividade de construção de sentido. Paulo de Barros Carvalho resume bem o raciocínio ora exposto: "Seja como for, os princípios aparecem como linhas diretivas que iluminam a compreensão de setores normativos, imprimindo-lhes caráter de unidade relativa e servindo de fator de agregação num dado feixe de normas. Exercem eles uma reação centrípeta, atraindo em torno de si regras jurídicas que caem sob seu raio de influência e manifestam a força de sua presença. Algumas vezes constam de preceito expresso, logrando o legislador constitucional enunciá-los com clareza e determinação. Noutras, porém, ficam subjacentes à dicção do produto legislado, suscitando um esforço de feitio indutivo para percebê-los e isolá-los. São os princípios implícitos. Entre eles e os expressos não se pode falar em supremacia, a não ser pelo conteúdo intrínseco que representam para a ideologia do intérprete, momento em que surge a oportunidade de princípios e sobreprincípios".[6]

Em suma, os princípios são normas jurídicas que carregam os valores mais sagrados à sociedade e quanto mais importantes, maior é a sua capacidade de

---

4. Ob. cit., pp. 179-190.

5. Carrazza, 2007, p. 39.
6. Ob. cit., pp. 257-258.

aglutinação e influência sobre outras normas de menor hierarquia.

Partindo dessa premissa é que se há de estudar adiante os princípios que exercem maior influência normativa sobre o objeto desta investigação.

4. Princípio da inafastabilidade da jurisdição e o decorrente poder geral de cautela

Desde que o Estado assumiu o monopólio da força, a justiça de mãos próprias passou à marginalidade, salvo raríssimas exceções expressamente previstas em lei, de que são exemplos a legítima defesa, a retenção de bagagem e a defesa da posse. No ordenamento jurídico brasileiro, o exercício arbitrário das próprias razões é considerado conduta criminosa, tipificada no art. 345 do Código Penal. Em contrapartida, o *Leviatã* comprometeu-se a resolver os conflitos de interesse, substituindo-se aos litigantes em prol da paz social.

De fato, a ordem jurídica refundada com a Constituição da República de 1988, chamada cidadã, tem como um de seus pilares o princípio da inafastabilidade da jurisdição (também conhecido como princípio da universalidade da jurisdição ou do acesso à justiça), previsto de modo bastante enfático no inciso XXXV do art. 5º, com o seguinte teor: "a lei não excluirá da apreciação do Poder Judiciário lesão ou ameaça a direito".

Esta jurisdição que se afirma inafastável é, a um só tempo, *poder*, *função* e *atividade*, como ensinam Cintra, Grinover e Dinamarco.[7] É poder enquanto capacidade de decidir imperativamente e impor decisões. Se é verdade que os outros dois Poderes estatais estão legitimados para aplicar o direito segundo suas próprias competências, e até mesmo os particulares o estão quando legalmente credenciados, o fato é que apenas o Poder Judiciário pode aplicar o direito de forma coativa. É função como meio de pacificação social pela aplicação do direito justo. E é atividade como processo, assim tomada a sequência de atos do juiz concatenados para a realização de sua função (devido processo legal).

São também características da jurisdição: (i) a *inércia* do Estado-juiz, que somente age quando provocado a resolver uma (ii) *lide*, assim considerada o conflito de interesses qualificado pela pretensão resistida, com o timbre da (iii) *definitividade*.

Portanto, havendo lide e, simultaneamente, impossibilidade jurídica de o sujeito autotutelar o direito, abre-se-lhe a porta do Poder Judiciário para reclamar a aplicação do direito justo com o uso da força, se necessário for.

O raciocínio vale tanto para o particular que tem seu direito violado por outro particular, como para o particular em face do próprio Estado; mas também acode o Estado quando o particular lhe lesa o direito e a autotutela estatal é vedada. Os administrativistas em sua maioria descrevem a auto-executoriedade como um atributo do ato administrativo;[8] mas, a bem da verdade, isso somente se verifica quando expressamente previsto em lei, o que não ocorre, por exemplo, com a cobrança forçada de tributos. Não pago o crédito tributário no vencimento, falece ao Fisco, por sua própria autoridade, o poder de invadir a esfera patrimonial do contribuinte para satisfazer a obrigação. Neste caso, o socorro ao Poder Judiciário é absolutamente necessário nos termos da Lei de Execução Fiscal (Lei n. 6.830/1980).

Em suma, não pode a lei fazer separação entre a parte que reclama um direito, seja ela o particular ou seja o próprio Estado-administração, e o Estado-juiz, conhecedor da causa. Qualquer lei nesse sentido é inconstitucional. O princípio da inafastabilidade da jurisdição é norma jurídica de superior hierarquia dirigida ao

---

7. Cintra, Grinover e Dinamarco, 2001, p. 131.

8. Di Pietro, 2002, p. 192; Mello, 2006, pp. 397-402.

legislador para proibi-lo de vedar o acesso ao Poder Judiciário a qualquer que alegue violação ou ameaça a direito. A propósito, nem mesmo por emenda constitucional tal obstáculo poderia ser oposto, eis que a matéria está inserida no núcleo intangível da Lei Maior, quer por se tratar de garantia individual, quer por representar uma das colunas da separação dos Poderes (art. 60, § 4º, incisos III e IV).

Nessa linha argumentativa, "é inconstitucional a exigência do depósito prévio como requisito de admissibilidade de ação judicial na qual se pretenda discutir a exigibilidade de crédito tributário", tal como enunciado na Súmula Vinculante n. 28 do Supremo Tribunal Federal, uma vez que a lei não poderia exigir do contribuinte qualquer sacrifício como condição de acesso à justiça. O mesmo sucederia caso o sujeito passivo fosse compelido a esgotar a via administrativa para somente depois ter acesso à judicial.[9] O outro ponto de vista é igualmente válido: lei nenhuma poderia obstar a Administração Fazendária de cobrar em juízo os tributos que lhe são devidos se a tutela lhe é vedada administrativamente.

E não basta que a lei não vede o acesso ao Judiciário, para que a jurisdição se faça efetiva é necessário que o ordenamento jurídico admita um remédio processual adequado a cada tutela pretendida. Do contrário, o legislador pecaria por omissão. Não é o que sucede no direito posto. O Código Civil revogado já dispunha em seu art. 75 de modo bastante didático que "a todo direito corresponde uma ação, que o assegura". É dizer, se há direito lesado deve haver uma ação capaz de defendê-lo em juízo. E embora esse dispositivo não tenha sido reproduzido no Código de 2002 em sua literalidade, os preceitos contidos nos arts. 80, inciso I, e 83, incisos II e III, produzem o mesmo resultado atualmente.[10]

Também não basta à lei apenas permitir o acesso à jurisdição uma vez violado o direito. O mandamento constitucional vai além. Determina que se dê proteção também à *ameaça* a direito. Isso porque se o processo é um instrumento do Estado a serviço da paz social, daí falar-se em instrumentalidade do processo, é preciso que o processo tenha efetividade suficiente para conduzir as partes à "ordem jurídica justa", na expressão cunhada por Cintra, Grinover e Dinamarco,[11] cuja lição é esta: "Todo processo deve dar a quem tem um direito *tudo aquilo e precisamente aquilo* que ele tem direito de obter. Essa máxima de nobre linhagem doutrinária constitui verdadeiro *slogan* dos modernos movimentos em prol da *efetividade do processo* e deve servir de alerta contra tomadas de posição que tornem acanhadas ou mesmo inúteis as medidas judiciais, deixando resíduos de injustiça".[12]

Sobressaem, nesse contexto, as chamadas tutelas de urgência (ou tutelas preventivas), de que são espécies a tutela cautelar e a tutela antecipatória. As primeiras é que importam ao presente estudo. Têm como pressuposto a existência de uma situação de risco ao direito pretendido ou de embaraço à efetividade da jurisdição. Em certas situações, a velocidade com que os fatos ocorrem conspira contra o tempo levado para que o Estado-juiz entregue a tutela devida pelas vias ordinárias. Noutras palavras, a demora pode sacrificar a efetividade da jurisdição, tornando-a inútil. Daí a necessidade de que o Estado coloque à disposição dos sujeitos medidas capazes de assegurar o resultado útil do processo. A tutela cautelar é, pois, instrumento por meio do qual se presta uma tutela jurisdicional assecuratória da

---

9. Neste sentido já se pronunciou o STF: "Não há previsão constitucional de esgotamento da via administrativa como condição da ação que objetiva o reconhecimento de direito previdenciário" (1ª T., rel. Ministro Ricardo Lewandowski, RE 549.238-AgR, j. 5.5.2009, *DJe* 5.6.2009.) No mesmo sentido: 2ª T., rel. Ministro Ayres Britto, RE 549.055-AgR, j. 5.10.2010, *DJe* 10.12.2010; 2ª T., rel. Ministro Joaquim Barbosa, AI 742.874-AgR, j. 2.3.2010, *DJe* 26.3.2010.

10. Câmara, 2004, p. 46.
11. Cintra, Grinover e Dinamarco, 2001, p. 41.
12. Ob. cit., p. 35.

efetividade da tutela buscada em outro processo, chamado principal.

"Ora, se o Estado assumiu o monopólio da jurisdição, proibindo a tutela de mão própria, é seu dever fazer com que os indivíduos a ela submetidos compulsoriamente não venham a sofrer danos em razão da demora da atividade jurisdicional. Sendo assim, é direito de quem litiga em juízo obter do Estado a entrega da tutela em tempo e em condições adequadas a preservar, de modo efetivo, o bem da vida que lhe for devido, ou, se for o caso, obter dele medida de garantia de que tal medida será efetivamente prestada no futuro."[13]

Imbuído dessa diretriz constitucional, o legislador processual civil previu expressamente medidas cautelares típicas, como, por exemplo, o arresto, o sequestro, a caução, a busca e apreensão, a exibição, o arrolamento de bens e etc., todas abrigadas no Código de Processo Civil, além de outras previstas em legislação esparsa, como a medida cautelar fiscal a que se refere a Lei n. 8.397/1992, que visa a proteger a efetividade de futura execução fiscal da dívida ativa da Fazenda Pública.

Todavia, é impossível a previsão abstrata de todas as situações de perigo para o processo que podem ocorrer em concreto. Por isso, a ordem jurídica autoriza o juiz a conceder tutelas cautelares atípicas, isto é, não compreendidas entre as expressamente previstas na lei. É o que está consagrado no art. 798 do Código de Processo Civil: "Art. 798. Além dos procedimentos cautelares específicos, que este Código regula no Capítulo II deste Livro, poderá o juiz determinar as medidas provisórias que julgar adequadas, quando houver fundado receio de que uma parte, antes do julgamento da lide, cause ao direito da outra lesão grave e de difícil reparação".

Trata-se, pois, de uma cláusula aberta, verdadeiro *poder geral de cautela* outorgado ao juiz para conceder a tutela suficiente e necessária ao resguardo do direito tutelado em outro processo pendente ou futuro. Como pontua Alexandre Freitas Câmara: "Admitir a existência de casos para os quais nenhuma medida cautelar capaz de evitar um dano irreparável, ou de difícil reparação, para a efetividade do processo seria admitir a existência de casos para os quais não existiria nenhum meio de prestação de tutela adequada, o que contraria a garantia constitucional [*de acesso à justiça*] (a qual, relembre-se, está posta entre as garantias fundamentais de nosso sistema político e jurídico)".[14]

Sendo assim, pode-se sintetizar o princípio da inafastabilidade da jurisdição como sendo uma norma jurídica de superior hierarquia, insuscetível de supressão por emenda constitucional, que (i) veda ao legislador a criação de obstáculos ao acesso ao Poder Judiciário e que (ii) o obriga a pôr à disposição dos sujeitos tutela suficiente de satisfazer ou assegurar o direito, seja ela típica ou atípica.

5. Princípio da boa-fé objetiva no direito tributário

De acordo com pesquisadores, o instituto da boa-fé tem origem no Direito Romano (*bona fides*). Expressava a valorização do comportamento ético, o dever de lealdade, o dever de cumprimento da palavra empenhada com o condão de vincular as partes nas relações negociais, mesmo quando inexistente uma ordem jurídica que as regulasse. Tratava-se, portanto, de uma boa-fé em sentido objetivo, sem qualquer conotação moral.[15]

Como passar do tempo, a concepção da boa-fé tomou outro rumo, vindo a significar o estado de ignorância ou a crença do sujeito de estar agindo em conformidade com as normas do ordenamento jurídico. Essa boa-fé, dita subjetiva, foi positivada no Código

---

13. Zavascki, 2005, pp. 27-28.
14. Câmara, 2004, p. 48.
15. Souza, 2012, p. 213.

Civil brasileiro de 1916 (por exemplo: posse de boa-fé, adquirente de boa-fé, cônjuge de boa-fé no casamento nulo).

Após o influxo da Constituição da República de 1988, o direito positivo brasileiro veio a adotar aquele conceito mais objetivo da boa-fé, com os contornos então desenvolvidos no direito alemão, cujo Código Civil de 1896 (BGB) prescrevia no § 242 que "o devedor é obrigado a cumprir a sua obrigação de boa-fé, atendendo as exigências dos usos do tráfico jurídico". Foi assim, primeiramente, com o Código de Defesa do Consumidor em 1990 (arts. 4º, inciso III, e 51, inciso IV) e, em seguida, como o novo Código Civil de 2002 (arts. 113, 187 e 422). Assim, a boa-fé objetiva foi se espraiando por todo o direito obrigacional no Brasil. Tornou-se verdadeiro princípio jurídico, portador de forte carga axiológica, impondo aos sujeitos o dever de agir com correção e honestidade em todas as suas relações intersubjetivas, correspondendo à confiança depositada uns nos outros.

Analisando o direito obrigacional, César Fiúza enxergou no princípio da boa-fé objetiva três funções. A primeira é interpretativa, segundo a qual os contratos devem ser interpretados preferencialmente segundo o seu sentido aparente, conforme a confiança que hajam suscitado. A segunda e mais importante é integrativa, pois todo contrato contém deveres, poderes, direitos e faculdades implícitos, também conhecidos como deveres anexos de conduta. E terceira é de controle: impõe ao credor, no exercício do seu direito, não exceder os limites da boa-fé, vedando o abuso de direito.[16]

Eis, exemplificativamente, algumas das consequências do princípio da boa-fé objetiva (ou subprincípios ou, ainda, deveres acessórios): (i) proteção da confiança, base do tráfico jurídico; (ii) a proibição ao *venire contra factum proprium* (conduta contraditória, violadora da expectativa criada na outra parte); (iii) proibição ao *tuo quoque* (aquele que infringiu uma regra de conduta não pode postular que se recrimine em outrem o mesmo comportamento); (iv) dever de sinceridade; (v) dever de cooperação (colaboração); (vi) dever de sigilo; (vii) dever de cuidado; (viii) dever de informação (transparência).

Ora, assim sinteticamente dissecada a boa-fé, fica fácil observar que as normas dela decorrentes irradiam seus efeitos para muito além da esfera das relações privadas. Inspiram, deveras, todo o direito.[17] É exemplo a Lei n. 9.784/1999, que regula o processo administrativo federal, ao impor aos administrados, de um lado, o dever de "I – expor os fatos conforme a verdade; II – proceder com lealdade, urbanidade e boa-fé; III – não agir de modo temerário; IV – prestar as informações que lhe forem solicitadas e colaborar para os esclarecimentos dos fatos" (art. 4º) e, à Administração, de outro, a "autuação segundo padrões éticos de probidade, decoro e boa-fé" (art. 2º, parágrafo único, inciso IV).

A rigor, onde houver uma relação intersubjetiva, deve haver esse padrão ético-jurídico de conduta baseado na probidade e lealdade. Embora não positivado expressamente na Carta Magna, o princípio em foco está nela presente, em suas entrelinhas. Não há como conceber uma sociedade justa e solidária (art. 3º, inciso I), que tem como fundamentos a cidadania e a dignidade da pessoa humana (art. 1º, incisos II e III) e que consagra o respeito à função social da propriedade (arts. 5º, inciso XXIII, e 170, inciso III) dissociada de todo o conteúdo axiológico que porta a boa-fé. Cabe aqui a distinção entre texto e contexto

---

16. Fiuza, 2006, p. 411.

17. Neste sentido o recente julgado do STJ proferido em âmbito do processo penal em desfavor do réu: "O princípio da boa-fé objetiva ecoa por todo o ordenamento jurídico, não se esgotando no campo do Direito Privado, no qual, originariamente, deita raízes. Dentre os seus subprincípios, destaca-se da vedação do *venire contra factum proprium* (proibição de comportamentos contraditórios). Assim, diante de uma conduta sinuosa, não é dado reconhecer-se a nulidade" (6ª T., rel. Ministra Maria Thereza de Assis Moura, HC 175.217-BA, j. 6.6.2013, *DJe* 14.6.2013).

de que tanto fala Paulo de Barros Carvalho. A circunstância de figurar no texto ou no contexto não modifica o teor prescritivo da mensagem jurídica. Todas as normas jurídicas, apresentadas em enunciados expressos ou constantes da implicitude do texto, possuem a mesma força vinculante.[18]

E se o princípio da boa-fé tem raízes na Constituição, e o tem,[19] forçosamente há de influenciar igualmente ao Sistema Tributário Nacional. Aliás, é assim que pensa Roque Antonio Carrazza, ao analisá-lo na conjuntura do princípio da segurança jurídica: "Não podemos deixar de mencionar, ainda, o *princípio da boa-fé*, que impera também no direito tributário. De fato, ele irradia efeitos tanto sobre o fisco quanto sobre o contribuinte, exigindo que ambos respeitem as conveniências e interesses do outro e não incorram em contradição com sua própria conduta, na qual confia a outra parte (proibição de *venire contra factum propirum*)".[20]

Realmente, em que pese no Código Tributário Nacional não constar a palavra *boa-fé*, as suas grandes diretrizes perpassam todo esse diploma legal. Nesse sentido é que "isenções tributárias concedidas, sob condição onerosa, não podem ser livremente suprimidas", consoante o enunciado da Súmula n. 544 do Supremo Tribunal Federal, em obséquio à confiança depositada no Fisco pelo contribuinte-investidor. O mesmo se diga em relação à proibição de retroação dos efeitos de mudança de critério jurídico na atividade de lançamento pela autoridade administrativa prevista no art. 146 do Código, ilustrando a proibição ao *venire contra factum propriam*. Outro exemplo é o do dever de sigilo da Administração Tributária a respeito de informação obtida em razão do ofício sobre a situação econômica ou financeira do sujeito passivo ou de terceiros e sobre a natureza e o estado de seus negócios ou atividades (art. 198).

Virando a moeda, do contribuinte também se cobra atuação segundo padrões éticos de probidade e boa-fé. Melhor exemplo não há do que o seu dever de colaboração na construção da regra-matriz de incidência tributária, estampado em tintas fortes no art. 148 do Código Tributário Nacional. Ali o legislador impôs ao próprio sujeito passivo o dever de informar a ocorrência do fato jurídico tributário, calcular o montante do tributo devido e antecipar o pagamento. São, pois, deveres anexos da conduta principal, que é o adimplemento da obrigação tributária.

Dentre tais condutas anexas requeridas do contribuinte por força do princípio da boa-fé objetiva, há uma em relação à qual os tributaristas pouco comentam. É o dever de cuidado. Se "pelo inadimplemento das obrigações respondem todos os bens do devedor", nos termos do art. 391 do Código Civil atual (com redação semelhante no art. 591 do Código de Processo Civil), pode-se afirmar que os seus bens são a única garantia de que a obrigação pecuniária há de ser satisfeita (princípio da responsabilidade patrimonial). Logo, a boa-fé para com o credor impõe ao devedor a obrigação de manter a sua posição patrimonial até o adimplemento da dívida.

Comete fraude o devedor que, caindo em insolvência, dispõe do seu patrimônio em prejuízo dos credores. Essa postura revela deslealdade do devedor em relação ao credor, frustrando-lhe a justa expectativa de ver a obrigação principal adimplida. E, justamente por isso, é censurada com vigor pelo sistema. O Código Tributário Nacional qualifica como fraudulenta e, portanto, ineficaz "a alienação ou oneração de bens ou rendas, ou seu começo, por sujeito passivo em débito para com a Fazenda Pública, por crédito tributário regularmente inscrito em

---

18. Paulo de Barros Carvalho, 2008, p. 263.

19. Em nome do princípio da boa-fé, o STF já manteve os efeitos de ato, conquanto o tenha julgado inconstitucional. Confira-se: "A lei inconstitucional nasce morta. Em certos casos, entretanto, os seus efeitos devem ser mantidos, em obséquio, sobretudo, ao princípio da boa-fé. No caso, os efeitos do ato, concedidos com base no princípio da boa-fé, viram-se convalidados pela CF/1988" (2ª T., rel. Ministro Carlos Velloso, RE 434.222 AgR, j. 14.6.2005, *DJ* 1.7.2005, p. 94).

20. Carrazza, 2007, p. 431.

dívida ativa". Portanto, uma vez inscrito o crédito tributário na dívida ativa, e sendo este um ato público (art. 198, § 3º, inciso III, do Código Tributário Nacional), o patrimônio do devedor já estará, em alguma medida, resguardado para o pagamento da obrigação.[21]

Por outro lado, essa defesa, conhecida como fraude à execução fiscal, tem como termo *a quo* a inscrição do crédito tributário em dívida ativa. Daí a questão: antes da inscrição o devedor está livre para, dispondo do seu patrimônio, se ver reduzido à insolvência? A resposta é negativa. A falta de cuidado e deslealdade para com o credor é a mesma, frustrando a justa expectativa de ver a obrigação principal adimplida. É dizer, também pratica fraude o devedor que, dispondo de seu patrimônio, cai em insolvência antes da inscrição do crédito tributário em dívida ativa. A diferença está em relação àquele que adquire seus bens, não está no devedor que os aliena. É que não sendo pública a dívida fiscal (pois não inscrita), cabe ao credor provar, por meio de ação pauliana, que o adquirente dela tinha conhecimento ou motivos para dela conhecer (arts. 158 a 165 do Código Civil). A fraude aqui (a fraude contra credores) apenas não se presume.

Lembrando que é requisito para reconhecimento da fraude contra credores a *anterioridade do crédito* (art. 158, § 2º, do Código Civil), já que é a existência do crédito que faz surgir os deveres anexos da conduta de adimpli-lo, entre os quais o de cuidar e cooperar lealmente para que o adimplemento ocorra de modo regular.

Saber quando o crédito tributário considera-se constituído é assunto para o tópico seguinte.

6. O momento da constituição do crédito tributário

Fincados os princípios, a nosso ver, norteadores da matéria, importa agora responder a seguinte questão: quando o crédito tributário está constituído? O tema é de grande relevância para o desenvolvimento desta investigação, uma vez que a cabeça do art. 1º da Lei n. 8.397/1992 preceitua que "o procedimento cautelar fiscal poderá ser instaurado após a constituição do crédito", enquanto o parágrafo único excepciona aquela regra geral ao estatuir que "o requerimento da medida cautelar fiscal, na hipótese dos incisos V, alínea *b*, e VII, do art. 2º, independe da prévia constituição do crédito tributário".

Deveras, há intensos debates na doutrina e na jurisprudência acerca do instante em que o crédito tributário está constituído, ou definitivamente constituído, e a resposta a esta indagação há de influenciar sobre quando a medida cautelar fiscal é cabível. Com efeito, há um problema semântico a respeito da expressão *constituição do crédito tributário* que é, no mínimo, ambígua e carece de melhor elucidação.

Pois bem. O Código Tributário Nacional dedica todo um capítulo à denominada constituição do crédito tributário, que se inicia com o seguinte dispositivo: "Art. 142. Compete privativamente à autoridade administrativa constituir o crédito tributário pelo lançamento, assim entendido o procedimento administrativo tendente a verificar

---

21. A fraude à execução fiscal não admite prova em contrário, consoante jurisprudência do Superior Tribunal de Justiça consolidada em recurso especial representativo de controvérsia: "(...). 5. A diferença de tratamento entre a fraude civil e a fraude fiscal justifica-se pelo fato de que, na primeira hipótese, afronta-se interesse privado, ao passo que, na segunda, interesse público, porquanto o recolhimento dos tributos serve à satisfação das necessidades coletivas. 6. É que, consoante a doutrina do tema, a fraude de execução, diversamente da fraude contra credores, opera-se *in re ipsa*, vale dizer, tem caráter absoluto, objetivo, dispensando o *concilium fraudis* (Luiz Fux, *O Novo Processo de Execução: o Cumprimento da Sentença e a Execução Extrajudicial*, 1ª ed., Rio de Janeiro, Forense, 2008, pp. 95-96; Cândido Rangel Dinamarco, *Execução Civil*, 7ª ed., São Paulo, Malheiros Editores, 2000, pp. 278-282; Hugo de Brito Machado, *Curso de Direito Tributário*, 22ª ed., São Paulo, Malheiros Editores, 2003, pp. 210-211; Luciano Amaro, *Direito Tributário Brasileiro*, 11ª ed., São Paulo, Saraiva, 2005, pp. 472-473; Aliomar Baleeiro, *Direito Tributário Brasileiro*, 10ª ed., Rio de Janeiro, Forense, 1996, p. 604). (...)" (1ª Seção, rel. Ministro Luiz Fux, REsp 1.141.990-PR, j. 10.11.2010, *DJe* 19.11.2010).

a ocorrência do fato gerador da obrigação correspondente, determinar a matéria tributável, calcular o montante do tributo devido, identifica o sujeito passivo e, sendo o caso, propor a aplicação da penalidade cabível".

A primeira leitura do preceito acima transcrito leva a crer ser o lançamento quem faz surgir o crédito tributário. Não é bem assim. Não é porque teríamos que admitir a absurda possibilidade da existência de obrigação tributária sem o respectivo crédito, o que a Lógica Jurídica e a Teoria Geral do Direito não admitem. Noutras palavras, teríamos que admitir o surgimento da obrigação tributária com o acontecimento do fato que lhe dá causa despida de seu objeto – o crédito tributário –, o qual surgiria apenas em momento seguinte: o do lançamento. É necessário, pois, uma melhor construção de sentido.

Em verdade, o crédito coexiste com a obrigação tributária desde o surgimento desta. Por tal razão é que o art. 139 preceitua que "o crédito tributário decorre da obrigação principal e tem a mesma natureza desta", bem como o art. 144 prescreve que "o lançamento reporta-se à data da ocorrência do fato gerador da obrigação e rege-se pela lei então vigente, ainda que posteriormente modificada ou revogada". De fato, no mundo social, o crédito tributário surge concomitantemente com a obrigação da qual é objeto e, justamente por isso, é regido pelas leis desse exato momento. Aplicação pura e simples do princípio geral de direito *tempus regit actum*. Todavia, obrigação e crédito tributário correspondente somente têm relevância para o direito no instante em que ingressam no mundo jurídico quando relatados em linguagem competente por meio do lançamento tributário.

Nessa toada, o lançamento tem por função *formalizar* (ou constituir para o direito) o crédito tributário. Ou na precisa definição de Paulo de Barros Carvalho: "Lançamento tributário é o ato jurídico administrativo, da categoria dos simples, constitutivos e vinculados, mediante o qual se insere na ordem jurídica brasileira u'a norma jurídica individual e concreta, que tem como antecedente o fato jurídico tributário e, como consequente, a formalização do vínculo obrigacional, pela individualização dos sujeitos ativo e passivo, a determinação do objeto, formado pela base de cálculo e respectiva alíquota, bem como pelo estabelecimento dos termos espaço-temporais em que o crédito há de ser exigido".[22]

Que fique claro que, conquanto nessa definição o autor tome o lançamento como um *ato* administrativo, ele não olvida que o vocábulo possa igualmente ser utilizado para significar *procedimento* administrativo de lançamento, assim considerada a sequência de atos praticados pela autoridade administrativa implementados com vistas ao resultado (produto) que é o ato administrativo de lançamento.[23]

Assim sendo, formalizado o crédito tributário pelo lançamento, e aqui pouco importa qual a acepção empregada – procedimento ou ato –, pois o momento culminante é o mesmo, importa saber quando se tem o lançamento por concluído. A resposta advém da interpretação do art. 145 do Código Tributário Nacional, que está assim redigido:

"Art. 145. O lançamento regularmente notificado ao sujeito passivo só pode ser alterado em virtude de:

"I – impugnação do sujeito passivo;

"II – recuso de ofício;

"III – iniciativa de ofício da autoridade administrativa, nos casos previstos no art. 149."

Ora, se a regra geral é a de que o lançamento não pode mais ser alterado assim que notificado ao sujeito passivo é porque ele já é definitivo para efeitos administrativos e tributários.[24] E é definitivo porque como um

---

22. Paulo de Barros Carvalho, 2011, p. 464.
23. Ob. cit., pp. 459-463.
24. Essa também é a posição de Paulo de Barros Carvalho (2011, p. 548), Luciano Amaro (2011, pp. 440-443) e Manoel Álvares (coord. Freitas, 2007, p. 759), p. ex.

ato comunicacional que é, a mensagem foi expedida com sentido completo (o *mínimo irredutível do deôntico* a que se refere Paulo de Barros Carvalho) e recebida pelo destinatário, concluindo totalmente o seu ciclo de formação. O fato de vir a ser modificado o lançamento, de ofício ou pela via hierárquica, não o torna provisório, como querem Sacha Calmon Navarro Coelho[25] e Hugo de Brito Machado,[26] defensores da tese de que o lançamento somente estará concluído ao cabo do esgotamento da instância administrativa de discussão. Ao contrário, é da natureza de qualquer ato administrativo vinculado a sua sujeição ao controle de legalidade pela própria Administração Pública ou pela via judicial sem que isso o torne inconcluso ou inválido. Aliás, no sistema jurídico brasileiro, o único ato insuscetível de alteração, ou seja, realmente definitivo, é a sentença transitada em julgado ultrapassado o prazo da ação rescisória. Mas não é dessa definitividade que se cuida, pois se assim fosse nenhum ato administrativo seria rigorosamente definitivo, nem mesmo o lançamento depois de exaurida a instância administrativa de discussão, uma vez que ainda restaria a via judicial ou quiçá a rescisória. Daí se afirmar que o lançamento é definitivo assim que concluído o seu ciclo de formação com a notificação ao sujeito passivo.

Essa linha argumentativa está em consonância com outra disposição normativa do sistema, no caso o art. 151, inciso III, do Código Tributário Nacional, ao prescrever que "suspendem a exigibilidade do crédito tributário as reclamações e os recursos, nos termos das leis reguladoras do processo tributário administrativo". Ora, se a impugnação do sujeito passivo ao lançamento e os recursos subsequentes suspendem a exigibilidade do crédito tributário é porque estão pressupostos o próprio crédito tributário e a sua exigibilidade. É dizer: notificado o lançamento ao sujeito passivo está (definitivamente) constituído o crédito tributário, mas a sua exigibilidade estará suspensa se houver impugnação e recursos, nos termos da lei.

Esta interpretação acerca do momento em que constituído o crédito tributário foi acolhida pela jurisprudência, conforme comprova o enunciado da Súmula n. 153 do extinto Tribunal Federal de Recursos: "Constituído, no quinquênio, através de auto de infração ou notificação de lançamento, o crédito tributário, não há falar em decadência, fluindo, a partir daí, em princípio, o prazo prescricional, que, todavia, fica em suspenso, até que sejam decididos os recursos administrativos".

De fato, a partir da notificação de lançamento tem fluência o prazo prescricional, cujo termo inicial, de acordo com o art. 174 do Código, é a *constituição definitiva* do crédito tributário. Prazo este que não há de correr nas hipóteses em que suspensa a exigibilidade do crédito (art. 151).

Coerentemente, o art. 12, parágrafo único, da Lei n. 8.397/1992 estatui que "salvo decisão em contrário, a medida cautelar fiscal conservará a sua eficácia durante o período de suspensão do crédito tributário ou não tributário".

Outra hipótese em que se tem o crédito tributário por constituído é aquela prevista no art. 148 do Código Tributário Nacional, em que o legislador impõe ao próprio sujeito passivo a obrigação de formalizar o crédito tributário por meio da entrega de uma declaração em que confessa a ocorrência do fato jurídico tributário, calcula o montante do tributo devido e antecipa o pagamento, sujeitando tudo à homologação da autoridade fiscal. Trata-se da hipótese conhecida como *autolançamento*. Em casos tais, como o sujeito passivo não tem por que impugnar a sua própria atividade, pode-se dizer que o crédito já está definitivamente constituído. Nesse sentido o enunciado da Súmula n. 436 do Superior Tribunal de Justiça: "A entrega de declaração pelo contribuinte reconhecendo

---

25. Coêlho, 2011, p. 746.
26. Machado, 2004, p. 211.

débito fiscal constitui o crédito tributário, dispensada qualquer outra finalidade por parte do fisco".

Em síntese, para os fins do *caput* do art. 1º da Lei n. 8.397/1992, o procedimento cautelar fiscal poderá ser instaurado assim que o contribuinte entregar a declaração reconhecendo o débito fiscal ou assim que notificado do lançamento tributário realizado de ofício, pois em ambas as hipóteses o crédito tributário já está constituído (ou formalizado).

7. A ação cautelar fiscal antes da constituição do crédito tributário

7.1 Análise sintática da Lei n. 8.397/1992

Desvendado o conteúdo semântico da expressão *constituição do crédito tributário*, a significar o lançamento fiscal devidamente notificado ao sujeito passivo, é chegada a hora de responder se tem cabimento a ação cautelar fiscal antes de o crédito tributário ter sido regularmente constituído. Com efeito, a resposta a esta indagação encontra, desde logo, obstáculo na análise sintática da redação da legislação que rege a matéria.

De fato, a Lei n. 8.397/1992, que *institui a medida cautelar fiscal e dá outras providências*, na redação dada pela Lei n. 9.532/1997, preceitua que "o procedimento cautelar fiscal poderá ser instaurado após a constituição do crédito, inclusive no curso da execução judicial da Dívida Ativa da União, dos Estados, do Distrito Federal e dos Municípios e respectivas autarquias" (art. 1º, *caput*). Isolado o enunciado é possível inferir, *a contrario sensu*, como regra geral, o não cabimento da cautelar fiscal antes da constituição do crédito tributário.

Não obstante, logo no parágrafo único do mesmo dispositivo legal há cláusula de exceção àquela regra geral prescrita no *caput*: "o requerimento da medida cautelar, na hipótese dos incisos V, alínea 'b', e do VII, do art. 2º, independe da prévia constituição do crédito tributário". Validamente, esta redação leva a crer existirem duas excepcionais situações nas quais a cautelar fiscal tem lugar antes mesmo da constituição do crédito tributário, isto é, antes mesmo do lançamento fiscal regularmente notificado ao sujeito passivo.

Sucede que ambas as situações excepcionais previstas nos incisos V, alínea "b", e VII do art. 2º, quando analisada mais de perto, revelam confronto sintático com o enunciado legislativo antecedente. A fim de evidenciar esta afirmação, importa a transcrição conjugada do art. 1º, parágrafo único, com o art. 2º, incisos V, alínea "b", e VII, da Lei n. 8.397/1992:

"Art. 1º. (...).

"Parágrafo único. O requerimento da medida cautelar, na hipótese dos incisos V, alínea 'b', e do VII, do art. 2º, independe da prévia constituição do crédito tributário.

"Art. 2º. (...).

"V – notificado pela Fazenda Pública para que proceda ao recolhimento do crédito fiscal:

"(...);

"b) põe ou tenta pôr seus bens em nome de terceiros;

"(...);

"VII – aliena bens ou direitos sem proceder à devida comunicação ao órgão da Fazenda Pública competente, quando exigível em virtude de lei;

"(...)."

Por que se afirma haver um problema sintático na conjugação dos fraseados acima transcritos? Porque as duas hipóteses previstas no art. 2º são cronologicamente posteriores à constituição do crédito tributário. Vejamos.

A primeira delas tem lugar "quando o devedor, notificado pela Fazenda Pública para que proceda ao recolhimento do crédito fiscal, põe ou tenta por seus bens em nome de terceiros". Ora, foi visto no capítulo antecedente que a notificação da Fazenda Pública para que o sujeito passivo proceda ao recolhimento do crédito fiscal é o momento culminante do lançamento tributário, isto é, é o exato instante em que o crédito tributário é constituído. Logo, o ajuizamento da ação cautelar fiscal antes da constituição do crédito tributário está, ao mesmo tempo, permitida pelo art. 1º, parágrafo único, da Lei n. 8.397/1992 e desautorizada pelo art. 2º, inciso V, alínea "b", do mesmo diploma legal, uma vez que, nesta situação, o crédito já estará constituído. Noutras palavras, condicionar o procedimento cautelar fiscal à notificação do devedor para recolhimento do crédito tributário significa inviabilizar a sua proposição antes do lançamento, o que esvaziaria por completo o sentido da norma prevista no parágrafo único do art. 1º da Lei n. 8.397/1992.

Já a segunda hipótese tem lugar "quando o devedor aliena bens ou direitos sem proceder à devida comunicação ao órgão da Fazenda Pública competente, quando exigível em virtude de lei". Aqui se faz necessária uma análise sintática mais abrangente, indo para além dos limites da Lei n. 8.397/1992, pois é preciso saber quando ordenamento jurídico obriga o devedor a comunicar à Fazenda Pública a alienação de bens ou direitos. Só há uma hipótese conhecida. Prevista justamente no ato legislativo que promoveu alterações de redação na Lei n. 8.397/1992, a saber, a Lei n. 9.532/1997, que assim dispõe:

"Art. 64. A autoridade fiscal competente procederá ao arrolamento de bens e direitos do sujeito passivo sempre que o valor dos créditos de sua responsabilidade for superior a trinta por cento do seu patrimônio conhecido.

"§ 1º. Se o crédito for formalizado contra pessoa física, no arrolamento devem ser indicados, inclusive, os bens e direitos em nome do cônjuge, não gravados com a cláusula de incomunicabilidade.

"(...).

"§ 3º. A partir da data da notificação do ato de arrolamento, mediante entrega da cópia do respectivo termo, o proprietário dos bens e direitos arrolados, ao transferi-los, aliená--los ou onerá-los, deve comunicar o fato à unidade do órgão fazendário que jurisdiciona o domicílio tributário do sujeito passivo.

"§ 4º. A alienação, oneração ou transferência, a qualquer título, dos bens e direitos arrolados, sem a formalidade prevista no parágrafo anterior, autoriza o requerimento de medida cautelar fiscal contra o sujeito passivo."

É dizer: o sujeito passivo é obrigado a comunicar ao órgão fazendário qualquer alienação, oneração ou transferência de bens e direitos a partir de quando estes forem alvo do ato de arrolamento de bens, o que, por sua vez, pressupõe um crédito já formalizado. De fato, a cabeça do artigo menciona *crédito de sua responsabilidade* e, no mesmo sentido, o § 1º falar em *crédito formalizado*. Portanto, o devedor não tem nenhum dever legal de comunicar à Fazenda Pública qualquer ato de disposição patrimonial sem que haja contra si um crédito fiscal devidamente formalizado (constituído) *e* com arrolamento de bens já efetuado. Resulta daí que condicionar o procedimento cautelar fiscal à falta de comunicação do devedor à Fazenda de ato de disposição de bens ou direitos arrolados significa igualmente inviabilizar a sua proposição antes do lançamento, tornando igualmente nulo o sentido da norma prevista no parágrafo único do art. 1º da Lei n. 8.397/1992.

Em síntese, o que parágrafo único do art. 1º da Lei n. 8.397/1992 autoriza, o art. 2º, inciso V, alínea "b", do mesmo diploma legal desautoriza. Em outras palavras, uma mesma conduta está permitida e, ao mesmo tempo, proibida. Há, pois, evidente antinomia (ou incoerência) que não se resolve pelos tradicionais critérios da hierarquia (norma superior prevalece sobre norma inferior), nem da cronologia (norma posterior prevalece sobre norma anterior), nem mesmo da especialidade (norma especial prevalece sobre norma geral), haja vista que os dispositivos legais conflitantes estão previstos em um mesmo ato legislativo; portanto, de mesma hierarquia, vigentes desde o mesmo instante e sem qualquer relação de especialidade.

7.2 O sistema do direito positivo convive com incoerências?

O direito convive com incoerências?

Antes de responder a esta indagação é preciso responder outra: de que direito estamos falando, do sistema do direito positivo ou do sistema da Ciência do Direito? Este tem por objeto aquele e se manifesta mediante linguagem científica e de cunho descritivo, isto é, obedece à Lógica Alética (do ser). Seus enunciados são falsos ou verdadeiros, vigorando a lei do terceiro excluído. Assim, enunciar que a árvore é verde e enunciar que a árvore não é verde significa nada enunciar. Nada foi descrito. Nenhuma mensagem com sentido descritivo foi transmitida. O sistema da Ciência do Direito não admite contradições. Já o sistema do direito positivo tem por objeto a realidade social que visa a regular e se manifesta mediante linguagem técnica de cunho prescritivo. Obedece à Lógica Deôntica (do dever-ser). Seus enunciados são válidos ou inválidos, considerando validade o predicado de pertencer ao sistema. Também vigora aqui a lei do terceiro excluído. Mas a coerência não tem a mesma consequência. Um enunciado que permite uma conduta e outro que a vede podem conviver dentro do sistema validamente, mas um deles não resistirá ao ato de aplicação.

A afirmação clássica de que o legislador não profere palavras inúteis, sem-sentido ou contraditórias, é uma utopia (ou um dogma) que não se pode admitir. A perfeição humana é inatingível. A falibilidade é um pressuposto da própria natureza do ser humano, sobretudo quando em questão linguagem meramente técnica, na qual não há severo rigor. Os legisladores não são cientistas; são pessoas comuns do povo, representantes das mais variadas classes sociais, do mais diversos níveis intelectuais e culturais, de quem é possível advir incoerências.

Portanto, o sistema do direito positivo convive, sim, com incoerências. Vem de Norberto Bobbio a lição: "(...) a coerência era uma exigência, não uma necessidade, no sentido de que a exclusão total das antinomias não é uma condição necessária para a existência de um ordenamento. Um ordenamento jurídico pode tolerar normas jurídicas incompatíveis em seu interior sem se extinguir".[27]

Mas, muito embora o sistema conviva com incoerências, repita-se, elas não sobrevivem ao ato de aplicação. Ao realizar a construção de sentido no caso concreto, cumpre ao intérprete optar por uma das condutas incompatíveis, afastando a outra, utilizando-se, para tanto, dos critérios da hierarquia, cronologia, especialidade ou ideológico, para estruturar suas significações, segundo ensina Aurora Tomazini de Carvalho.[28]

7.3 O sentido do art. 1º, parágrafo único, da Lei n. 8.397/1992

Se a antinomia existente entre o parágrafo único do art. 1º da Lei n. 8.397/1992 e o art. 2º, inciso V, alínea "b", do mesmo diploma legal não se resolve pelos tradicionais critérios da hierarquia, nem da cronologia, nem mesmo da especialidade, haja vista que os dispositivos legais conflitantes estão previstos em um mesmo ato legislativo e, portanto, de mesma hierarquia, vigentes desde o mesmo instante e sem qualquer relação de especialidade, vem à baila o critério ideológico. Em sua *Teoria Geral do Direito*, Aurora Tomazini de Carvalho ensina que as antinomias entre normas são comumente classificadas pela doutrina jurídica em: (i) aparente e (ii) real. A primeira surge quando o conflito pode ser solucionado por critérios estabelecidos pelo próprio sistema. Refere-se à hierarquia, à cronologia e à especialidade. Já a segunda aparece quando tais critérios são insuficientes para solucionar o conflito, que deve ser resolvido de acordo com os parâmetros ideológicos do aplicador.[29]

---

27. Bobbio, 2007, p. 261.
28. Aurora Tomazini de Carvalho, 2009, p. 489.
29. Ob. cit., pp. 488-489.

Admite-se tal assertiva desde que referidos parâmetros ideológicos, assim considerados a pauta de valores do aplicador, encontrem eco dentro do próprio sistema de direito positivo. Como visto no item 3 acima (*A normatividade dos princípios*), os valores mais sagrados à sociedade estão impregnados no texto normativo, sobretudo pela porta aberta pelos princípios jurídicos. Assim sendo, cabe aos princípios a missão de nortear o intérprete na decisão de escolher, entre as normas incompatíveis, qual delas está em conformidade com o sistema. Parece ser exatamente esse o pensamento da referida autora ao asseverar que: "Os princípios utilizados na solução de conflito entre normas nada mais são do que regras que regulam a aplicação de outras regras (normas de estrutura). Não têm eles o condão de retirar a eficácia, vigência e validade de uma das normas conflitantes, apenas estabelecer critérios para que o agente competente estruture suas significações em relação de coordenação e subordinação (no plano S4) e, assim, aplique uma norma em detrimento da outra".[30]

O plano *S4* ali mencionado é aquele quarto estágio da *trajetória da interpretação* proposta por Paulo de Barros Carvalho, já referida aqui no item 2, que convém relembrar. O sentido do texto é construído no intelecto do intérprete em quatro etapas: (i) organização dos enunciados do direito posto de modo sintático; (ii) outorga de conteúdo aos enunciados, transformando-os em proposições dotadas de carga semântica de conteúdo; (iii) integração de proposições com vistas à produção de unidades completas de sentido para as mensagens deônticas (ao que chama de *mínimo irredutível do deôntico*); e (iv) agrupamento das normas, assim construídas no estágio anterior, com relações de subordinação e coordenação, formando um sistema.

É chegada a hora, portanto, de optar por uma das normas conflitantes no caso

sob investigação. Qual delas há de resistir, a que permite a ação cautelar fiscal antes da constituição do crédito tributário, prevista no parágrafo único do art. 1º da Lei n. 8.397/1992, ou a que a desautoriza, veiculada no art. 2º, inciso V, alínea "b", do mesmo diploma legal?

Ora, se o crédito tributário já existe no mundo fenomênico desde o acontecimento do fato jurídico tributário (fato gerador), já existe a obrigação do sujeito passivo de prestar o tributo devido à Fazenda Pública (sobretudo nos tributos sujeitos ao autolançamento). Esta obrigação apenas ainda não foi relatada em linguagem competente. Sem embargo de que é o lançamento que formaliza o crédito tributário, é possível que entre todo o desdobrar dessa formalidade (considerando aqui o lançamento como procedimento e não como produto) e o fato jurídico tributário decorra tempo suficiente para que o devedor dilapide seu patrimônio em prejuízo do credor fiscal. Quanto a isso, o credor há de conformar-se? O direito não lhe socorre?

A resposta há de ser positiva. Ainda que não haja um crédito tributário formalizado pelo lançamento (ou autolançamento), a partir da ocorrência do fato jurídico tributário, há expectativa de constituição de um crédito tributário. E tal expectativa é juridicamente tutelável, assim como toda ameaça a direito. Restringir a ação cautelar fiscal quando em risco o adimplemento de crédito tributário a formalizar é vedar o acesso do credor fiscal à jurisdição, em frontal violação ao princípio da inafastabilidade da jurisdição.

Mais que isso, é admitir ao devedor descumprir seus deveres anexos da conduta principal que é pagar o tributo. Nos tributos sujeitos a lançamento por homologação, é seu dever confessar o débito, calcular o montante devido e antecipar o pagamento, antes mesmo de sujeitar o seu proceder à autoridade fiscal. Admitir que ele não faça nada disso e ainda dilapide seu patrimônio, frustrando, assim, o adimplemento da obrigação principal é admitir absurdamente que o direito permite a conduta desleal, desonesta e de má-fé.

---

30. Ob. cit., p. 490.

E tanto é verdade que não se tolera má-fé dessa ordem que o instituto da fraude contra credores tem como requisito *a preexistência do crédito*, não da formalização do crédito, a revelar que, desde a ocorrência do fato jurídico tributário, o credor fiscal já tem ação para atacar o ato fraudulento que reduziu seu devedor à insolvência. Nesse sentido, o Tribunal Regional Federal da 4ª Região certa feita aceitou o cabimento da ação pauliana proposta pela Fazenda Pública para anular ato de disposição patrimonial praticado entre o início da fiscalização e a notificação do lançamento fiscal, em acórdão assim ementado:

"*Processual Civil. Ação pauliana. União. Carência de ação. Não verificada. Fraude contra credores. Configuração. 'Consilium fraudis'.*

"1. Nos termos do art. 158 do CC, 'os negócios de transmissão gratuita de bens ou remissão de dívida, se os praticar o devedor já insolvente, ou por eles reduzido à insolvência, ainda quando o ignore, poderão ser anulados pelos credores quirografários, como lesivos dos seus bens'. A União, caso não ostente garantia real sobre determinado bem do devedor, goza da condição jurídica de credora quirografária, embora seus créditos sejam preferenciais (respeitadas as hipóteses legais).

"2. Após notificação do início de procedimento administrativo de apuração de débito tributário (Termo de Início de Fiscalização) e lavratura de auto de infração (igualmente notificado ao contribuinte) – através dos quais foram adiantados, em homenagem à segurança jurídica, os elementos caracterizadores do débito fiscal e, inclusive, o montante aproximado –, resta constatada a ciência inequívoca do devedor acerca da existência de procedimento fiscal que possa reduzi-lo à insolvência, preenchendo os requisitos legais para configuração da fraude contra credores (decorrente das notícias das alienações gratuitas de bens imóveis).

"3. De outro norte, a fraude, na espécie, está caracterizada pelas alienações gratuitas de bens imóveis, de valores elevados (representando a maior parte do patrimônio do devedor), logo após a notificação fiscal demonstrativa do início da atuação do Poder Público, sobretudo quando a parte não logra êxito em comprovar a reserva de bens suficientes à garantia do valor do débito notificado.

"4. Apelação improvida."[31]

Realmente, se é possível ao credor atacar judicialmente um ato fraudulento já consumado, é igualmente possível que ele se acautele contra a fraude, evitando o seu acontecimento. É um imperativo dos princípios da inafastabilidade da jurisdição e da boa-fé objetiva.

Em conclusão, tem-se por cabível a ação cautelar fiscal antes da constituição do crédito tributário em certas hipóteses. Há tímidos precedentes judiciais nessa linha que merecem destaque:

"*Processo Civil e Tributário. Medida cautelar fiscal. Decretação de indisponibilidade de bens do contribuinte. Inexistência de gravame ou restrição ao uso, alienação ou oneração do patrimônio do sujeito passivo. Desnecessidade de prévia constituição do crédito tributário. Legalidade da medida acautelatória. Súmula 7/STJ. Ausência de prequestionamento. Inexistência de alegação de violação ao art. 535 do CPC.*

"1. A medida cautelar fiscal, ensejadora de indisponibilidade do patrimônio do contribuinte, pode ser intentada mesmo antes da constituição do crédito tributário, nos termos do parágrafo único do art. 1º e art. 2º, inciso V, 'b', e inciso VII, todos da Lei 8.397/1992 (com a redação dada pela Lei 9.532/1997), uma vez que não acarreta em efetiva restrição ao uso, alienação ou oneração dos bens e direitos do sujeito passivo da obrigação tributária.

"(...).

---

31. TRF-4ª R., 3ª T., rel. Fernando Quadros da Silva, AC 2006.72.02.010112-8, *DE* 7.12.2011.

"4. A notificação prévia e cautelar foram bem examinadas, consoante decisão a quo, *verbis*: 'Assim, se é possível o seu deferimento sem a prévia constituição, obviamente o argumento quanto à necessidade de sua notificação não faz sentido. Sobre a matéria verifique-se a seguinte ementa: (...). Ademais, é bem oportuna a manifestação feita pela ilustre membro do Ministério Público Federal, opinando pelo improvimento do recurso 'ante os gravíssimos crimes, pelos quais o referido grupo é acusado (...)' (fls. 235). Assim, verifica-se que a fundamentação trazida pelo Agravante que se faria necessária a notificação na forma do art. 2º, V, 'b', descabe no caso concreto, com fundamento no parágrafo único do art. 1º da Lei n. 8.397/1992. Ante o exposto, nego provimento ao presente agravo de instrumento.

"(...).

"7. Recurso especial desprovido."[32]

"*Cautelar fiscal. Prova da prévia constituição do crédito tributário. Alienação de bens que comprometam o adimplemento de dívidas fiscais. Inexigibilidade.* A teor do disposto no parágrafo único do art. 1º da Lei n. 8.397/1992, é desnecessária para o ajuizamento da Cautelar Fiscal a prova da prévia constituição do crédito tributário, na hipótese em que a Cautelar tenha como fundamento a alienação de bens que comprometam o adimplemento de dívidas fiscais (incisos V, alínea 'b' da Lei n. 8.397/1992)."[33]

"*Tributário. Medida cautelar fiscal. Ajuizamento da execução fiscal. Termo inicial. Exclusão do REFIS. Alienação de bens após o início da ação fiscal. Débitos em valor superior a 30% do patrimônio da empresa. Simulação. Extensão da indisponibilidade dos bens adquiridos do administrador da empresa. Fraude contra credores.*

"(...).

"6. A Lei n. 8.397/1992 instituiu a medida cautelar fiscal para que a Fazenda Pública, ante a possibilidade de ver frustrado o pagamento de seus créditos fiscais, dela se utilizasse para resguardar o patrimônio do responsável pela dívida. O legislador, considerando a necessidade de assegurar efetivamente a futura execução, inclusive afastou a prévia constituição do crédito tributário como requisito para a instauração do procedimento cautelar, quando tipificadas as hipóteses do art. 2º, inciso V, alínea 'b', e inciso VII, da referida Lei.

"7. Desde que iniciada a ação fiscal, o fato de a alienação de bens acontecer antes da lavratura do auto de infração, bem como do arrolamento de bens, não afasta a possibilidade de decretar a indisponibilidade patrimonial, visto que o contribuinte já sabia que o fisco examinaria a escrita contábil e os livros fiscais, a fim de investigar o descumprimento de obrigações tributárias.

"8. O art. 1º, parágrafo único, da Lei n. 8.397/1992, não exige a posterioridade dos fatos correspondentes aos incisos V, alínea 'b', e VII, do art. 2º, à notificação do sujeito passivo, para requerer a cautelar fiscal. Prefere-se a inteligência dos textos que torne viável o seu objetivo, ao invés da que os reduza à inutilidade. (...)."[34]

E quais seriam essas hipóteses em que cabível a ação cautelar fiscal antes da constituição definitiva do crédito tributário? Ora, o cabimento está condicionado ao preenchimento dos requisitos de toda e qualquer medida cautelar, a saber: *fumus boni iuris* e *periculum in mora* (art. 798 do Código de Processo Civil). Portanto, compete à Fazenda Pública demonstrar, ainda que em juízo perfunctório – próprio das tutelas de urgência –, que: (i) o fato jurídico tributário ocorreu no mundo fenomênico; (ii) o montante da obrigação estimado com base nas informações disponíveis; (iii) o desrespeito, pelo contribuinte, do seu dever

---

32. STJ, 1ª T., rel. Ministro Luiz Fux, REsp 1.127.933-RJ, j. 3.2.2011, *DJe* 10.5.2011.

33. TRF-4ª R., 2ª T., rel. Luciane Amaral Corrêa Münch, AC 2009.72.99.002062-7, *DE* 2.12.2009.

34. TRF-4ª R., 2ª T., rel. Joel Ilan Paciornik, AC 2001.71.05.000937-8, *DE* 22.5.2007.

de autolançamento ou o início a fiscalização sem tempo suficiente para conclusão do procedimento de lançamento fiscal; e (iv) a dilapidação patrimonial do devedor com risco de insolvência.

8. Conclusão

Ante todo o exposto, pode-se concluir que:

(a) o direito se manifesta pela linguagem e como tal há de ser compreendido, isto é, sob o enfoque da Teoria Comunicacional do Direito, de sorte que investigá-lo é uma tarefa a ser desenvolvida sob os planos sintático, semântico e pragmático;

(b) o direito é linguagem de cunho prescritivo, com função de regular a conduta humana. É linguagem que se objetiva na mensagem legislada, mas cujo processo de compreensão é construído no intelecto dos destinatários, seu intérprete;

(c) a construção de sentido da mensagem normativa obedece ao seguinte trajeto: (i) organização dos enunciados do direito posto de modo sintático; (ii) outorga de conteúdo aos enunciados, transformando-os em proposições dotadas de carga semântica de conteúdo; (iii) integração de proposições com vistas à produção de unidades completas de sentido para as mensagens deônticas (*mínimo irredutível do deôntico*); e (iv) agrupamento das normas, assim construídas no estágio anterior, com relações de subordinação e coordenação, formando um sistema;

(d) no sistema do direito positivo, os princípios são normas jurídicas de superior hierarquia, portadores de forte conteúdo axiológico e que influenciam e aglutinam as demais regras do sistema;

(e) a ação cautelar fiscal está sob os efeitos dos princípios da inafastabilidade da jurisdição e da boa-fé objetiva. O primeiro veda ao legislador a oposição de obstáculos entre aquele que alega um direito violado ou ameaçado e o Estado-juiz. O segundo impõe deveres anexos de conduta, resumidos na honestidade e lealdade no trato das relações intersubjetivas;

(f) o crédito tributário é constituído pelo autolançamento ou pela notificação fiscal do lançamento tributário, mas ele remonta ao fato jurídico tributário ocorrido no mundo fenomênico em momento anterior;

(g) tendo tudo isso em vista, é dever do devedor cuidar de sua posição patrimonial para não cair em insolvência mediante atos de disposição desde a ocorrência do fato jurídico tributário, sob pena de fraude – contra credores ou à execução fiscal;

(h) se o sistema do direito positivo não tolera a fraude nem afasta o acesso à justiça, a melhor construção de sentido para o texto previsto no parágrafo único do art. 1º da Lei n. 8.397/1992 é o de admitir o ajuizamento da ação cautelar fiscal antes mesmo da constituição do crédito tributário desde que preenchimento os requisitos de toda e qualquer medida cautelar, a saber: *fumus boni iuris* e *periculum in mora* (art. 798 do Código de Processo Civil);

(i) portanto, compete à Fazenda Pública demonstrar, ainda que em juízo perfunctório – próprio das tutelas de urgência –, que: (i) o fato jurídico tributário ocorreu no mundo fenomênico; (ii) o montante da obrigação estimado com base nas informações disponíveis; (iii) o desrespeito, pelo contribuinte, do seu dever de autolançamento ou o início a fiscalização sem tempo suficiente para conclusão do procedimento de lançamento fiscal; e (iv) a dilapidação patrimonial do devedor com risco de insolvência.

9. Referências

ABRÃO, Carlos Henrique (1995). *Da Ação Cautelar Fiscal e o Depositário Infiel.* 2ª ed. São Paulo, Universitária do Direito.

AMARO, Luciano (2011). *Direito Tributário Brasileiro.* 17ª ed. São Paulo, Saraiva.

BASTOS, Celso Ribeiro; MARTINS, Ives Gandra (2001). *Comentários à Constituição do Brasil.* vol. 2, 2ª ed. São Paulo, Saraiva.

BOBBIO, Norberto (2008). *Teoria Geral do Direito*. Trad. Denise Agostinetti. 2ª ed. São Paulo, Martins Fontes.

BORGES, José Souto Maior (1975). *Lei Complementar Tributária*. São Paulo, Ed. RT.

CAHALI, Yussef Said (2008). *Fraude Contra Credores*. 4ª ed. São Paulo, Ed. RT.

CÂMARA, Alexandre Freitas (2004). *Lições de Direito Processual Civil*, v. 3, 6ª ed. Rio de Janeiro, Lumen Juris.

CARRAZZA, Roque Antonio (2007). *Curso de Direito Constitucional Tributário*. 23ª ed. São Paulo, Malheiros Editores.

CARVALHO, Paulo de Barros (2011). *Curso de Direito Tributário*. 23ª ed. São Paulo, Saraiva.

_____ (2008). *Direito Tributário, Linguagem e Método*. 2ª ed. São Paulo, Noeses.

_____ (2010). *Fundamentos Jurídicos da Incidência*. 8ª ed. São Paulo, Saraiva.

CINTRA, Antonio Carlos de Araújo; GRINOVER, Ada Pellegrini; DINAMARCO, Cândido Rangel (2001). *Teoria Geral do Processo*. 17ª ed. São Paulo, Malheiros Editores.

COÊLHO, Sacha Calmon Navarro (2011). *Curso de Direito Tributário Brasileiro*. 11ª ed. Rio de Janeiro, Forense.

DI PIETRO, Maria Sylvia Zanella (2002). *Direito Administrativo*. 14ª ed. São Paulo, Atlas.

FALCÃO, Raimundo Bezerra (1997). *Hermenêutica*. São Paulo, Malheiros Editores.

FIORIN, José Luiz (2006). *Introdução ao Pensamento de Bakhtin*. São Paulo, Ática.

FIUZA, César (2006). *Direito Civil, Curso Completo*. 9ª ed. Belo Horizonte, Del Rey.

FONSECA, Tiago da Silva (2010). "A afirmação da segurança jurídica como expressão do Estado de Direito, a partir da efetivação dos princípios constitucionais tributários". *Revista da AGU* 243/260-285, Brasília, abr.-jun./2010.

FREITAS, Vladimir Passos (coord.) (2007). *Código Tributário Nacional Comentado, Doutrina e Jurisprudência, Artigo por Artigo, Inclusive ICMS e ISS*. 4ª ed. São Paulo, Ed. RT.

GUASTINI, Riccardo (2005). *Das Fontes às Normas*. Trad. Edson Bini. São Paulo, Quartier Latin.

MACHADO, Hugo de Brito (2004). *Curso de Direito Tributário*. 24ª ed. São Paulo, Malheiros Editores.

MELLO, Celso Antônio Bandeira de (2006). *Curso de Direito Administrativo*. 21ª ed. São Paulo, Malheiros Editores.

MOUSSALLEM, Tárek (2005). *Revogação em Matéria Tributária*. São Paulo, Noeses.

ROBLES MORCHÓN, Gregório (2011). *As Regras do Direito e as Regras dos Jogos – Ensaio sobre a Teoria Analítica do Direito*. Trad. Pollyana Mayer. São Paulo, Noeses.

_____ (1998). *Teoría del Derecho (Fundamentos de Teoría Comunicacional del Derecho)*. Madrid, Civitas.

SILVA, Michel César; MATOS, Vanessa Santiago Fernandes de (2012). "Lineamentos do princípio da boa-fé objetiva no direito contratual – Uma releitura na perspectiva civil-constitucional". *Revista da AGU* 33/307-343, Brasília, jul.-set./2012.

SILVA, Ovídio A. Baptista da (2000). *Curso de Processo Civil: Processo Cautelar (Tutela de Urgência)*. vol. 3, 3ª ed. São Paulo, Ed. RT.

SOUZA, Márcio Luís Dutra de (2012). "O princípio da boa-fé na Administração Pública e sua repercussão na invalidação administrativa". *Revista da AGU* 32/199-244, Brasília, abr.-jun./2012.

TOMÉ, Fabiana Del Padre (2011). *A Prova no Direito Tributário*. 3ª ed. São Paulo, Noeses.

ZAVASCKI, Teori Albino (2005). *Antecipação da Tutela*. 4ª ed. São Paulo, Saraiva.